华南师范大学法学学术文丛
张永忠　总主编

华南师范大学法学院出版基金资助
国家社会科学基金年度项目“我国侵权责任法的完善研究”（项目号16BFX108）

故意侵权与过失侵权分立论

阳庚德 / 著

THE THEORY OF SEPARATION OF
INTENTIONAL INFRINGEMENT AND
NEGLIGENT INFRINGEMENT

法律出版社
LAW PRESS · CHINA
北京

图书在版编目(CIP)数据

故意侵权与过失侵权分立论 / 阳庚德著. -- 北京 : 法律出版社, 2024(2025.5 重印)
(华南师范大学法学学术文丛 / 张永忠总主编)
ISBN 978-7-5197-9088-2

Ⅰ. ①故… Ⅱ. ①阳… Ⅲ. ①侵权法－研究－中国 Ⅳ. ①D923.04

中国国家版本馆 CIP 数据核字(2024)第 086341 号

故意侵权与过失侵权分立论
GUYI QINQUAN YU GUOSHI QINQUAN FENLI LUN

阳庚德 著

策划编辑 陈 妮
责任编辑 陈 妮 张思婕
装帧设计 鲍龙卉

出版发行 法律出版社
编辑统筹 法治与经济出版分社
责任校对 晁明慧
责任印制 吕亚莉
经　　销 新华书店
开本 710 毫米×1000 毫米 1/16
印张 21.25　**字数** 353 千
版本 2024 年 12 月第 1 版
印次 2025 年 5 月第 2 次印刷
印刷 唐山玺诚印务有限公司

地址:北京市丰台区莲花池西里 7 号(100073)
网址:www. lawpress. com. cn
投稿邮箱:info@ lawpress. com. cn
举报盗版邮箱:jbwq@ lawpress. com. cn
销售电话:010-83938349
客服电话:010-83938350
咨询电话:010-63939796

书号:ISBN 978-7-5197-9088-2
定价:118.00 元
凡购买本社图书,如有印装错误,我社负责退换。电话:010-83938349

目

录

绪论　以故意和过失概括过错各层级的合理性

故意侵权与过失侵权分立论，是指侵权责任法中的过错侵权一般条款针对故意侵权与过失侵权分别拟定条文，形成故意侵权与过失侵权在形式上分立的立法模式。与其相对的是故意侵权与过失侵权合一论，指的是侵权责任法中的过错侵权一般条款将故意与过失统称为过错规定在一个条文中，或者虽将过错区分为故意和过失，但仍然将故意侵权和过失侵权统一规定在一个法律条文中，形成故意侵权与过失侵权在形式上合一的立法模式。故意侵权与过失侵权分立论与合一论，要探讨的是侵权责任法中关于过错侵权一般条款的立法政策与立法技术问题。

《中华人民共和国民法典》（以下简称我国《民法典》）侵权责任编的规定，虽然多达10章95条，但是从归责原则的角度看，无非是过错侵权和无过错侵权两类，其最根本的请求权基础为我国《民法典》第1165条和第1166条[1]。我国《民法典》第1165条又分两款，第1款为过错侵权责任的一般条款，第2款为过错侵权责任的特别条款——过错推定责任条款。我国《民法典》侵权责任编第4章到第10章规定的侵权类型，绝大多数适用无过错责任原则或者过错推定责任。除了法律列举的这些特殊侵权类型之外，我

---

〔1〕 我国《民法典》第1165条规定：行为人因过错侵害他人民事权益造成损害的，应当承担侵权责任。依照法律规定推定行为人有过错，其不能证明自己没有过错的，应当承担侵权责任。

我国《民法典》第1166条规定：行为人造成他人民事权益损害，不论行为人有无过错，法律规定应当承担侵权责任的，依照其规定。

国《民法典》中的侵权责任,都是通过第 1165 条第 1 款这一过错侵权一般条款来实现的。可以说,过错侵权一般条款是适用最广、影响最深的侵权责任条款。因此,我国侵权责任法的完善,首先是关于过错侵权一般条款的完善。只要过错侵权一般条款的体系和规则完善了,侵权责任法就完善一大半了。

笔者认为,对于过错侵权一般条款的完善,首要的问题,是侵权责任立法或者司法解释应不应该根据不同程度的过错,结合侵权责任法的保护对象,拟定出不同的规则?如果应该区分过错程度(或说过错层级),从规则拟定的角度看,应该将过错区分为哪些层级效果最优?

（一）过错程度区分的立法现状与问题

1. 法国、德国、意大利、日本等国侵权责任法上关于过错程度之区分的立法现状

过错是侵权责任法中一个基本概念,但在民事立法中,未见民法典对过错概念作出过一般性的界定,要么使用"过错"之类的统称,要么使用"故意"或"过失"等表达过错具体形态。从立法例看,有些国家的侵权责任法直接在法律条文中使用"过错"一词,如《法国民法典》第 1382 条直接规定:"任何行为致他人损害的,因其过错致行为发生之人,应对他人负赔偿责任。"但是,更多的国家或地区的侵权责任法则是使用"故意和过失"一词,如《德国民法典》第 823 条规定:"因故意或过失不法侵害他人……"《意大利民法典》第 2043 条、《日本民法典》第 709 条,均是如此。

2. 我国关于过错程度之区分的沿革、现状与问题

我国 1986 年公布的《中华人民共和国民法通则》(以下简称原《民法通则》)第 106 条第 2 款规定:"公民、法人由于过错侵害国家的、集体的财产,侵害他人财产、人身的,应当承担侵权责任。"这一条文开启了我国民事立法中过错侵权一般条款采《法国民法典》第 1382 条的模式,直接使用"过错"一词,不区分故意和过失。

在原《中华人民共和国侵权责任法》(以下简称原《侵权责任法》)起草过程中,学者们对我国侵权责任法中的过错侵权一般条款应当如何立法,做了深入的研究,形成的诸多立法建议稿中,均有建议条款。总体而言,除

梁慧星、张新宝两位教授主持编写的建议稿外，王利明教授、杨立新教授主持编写的建议稿都沿袭《法国民法典》第1382条、原《民法通则》第106条的规定，不区分故意和过失，坚持使用“过错”一词，但是，前述3个立法建议稿均认可过错包括故意和过失两种类型。如梁慧星、张新宝两位教授主持编写的建议稿第1543条，王利明教授主持编写的建议稿第1842条、杨立新教授主持编写的建议稿第2条。[1] 但是，我国原《侵权责任法》制定过程中的历次审议稿，却一如既往地坚持我国原《民法通则》第106条的立场，不赞成学者们关于将过错区分为故意和过失的建议。[2] 最终，我国2009年公布的原《侵权责任法》第6条第1款，沿袭《法国民法典》第1382条和原《民法通则》第106条的模式，规定：“行为人因过错侵害他人民事权益，应当承担侵权责任。”我国《民法典》第1165条沿袭该规定。

但是，我国《民法典》之中，又有几个条文使用了“故意”和“重大过失”之类的词，如第1183条第2款规定“因故意或者重大过失侵害……”，第1185条规定“故意侵害他人知识产权……”。尤其有必要指出的是，我国《民法典》第998条规定：“认定行为人承担侵害除生命权、身体权和健康权外的人格权的民事责任，应当考虑行为人和受害人的职业、影响范围、过错程度，以及行为的目的、方式、后果等因素。”根据2020年修正的《最高人民法院关于确定民事侵权精神损害赔偿责任若干问题的解释》（法释〔2020〕17号）第5条的规定，确定精神损害的赔偿数额的因素第1项就是侵权人的过错程度。这些法条中的“过错程度”是否就是学理上关于过错的各种层级区分？另外，我国《民法典》第1207条规定，“明知产品存在缺陷仍然生产、销售，或者没有依据前条规定采取有效补救措施，造成他人死亡或者健康严重损害的，被侵权人有权请求相应的惩罚性赔偿”，这里的“明知”类侵权，又是何种侵权类型？我国民法理论和很多法律文本中使用“恶意”一词，那么，过错、恶意、故意、过失、重大过失之间，在逻辑上是何种关系？

---

〔1〕 参见高圣平主编：《中华人民共和国侵权责任法立法争点、立法例及经典案例》，北京大学出版社2010年版，第89页。

〔2〕 关于侵权责任法历次审议稿的条文，参见高圣平主编：《中华人民共和国侵权责任法立法争点、立法例及经典案例》，北京大学出版社2010年版，第90页。

过错包含故意和过失,应该毫无疑问。但是,恶意和故意之间、过失和重大过失之间,又是何种关系?故意和过失能够完全代表得了过错吗?换句话说,使用故意和过失二者来概括过错,逻辑上是否周延?

(二)过错各层级的含义

民法理论上有过错程度(过错层级)理论。该理论认为:在侵权责任法上,根据行为人对其所实施的行为可能导致的损害结果的认识程度和意志程度的不同,可以将过错区分为多个不同的层级。如罗马法曾将过错区分为故意、重大过失和轻过失,从而最早提出了区分过错程度的思路。[1] 德国侵权责任法首先将过错区分为故意和过失,接下来将故意区分为直接故意和间接故意,将过失区分为重大过失、一般过失和轻微过失。[2] 英国学者认为,过错的心理状态分为3种:恶意、故意和过失。在某一侵权责任不要求此3种心理状态之一为构成要件时,则为严格责任。[3] 英美侵权责任法也将过失划分为轻微过失、一般过失和重大过失。[4] 我国也有学者将过错区分为故意、过失,过失包括经意的过失和不经意的过失。还有人将过错区分为恶意、故意和放任、过失。[5] 张新宝教授认为,过错以严重程度降次排列,可以分为:恶意、一般故意(故意)、重大过失、一般过失和轻微过失。[6]

1. 恶意

所谓恶意,也被称为蓄意。英美侵权责任法理论认为,恶意有两层含义:一是明知自己的行为违法,或会对他人的权益造成损害,但是由于对法律或他人权益的漠视,仍然实施该行为的心理状态。二是以损害他人权益为目的,无合法或正当理由故意违法,或者法律在特定情况下推定行为人具有恶意的心理状态。[7] 在英美侵权责任法中,涉及恶意的理论和诉因有事

---

〔1〕 参见王利明:《侵权行为法研究》(上册),中国人民大学出版社2004年版,第233页。

〔2〕 See Basil S. Markesinis & Hnnes Unberath, *The German Law of Torts—A Comparative Treaties*, 4th ed., Hart Publishing, 1994, p.83.

〔3〕 See John Cooke, *Law of Torts*, 5th ed, 法律出版社2003年英文版,第9页。

〔4〕 See W. Page Keeton & William L. Prosser, *Prosser and Keeton on Torts*, 5th ed., West Publishing Co, 1984, p.210.

〔5〕 参见王卫国:《过错责任原则:第三次勃兴》,中国法制出版社2000年版,第260页。

〔6〕 参见张新宝:《侵权责任构成要件研究》,法律出版社2007年版,第441页。

〔7〕 参见薛波主编:《元照英美法词典》,法律出版社2003年版,第887页。

实上的恶意、法律上恶意、恶意滥用民事诉讼程序、恶意诽谤、恶意伤害、恶意控告等。[1]

根据我国学者张新宝教授的考察,《德国民法典》涉及恶意的条文很多,但是《德国侵权责任法》中并无关于恶意的规定。涉及恶意的条文主要在《德国民法典》法律行为部分和《德国合同法》《德国家庭法》中。德国学者认为,"恶意"有两种含义:其一,"恶意"意味着一个故意的欺诈。其二,"恶意"是指一个对他人产生不利后果的圈套或者别有用心的行为。卑鄙就是一个带有这种含义的名词。无论何种情况下,恶意的行为总是以卑劣的行为原因为动机的,而且在道德上是可责难的。[2] 所以,德国学者斯宾诺莎在他的伦理学作中提出:"自由的人从不恶意地行为,而总是正直地行事。"[3] 弗卢梅教授认为:如果欺诈行为人明知或者已经考虑到,被欺诈者将因欺诈而做出一个意思表示,而且若无欺诈行为,受欺诈人将不会做出意思表示或不会做出这样的意思表示,那么,这个欺诈就是恶意的。如果欺诈是基于欺诈的意图而实施的,那么,这种欺诈就是恶意的。[4] 拉伦茨教授和沃尔夫教授认为,欺诈行为人对其所作陈述的不正确性的认识,以及使受欺诈者受到影响的意识和意图,都属于这里所说的"恶意"。只要欺诈行为人认真地考虑过其陈述的不正确性,或者不加思考地胡乱做出客观上不正确的陈述,就足以认定其有欺诈的恶意。同样,被欺诈者可能受到不利影响的认识,也足以认定欺诈行为人恶意。[5] 德国学者埃尔温·多伊奇教授进一步指出:"'故意'中最严重的形式就是,加害人不仅违反了法秩序,而且明知其不尊重他人的私权。这种明知其行为违法的态度,我们传统上称之为'恶意'。但是,如果某人的法律观点比较原始,从而阻碍了他对行为违法性的认识,那么,他就不是明知地不尊重他人的私权,此时他就仅有一般的故意。对于具体责任是要求一般的故意还是要求恶意,这取决于对具体法规范的解释。

---

〔1〕 参见张新宝:《侵权责任构成要件研究》,法律出版社 2007 年版,第 442 页。

〔2〕 参见张新宝:《侵权责任构成要件研究》,法律出版社 2007 年版,第 442 页。

〔3〕 张新宝:《侵权责任构成要件研究》,法律出版社 2007 年版,第 442 页。

〔4〕 See Werner Flume, *Allgemeiner Teil des Burgerlichen rechts*, 3. Aulf., 1979, S. 542. 转引自张新宝:《侵权责任构成要件研究》,法律出版社 2007 年版,第 442 页。

〔5〕 See Larenz & Wolf, *Allgemeiner Teil des Burgerlichen rechts*, 9. Aufl, Munchen, 2004, S. 686. 转引自张新宝:《侵权责任构成要件研究》,法律出版社 2007 年版,第 442 页。

在需要考虑公共因素的情况下,如过失相抵和精神损害赔偿,损害赔偿额的确定就取决于过错的程度。此时,对违法性的认识(恶意)就要被考虑了。"[1]德国学者巴尔教授认为:"恶意本身也是一个游移不定而须在不同额侵权中具体认定含义的概念。"[2]

我国张新宝教授认为,恶意本质上仍然是故意。恶意作为最严重的故意,不仅需要符合一般故意的一般要件,还要符合一些特别要件:一是必须是直接故意(追求损害结果的发生);二是行为人对禁止性法律规定和他人受法律保护的权益公然漠视(在实施行为时明确知道行为的不法性或不当性);三是行使正当权利的行为不被认为是恶意的,但是显然以追求他人之损害为目标或主要目标者不在此限。[3]

综上所述,民法特别是侵权责任法上的恶意,是指行为人明知自己的行为违反法律规定和社会伦理规范,会损害他人受法律保护的利益,但仍然实施该行为,希望且积极追求这种法律后果发生的心理状态。据此,笔者认为,恶意实质上是一种故意,类似刑法上的直接故意。

2. 一般故意

根据我国张新宝教授的研究,在英国法上,一般故意依其所使用的场合不同有不同的含义:(1)起源于非法侵入令状的各种侵权责任,故意的含义是某人期望产生一个为法律所禁止的后果,以及预见该后果而放任其发生。被告必须故意实施该行为,但是对后果无须是故意追求的。(2)于欺诈和有害谎言之场合,被告必须做出某种声明而且明知该声明的内容不真实。(3)对于共同密谋之情形,在甲与乙共同导致丙损害之情形,丙需要在诉讼中证明甲与乙的主要动机是引起丙的损害。如果其主要动机是保护他们自己的利益,即使他们实现了该动机,而且其行为不可避免地要造成对丙的损害,他们也不承担共同密谋的责任。[4] 在美国法上,《美国侵权行为法重

---

〔1〕 See Erwin Deutsch, *Allgemeines Haftungsrecht*, 2. Aufl., Koln, Berlin, Bonn, Munchen, 1996, S. 220.

〔2〕 [德]克雷斯蒂安·冯·巴尔:《欧洲比较侵权责任法》(下卷),焦美华译,法律出版社2001年版,第302页。

〔3〕 参见张新宝:《侵权责任构成要件研究》,法律出版社2007年版,第443~444页。

〔4〕 参见张新宝:《侵权责任构成要件研究》,法律出版社2007年版,第444~445页。

述》(第二次)第 8 条 A 款规定:“故意在本重述中是指行为人期望其行为导致某种结果发生,或者行为人相信其期望的结果相当确定的将要发生。”〔1〕在德国法上,故意即一般故意,分为直接故意和间接故意。追求损害结果的发生或者明知自己的行为不可避免会导致损害结果的发生而实施该行为,谓之直接故意。明知自己的行为可能导致损害的发生,而执意实施该行为,谓之间接故意。〔2〕 在日本,故意规定在《日本民法典》第 709 条。民法起草者以“内心持有特殊目的,为成就其目的构想或实施了行动”的场合为故意。我妻荣先生将其解释为:“所谓故意是指虽然认识到自己的行为侵害他人的权利,将会发生其他被评价为违法的事实,仍然冒险地实施该行为的心理状态。”〔3〕《欧洲民法典 · 侵权法》(草案)规定,以下情形属于故意造成具有法律相关性的损害:(1)意在造成这种损害;(2)明知损害必然发生或者可能发生而放任损害的发生。〔4〕

我国学者张新宝教授指出,故意的质的规定性,在于行为人实施加害行为时追求(期望)损害结果之发生,或者明知损害结果会发生或很可能会发生,而放任其发生的不良心理状态。〔5〕

综上所述,笔者认为,我国民法上的所谓故意或者一般故意,实质上和刑法上的故意内涵相同。根据《中华人民共和国刑法》(以下简称《刑法》)第 14 条关于故意犯罪的定义,刑法上的故意是指“明知自己的行为会发生危害社会的结果,并且希望或者放任这种结果发生”的一种心理状态。因此,可以说,民法上的故意,包括“明知自己的行为会发生危害社会的结果,并且希望这种结果发生”的直接故意和“明知自己的行为会发生危害社会的结果,并且放任这种结果发生”的间接故意。前文所称的恶意,实际上就是此处的直接故意。

〔1〕 参见张新宝:《侵权责任构成要件研究》,法律出版社 2007 年版,第 445 页。

〔2〕 参见张新宝:《侵权责任构成要件研究》,法律出版社 2007 年版,第 445 页。

〔3〕 于敏:《日本侵权行为法》,法律出版社 1998 年版,第 96 页。

〔4〕 参见《欧洲民法典 · 侵权法》(草案),刘生亮译,载张新宝主编:《侵权法评论》第 1 辑,人民法院出版社 2003 年版,第 200 页。

〔5〕 参见张新宝:《侵权责任构成要件研究》,法律出版社 2007 年版,第 446 页。

3. 重大过失

重大过失,顾名思义,为过失中的严重者,尽管立法里经常使用这一概念,但是很少有立法对其进行界定。[1] 但到底何谓重大过失,学者们的观点是不一致的。罗马法学家乌尔比安认为,重大过失是一种疏忽,即不明了所有人都明了的事情。[2] 美国学者哈特认为,如果所采取的预防措施是非常简单的,譬如连一个身体和精神力量十分脆弱的人都能够轻易采取的措施,那么行为人没有采取该措施,过失就是严重的。[3] 我国的洪福增教授认为,如果行为人(而不是第三人的标准)自己施以轻微注意就可以避免损害发生,而他却未加此等注意,导致损害发生,则有重大过失。[4] 德国学者巴尔教授认为,如果行为人在极其不合理的程度上疏忽了人际交往中应有之谨慎,未采取任何人在特定情况下都会采取的措施,体现出严重的不以为然(漠不关心),即对极其简单的问题亦未加以考虑,出现超常的错误,未施加"一个漫不经心的人在通常情况下也会施加的注意力",以伦理上可指责的方式"明显和实质性地偏离了有效注意标准",则构成重大过失。轻率也属于重大过失。[5] 《法国道路交通法》中的"不可原谅的过错"则是指"行为人应当知道自己的行为将给自己造成危险"的情形。酒后开车、闯红灯为重大过失,未成年人也可能有重大过失。[6] 我国张新宝教授认为,重大过失的本质属性在于行为人疏忽、轻率程度的严重性。[7] 我国蔡颖雯博士认为,怠于交易上必要注意义务而产生的不同寻常的疏忽为重大过失。欠缺一般人具有的起码注意为重大过失。因为他只要稍加注意,损失就不会发生。[8]

---

〔1〕 参见张新宝:《侵权责任构成要件研究》,法律出版社 2007 年版,第 446 页。

〔2〕 [意]桑德罗·斯奇巴尼选编:《契约之债与准契约之债》,丁玫译,中国政法大学出版社 1998 年版,第 463 页以下。

〔3〕 参见[美]H. C. A. 哈特:《惩罚与责任》,王勇等译,华夏出版社 1998 年版,第 133 页。

〔4〕 参见洪福增:《刑事责任之理论》,台湾刑事法杂志社 1989 年版,第 133 页。转引自张新宝:《侵权责任构成要件研究》,法律出版社 2007 年版,第 447 页。

〔5〕 参见[德]克雷斯蒂安·冯·巴尔:《欧洲比较侵权行为法》(下卷),焦美华译,法律出版社 2004 年版,第 303 页。

〔6〕 参见[德]克雷斯蒂安·冯·巴尔:《欧洲比较侵权行为法》(下卷),焦美华译,法律出版社 2004 年版,第 304 页。

〔7〕 参见张新宝:《侵权责任构成要件研究》,法律出版社 2007 年版,第 448 页。

〔8〕 参见蔡颖雯:《过错论》,中国人民大学 2005 年博士学位论文,第 6 页。

笔者认为,按照主观过失标准,重大过失强调的是行为人应当预见到自己的行为可能侵害他人合法权利,却因为自己严重的疏忽而未能预见,因此未能避免损害的发生。其内涵和我国《刑法》第 15 条应当预见自己的行为可能发生危害社会的结果,因为疏忽大意而没有预见相当。按照客观过失标准,重大过失强调的是行为人行为时偏离社会一般谨慎人在同等情况下的行为标准的严重程度。因此,按照主观过失标准,重大过失和一般过失本质上相同。按照客观过失标准,重大过失和一般过失没有质的差别,二者的区别在于量。因此,为了法律上概念的统一,没有必要称为"重大过失",直接按照刑法上的概念,称为过失即可。

4. 一般过失

在美国侵权法上,一般过失(过失)有多重含义。首先,它是指一种侵权类型,即所有"无名侵权行为"的集合(过失侵权行为)。这样的过失侵权行为通常包括 4 个构成要件:义务存在、违反义务的行为、因果关系和损害。[1]其次,它指一种过程状态,与故意相对应。最后,在侵权责任法的归责原则中,过失是过错责任原则的中心概念,在这个意义上,过失与严格责任原则相对应。[2]

在德国民法中,一般过失被称为抽象过失。《德国民法典》第 276 条第 2 款规定:"疏于尽在交易中必要注意的人,即为有过失的实施行为。"当事人由于过失不知道某一情况,此时即构成"应当知道"(与知道相对),也就是说,当事人如果没有过失,就能够知道。这是法律对当事人疏忽大意的一种责备。[3]

日本民法起草者对于过失的定义是:"其应当做的事未做,或者做了不该做的事,或者当做应做的事时,其方法不得当,所有类似于这样的场合均视为过失。"[4]加藤教授给过失下的定义是:"所谓过失,是应该知道该结果

---

〔1〕 参见[美]文森特·R. 约翰逊:《美国侵权法》,赵秀文等译,中国人民大学出版社 2004 年版,第 72 页。

〔2〕 参见徐爱国:《英美侵权行为法学》,北京大学出版社 2004 年版,第 53 页。

〔3〕 参见《德国民法典》,陈卫佐译注,法律出版社 2004 年版,第 35 页。

〔4〕 参见于敏:《日本侵权行为法》,法律出版社 1998 年版,第 105 页。

的发生,但由于不注意未能知道而实施某行为的心理状态。"[1]几代通教授给过失下的定义是:"认识或预见一定的结果的发生是可能的,或者是应该认识或预见的,但由于不注意未能认识或预见到而实施了行动。"[2]到60年代末70年代初,有学说开始对这种实际上依据客观性注意义务违反之有无来判断过失,而在概念上却把过失定义为心理状态的通说进行批判。[3]

我国学者周枏认为,一般的人在通常情况下的过失为一般过失,表现为行为人缺乏具有一般知识、智力和经验的人诚实处理事务所应有的注意。[4]蔡颖雯博士认为,讨论一般过失的概念与本质,需要关注两个方面的要素。首先,我们是在过错程度的研究领域研究一般过失,从这个角度看,与重大过失和轻微过失相比较,一般过失是一种中等程度的过失,其可归责程度为中等。其次,一般过失具有一般性,是常见的过失形态。[5]

综上所述,笔者认为,一般过失完全可以作为过失概念的典型,可直接称之为过失。按照主观过错标准,一般过失指应该预见到自己的行为会导致受害人损害但是由于疏忽大意没有预见,或者虽然预见到了但是轻信能够避免,最终导致损害结果发生的心理状态。按照客观过错标准,一般过失指行为人在实施致害行为时,未能达到普通谨慎人在同等情况下应当达到的注意程度,导致损害发生的客观状态。

5. 轻微过失

轻微过失也被称为小过失,是指那些可以"原谅的错误",表现为行为人缺少极其谨慎而细致的管理人的注意,没有达到极高的注意程度。[6]

(三)以故意和过失概括过错各层级的可行性

为了精准确定过错的程度,将过错区分为前述5个层级是可以的。从侵权法惩罚遏制功能的角度看,不同层级的过错形式中,行为人的认识程度和其主观恶性程度不一样,如果能够针对不同的过错层级,采用不同的立法

---

〔1〕 参见于敏:《日本侵权行为法》,法律出版社1998年版,第107页。
〔2〕 参见于敏:《日本侵权行为法》,法律出版社1998年版,第108页。
〔3〕 参见于敏:《日本侵权行为法》,法律出版社1998年版,第113页。
〔4〕 参见周枏:《罗马法原论》(下册),商务印书馆2001年版,第696页。
〔5〕 参见蔡颖雯:《过错论》,中国人民大学2005年博士学位论文,第59页。
〔6〕 参见张新宝:《侵权责任构成要件研究》,法律出版社2007年版,第451页。

对策,使行为人最终承担的民事责任和其实施加害行为时的主观状态相适应,当然意义重大。但是,和刑法不同,侵权责任法虽然也可以并且应当被赋予一定的惩罚遏制功能,但是侵权责任法最主要的功能是损害填补。仅从损害填补的角度看,将过错区分为不同的层级,没有什么意义,而且过于细致的过错层级区分,反而会导致侵权责任规则过于烦琐。

因此,笔者认为,为了和侵权责任法的功能相适应,在我国侵权责任法上对于过错层级的区分,仅区分故意和过失两个层级即可。在我国民法理论上和民事立法中,可以并应当参考我国刑法上关于故意的定义以及刑法理论界关于故意的研究成果,整合恶意、直接故意这两种主观状态,放弃恶意概念,使用直接故意这一概念。直接故意和间接故意这两种主观状态,都用故意这一概念来概括。民事法律的文本中没必要一会儿使用"恶意"这个概念,一会儿又使用"故意"这个概念,徒增法律适用的混乱和没必要的理论争议。对于重大过失、一般过失、轻微过失,完全可以参考刑法中关于过失的定义和刑法理论界关于过失的研究成果,将其整合为疏忽大意的过失和过于自信的过失两类,然后统一使用"过失"这一概念,民事法律文本中没必要使用重大过失、一般过失、轻微过失之类的概念。

因此,笔者认为,根据制定具有一定抽象性因而具有普适性的成文法的需要,将故意和过失作为过错侵权的两种典型状态,将彼此相互区别开来,无论是在理论上,还是实践中,都是可行的。

此外,将过错侵权二分为故意侵权和过失侵权,并不是完全否定我国现行侵权责任法的理论和结构。诚然,如果采主观过错标准,故意和过失二者的主观状态是不同的,二者的区分也是明确的,故意侵权和过失侵权二者是并列关系。但是,如果采客观过错标准,故意侵权和过失侵权都是行为人的行为超越了社会普通谨慎人(理性人)的行为标准,故意侵权和过失侵权二者本质上是一样的,区别在于二者背离的程度不同,此种情况下,故意完全可以被过失涵盖,二者是包含关系。因此,即使在区分故意侵权和过失侵权的情况下,如果被侵权人不能证明加害人主观方面存在故意,也完全可以根据客观标准,认定加害人存在过失,按照过失侵权责任追究加害人的侵权责任。

第一章　我国过错侵权一般条款的立法现状及其面临的挑战

第一节　我国过错侵权一般条款的立法现状

我国侵权责任法关于过错侵权一般条款的规定是我国《民法典》第1165条第1款,其条文为“行为人因过错侵害他人民事权益造成损害的,应当承担侵权责任”。从立法政策角度看,我国《民法典》侵权责任编关于过错侵权一般条款具有以下几个特点。

第一,将过错侵权的保护范围概括为民事权益。我国侵权责任法不区分权益是否具有绝对性,统一规定为“民事权益”,并且对于民事权利和民事利益的保护程度,不因加害人是故意侵权还是过失侵权而有所区别。

第二,对故意侵权与过失侵权的损害赔偿范围基本上持同等对待的立场。我国侵权责任法关于过错侵权的填补性损害赔偿范围,原则上对故意侵权与过失侵权的损害赔偿范围坚持同等对待的立场。当然,我国《民法典》规定了两种例外情形:一是根据我国《最高人民法院关于民事侵权精神损害赔偿责任若干问题的解释》第5条的规定,精神损害赔偿数额的确定,要考虑侵权人的过错程度。[1] 二是根据我国《民法典》第998条的规定,行

---

〔1〕《最高人民法院关于民事侵权精神损害赔偿责任若干问题的解释》第5条规定:“精神损害的赔偿数额根据以下因素确定:(一)侵权人的过错程度,但是法律另有规定的除外;(二)侵权行为的目的、方式、场合等具体情节;(三)侵权行为所造成的后果;(四)侵权人的获利情况;(五)侵权人承担责任的经济能力;(六)受理诉讼法院所在地的平均生活水平。”

为人和受害人的过错程度,是认定行为人承担侵害除生命权、身体权和健康权外的人格权的民事责任应当考虑的因素之一。[1]

第三,对于一般的故意侵权行为,拒绝采用一般性的惩罚性赔偿制度。关于惩罚性赔偿方面,虽然我国侵权责任法规定了惩罚性损害赔偿制度,但是该制度仅仅适用于故意侵害知识产权[2]和产品责任领域[3]以及故意污染环境[4]等特殊情形,而不适用于其他的故意侵权行为。

从立法技术角度看,我国侵权责任法关于过错侵权一般条款采用的是《法国民法典》第 1382 条的模式,将故意侵权和过失侵权笼统地称为过错侵权,规定在一个条文之中。无论加害人是故意侵权还是过失侵权,侵害他人何种民事权益,造成何种损害,加害人都需要按照我国《民法典》第七编第二章确定的赔偿标准,赔偿受害人遭受的损害。

综上所述,我国侵权责任法关于过错侵权一般条款采取在保护范围、损害赔偿范围等方面,对故意侵权与过失侵权不加区分、同等对待的立法模式,笔者称之为故意侵权与过失侵权合一论。

第二节 故意侵权与过失侵权合一论面临的挑战

一、将过错侵权责任的保护范围规定为"民事权益"存在的挑战

我国《民法典》第 1164 条规定:"本编调整因侵害民事权益产生的民事关系。"第 1165 条第 1 款规定:"行为人因过错侵害他人民事权益造成损害的,应当承担侵权责任。"由此可见,我国侵权责任法的保护范围是"民事权益"。故意侵权与过失侵权合一论背景下,将过错侵权责任的保护范围规定为"民事权益"面临挑战。

---

〔1〕 我国《民法典》第 998 条规定:认定行为人承担侵害除生命权、身体权和健康权外的人格权的民事责任,应当考虑行为人和受害人的职业、影响范围、过错程度,以及行为的目的、方式、后果等因素。

〔2〕 我国《民法典》第 1185 条规定:故意侵害他人知识产权,情节严重的,被侵权人有权请求相应的惩罚性赔偿。

〔3〕 我国《民法典》第 1207 条规定:明知产品存在缺陷仍然生产、销售,或者没有依据第 1206 条规定采取有效补救措施,造成他人死亡或者健康严重损害的,被侵权人有权请求相应的惩罚性赔偿。

〔4〕 我国《民法典》第 1232 条规定:侵权人违反法律规定故意污染环境、破坏生态造成严重后果的,被侵权人有权请求相应的惩罚性赔偿。

(一)我国《民法典》中的民事权益之文义解释

按照文义解释,民事权益包括民事权利和民事利益。民事权利本质上是指法律为了保障民事主体的特定利益而提供法律之力的保护,是法律之力和特定利益的结合,是类型化的利益。[1] 根据我国《民法典》总则编第五章民事权利中的规定,我国民法上的民事权利大类有:人格权[2]、身份权[3]、物权[4]、债权[5]、知识产权[6]、股权和其他投资性权利[7]、个人信息权[8]、受法律保护的数据和网络虚拟财产权[9]、继承权[10]、其他民事权利[11]。人格权包括哪些具体权利呢?法律列举的有:(1)人身自由权;(2)人格尊严权;(3)生命权;(4)健康权;(5)姓名权;(6)名称权;(7)肖像权;(8)名誉权;(9)荣誉权;(10)隐私权;(11)个人信息权。身份权在我国《民法典》中被规定为自然人因婚姻家庭关系等产生的人身权利。自然人在婚姻家庭关系中会产生哪些具体的权利呢?法律没有详细列举,大概应当

---

〔1〕 参见王利明、杨立新、王轶、程啸:《民法学》(第6版),法律出版社2020年版,第152页。

〔2〕 我国《民法典》总则编规定的人格权主要体现在第109条和第110条以及我国《民法典》第四编人格权编。

我国《民法典》第109条规定:自然人的人身自由、人格尊严受法律保护。

我国《民法典》第110条规定:自然人享有生命权、身体权、健康权、姓名权、肖像权、名誉权、荣誉权、隐私权、婚姻自主权等权利。

法人、非法人组织享有名称权、名誉权和荣誉权。

〔3〕 我国《民法典》第112条规定:自然人因婚姻家庭关系等产生的人身权利受法律保护。

〔4〕 我国《民法典》第114条规定:民事主体依法享有物权。

物权是权利人依法对特定的物享有直接支配和排他的权利,包括所有权、用益物权和担保物权。

〔5〕 我国《民法典》第118条规定:民事主体依法享有债权。

债权是因合同、侵权行为、无因管理、不当得利以及法律的其他规定,权利人请求特定义务人为或者不为一定行为的权利。

〔6〕 我国《民法典》第123条规定:民事主体依法享有知识产权。

知识产权是权利人依法就下列客体享有的专有的权利:(1)作品;(2)发明、实用新型、外观设计;(3)商标;(4)地理标志;(5)商业秘密;(6)集成电路布图设计;(7)植物新品种;(8)法律规定的其他客体。

〔7〕 我国《民法典》第125条规定:民事主体依法享有股权和其他投资性权利。

〔8〕 我国《民法典》第111条规定:自然人的个人信息受法律保护。任何组织或者个人需要获取他人个人信息的,应当依法取得并确保信息安全,不得非法收集、使用、加工、传输他人个人信息,不得非法买卖、提供或者公开他人个人信息。

〔9〕 我国《民法典》第127条规定:法律对数据、网络虚拟财产的保护有规定的,依照其规定。

〔10〕 我国《民法典》第124条规定:自然人依法享有继承权。

自然人合法的私有财产,可以依法继承。

〔11〕 我国《民法典》第126条规定:民事主体享有法律规定的其他民事权利和利益。

包括夫妻双方在婚姻关系中产生的权利,父母子女之间产生的亲权、监护权等权利,祖父母、外祖父母与孙子女、外孙子女等法定近亲属之间的身份权利。物权包括:(1)所有权;(2)用益物权;(3)担保物权。知识产权包括:(1)著作权;(2)专利权;(3)商标专用权;等等。

民事利益指未被法律明文规定或被司法实践认定为一种权利,但也受到私法保护的利益,包括人身利益和财产利益,如占有、商业秘密、死者的名誉、隐私等人格利益。[1] 对比民事权利和民事利益的概念,民事利益实质上就是暂时未被民事法律类型化,但受法律保护的利益。根据程啸教授的总结,我国《民法典》上的民事利益包括人身利益和财产利益两种,人身利益包括英雄烈士的姓名、肖像、名誉、荣誉,死者的姓名、肖像、名誉、荣誉、隐私、遗体,自然人基于人身自由和人格尊严享有的其他人格权益,自然人具有人身意义的特定物,其他民事利益。财产利益包括商业秘密、占有、其他财产利益(纯粹经济损失)。[2]

(二)挑战之一:债权是否在我国侵权责任法的保护范围内?

债权属于民事权利无疑,根据文义解释,其毫无疑问应当在我国侵权责任法的保护范围内。但是,一方面,根据我国《民法典》第 577 条的规定,当事人一方不履行合同义务或者履行合同义务不符合约定的,应当承担的是违约责任,而不是侵权责任。即使是第三人的原因导致债务人违约,按照我国《民法典》第 593 条的规定,债权人也只能向债务人主张依法承担违约责任。债务人和第三人之间的纠纷,依照法律规定或者按照约定处理。因此,可以说,根据我国《民法典》的规定,债权在我国侵权责任法的保护范围之外。

另一方面,根据民法理论,民事权利包括绝对权和相对权等不同的基本类型。[3] 侵权责任法的保护范围是绝对权,而非相对权。正如王泽鉴先生所指出的:"民事权利可分为绝对权和相对权。绝对权,指对于一般人请求

〔1〕 参见程啸:《侵权责任法教程》(第 4 版),中国人民大学出版社 2020 年版,第 47 页。
〔2〕 参见程啸:《侵权责任法教程》(第 4 版),中国人民大学出版社 2020 年版,第 47 页。
〔3〕 参见王利明、杨立新、王轶、程啸:《民法学》(第 6 版),法律出版社 2020 年版,第 176 ~ 178 页。

不作为的权利,如人格权、身份权、物权。由此权利者,得请求一般人不得侵害其权利。"[1]

因此,如何理解我国《民法典》第1164条和第1165条中的"民事权益"?学者们存在分歧。一种观点认为,我国侵权责任法的保护范围应当限于绝对权。如邹海林和朱广新两位教授在评论我国《民法典》第1164条时认为:"本条中的民事权益包括民事权利和民事利益,民事权利包括物权、知识产权、人格权、身份权、股权等类型,以现行法有规定者为限。民事利益可以区分为财产性利益、人身性利益,限于法律保护范围内的利益。"[2]两位学者虽然没有直接提到我国侵权责任法的保护范围应当限于绝对权,但是其列举中没有提到债权。张新宝教授更是明确指出:侵权责任法的保护范围应当限于绝对民事权利。[3] 他提出:大陆法系民法大致有这样一个共识,即侵权责任法主要保护具有"绝对"性质的民事权益。[4] 程啸教授也认为:侵权责任法保护的主要是绝对权。[5] 显然,绝对权的外延比民事权利的外延狭窄。

另一种观点则认为,《民法典》第1164条规定了侵权责任保护范围是"民事权益",既包括民事权利,也包括民事利益,即法益。我国侵权责任保护的民事权利是"7+N",即《民法典》总则编第五章规定的人格权、身份权、物权、债权、知识产权、继承权、股权以及其他投资性权利,和其他法律规定的民事权利。侵权责任保护的民事利益,即法益,包括其他人格利益、胎儿人格利益、死者人格利益、其他身份利益以及其他财产利益。[6]

笔者认为,全盘肯定或否定相对权是过错侵权的保护范围,似乎都不妥当,这就导致对我国《民法典》第1165条的解释无论如何都存在问题。

(三)挑战之二:对民事权利和民事利益是同等保护还是区别对待?

我国《民法典》第1165条规定,行为人因过错侵害他人民事权益造成他

---

〔1〕 王泽鉴:《民法概要》,中国政法大学出版社2003年版,第39页。

〔2〕 参见邹海林、朱广新主编:《民法典评注:侵权责任编》,中国法制出版社2020年版,第4页。

〔3〕 参见张新宝:《中国民法典释评:侵权责任编》,中国人民大学出版社2020年版,第3页。

〔4〕 参见张新宝:《中国民法典释评:侵权责任编》,中国人民大学出版社2020年版,第3页。

〔5〕 参见程啸:《侵权责任法教程》(第4版),中国人民大学出版社2020年版,第48页。

〔6〕 参见杨立新:《民法典对侵权责任保护范围的准确界定——对〈民法典〉第1164条含义理解的进一步厘清》,载《兰州大学学报(社会科学版)》2021年第1期。

人损害的,应当依法承担侵权责任。按照该条文义,过错侵害他人民事权利和过错侵害他人民事利益,都应同样承担侵权责任,这就意味着我国侵权责任法对于民事权利和民事利益采同等保护的立法政策。但是,根据王利明教授的研究,在普遍存在的权益冲突中,不同权益的价值分量并非等同,在这一背景下,建立妥善的权益位阶理论,有助于防范化解冲突,有效贯彻立法者的价值判断,并辅助裁判者进行准确的利益衡量。通过对《民法典》民事权益体系的解释,可以对民事权益的位阶进行如下排序:物质性人格权、精神性人格权、身份权、人格利益、财产权利、财产利益。民事权益位阶在司法适用中并不是机械地排序取舍,而应结合个案场景妥当地进行利益衡量。民事权益位阶主要涉及高位阶权益的优先保护、低位阶权益的妥协容忍、民事责任的限制和排除等。[1] 笔者赞同王利明教授的上述观点,如此我国《民法典》第 1165 条的问题就出来了。如前所述,民事权利是类型化的民事利益,而民事利益则是还没有被民法典类型化的、民事权利之外的受民法保护的利益。既然民事权利在侵权责任法上都存在保护位阶,那么,位阶低于民事权利的民事利益,侵权责任法对民事权利和民事利益应当采同等保护还是区别保护的立法政策呢?答案显然是区别保护。为了平衡行为自由和权益保护,无论是通过立法还是司法解释,行为人在侵害他人民事权利和民事利益时,其注意义务程度或者过错的认定、侵权责任的构成,总要有所区别的。我国《民法典》采故意侵权与过失侵权合一论的立场,无法实现民事权利和民事利益应当区别保护这一目标。

(四)挑战之三:民事利益的具体内容要不要法条明确列举?

民事利益的内容具有不确定性和不断成长性。只要某种利益符合社会主流道德规范,其就应当在道德规范层面被认可并受到保护。当这种合乎社会主流道德规范的利益受到他人侵害,并且社会不能容忍和接受这种侵害时,社会就应当从矫正正义的道德规范和矫正正义的法律规则层面做出反应。在法律层面上就是,当这种利益受到侵害,并且社会不能容忍和接受这种侵害时,该社会就应当通过侵权责任法追究加害人的侵权责任。如何

---

[1] 参见王利明:《论民事权益位阶:以〈民法典〉为中心》,载《中国法学》2022 年第 1 期。

将"这种侵害是社会不能容忍和接受的"这一道德和社会要求落实为法律责任的构成要件,是一个立法政策问题,需要考量诸多因素,不同国家的立法者可能会做出不同的选择。但是,故意侵害这种侵权类型,无论从道德因素还是从功利因素考量,都是不能接受的。因此,从故意侵害这个角度看,只要民事利益符合该社会的主流道德规范或标准,该民事利益就应该受到社会道德规范和侵权责任规范的保护,而无论这种民事利益是否在法律规范中是否有明确的列举。正如王利明教授指出的那样,随着社会经济的发展,合法权益的范围是不断变化的,一些新型权益将不断出现,新型民事权益的范围十分广泛。我国《民法典》第 126 条作为兜底条款,为将来新型民事权益的保护提供依据,保持了受法律保护的民事权益范围的开放性。[1]

但是,由于我国《民法典》第 1165 条秉持故意侵权与过失侵权合一论,如果过于宽泛地解释民事权益的范围,过失侵害他人民事利益的行为人,都要承担侵权责任,那么可能产生对行为自由限制过度的社会效果。所以,在实践中,司法机关不得不对民事利益做了很多限制,只有法律有列举的情形才保护。但是,我国《民法典》第 1165 条秉持故意侵权与过失侵权合一论,司法实践中为了平衡加害人行为自由和受害人权益保护,将民事利益限定在法律列举的范围之内,不当限制了加害人故意侵害他人民事利益的救济渠道,导致很多法条上未列举的民事利益被故意侵害后得不到法律保护,违背了《民法典》设置第 126 条这一兜底条款的初衷。笔者此处提 3 个实务中存在的问题。

1. 个人通过努力(竞争)才能获得的机会,是否属于我国《民法典》第 1165 条规定的"民事权益"? 个人通过自身努力获得的诸如升学、就业、参军等提升自我的机会,对该个人而言肯定具有利益,应该受到民法保护。因此,按文义解释,侵害他人通过努力(竞争)才能获得的机会,应该属于侵害他人"民事权益"。但遗憾的是,在我国民法学界和司法界对侵害个人通过努力(竞争)才能获得的机会利益此类未名人格利益,未能正确认识。冒名顶替上学的罗某霞案是调解结案的,侵害何种民事权益没有结论。在理论

---

〔1〕 参见王利明、杨立新、王轶、程啸:《民法学》(第 6 版),法律出版社 2020 年版,第 167 页。

上,此类案件侵害的是何种民事利益呢？如果连侵害何种民事权益都没有搞清楚,又如何计算受害人遭受的损害？如何计算损害赔偿金？

2. 期待利益是否应当涵盖在我国《民法典》第1165条规定的“民事权益”范围之内？这个问题是笔者代理过的一个真实案件引发的思考。[1] 根据民法理论,民事权利根据其成立要件是否全部实现,可以区分为既得权和期待权。期待权是指权利人依据法律或者合同的规定,依法对未来的某种权利享有一种期望或者期待的利益。[2] 尽管期待权体现为一种未来的利益,但是笔者认为这种期待利益仍然是可以实际取得的。因此,这种期待利益应当受侵权责任法的保护。当然,其保护条件或者说侵害该种期待利益的侵权责任的构成要件如何设置,那是另外一个问题。但是,很遗憾,笔者接受乙女和甲男的委托,向法院提起损害赔偿诉讼时,法院对于甲男提起的请求被告赔偿物质损害1元和精神损害赔偿金20万元的诉讼请求,不予受理。理由是,被告没有侵害甲男的民事权益。但是,一个正常人的直觉告诉我,甲男肯定有某种民事权益受到侵害而具有损害(至少马上就可以做爸爸的机会没了),既然我国《民法典》第1164条和第1165条使用的是“民事权益”,为什么法院还要原告明确具体哪项民事权益受侵害呢？我们的侵权责任法理论和实务要不要对“民事权益”做出“以现行法列举的有名民事权利和民事利益为限”的限制呢？因为学者和实务部门认识到,在现行故意侵权与过失侵权合一论的立法框架下,对民事利益的范围不加以限制,可能会导致侵权责任的无限扩张,进而限制行为人的行为自由,损害国家的经济发展

[1] 该案的案件事实为:甲男和乙女系合法夫妻,甲男40岁,乙女38岁,结婚多年一直不育。后通过多次人工辅助生殖技术,乙女最终成功怀孕至36周加4天,多次胎检显示胎儿发育正常,但乙女子宫下垂,胎儿胎位不正。胎检报告建议她进行剖腹产。乙女于2021年3月26日上午10时,感觉轻微腹痛,马上在丈夫甲男陪同下入住某某县人民医院。医院妇产科医生当天下午做了全套检查,检查结果和之前的胎检结果相同,胎儿发育正常,但乙女子宫下垂,胎儿胎位不正。乙女要求医院进行剖腹产手术,但是主治医生认为不用剖腹产,建议乙女自然生产。后乙女同意了医生的顺产建议,继续在该医院住院等待生产。3月27日下午4时,医院B超检查显示脐带缠绕胎儿脖子3圈,但主治医生查看了检查报告之后,仍然没有采取任何措施,继续建议乙女住院等待自然顺产。3月28日上午9时许,乙女腹痛,下身出血。该院医生检查之后马上进行剖腹产手术,但是产出的胎儿已经死亡。问题如下:甲男在该案中是不是受害人？要回答这个问题,必须回答甲男对乙女腹中成活的胎儿是否享有民事利益？如果胎儿活体出生,甲男自其出生之时起对其享有亲权。在该胎儿未出生期间,甲男对该胎儿享有合法的利益吗？这是否为一种期待的身份利益？

[2] 参见王利明、杨立新、王轶、程啸:《民法学》(第6版),法律出版社2020年版,第178页。

和社会进步。那么,如何合理平衡受害人权益保护和行为人的行为自由呢?笔者认为,类型化处理比较好,而类型化的最佳途径就是故意侵权和过失侵权分立,故意侵权保护所有合法的民事利益,而过失侵权则保护绝对权。

3. 我国《民法典》第 1043 条第 2 款规定夫妻应当互相忠实,那么,夫妻一方对对方婚后是否享有保持性行为纯洁的利益?这种利益是否属于侵权责任法保护的民事权益?如果回答是肯定的,那么夫妻一方和他人发生性行为,若属于通奸,则通奸双方侵害了夫妻另一方的利益,应当依法承担侵权责任。如果通奸双方的通奸行为属于侵害夫妻另一方合法权利的行为,那么该夫妻一方和通奸的另一方之间关于赔偿的协议,就是一个民法上的加害人和受害人关于侵权之后的损害赔偿数额的协议问题,而不应该将其定性为一个刑法上的敲诈勒索问题。显然,从我国目前司法实践中的做法看,不承认夫妻一方与他人通奸的行为侵害了另一方的民事权益。[1]

综上所述,我国《民法典》第 1165 条关于侵权责任法的保护范围之立法陷入两难之困境。一方面,过于笼统地规定过错侵害他人民事权益均应承担侵权责任,没有合理地限定各种不同情形下侵害民事权益的构成要件。另一方面,为了弥补该条文保护范围过大的弊端,学理上将该"民事权益"限缩解释为绝对权,但法院要求原告依据法律明确提出被侵害的民事权益,这实际上又合理限制了我国侵权责任法的保护范围。

---

〔1〕 具体案情如下:2008 年 8 月 22 日下午 4 时许,一直怀疑妻子有婚外情的陈某发现其妻子打扮后走出家门,遂跟踪其至某宾馆,见其在服务台登记了 408 房,遂起疑心。陈某一边监视,一边打电话通知其朋友王某(在逃),称有急事要他帮忙,叫他赶到宾馆。王某赶到后,陈某便将事情的原委告诉王某,两人决定一起去捉奸。他们一起敲开了 408 房门,发现陈妻和张某在房间里,遂以两人有不正当关系为由,对张某进行殴打致其轻微伤。陈某责问张某如何解决此事。张某连称自己对不起陈某,并提出愿意补偿陈某 1 万元。陈某说至少拿 6 万元,并逼迫张某写一张 6 万元的欠条。张某被迫写了一张"今欠陈某人民币陆万元整"的欠条,欠款日期为 2008 年 8 月 22 日。张某写完欠条后,陈某赶其妻离开宾馆,并在该宾馆另外登记了 412 房,叫王某将张某押到 412 房,自己则留在 408 房,并要张某凑齐 6 万元现金送到 408 房。张某到了 412 房后,给亲戚赵某打电话,称自己有急事需 6 万元,并叫亲戚把钱送到该宾馆 408 房。亲戚筹得现金 5 万元送到宾馆 408 房交给了陈某。拿到钱后,陈某来到 412 房,称一人做事一人当,让王某离开宾馆,自己则押着张某,催其把余款 1 万元凑齐。张某又打电话给朋友,并要朋友将钱送到宾馆 412 房。陈妻离开宾馆后担心陈某把事情闹大,就向公安机关报了案,并打电话告诉了陈某。陈某被当场抓获。资料来源:http://www. 110. com/ziliao/article - 61350. html,2024 年 5 月 1 日访问。

二、我国侵权损害的赔偿标准提高与否的两难问题

我国《民法典》侵权责任编第二章损害赔偿，列举了各种民事权益被侵害时的损害赔偿金的计算项目或计算方法，[1]我国《民法典》第1185条规定："故意侵害他人知识产权，情节严重的，被侵权人有权请求相应的惩罚性赔偿。"我国《民法典》第1207条规定："明知产品存在缺陷仍然生产、销售，或者没有依据前条规定采取有效补救措施，造成他人死亡或者健康严重损害的，被侵权人有权请求相应的惩罚性赔偿。"我国《民法典》第1232条确立了"故意污染环境、破坏生态"时的惩罚性赔偿。这些损害赔偿项目和计算方法的确立，使我国的损害赔偿法具有巨大的进步性，这一点是毋庸置疑的。但是，这样的立法，仍然存在形式和实质两个方面的问题。

1. 从实质上看，由于我国《民法典》对故意侵权与过失侵权采合一论的立法政策，对故意侵权和过失侵权的损害赔偿，均采恢复原状式的完全赔偿原则，同等对待，但又基于现实需要，不得不对完全赔偿做出很多限制。比如，死亡赔偿金、残疾赔偿金按照受诉法院所在地上一年度城镇居民人均可支配收入或者农村居民人均纯收入标准计算；差旅费的计算并不是以原告实际支出的费用为准，而是按照一套国家多年之前发布的差旅费报销标准来计算；原告请律师代理侵权案件维护自己的权益而支付的律师费一般也得不到赔偿；司法实务中的精神损害赔偿数额，普遍都不是很高；[2]等等。这些实务中的做法不仅背离了完全赔偿原则，而且基于举证责任、民事判决

---

[1] 我国《民法典》第1179条规定人身损害的赔偿项目为"赔偿医疗费、护理费、交通费、营养费、住院伙食补助费等为治疗和康复支出的合理费用，以及因误工减少的收入。造成残疾的，还应当赔偿辅助器具费和残疾赔偿金；造成死亡的，还应当赔偿丧葬费和死亡赔偿金"。我国《民法典》第1182条规定侵害他人人身权益造成财产损失的赔偿金计算方法为"按照被侵权人因此受到的损失或者侵权人因此获得的利益赔偿；被侵权人因此受到的损失以及侵权人因此获得的利益难以确定，被侵权人和侵权人就赔偿数额协商不一致，向人民法院提起诉讼的，由人民法院根据实际情况确定赔偿数额"。我国《民法典》第1183条规定侵害自然人人身权益和侵害自然人具有人身意义的特定物造成严重精神损害时精神损害赔偿请求权。我国《民法典》第1184条规定侵害他人财产时的损失计算方法为"按照损失发生时的市场价格或者其他合理方式计算"。

[2] 很多省、自治区和直辖市的高级人民法院都制定了一些规范性文件，确定精神损害赔偿金的数额，但是普遍不是很高。参见阳庚德：《私法惩罚论——以侵权责任法为中心》，法律出版社2017年版，第266～268页。

书执结率低等原因,大多数情况下原告获得的损害赔偿远低于受害人遭受的实际损害。如果维持现有比较低的损害赔偿额,将导致故意侵权的受害人赔偿不足、对故意侵权行为遏制不力的后果。但是,如果普遍提高损害赔偿数额的话,在我国这种不区分故意侵权与过失侵权的立法政策背景下,加重了过失侵权行为人的负担,不利于实现平衡行为自由和受害人权益保护的立法价值。

2. 从形式上看,我国《民法典》没有针对故意侵权配置一般性的惩罚性赔偿,仅针对故意侵害知识产权等情形配置惩罚性赔偿。这就在逻辑上存在一个问题:我国《民法典》为什么仅仅针对故意侵害知识产权等的侵权配置惩罚性赔偿呢?就民事权利的体系而言,知识产权仅仅是我国《民法典》中的一种民事权利;就民事权利位阶而言,人格权、身份权、物权、债权、股权等,都是和知识产权同等重要的民事权利。对故意侵害和知识产权处于同一位阶、同等重要的人格权、身份权、物权、股权,我国《民法典》为什么不配置惩罚性赔偿?从逻辑上看,我国《民法典》的立法政策显然无法自圆其说。

我国侵权责任法对故意加害行为遏制不力,导致我国将遏制这些故意加害行为的重担,放在了公法,特别是《刑法》上,如高空抛物致人损害入刑、冒名顶替上大学或者参加工作等入刑。大陆法系国家的传统观点认为,私法不具有惩罚和遏制侵权行为的功能,对不法行为的惩罚和遏制,应当全部由公法来承担,以建立一种泾渭分明的纯粹的私法和公法体系。但是,公法独占惩罚是以国家万能论为前提的。现代法律经济分析理论认为,分配和实施惩罚是需要成本的。首先,从国家能力方面来说,国家通过公法独占惩罚受到其可用资源的限制。其次,从实施惩罚的动力来看,国家机关及其工作人员代表国家对不法行为人分配和实施惩罚,但是,个别国家机关及其工作人员因为和受害人之间没有直接的利益关系,其积极分配和实施惩罚的动力不足。

在侵权责任法律关系中,基于促进社会(经济)发展等功利主义因素的考量,侵权责任法本身在制度设计的时候,偏向对行为人自由的保护。在此基础上,现代社会的法律制度还设计出了各种社会保险制度、强制保险以及商业保险制度,特别是责任保险制度的发展,使加害人,特别是企业法人这种加害人,能够通过现代法律提供的各种制度,将其承担的侵权责任转化、分散,再加上大陆法系侵权责任法传统否定惩罚性赔偿的正当性,侵权责任法对故意侵权行为遏制不力。

第二章　故意侵权与过失侵权的各种立法模式及评析

第一节　故意侵权与过失侵权合一模式及评析

一、以《法国民法典》为代表的故意侵权与过失侵权合一模式

《法国民法典》的侵权行为条款建立在一个概括、抽象的一般原则之上，宣示着过错责任主义。该法典第 1382 条规定："任何行为致他人受到损害时，因其过错导致行为发生之人，应对该他人负赔偿之责任。"第 1383 条规定："任何人不仅对因其行为导致的损害负赔偿责任，而且还对因其懈怠或疏忽大意造成的损害负赔偿责任。"[1] 从法条文义看，法国侵权法采取的是故意侵权与过失侵权合一模式。

根据笔者的观察，受《法国民法典》影响，《荷兰民法典》《日本民法典》《意大利民法典》《欧洲示范民法典》均采取这种模式。如《日本民法典》第 709 条规定："因故意或过失，而侵害他人之权利者，任赔偿因此而生之损害之责。"[2]《意大利民法典》第 2043 条规定：对于故意或过失给他人造成不法损害的行为，行为实施者要承担损害赔偿责任。[3] 虽然《荷兰民法典》的条文表述复杂一些，但该法典的基本立场仍然是故意侵权与过失侵权合一

〔1〕《法国民法典》，罗结珍译，中国法制出版社 1999 年版，第 330 页。

〔2〕《新译日本法规大全》（第 1 卷），南洋公学译书院初译，商务印书馆 2007 年版，第 357 页。

〔3〕参见《意大利民法典》，费安玲等译，中国政法大学出版社 2006 年版，第 203 页。

模式，如该法典第6编第3章第162条规定："(1)任何人对他人实施可被归责的侵权行为的，应当赔偿该行为使他人遭受的损害。(2)除有正当理由外，下列行为视为侵权行为：侵犯权利，违反法定义务或有关正当社会行为的不成文法规则的作为或不作为。(3)侵权行为是由行为人的过错或者依据法律或公认的准则应由其负责的原因所致的，归责于该行为人。"〔1〕再如，《欧洲示范民法典》第6卷"造成他人损害的非合同责任"中的第一章"基本规定"第Ⅵ－1：101条基本规则(1)规定："遭受具有法律相关性的损害的人，得要求故意或过失造成该损害或者因其他事由对该损害之发生负有责任者赔偿。"〔2〕

笔者认为，故意侵权与过失侵权合一模式具有两个显著的特点：

第一，认为侵权责任法上区分故意和过失没有什么价值，故意侵权与过失侵权在保护范围、损害赔偿范围等方面，没有区别或区别不大。

第二，侵权行为发生后，无论是故意侵权还是过失侵权，一律按照"使受害人恢复到损害发生前的状态"的理想标准，要求加害人负完全赔偿责任，既否定惩罚性赔偿制度的合理性，也反对针对故意侵权、过失侵权建立具有差别性的损害赔偿制度体系。

法国学者苏莎娜(Suzanne Galand-Carval)指出："《法国民法典》(第1382～1386条)提到了两种类型的过错，故意(le délit)和非故意(le quasi-délit)。但是《法国民法典》第1383条明文规定，这一区分对于责任的构成没有任何实际效果，即'任何人不仅对其行为(被理解为故意的行为)导致的损害承担赔偿责任，也对因其过失或疏忽(非故意)导致的损害承担责任'。因此，最轻微的过错必须承担责任的思想是根深蒂固的，也不难找到被告对其哪怕仅仅是一个小错误、不准确的判断甚至一个本能的反应承担责任。"〔3〕日本学者园谷峻先生也指出："日本通说没有将故意侵权行为和过

〔1〕《荷兰民法典》(第3、5、6编)，王卫国主译，中国政法大学出版社2006年版，第203页。

〔2〕欧洲民法典研究组、欧盟现行私法研究组编著，[德]克里斯蒂安·冯·巴尔、[英]埃里克·克莱夫主编：《欧洲私法的原则、定义与示范规范：无因管理他人事务 造成他人损害的非合同责任 不当得利》(第5～7卷)，王文胜等译，法律出版社2014年版，第179页。

〔3〕Suzanne Galand-Carval, *Fault under French Law*, P. Widmer (Ed.), *Unification of Tort Law: Fault*, Kluwer Law International, 2005, p. 94－95.

失侵权行为予以区分，在民事责任上，区分故意和过失是没有实际意义的。”[1]

二、对故意侵权与过失侵权合一模式的评析：成和败均在于其概括性

(一)高度概括的过错侵权一般条款文义上可以涵盖任何需要保护的权利和利益

《法国民法典》关于过错侵权的一般条款具有高度概括性，文义上可以涵盖任何立法者需要保护的权利和利益，可以说，法国侵权责任法的保护范围不受限制，并且对权利和利益同等保护。正如王泽鉴教授所言：“法国民法的侵权行为系建立在一个概括的、抽象的一般原则之上，宣示着过错责任主义，是法制史上一项空前伟大的成就。综合《法国民法典》第1382条和第1383条，其构成要件有三：一是须受害人有损害，通说认为包括精神损害。侵害他人致死者，被害人的未婚妻，甚至情夫情妇，就其所受精神痛苦亦得请求赔偿。受保护的，不限于权利，纯粹经济上的损失亦包括在内，如某职业足球员被他人杀害时，其所属足球俱乐部亦得请求赔偿因此所受到的损害，因其须对替代球员支付高额费用。二是须所生损害可归责于法国民法所称的过错(faute)。过错是法国侵权行为法上的核心概念，由于其民法典未设定义，争议甚多。一般认为系指过失，并包括故意在内。须特别指出的是，在法国侵权行为法理论上，并未明显区分‘违法性’和‘过失’，二者兼含于过错概念之内。三是损害及具有可归责性的行为之间存在因果关系。”[2]清华大学的程啸教授也认为：“法国民法中一般侵权行为的规范模式的特点之一就是，在侵权行为法所保护的客体中，未区分权利和利益。这种以概括条款所确立的过错责任原则，可谓法制史上一项空前伟大的成就。”[3]

---

〔1〕［日］园谷峻：《判例形成的日本新侵权行为法》，赵莉译，法律出版社2008年版，第49页。

〔2〕王泽鉴：《侵权行为法：基本理论 一般侵权行为》(第1册)，中国政法大学出版社2001年版，第41页。

〔3〕Francesco Parisi, *Liability for Negligence and Judicial Discretion*, at 160. 转引自程啸：《侵权行为法总论》，中国人民大学出版社2008年版，第156页。

（二）过于概括的过错侵权一般条款无法满足权利和利益应差别保护的客观需求

《法国民法典》的过错侵权一般条款过于概括，对于权利和利益的保护程度等需要作出价值判断的问题，均交给法院来解决，使该条法律适用的确定性和可预见性不能满足社会需求。王泽鉴教授在评价《法国民法典》第1382条时，有如下精辟的分析："（法国法）此项基于自然法理念而创设的一般原则，其保护的客体并不区别权利和利益，从而如何界定其应保护的权益，系法国民法的重要任务，180余年的解释适用产生了丰富的案例，使法国侵权行为法具有浓厚的案例法的性格。"[1]"法国法的优点在其概括性，但未能提供明确的价值判断，影响法律适用的确定性和可预见性。"[2]清华大学的程啸教授也提到类似的观点："（《法国民法典》的过错侵权一般条款）以概括的、原则的形式规范一般侵权行为，结果导致过错责任原则在实践运用中面临含糊不清的危险。因为每一个案件之间的情形大相径庭，而过错的一般原则又留下了过分广阔的可能解释空间。可以说，《法国民法典》第1382条在给司法创造性留出巨大空间的同时，也将如何限制过分宽泛的过错责任原则的边界，即界定应受保护的权益这一重负，强加到了法院和法学家的肩上。"[3]麻昌华教授也认为，对于《法国民法典》中的侵权责任法，由于其采取的是概括性的原则规范模式，使其法典条文很少，不可能满足现实生活的需要。好在概括性规范一般都具有极大的包容性，可以将现实生活中的各种具体现象解释在这种包容性之中。这种包容性能量的扩散工作，只有通过两种方式来完成：一是法官解释，二是单行性法规。法官解释是通过判例的方式实现的，它实际上就是"法官造法"。这有赖于法官的素质和民众对法官的信任。《法国民法典》制定初期，在缺少单行法的情况下，大量的侵权行为案件都只能通过法官解释的方式解决。法国侵权责任法中的许

---

〔1〕 王泽鉴：《侵权行为法：基本理论 一般侵权行为》（第1册），中国政法大学出版社2001年版，第68页。

〔2〕 王泽鉴：《侵权行为法：基本理论 一般侵权行为》（第1册），中国政法大学出版社2001年版，第69页。

〔3〕 Francesco Parisi, *Liability for Negligence and Judicial Discretion*, at 160. 转引自程啸：《侵权行为法总论》，中国人民大学出版社2008年版，第156页。

多重要制度都是通过其最高法院的判例创制的,如通过对第 1382 条中的损害的扩大解释创制的精神损害赔偿制度,通过对第 1384 条第 1 款的解释确立的无过错责任制度等。这种现象或许为今后的制定法与判例法的融合留下空间,但是至少在现在,制定法国家中的"法官造法"的普遍与频繁不可避免会造成法律适用上的混乱。这种混乱的原因,主要是大陆法系制定法传统观念的影响。单行法的方式就是通过在民法典之外制定单行的侵权责任法律或法规,用以解决某一领域的问题,从而将民法典中的侵权责任条文"释放"出来,用于实践。这种方式有赖于经验的积累和正式的立法程序,并且只有当某一问题反复出现而突出时,才能引起立法者的关注。由于单行法出现的时间不一,时代背景各异,相互之间的冲突不可避免。频繁出现的冲突一方面会损害民法典条文的权威性,另一方面会引起司法实践中的混乱,造成法官的无所适从。[1]

综上所述,《法国民法典》中的侵权责任模式所具有的包容性,对于条文本身来说是一个优点,但需要判例法的文化基础的支持;对于整个侵权责任法来说却是一个缺点,因为它缺少对称性。[2] 换句话说,侵权责任法对民事权利和利益提供不同程度的保护,这是社会平衡行为自由和受害人保护的客观需要。类型化的一般侵权条款和抽象的一般侵权条款二者的区别在于无论是由立法机关在立法时解决这个问题,还是由司法机关通过判例来解决这个问题。

第二节　故意侵权与过失侵权半分立模式及评析

一、以《德国民法典》为代表的故意侵权与过失侵权半分立模式

"德国在制定民法典的时候,关于如何规定不法行为,曾发生重大争论。德国继受罗马法而形成的普通法,仍采取传统的侵权行为类型,为适应社会需要,虽一再扩张其适用范围,但未完全克服个别列举方式的缺点。另外,欧陆其他民法典,因受自然法理念的影响,已创设一般概括原则。除 1804 年的《法国民法典》外,尚有 1812 年的《奥地利民法》。在此情形下,德国民

〔1〕 参见麻昌华:《侵权行为法地位研究》,中国政法大学出版社 2004 年版,第 109 页。

〔2〕 参见麻昌华:《侵权行为法地位研究》,中国政法大学出版社 2004 年版,第 108 ~ 110 页。

法的起草者原想参考法国民法的立法体例,规定‘故意或过失不法侵害他人者,负损害赔偿责任’。但其后改采折中主义,创设所谓三个类型侵权行为,其理由有三点:(1)就思想背景而言,在19世纪末叶以后,自然法理念已趋式微,代之而起的是德国法学家萨维尼所倡导的历史法学派。(2)一般概括条款隐藏了法律解释适用的困难,广泛授权于法官,不符合当时德国人对司法功能的认识。(3)立法理由书特别指出,若无较为明确的规则,德国法院必将制造在法国法院实务上所见的矛盾和零乱。”[1]

因此,《德国民法典》第823条第1款规定:“故意或有过失地不法侵害他人生命、身体、健康、自由、所有权或其他权利的人,有义务向该他人赔偿因此而发生的损害。”《德国民法典》第826条规定:“违反善良风俗的故意侵害:以违反善良风俗的方式故意加害于他人的人,有义务向该他人赔偿损害。”结合这两个条文,在《德国民法典》中,故意侵权的保护范围包括第823条列举的绝对权及第826条规定的任何民事权益,过失侵权的保护范围则限于第823条列举的绝对权。当然,《德国民法典》否定针对故意侵权设置惩罚性赔偿,因此在赔偿范围方面,故意侵权和过失侵权仍然是一致的,奉行“恢复原状”式的“完全赔偿”原则。

《德国民法典》这种在保护范围或者损害赔偿范围任意一方面,对于故意侵权与过失侵权作出了区分,采取差别对待的理论和立法实践,被笔者称为故意侵权与过失侵权半分立模式。从表面上看,德国民法模式区分了故意侵权与过失侵权,其特点是:(1)《德国民法典》第823条规定的一般故意侵权和第826条规定的特殊故意侵权,在构成要件方面不同。《德国民法典》第826条规定的故意侵权需要“以违反善良风俗的方法”这一要件,而第823条规定的故意侵权则无此要求。(2)《德国民法典》第823条规定的一般故意侵权和第826条规定的特殊故意侵权,在保护范围方面不同。一般故意侵权的保护范围限于“他人生命、身体、健康、自由、所有权或者其他权利”。虽然“其他权利”是一种“兜底式”的规定,但学者们普遍认为,“其他权利”仅能解释为具有绝对性的权利。对于特殊的故意侵权,其保护范围没

[1] 王泽鉴:《侵权行为法:基本理论 一般侵权行为》(第1册),中国政法大学出版社2001年版,第45页。

有限制，只要加害于他人，不管侵害他人什么类型的权利，都对他人负损害赔偿义务。但是，从实质看，可以说，德国民法模式是以保护对象为根据对侵权类型进行区分的，《德国民法典》第 823 条是对绝对权的保护条文，第 826 条是对绝对权以外的法益进行保护的条文。故意和过失只不过是这种区分的附带结果。更为重要的是，根据《德国民法典》关于赔偿范围的规定，对故意侵权与过失侵权的赔偿范围在法律条文上采同等对待的态度，否定针对故意侵权设置惩罚性赔偿制度。

德国学者玛格努斯（Ulrich Magnus）和西赫（Gerhand Seher）两位教授指出："在德国法中，过错以故意或过失的形式出现，但是这一区分不具有什么重要性。一般来说，损害赔偿金的数量和加害人的过错程度无关。最低级别的过失足以导致承担全部的侵权责任。仅仅极少数侵权法条款要求符合条件的过错程度（如《德国民法典》第 825 条、第 826 条的故意）。"〔1〕我国学者郑玉波先生也认为："侵权行为之成立，在采取过失责任主义之原则下，以行为人具有故意过失为要件。故意过失之意义，民法与刑法虽属相同。但故意过失之价值，民法与刑法则异，即在刑法上故意与过失异其价值，民法上故意与过失则同其价值。"〔2〕王泽鉴先生也认为："侵权行为的成立，除构成要件、违法性外，就第 184 条第 1 项前段言，尚须侵害行为系出于故意或过失。故意或过失在德国民法上合称为过错，在我国多译为过失责任原则，解释上当然包括故意在内。在英美法上，侵权行为有须以故意为要件的，亦有以过失为要件的我国不作此种区分。"〔3〕总而言之，正如邱聪智先生所总结的："故意侵权与过失侵权合一的理论就是认为，在主观归责领域，虽可区分故意和（主观）过失二者，但依传统民法理论，故意和过失二者，在归责之基础上，既无本质之差异，其规范作用，原则上亦无不同。"〔4〕

---

〔1〕 Ulrich Magnus and Gerhand Seher, *Fault under German Law*, P. Widmer (Ed.), *Unification of Tort Law: Fault*, Kluwer Law International, 2005, p. 112 – 113.

〔2〕 郑玉波：《民法债编总论》（第 2 版），中国政法大学出版社 2004 年版，第 139 页。

〔3〕 王泽鉴：《侵权行为法：基本理论 一般侵权行为》（第 1 册），中国政法大学出版社 2001 年版，第 253 页。

〔4〕 邱聪智：《从侵权行为归责原理之变动论危险责任之构成》，中国人民大学出版社 2006 年版，第 34 页。

二、对德国故意侵权与过失侵权半分立模式的评析

(一)将过错侵权一般条款类型化使法律适用更准确

为了避免《法国民法典》以抽象、概括性条款规范一般侵权行为存在的问题,《德国民法典》对一般侵权行为采取了类型化的规范模式,即用了三个一般性条款来规范一般侵权行为,确立了三类一般侵权行为:第一类是权利侵害型一般侵权行为。《德国民法典》第823条第1款规定:"故意或有过失地不法侵害他人生命、身体、健康、自由、所有权或其他权利的人,有义务向该他人赔偿因此而发生的损害。"此种类型的一般侵权行为以绝对权作为保护的对象。[1] 第二类是利益侵害型一般侵权行为。《德国民法典》第826条规定:"以违反善良风俗的方式故意对他人施加损害的人,对他人负有损害赔偿义务。"此类侵权行为主要以利益作为保护对象。第三类是违反法律保护型侵权行为。《德国民法典》第823条第2款规定:"违反以保护他人为目的的法律者,负相同的义务。根据法律的内容并无过失也能违反此种法律的,仅在有过失的情况下,始负赔偿义务。"

笔者认为,德国侵权责任法结合故意、过失和权利、利益,将侵权行为类型化,不仅使被害人的权利维护和行为人的行为自由之间的平衡更合理,而且使法律适用更准确。

(1)区分权益的不同,提供不同程度的保护。通过对不同权益的区分,在侵权责任构成要件上,对主观方面提出不同的要求。《德国民法典》第823条第1款为绝对权提供最为充分、有效的保护。因为绝对权本身就是法律对权利人之外的人的行为自由加以限制的产物,所以侵权责任法对绝对权提供更好的保护不会产生进一步的限制,因此,无论是故意侵害绝对权还是过失侵害绝对权,行为人均需承担侵权责任。《德国民法典》第826条和第823条第2款在保护其他权利以及利益的时候,为了平衡行为人的行为自由和受害人的权益保护,避免在法律上对他人行为自由作出不当的限制,德国侵权责任法在决定哪些权益需要保护时,附加了相应的条件如主观上要求必须是故意,且其手段还须悖于善良风俗。从法条文义上看,《德国民法典》

---

[1] 参见[德]迪特尔·施瓦布:《民法导论》,郑冲译,法律出版社2006年版,第205页。

第 826 条明确将过失行为导致他人非绝对权利和利益受损排除在承担侵权责任之外。

(2)严格区分过错和违法性,协调权益保护和行为自由。在德国法中,过错属于主观因素,它被理解为一种态度,而不法性或违法性属于客观因素,它仅简单地表明缺乏法定事由而违反某项法律规范。[1] 这一区分的主要意义在于协调权益保护和行为自由之间的关系。三类一般侵权行为的区别如下:第一,在保护范围上,《德国民法典》第 823 条第 1 款比第 826 条和第 823 条第 2 款狭窄。因为就第 823 条第 1 款而言,只有其列举的权利(主要是指支配权,如生命权、身体权、健康权、自由权、所有权或其他权利。所谓其他权利,如姓名权、肖像权、著作权等)被侵害时,该款才能适用。然而,《德国民法典》第 826 条却没有此项限制。申言之,支配权以外的权利以及应受法律保护的利益被侵害时,无法适用第 823 条第 1 款,但是却有可能适用第 826 条。例如,经济损失如果不是侵害第 823 条第 1 款所保护的权利所导致的结果,就不能适用该款,除非此种损害是由有形损害而生的结果,或者是由于侵害知识产权、自由权等而产生的结果。然而,经济损失的赔偿请求权是根据第 826 条而生的最常见的请求权。[2] 第 823 条第 2 款的适用范围建立在保护性法律的概念之上,其保护范围既可能是绝对权,也可能是绝对权之外的权利甚至法益。[3] 第二,主观要求上,《德国民法典》第 823 条第 1 款比第 826 条更广,因为第 823 条第 1 款主观要件既包括故意也包括过失,但是第 826 条仅限于故意的行为,而且该行为必须悖于善良风俗。第三,在违法性的认定上,《德国民法典》第 823 条第 1 款保护的是支配权、绝对权,因此一旦某行为侵害了那些权利,那么违法性要求就自动满足了,学说上称之为"因符合构成要件而征引违法性",除非被告具有法定的抗辩事由。侵害权利本身就足以认定行为的违法性,即采取结果不法说。但是,侵害《德国民法典》第 826 条以及第 823 条第 2 款所保护的非绝对权以及法益

---

〔1〕 See B. S. Markesinis, *The German Law of Obligation*, *Volume Ⅱ*, *The Law of Torts*: *A Comparative Introduction*, 3rd ed., Oxford, Clarendon Press, 1997, p. 68.

〔2〕 See B. S. Markesinis, *The German Law of Obligation*, *Volume Ⅱ*, *The Law of Torts*: *A Comparative Introduction*, 3rd ed., Oxford, Clarendon Press, 1997, p. 43.

〔3〕 参见程啸:《侵权行为法总论》,中国人民大学出版社 2008 年版,第 158 页。

时,结果不法不足以认定行为的违法性,理论上一般采用“行为违法说”来认定。因为对于《德国民法典》第 823 条第 1 款列举的权利之外的权利以及法益,是否应当保护、如何保护,需要进行相冲突利益之间的考量。[1]

（二）《德国民法典》的过错侵权一般条款的局限性

1. 第 823 条第 1 款保护范围过于狭窄

德国民法的优点在于其为法律提供较为精确的构成要件,缺点则是其受保护权利的范围较窄。[2] 首先,《德国民法典》第 823 条第 1 款在客观要件上仅限于对绝对权的保护,而不及于纯粹经济损失。[3] 其次,《德国民法典》第 823 条第 1 款保护的对象首先是人身权,但列明的只有生命权、身体权、健康权和自由权。就侵害生命权而言,享有赔偿请求权的并不是因侵权行为而死亡的受害人,而是死者以外的第三人。《德国民法典》第 844 条对第三人的范围及其求偿范围作出了规定。此时第三人所受的损害,如支出的医疗费、殡葬费等以及丧失的受抚养的权利,它们构成所谓的“关联经济损失”,即被告给第三人造成人身或财产损害而致使原告受有经济损失的情形。再次,《德国民法典》第 823 条第 1 款保护的是所有权,对所有权的侵害不仅包括被告对他人有形财产的损毁,而且还包括在未对财产造成损坏的情况下,未经所有权人同意而拿走或使用其财产。不过,对所有权侵害的解释随着德国判例的发展,已经远远超出了其原本拥有的含义。最后,《德国民法典》第 823 条第 1 款还保护所谓的“其他权利”。从体系上解释,“其他权利”指与人身权、所有权性质相同的绝对权,即应为任何人注意并且其行使可以对抗任何人的权利。[4] 它包括:第一,物权,如地上权、地役权、用益权、抵押权、土地债务、土地负担、土地质权、动产质权、留置权、住宅所有权、物权先买权等他物权;第二,无形财产权,如专利权、作权、商标权以及其他

---

〔1〕 参见程啸:《侵权行为法总论》,中国人民大学出版社 2008 年版,第 159 页。

〔2〕 参见王泽鉴:《侵权行为法:基本理论 一般侵权行为》(第 1 册),中国政法大学出版社 2001 年版,第 69 页。

〔3〕 See Markesinis B. S. & Hannes Unberth, *The German Law of Torts: A Comparative Treatise*, 4th ed., Oxford and Porland, Oregon: Hart Publishing, 2002, p. 43.

〔4〕 参见李昊:《交易安全义务论:德国侵权行为法结构变迁的一种解读》,北京大学出版社 2008 年版,第 22 页。

单行法规定的工业产权等,但不包括不受保护的发现、经营经验、商业秘密;第三,期待权,如所有权保留买主的期待权、后位继承人的期待权;第四,取得权;第五,名称权,如姓名、商号;第六,特别人格权;第七,成员权,判例学说将其视为权利;第八,在家庭方面有老人的照顾权、父母亲一方(和子女)的见面权;等等。[1] 此外,对占有是否属于这里的"其他权利",德国学者之间存在争议。依德国的通说,只要占有人可以以类似于所有权人的方式使用占有物,他就可以获得《德国民法典》第823条第1款的保护。[2] 所谓"其他权利",不包括作为相对权的债权。这样,因第三人侵害债权而引起经济上损失的场合,便不能适用该款规定获得救济。而且,就该款而言,它所保护的对象仅限于权利,而且是绝对权,并不及于一般的财产利益。若加害行为只是造成受害人的纯粹经济损失,而不涉及任何人身伤害、财产毁损或对"其他权利"的侵害,受害人就不能依该款请求赔偿。[3]

正是这种法条文意所涵盖的保护范围狭窄,不能适应实际生活的需要,使得德国法院通过具体的判决扩展了该款的适用。一种途径是通过对"其他权利"的解释,将该款的保护范围扩展至"一般人格权"和"营业权"。德国侵权责任法的理论构造及解释历经重大演变,其最具突破性的是将《德国民法典》第823条第1款所称"其他权利"扩张及于一般人格权及营业权。[4] 这两种权利都属于所谓的"框架权",因为它们虽属于一定的人的权利范围,但无法被清楚地勾勒,而是出现某种模糊性。[5] 另外,德国法院还

---

[1] 参见李昊:《交易安全义务论:德国侵权行为法结构变迁的一种解读》,北京大学出版社2008年版,第23~24页。

[2] 参见李昊:《交易安全义务论:德国侵权行为法结构变迁的一种解读》,北京大学出版社2008年版,第24页。

[3] 参见王泽鉴:《侵权行为法:基本理论 一般侵权行为》(第1册),中国政法大学出版社2001年版,第71、101页;[德]罗伯特·霍恩等:《德国民商法导论》,楚建译,中国大百科全书出版社1996年版,第162~163页。

[4] See Fabricius, *Zur Dogmatik des sonstigen Rechts* "gemäss §823 Abs. 1 BGB", Acp 160 (1961), 273. 转引自王泽鉴:《侵权行为法:基本理论 一般侵权行为》(第1册),中国政法大学出版社2001年版,第46页。另参见王泽鉴:《侵权行为法:基本理论 一般侵权行为》(第1册),中国政法大学出版社2001年版,第101~102页;[德]罗伯特·霍恩等:《德国民商法导论》,楚建译,中国大百科全书出版社1996年版,第164~165页。

[5] 参见李昊:《交易安全义务论:德国侵权行为法结构变迁的一种解读》,北京大学出版社2008年版,第26页。

通过扩大解释所有权的保护范围，使之及于物的使用范围，从而将纯粹经济损失权利化，使之能通过《德国民法典》第823条第1款的规定获得赔偿。[1]

2. 故意以悖于善良风俗的方式侵权名不符实

《德国民法典》第826条规定的侵权行为类型："故意以悖于善良风俗的方式加损害于他人者，应负损害赔偿责任。"该条乃经由社会道德上升为法律规范，通过一般概念条款的规定以维持社会的伦理秩序。该条所保护的客体，扩展至权利以及权利以外的法益，包括纯粹经济损失。只是该侵权行为的成立须加害人主观上有"故意"为必要。这种故意的对象不仅针对行为，而且针对损害，即损害也是加害人所意欲造成的，这并不一定是加害人的唯一目的，加害人不一定在实际上表现出具有造成损害的故意，只要他在意识上认识到损害有可能发生并默许其发生就够了，即包括间接故意的情形。尽管如此，该主观要件的要求在一定程度上仍不免限制了该种侵权行为适用的范围。于是德国实务中有将故意扩张及于轻率或者肆无忌惮等重大过失的情形。同时，该条还要求以"悖于善良风俗"的方式施加损害，而所谓"善良风俗"系指一般道德观念，其可随社会变迁而变化。德国帝国法院曾将善良风俗解释为"所有公平、正义思想的人的体面感（或尊严感）"。但这种解释已经明显不能适应法律适用的需要。目前，《德国民法典》上的"善良风俗"早已与道德判断无关。尤其是在一个复杂、多元的社会中，到底什么是"体面感"就更难以确定。所以，多数学者的意见是将善良风俗解释为社会道德、一般法律原则、法律制度尤其是宪法等的要求。另外，还要根据不同法律适当作功能性解释。[2] 同时，违反宪法关于公民基本权利的规定亦可构成违反"善良风俗"的行为。

就目前而言，《德国民法典》第826条除了在亲属、继承、劳动法领域发挥作用外，更主要的是应用于证券法、破产法、银行法、公司法、竞争法等领域内。很多时候，已与字面上所理解的"善良风俗"或通常的道德观念毫无

---

〔1〕 参见李昊：《交易安全义务论：德国侵权行为法结构变迁的一种解读》，北京大学出版社2008年版，第28页。

〔2〕 参见许德风：《对第三人具有保护效力的合同与信赖责任——以咨询责任为中心》，载易继明主编：《私法》第4辑第2卷，北京大学出版社2004年版，第271页。

关系。[1] 这些类型更多是为了保护一般(纯粹)财产利益。[2]

3. 德国侵权责任法三种侵权类型分类标准不同一

德国侵权责任法的三种类型中,第一种权利侵害型一般侵权行为,突出加害人的主观状态,即故意、过失和侵害的客体(以列举的为限)。第二种违反法律保护型一般侵权行为,其突出的是加害人行为的违法性。行为人的行为是否违法,这是一个客观判断,与行为人主观状态无关。但是,德国立法者的逻辑没有一贯到底,当无过错行为人也能违反该法律的时候,又以有过错为限承担责任。第三种利益侵害型一般侵权行为,其强调的条件有二:一是加害人故意的主观状态,二是违背善良风俗。善良风俗本是一个道德范畴,没有明确的判断标准。虽然德国立法者为平衡加害人的行为自由和受害人的权利和利益保护,用心良苦。但是,笔者不能不指出这三类侵权行为的划分,违反了逻辑学上分类最基本的要求:划分标准要一致。由于其划分标准不统一,相互之间不可能明确区分,可能相互重合,反而导致法律适用混乱。比如,故意侵害他人绝对权,肯定违反当地的善良风俗。不可能出现当地风俗允许侵害他人的某一权利,而法律又禁止他人实施某一行为的情况。因此,故意侵害他人权利,就是故意违背善良风俗加损害于他人。何况,当今德国法上的"善良风俗"之含义已经发生变化。再如,什么是"保护他人的法律"?违反保护他人的法律,要么故意,要么过失,要么无过失。那么要承担损害赔偿责任的情形,就只有故意或过失两种情形了。法律保护的就是赋予受保护的人特定的权利,这样,《德国民法典》第826条规定的第三种类型的侵权和第823条第1款规定的侵权类型,岂不(至少大部分)又重合了?虽然我们可以强制性地认为这三种侵权类型之间存在一个位阶关系,第二种侵权类型和第三种侵权类型是对第一种侵权类型的补充,但是,这是无可奈何之举,绝对不是上乘之作。

正如麻昌华教授所言:《德国民法典》第823条和第826条一起,构筑了

---

〔1〕 参见许德风:《对第三人具有保护效力的合同与信赖责任——以咨询责任为中心》,载易继明主编:《私法》第4辑第2卷,北京大学出版社2004年版,第271页。

〔2〕 参见李昊:《交易安全义务论:德国侵权行为法结构变迁的一种解读》,北京大学出版社2008年版,第33~34页。

整个德国侵权责任法的独立模式。《德国民法典》第 823 条共设计了两款。第 1 款被称为"对权利的侵犯"。第 2 款被称为"违反保护性规定"。显然，第 1 款所获得的"对权利的侵犯"这一概括性是基于规定了"其他权利"而言的。如果没有这一"其他权利"的规定,该款前半句列举的 5 项权利怎么也不能代表一般性权利。权利是民事主体存在于社会中的法律条件。没有权利,人就没有存在的法律条件。禁止对权利的侵犯,实际上就是保护主体社会生存的法律条件。将对权利的侵犯视为一种侵权行为,就几乎包括了所有的侵权行为。因而,《德国民法典》第 823 条第 1 款立足于对权利的侵犯进行概括,具备最为宽泛的一般性。从其规定本身来寻找,就只有两类行为不包括在其中:一类是无过错的侵权行为,另一类是侵犯绝对权以外的权利和利益的侵权行为。只要在另外的条款中将这两类行为加以规定,侵权责任法的一般条款就可以做到全面无漏了。然而,令人遗憾的是,《德国民法典》的起草者们为了区别于《法国民法典》侵权责任法的一般原则的立法模式,确保他们国家的法官能够严格依据制定法裁断是非,在出现权利的一般概念之前,就已经详尽列举了他们认为需要保护的权利了。这一列举,一方面为该款中出现的权利限定了性质,另一方面把没有列举的排除在外。"生命、身体、健康、自由、所有权"显然都是绝对权利的范畴,因此,该条条文中"或其他权利的人"解释上就只能是"其他"绝对性质的权利了,排除了相对权利侵犯的侵权行为法保护。其所列举的前 4 项权利都是绝对人身权的范围,却明显遗漏了名誉、荣誉、隐私等权利,以及还会发展而产生的新的人身权。这种限制导致在后来的司法实践中,德国法院出于对人身权保护的需要,而不得不将该条款中的"或者其他权利"解释为包括人格权,并因此创立了一般人格权制度。一般人格权制度又不得不宣布包括名誉、荣誉和隐私权,这又使其他条文对名誉、荣誉和隐私权的保护性规定白白闲置。[1]

《德国民法典》第 823 条第 2 款的规定应是对第 1 款规定的补充,其内容已触及了无过错问题。然而在限制型规定中,又把这一问题排除在外了。"以保护他人为目的的法律"所要保护的是他人的权利和利益,权利的保护

---

〔1〕 参见麻昌华:《侵权行为法地位研究》,中国政法大学出版社 2004 年版,第 114 ~ 115 页。

通过第1款已经规定,利益的保护就成为第2款的主要任务。要使该款成为应受保护的所有利益的保护性规范,有赖于法律规定的全面无缺,否则,应该保护的他人利益没有相应的法律,也就不存在对该种“以保护他人为目的的法律”的违反。但立法者殊不知,一定时期保护性法律的全面性并不代表能永远如此。况且,该款设置了限制性条件,即“仅在有过失的情况下”。

按照《德国民法典》起草者们的设想,第823条第2款补充第1款的“非权利”的利益保护之后,第1款还有“非过错”的侵权行为法需要补充。于是,第826条的规定就登场了。《德国民法典》第826条规定:被称为“违反善良风俗”的规范。但是,该条中善良风俗的标准是什么,在法典中没有明确的规定。在信奉法官不能越权造法的德国,该条在实践中很少被适用。也就是说,理论上该条是一个典型的一般条款,但实践中却没有起到补充第823条第1款的作用。[1]

《德国民法典》中的侵权责任法结构就是以第823条和第826条为框架建构起来的,其侵权责任法条文都是这两个侵权责任法条文的进一步展开。然而,由于基础性条文的封闭性,《德国民法典》中的侵权责任法结构的封闭性是显而易见的。同其他国家民法典所遇到的情况一样,这种封闭性的结构和条文的有限性,必然导致与社会实践需求的激烈冲突。德国解决这一冲突的办法无非也是两个,即通过判例的扩张和通过单行法。

在德国,判例扩张的最典型事例就是其一般人格权制度和营业权制度的创立。1954年德国联邦法院作出判决,认定人格尊严、自治、隐私的权利是《德国民法典》第823条第1款中规定的“权利”。在此后又做出判决,认定对违反此等权利造成的非物质损失进行赔偿,[2]由此创立了一般人格权制度。1904年7月27日,德意志帝国最高法院作出一项判决,在判决中声明:“一个已经建立的营业或企业构成一种权利,这一权利本身可能受到侵犯。”“因为一个已经建立的独立的企业并不意味着商人们可以随心所欲地

---

〔1〕 参见麻昌华:《侵权行为法地位研究》,中国政法大学出版社2004年版,第115页。

〔2〕 参见德国联邦最高法院1954年5月25日的判决,载BGHZ 13,第334页以下;1958年2月14日的判决,载BGHZ 26,第349页以下。转引自[德]克雷斯蒂安·冯·巴尔:《欧洲比较侵权行为法》(上卷),张新宝译,法律出版社2004年版,第47~48页。

实现其自由意思。但是其自由意思确实已经在实际上得以体现，所以可以安全地推定商人对企业有一种权利。"[1]通过这一判决，德国法院创立的营业权这一全新的权利，为依据《德国民法典》第823条保护纯粹经济利益提供了权利基础。[2]

《德国民法典》第823条的规定是一个关于过错责任的条文，虽然第2款提到了无过错，却限制性地排除了无过错责任。对于发展起来的无过错的危险责任，德国立法只能通过单行法的形式加以特别立法。

综上所述，从法典的具体规定上可以看出，《德国民法典》中的侵权责任法在结构上是比较混乱的[3]。

4. 损害赔偿的恢复原状原则名存实亡

从《德国民法典》第249条和第251条的规定可以看出德国侵权责任法采取的是损害赔偿的恢复原状原则。[4] 既然如此，对于任何损害，只要发生了，根据恢复原状的原则，受害人就有权主张损害赔偿，不管是物质损害还是精神损害。但是，《德国民法典》的立法者最终还是站在功利主义的立场，对某些损害的赔偿，采取限制态度。如《德国民法典》第253条规定："损害为非物质上的损害时，仅在法律有规定的情形下，始得要求以金钱赔偿损害。"为什么会作出此条规定？因为如前所述，恢复到损害发生前的状态，是一种无法实现的理想。立法者在平衡各方利益的时候，必须面对现实，对可赔偿损害作出限制。

总之，《德国民法典》第823条和第826条从名称上看具有概括性，实际上却被与之结合的列举性把留给法官的空间全部堵死了。在欧洲法典化的侵权责任法中，只有《德国民法典》设立了一个包含对受到法律保护的利益

---

[1] 德国联邦最高法院1904年2月27日的判决，载RGZ 58，第24/29/30页。转引自[德]克雷斯蒂安·冯·巴尔：《欧洲比较侵权行为法》（上卷），张新宝译，法律出版社2004年版，第67页。

[2] 参见麻昌华：《侵权行为法地位研究》，中国政法大学出版社2004年版，第116页。

[3] 参见麻昌华：《侵权行为法地位研究》，中国政法大学出版社2004年版，第117页。

[4] 《德国民法典》第249条规定："负损害赔偿义务的人，应恢复损害发生前的原状。因伤害人身或者损毁物件而应赔偿损害时，债权人可以要求以金钱赔偿替代恢复原状。"第251条规定："如果不能恢复原状或者恢复原状不足以赔偿债权人所受损害时，赔偿义务人应以金钱赔偿其损害。如果只有支付不相当的费用才能恢复原状时，赔偿义务人可以金钱赔偿损害。"第252条规定："应赔偿的损害也包括可得利益。可得利益是指依事物的通常进行，或者依特殊情形，特别是已经采取的措施或者准备，可预期取得的利益。"

完全列举的基本的侵权责任法条文。[1] 这种条文结构使《德国民法典》中的侵权行为法规范最具封闭性,其后的许多国家在学习《德国民法典》模式时,并不学习它的侵权责任法模式。[2]

第三节 英美法系国家侵权法故意侵权与过失侵权分立模式及评析

一、以美国侵权法重述为代表的故意侵权与过失侵权分立模式

由于英美法系国家是判例法国家,不存在立法机关制定的侵权责任法[3],因此基本上不存在故意侵权与过失侵权的立法模式问题。但是,英美法系国家仍然存在判例形式的侵权责任法,其政策制定者(法官)仍然需要面对故意侵权和过失侵权的保护范围和对二者的损害赔偿是同等对待还是区别对待的问题。根据英美法系国家的侵权判决书以及学者撰写的侵权法教科书,以及美国侵权法学术界编写的美国侵权法重述等资料,笔者认为,现行英美法系国家侵权责任法理论和实践对故意侵权与过失侵权,在保护范围、赔偿范围等方面采取区别对待的法律政策,并对故意侵权配以惩罚性赔偿。如以代表美国侵权法学术界研究成果的《侵权法重述纲要》(第3版)为例,其首先将侵权类型区分为对人身或财产的故意伤害、对土地或动产的故意伤害以及对人身或财产的过失伤害,分别规定了相关的构成要件和损害赔偿范围。[4] 另外,读者随便找些英美法系国家的侵权法学者撰写的侵权责任法教科书[*Tort Law*(侵权法)或 *The Law of Torts*(侵权法)],阅读其目录便可得出这一结论。

笔者将英美法系国家侵权责任法学说和判例中,针对故意侵权和过失侵权在保护范围和赔偿范围等方面,采取不同的法律政策,并在内容方面形成故意侵权与过失侵权并立的体例,称为故意侵权与过失侵权分立论。

---

[1] 参见[德]克雷斯蒂安·冯·巴尔:《欧洲比较侵权行为法》(上卷),张新宝译,法律出版社2004年版,第22页。

[2] 参见麻昌华:《侵权行为法地位研究》,中国政法大学出版社2004年版,第111~112页。

[3] 其他国家或地区的侵权责任法,一般均被称为侵权行为法或者侵权法。但为了统一本书的表述,除引用他人著作的名称外,均使用侵权责任法替代侵权行为法和侵权法。

[4] 参见[美]爱伦·M.芭波里克选编:《侵权法重述纲要》(第3版),许传玺等译,法律出版社2016年版。

二、对美国侵权法重述为代表的故意侵权与过失侵权分立模式的评析

英美法系国家的侵权责任法，并未能像大陆法系国家侵权责任法那样，形成制定法中那种条文化、体系化的规定。美国法学会制定的《美国侵权责任法重述》，虽然有一定的体系性，但是，其规则的归纳概括程度不够。如对人身或财产的故意伤害和对土地或动产的故意伤害，虽然这一分类在英美法系国家具有其历史原因和判例法基础，但是不可否认，这两种类型的侵权之间，具有重合性。按照大陆法系国家的立法水平，完全可以归纳为故意侵害这一种类型。

因此，笔者认为，按照制定法那种概括性法律条文的标准，英美法系国家的侵权责任法判决还有很多东西需要整理和归纳。

第三章　故意侵权与过失侵权合一论的原因探讨

大陆法系国家的侵权责任法为什么认为故意侵权与过失侵权分立论没有意义，基本上都采纳故意侵权与过失侵权合一论呢？笔者根据介绍和论述侵权责任法哲学基础的英文文献[1]总结归纳，认为其法理基础是关于侵权责任法功能的损害填补一元论和公法独占惩罚理论。损害填补一元论的哲学基础是亚里士多德的矫正正义理论，公法独占惩罚理论则和人们对国家和政府功能的认识有关。

第一节　损害填补一元论：故意侵权与过失侵权合一论的直接原因

损害填补一元论是指认为侵权责任法的功能仅限于填补受害人的损害的观点。侵权责任法的功能，也被称为侵权责任法的任务或目的，英美法系侵权责任法称为侵权责任法的功能（functions）或价值（values）。侵权责任法的功能对侵权责任法的内容具有重要影响。正如王泽鉴教授所言："侵权行为法系在规定何种行为，侵害何种权益时，应就所生的何种损害如何予以

---

〔1〕 关于侵权责任法哲学基础的英文文献，包括但不限于：David G. Owen, *Philosophical Foundations of Tort Law*, Clarendon Press. Oxford, 1995; Izhak Englard, *The Philosophy of Tort Law*, Dartmouth Publishing Company, 1993; John Gardner, *What is Tort Law for*? Law and Philosophy, Springer 2010 (2011)。

赔偿。侵权责任法的内容与其所要达成的功能或目的具有密切的关系。”[1]

在大陆法系国家,侵权责任法是债法的组成部分,侵权行为的后果是在侵权行为人和受害人之间形成以赔偿受害人损害为内容的债之关系,即损害赔偿之债。侵权责任法的功能就是以赔偿之债的形式,填补受害人所遭受的损害,使受害人恢复到损害发生前的状态——不能多也不能少,以实现矫正正义。根据《德国民法典》起草者的观点,侵权责任法的功能是损害填补,仅仅在刑法中才能适用惩罚。正如《德国民法典》的预备文件中所言:“关于以过错为基础的损害赔偿责任,虽然好几部民法典如普鲁士《民法典》采取了按照过错的层级和类型判处赔偿金数额的制度,但是草案拒绝了这种做法。在决定不法行为法律效果的时候,人们必须抛弃将道德因素和刑罚因素包含在损害赔偿法中的思想。这种区分就是在此基础上建立起来的。共同的法律原则是导致的损害数额限定了从法律的观点看可赔偿的损害赔偿金数额。”[2]

德国的法学理论采纳了这一态度,至少表面上如此。在整个 20 世纪,几乎不存在任何明确支持判处惩罚性赔偿金的法律理论,在 20 世纪下半叶之前,德国联邦最高法院不断强调,损害赔偿法唯一重要的功能就是填补性损害赔偿。[3] 这种强调成为“黑体字原理”(black letter doctrine),在整个 20 世纪被一遍又一遍地重复着。损害赔偿判决应该让原告恢复到损害没有发生的状态。损害赔偿判决不能让原告获得利益,损害赔偿判决除了一般的填补性损害赔偿固有的效果之外,不能以惩罚或遏制加害人为目标。[4] 德国法不判处惩罚性赔偿金的主张反映了德国法院和自 1900 年《德国民法

---

〔1〕 王泽鉴:《侵权行为法:基本理论 一般侵权行为》(第 1 册),中国政法大学出版社 2001 年版,第 7 页。

〔2〕 *Motive zu dem Entwurfe eines Brgerlichen Gesetzbuches fr das Deutsche Reich* § 218 799 BGB.

〔3〕 See e. g, Judgment of September 29, 1952, *Entscheidungen des Bundesgerichtshofes in Zivilsachen* [BGHZ] 7, 223; Judgment of June 4, 1992, BGHZ 118, 312, translated in 32 I. L. M. 1320 (1993).

〔4〕 See Wolfgang Grunsky, *Mnchener Kommentar Brgerliches Gesetzbuch*, § 249 n. 3 (3d ed. 1994) (citing among others, Josef Esser & Eike Schmidt, *Schuldrecht*, *Allgemeiner Teil*, § 30 Ⅱ [7th ed., 1993)].

典》实施以来的学术界的一般态度。[1] 在19世纪,德国存在类似于美国西奥多·塞奇威克(Theodore Sedgwick)和西蒙·格林利夫(Simon Greenleaf)关于惩罚性赔偿的著名论战。西奥多·塞奇威克基于实用主义的理由允许判处惩罚性赔偿金。西蒙·格林利夫基于理论上和教条主义的理由反对判处惩罚性赔偿金。[2] 《德国民法典》对此争议的解决结果和美国不同。在起草《德国民法典》的过程中,所有在《德国民法典》之前存在的惩罚性赔偿金的痕迹,全部被消除了。[3]

巴尔教授的论述印证了上述观点。巴尔认为:"侵权责任法是私法的一部分。它决定某人受到侵害后是否有权得到赔偿,尽管受到损害只构成双方当事人之间的法定之债。即作为法律部门又是实体法的侵权责任法只能从构成其核心部分的两个要素发展起来。这两个要素在任何地方都是得到公认的:首先,其作为赔偿损害之制度的功能;其次,其适用不要求在受害人和加害人之间存在法律关系。"[4] 根据巴尔教授的观点,侵权责任法公认的功能就是损害赔偿。对于这一点,日本学者园谷峻先生阐述得更加明确。他认为:"损害赔偿法中最重要的机能就是补偿性机能。所谓承担赔偿责任不是惩罚或惩戒的问题,而是恢复债权人原有的状态。"[5]

综上所述,损害填补一元论的侵权责任法功能观,以受害人受到侵害后的实际结果为出发点,意图矫正侵权行为破坏的加害人和受害人之间的平衡,以实现正义。无论加害人是故意导致受害人损害,还是过失导致受害人损害,对于受害人所受损害这一实际结果而言,似乎没有区分的意义。正因为侵权责任法仅站在受害人的角度,将其功能仅限于填补受害人的损害,使

---

〔1〕 See Volker Behr, *Punitive Damages in American and German Law-Tendencies Towards Approximation of Apparently Irreconcilable Concepts*, 78 Chi. -Kent L. Rev. p. 127 – 129 (2003).

〔2〕 For a discussion of the United States, See Ronald A. Brand, *Punitive Damages Revisited: Taking the Rationale for Non-Recognition of Foreign Judgments Too Far*, 24 J. L. & Com. 181 (2005). For a discussion of the German debate, See generally Volker Behr, *Punitive Damages in American and German Law-Tendencies Towards Approximation of Apparently Irreconcilable Concepts*, 78 Chi. -Kent L. Rev. 105 (2003).

〔3〕 See Volker Behr, *Myth and Reality of Punitive Damages in Germany*, 24 J. L. & Com. p. 199.

〔4〕 [德]克雷斯蒂安·冯·巴尔:《欧洲比较侵权行为法》(上卷),张新宝译,法律出版社2004年版,第1页。

〔5〕 [日]园谷峻:《判例形成的日本新侵权行为法》,赵莉译,法律出版社2008年版,第11页。

受害人恢复到损害发生前的状态,而侵权责任法的功能对侵权责任法的内容又具有决定作用,所以在损害填补一元论思想的指导下,传统大陆法系国家的侵权责任法对故意侵权与过失侵权不加区分,形成故意侵权与过失侵权合一的理论。

第二节　矫正正义理论:故意侵权与过失侵权合一论的哲学基础

损害填补一元论的哲学基础源远流长,其源头可追溯到亚里士多德的矫正正义的理论。[1] 亚里士多德为法律纠正侵权行为的矫正功能提供了一个框架性描述,而康德则以其权利理论,使矫正正义获得规范力。

亚里士多德作为矫正正义理论的鼻祖,对矫正正义的论述是:"一方侵害了他人,另一方被他人侵害;一方致人损害,另一方遭受损害时,法律只关注伤害这一显特征,对当事人平等对待。"至于救济,亚里士多德认为:"法官试图通过惩罚手段,从加害人处剥夺其所得,恢复当事人之间的平等。在各种情况下,人们评估所遭受的损害时,一方被称为'所失',另一方被称为'所得'。因此,正义就存在于前后的数量平等上。"[2]

总结各种关于矫正正义的论述,可以认为矫正正义理论具有以下 3 个特征。

1. 矫正正义表示着数量的平等

正义涉及公平和平等。平等是一个关系概念,因为某物不是与自己平等,而是与其他某物平等。平等是一种中庸,因为它处于过多拥有的不公正和过少拥有的不公正之间。平等因此充当着中庸的角色,适用于财产正义之纯粹的他向性。平等的概念使亚里士多德可以以数学运算的方式来描绘财产正义。它注重数量并表示着应当属于一方当事人的东西不当地被另外一方当事人占有,因此该东西必须转移到它正当的所有者那里。矫正正义

---

〔1〕 See David G. Owen, *Philosophical Foundations of Tort Law*, Clarendon Press. Oxford, 1995, p. 1.

〔2〕 Richard A. Posner, *The Concept of Corrective Justice in Recent Theories of Tort Law*, The Journal of Legal Studies, Vol. 10, no. 1 (Jan., 1981), p. 189; [古希腊]亚里士多德:《尼各马可伦理学》,廖申白译注,商务印书馆 2003 年版,第 136 页以下。

包含着两种数量的平等：第一，一方当事人拥有了应当属于另外一方当事人的东西，行为人的所得等于受害人的所失。第二，不当行为没有发生时，双方当事人所应该拥有的东西提供了一个基准，所得与所失依据此基准进行比较。因此，基准作为这种正义形式之平等的均值在起作用。当然，这个平等是观念上的，而且这两个方面的数量平等是相互连接着的。

违反矫正正义涉及一方当事人牺牲他人而有所得。与原初平等〔1〕或中庸相比，行为人拥有太多而受害人拥有太少。因为行为人获得了受害人的所失，所以平等不能仅仅通过消除行为人的所得（受害人仍然不足），或者通过恢复受害人的损失（行为人仍然富余）而得到恢复。矫正正义要求行为人归还受害人特定的总量，这个总量代表了行为人以受害人的代价所获得的富足。〔2〕

2. 矫正正义具有双极性

把矫正正义表达为所得和所失数量上的平等，抓住了侵权责任法的基本特征：一个特定的原告起诉一个特定的被告，被告不公正的所得与原告所失在当事人的财产变化中不相互独立。因为原告失去了被告的所得，一个统一的责任把特定所得的人和特定所失的人连接了起来。对亚里士多德而言，被告牺牲了原告而有所得，同时也就证明着要减少被告的资源，增加原告的资源。在亚里士多德对矫正正义的解释中，数量平等把一方当事人与另外当事人配对。矫正正义把被告的不当所得与原告的不当所失联系起来。因此，矫正正义所矫正的不公正本质上是双极的。亚里士多德反复描述矫正正义双方当事人相互之间的积极性和被动性。矫正正义考察"一个人是否实施了非正义，另外一个人是否遭受了非正义，以及一个人是否实施了伤害而另外一个人是否被伤害"〔3〕。当矫正正义的平等被破坏，有所得的一方必定承担有所损失的另一方的所失，因此一个实施伤害行为的人就应承担另外一个人所遭受的损害。所得与所失的相关性与一个人的行为与

---

〔1〕 原初平等就是依据分配正义分配好之后的最初状态。

〔2〕 参见［加拿大］欧内斯特·J. 温里布：《私法的理念》，徐爱国译，北京大学出版社 2007 年版，第 63 页以下。

〔3〕 Aristotle, *Nicomachean Ethics*, V,4 (Martin Ostwald, trans,1962) p. 1132a5 – 1132a6.

另外一个人的损害之相关性相伴而生。

因此,矫正正义的双极性也形成了救济,即矫正:强制一个实施伤害行为的人承担另一个人所遭受的损害,因为被告已经得到了与原告损失相关的所得,所以矫正就是要使被告承担损失剥夺被告的所得,相关地,同时也是被告的所得。这样,矫正正义改变了非正义的行为,也就是废除了构成非正义的过度与不足。矫正的代理人是法官,法官是当事人之间数量平等的裁决者。这样,亚里士多德把侵权责任案件的审判与矫正正义的双极性联系起来。

3. 矫正正义的救济就是恢复到原来的平等状态

矫正正义表示数量的平等,即加害人的所得和受害人的所失之间数量的平等。当矫正正义的平等被破坏,一个人所得必定是另外一个人的所失,因此一个人实施了伤害行为,就必须承担另外一个人因此所遭受的损害之后果。只有这样,矫正正义才能改变非正义的行为,废除构成非正义的过度与不足。

因此,根据矫正正义理论,原告根据侵权责任法获得救济后,其理想结果就是恢复到原来的平等状态,即损害发生前的状态。这就是大陆法系国家的侵权责任法中的损害赔偿以恢复原状为原则的完全赔偿原则之根据。

总而言之,亚里士多德对矫正正义的解释,是对私法关系最早的描述。在亚里士多德那个时代,确认和实施一个当事人对另外一个当事人的权利要求,以矫正受害人受到的伤害,是常见的现象。亚里士多德第一个道出了这个过程的特殊性:双极性、相关性的强制标准以及与审判的关系。他对矫正正义的处理同时揭示出什么组成了私法关系和什么使私法关系区别于其他种类的秩序。亚里士多德观察到,我们现在称为私法的东西,具有它自己的特殊结构。正义完成于从一方当事人到另外一方当事人资源的直接转化。转化的资源同时代表了原告的不当受伤状况和被告的不当伤害行为。矫正正义因此将不当行为和破坏性的资源转化看作一种行为和被动接受的单一结合,在这里,行为人和受害人在相互关系中得以定义。亚里士多德研究了隐含的私法的基本问题:是什么使一个特定的原告有权利来起诉被告,并在被告那里获得赔偿?亚里士多德认识到,这个问题的答案存在于对原告与被告关系内在统一性的解释。只有当原告和被告在一个单一和连贯的正当理由结构中被连接在一起时，人们才能够弄明白从败诉的被告到胜诉的原告资源直接转化的实践意义。[1]

矫正正义是对他人不法损害负有赔偿义务的人的原则，侵权责任法的核心就是将矫正正义概念具体化。[2] 在侵权责任法中，矫正正义这种道德理论，强调了人们所具有的避免受到他人不正当行为侵害的道德上的权利，同时使加害人负有道德上的义务，要承担赔偿责任，这就在表面上支持或契合了侵权责任法的实质内涵。矫正正义理论强调加害人的所得和受害人的所失在数量上的平等。因此，依据矫正正义的概念，侵权责任法的功能就是矫正当事人之间被一方的侵权行为破坏的平等，其矫正的最佳状态就是恢复到损害发生前的状态。

第三节 公法独占惩罚理论：故意侵权与过失侵权合一论的间接原因

一、国家自由主义等政治学理论对私人实施法律的排斥

桑本谦先生深入研究了中国的执法制度后做了如下总结性陈述："中国目前的主流法律理论一直把法律定义为以国家强制力为后盾的一个规则体系。国家强制力被想象得无比强大，公共惩罚资源被认为是无限可取的，似乎只要有足够的执法力度，所有的违法犯罪都可以被统统纳入法律规定的监控机制和惩罚机制之下。这种观念曾被奥利佛.威廉姆森描述为'法律中心论'。法律中心论一个典型的特征就是藐视非正式社会规则以及私人之间的监控和惩罚所发挥的社会控制功能。"[3]

霍布斯认为，在国家产生之前，秩序全部维系于私人之间的监督与惩罚，正是基于这个主要原因，"人类的生活孤独、贫穷、肮脏、野蛮而且短

〔1〕 参见[加拿大]欧内斯特·J. 温里布：《私法的理念》，徐爱国译，北京大学出版社 2007 年版，第 58～59 页。

〔2〕 See David G. Owen, *Philosophical Foundations of Tort Law*, Clarendon Press. Oxford, 1995, p. 53.

〔3〕 桑本谦：《私人之间的监控与惩罚：一个经济学的进路》，山东人民出版社 2005 年版，第 9 页。

命"[1]。自利的理性行事的人们会有意识地把实施法律的权能交出去,换成一种对暴力行为的公共独占,这会让他们更富有、更长寿。要减少每个人用于自卫、自助的资源,使其转用于可产出更多的其他行为,就必须对法律的实施进行公共独占。[2] 其他很多政治学理论也支持由公共机构独占法律的实施权力。例如,卢梭用团体意志的概念,为霍布斯对现代国家功利主义的辩护增添了浪漫的色彩。马克斯·韦伯认为,更为发达的社会可运用官僚政治的理性机制对其政策加以规范。[3] 受到等级控制的职业检察官,比私人更适合实施理性的诉讼政策。这是因为私人不受官僚政治的控制,容易受到非理性动机,例如复仇欲望的驱使。与业余的私人检察官相比,职业公诉人具有更专门的知识和技能。[4]

二、公法和私法（民法和刑法）的二元区分与私法的纯粹化

公法与私法的划分虽可追溯到罗马法,但罗马法留给后世的遗产,主要是罗马私法,而在公法方面,罗马法却未给后世提供范例, 直到 19 世纪,在以区分、划界、定义为己任的概念法学的努力下,公法和私法在概念上的区分才得到强调和重视。公法/私法二元区分才作为一项法律原则开始在内容和结构上"成为我们理解法律的基础"。正如勒内·达维德所说:"在罗马既不曾有公法,也不曾有行政法。"[5]

根据金自宁先生的考察,公法与私法的区分与市民社会和现代国家观念密切相关。他认为,从发生学上说,拥有个人自由的市民社会与拥有政治权力的现代国家是同时出现的。这是一个渐进的历史进程。市民早在 11 世纪西欧城市的兴起中就存在了,近代国家到中世纪结束后才萌芽。几个世纪后,社会和政治国家在社会整体结构中才正式分离开来。马克思令人信服地将这一分立与资本主义生产关系联系起来,他指出,在前资本主义的

---

[1] T. Hobbs, *Leviathan*, ed. by C. B. MacPherson, Middlesex, Penguin, 1968, p. 186.

[2] 参见李俊峰:《反垄断法的私人实施》,中国法制出版社 2009 年版,第 49 页。

[3] See M. Weber, *Economy and Society*: *An Outline of Interpretive Sosiology*, Vol. ii, ed. by G. Roth, C. Wittich, trans. E. Fischoff, University of California Press, 1968.

[4] 参见李俊峰:《反垄断法的私人实施》,中国法制出版社 2009 年版,第 50 页。

[5] [法]勒内·达维德:《当代主要法律体系》,漆竹生译,上海译文出版社 1984 年版,第 74 页。

各种社会结构中,经济关系与政治关系是结合在一起的,直接生产者在政治上依附于生产条件的所有者,后者通过直接的政治支配关系榨取生产者的劳动。在资本主义生产关系中,首次出现了“纯粹经济”的形式,即通过一系列交换关系而不是直接政治支配关系来获得利润。在以这种生产关系为基础的社会整体结构中,国家的角色也发生了重大改变——它不再直接进入剩余价值的榨取过程,即不介入生产和交换的私有领域。相对独立于政治领域的市民社会由此形成。只有市民社会与政治国家分离,并且它们将按照不同的规则组织和运作——个人以公民身份行动、服从公共利益需要、依据指令性法律和政策活动的政治领域,市民社会中个人以市民的身份行动,行动的目标是满足个人的、特殊的利益,行动的方式则是契约,任何人不能在别人不同意的情况下,使其负有义务——私法才可以被认为是“与国家强制机构无涉”的行为规则,对应地,公法可以被界定为“直接服务于国家机构本身的存在、扩展”以及具体目标。用更明确的语言说,私法可以被界定为市民社会的法,即构成市民社会运作秩序的规范;公法则可以被界定为政治国家的法,即规范政治国家运作的规则。[1]

在此基础上,一方面,为了建立纯粹的私法,学者和立法者有足够的动力将私法中的惩罚因素完全剔除。另一方面,在霍布斯的国家学说指引下,国家对社会监控和惩罚的独占,导致立法者在设定侵权责任法的功能的时候,也有动力完全剔除侵权责任法的遏制功能,对于违法犯罪行为的遏制,完全交由刑法等公法承担。正如劳森在考察大陆法系侵权责任法的历史,在论述惩罚因素在私法中消失的原因时写道:“大约在罗马法开始被继受的时候,镇压犯罪被认为是公共的政府权威机构的功能。在这种情况下,法院认为再没有必要按照罗马法模式提起惩罚的诉讼了,而是将其看作是一种不法损害(或说对物私犯)诉讼,虽然偶尔还伴随有惩罚,但关注的重点更多的是赔偿而不是惩罚。”[2]

通过赔偿实现惩罚,必然会出现损害额与赔偿额没有必然的关系的现

---

〔1〕 参见金自宁:《公法/私法二元区分的反思》,北京大学出版社 2007 年版,第 42 页。

〔2〕 F. H. Lawson, *Notes on the History of Tort in the Civil Law*, Journal of Comparative Legislation and International Law, Third Series, Vol. 22, no. 4, 1940, p. 140.

象,即所谓"无损害的损害赔偿"。一方面,至少在大陆法系的学者看来,这种背离了损害填补的制裁,其性质已经超出了民事制裁的范畴,应作为刑事制裁处理。于是,提出下述质疑:为何让加害人做出实际损害额以上的赔偿?为何承认受害人因他人之违法行为而得到利益?这难道不是与损害赔偿为民事责任的法理相矛盾吗?难道不是混淆民事与刑事之区分吗?[1] 另一方面,虽然惩罚性损害赔偿在英美被广泛接受,但英国上院(贵族院)在1964年的判决中,严格限制惩罚性损害赔偿的理由,竟然也是惩罚性赔偿制度混淆了民事、刑事之区别。[2] 传统理论认为,民法是私法,不能具有任何惩罚性,受害人不能通过损害赔偿获取高于其损害的利益。

综上所述,传统大陆法系以矫正正义为侵权责任法的哲学基础,在公法与私法区分理论和民法、刑法划分的理论辅助下,侵权责任法损害填补一元论的功能学说就被证成了。根据损害填补一元论的观点,侵权损害赔偿就是纯粹地填补受害人的损害,使受害人恢复到损害发生前的状态,不能多也不能少。如果受害人接受的赔偿比其实际遭受的损害少,则对受害人而言,正义矫正得不够,对加害人而言,构成不当获利;如果受害人接受的赔偿比其实际遭受的损害多,则对受害人而言,构成不当获利,对加害人而言,构成惩罚。在这种损害填补一元论思想指导下,侵权责任法中故意和过失的区分,确实没有什么意义,采取故意侵权与过失侵权合一的理论是必然的结果。

---

〔1〕 参见[日]田中英夫、[日]竹内昭夫:《私人在法实现中的作用》,李薇译,法律出版社2006年版,第150~151页。

〔2〕 See Hans Stoll, *Penal Purposes in the Law of Tort*, *The American Journal of Comparative Law*, Vol. 18, no. 1 (Winter, 1970), p. 12.

第四章　故意侵权与过失侵权分立：我国侵权责任法的完善方向

笔者认为，侵权责任法理论和实践对故意侵权与过失侵权合一的理论面临的挑战的回应途径是：采纳故意侵权与过失侵权分立论。

第一节　故意侵权与过失侵权分立论的含义

故意侵权与过失侵权分立论是指在立法政策方面，侵权责任法对于故意侵权、过失侵权，应当在保护范围、损害赔偿等方面采取不同的法律政策，区别对待；在立法技术方面，故意侵权与过失侵权应当作为不同的条文分开规定。

首先，故意侵权与过失侵权分立论认为，故意侵权与过失侵权的保护范围应当不同。故意侵权制度应当对任何人的权利和一切合法利益提供保护，任何故意加害于他人的人，应该承担损害赔偿责任。对于过失侵权的保护范围，应该坚持限于具有公示性的绝对权。

其次，故意侵权与过失侵权分立论认为，在认定可赔偿的损害方面，故意侵权与过失侵权应当采取不同的态度。对社会无任何效用的故意侵权，应当在赔偿实际物质损害、精神损害的基础上，辅以惩罚性赔偿制度，既达到完全赔偿的目的，又强化对侵权行为人的惩罚和遏制效果。对于其后果虽不受欢迎但社会必须容忍的过失侵权和无过失侵权，则应当采取兼顾加害人的过失程度与受害人的实际损害，原则上只赔偿物质损害，辅以各种社会保险、责任保险制度,分散损害赔偿金的来源,减轻行为人的侵权责任,增强社会的自由度。

第二节　故意侵权与过失侵权分立论对合一论所遇挑战的回应思路

一、侵权责任应该宽严相济:该重则重,该轻就轻

在现代社会里,侵权责任法关注的是分配由人类行为引起的事故的损失。正如赖特(Wright)教授所言:生活在一个共同的社会中的人的各种各样且日益增多的行为冲突,人们在经营事业的过程中和社会上其他成员的竞争,人们拥有财产时可能以各种方式对他人或他人的财产产生影响——总之,实施构成现代社会生活一部分的任何行为,必然会有损失和作为他人行为的结果而承受的各种伤害发生。侵权责任法的目的是调节这些损害,为某人遭受的作为他人行为结果的伤害提供损害赔偿。[1]

但是,很明显,法律不能试图去赔偿所有的损害。试图赔偿所有损害的目标不仅过于雄心勃勃,而且可能和社会政策的基本观念相冲突。在个人之间为了他们自己的利益进行的纯粹的损失转移,对社会而言没有任何利益。假设损失已经产生了,而且任何可能来自补偿某人损失的利益正好抵消了其所遭受的损害,社会的经济财富没有任何增加,且在重新分配财富的过程中产生了开支。安全和稳定是普遍接受的有价值的社会目标,但是,没有一个先天的理由去支持原告的安全与稳定胜于被告的安全与稳定。因此,仅仅在存在要求被告——而不是由损害碰巧落在其身上的原告承担的特殊理由时,损害的转移才具有正当性。因此,侵权责任法面临的任务就是,如何按照公共利益的要求最好地分配这些损失。

如何分配这些损失呢?根据不同的侵权类型区别对待是不可避免的选择。那么,根据何种标准来区分呢?弗莱明教授认为:从立法政策的角度看,没有什么分类比故意侵害和过失致人损害的分类更重要。故意致人损害几乎没有任何社会效用。因此,除了意外发生的政策理由干扰,要承认一

---

〔1〕 See Wright, *Introduction to the Law of Torts*, 8 Cam. L. J. 238 (1942).

个特别的优先权,如在自我防卫和紧急避险等情形之外,故意侵害他人人身财产权益,故意干预他人的事情,被告应该对他引起的损害承担赔偿责任。[1] 比较而言,法律对过失所致损害的保护更谨慎。因为在过失侵权中,法律对于被告行为自由这一同等重要但效果相反的利益,给予了更多的关注。长期以来,过失所致损害可因过失和无过失引起。在过失的致人损害的绝大多数情况下,“过失”或“应受谴责的状态”将为保护的天平倾向于受害人提供一个理由,但是,这种做法不具有普遍意义,很多情况下取决于受侵害的原告利益的属性。在人身伤害或有形财产损害方面,人们普遍接受这样一种义务,即不要让他人暴露于不合理的风险之中。关于纯粹的经济损失和诸如心理痛苦之类的非客观损害,法律显然做了更多的保留。[2]

在现代社会,侵权行为除了传统的故意侵权行为外,更多的是过失侵权行为和无过失侵权行为。这种过失侵权行为和无过失侵权行为,和故意侵权行为不同,无论法律要求人们提高注意到何种程度,也无法避免。克莱因和沃勒(Klein & Waller)两位学者通过附加在安全生产规则中的强制性的刑事制裁,以及诸如道路安全运动、以被保险人的安全记录为基础的保险费、改善道路和汽车质量、改善工业生产流程等特殊的法律措施,能更有效地预防偶然事故的发生。但是,这种事故不会因为侵权责任法的运行而明显减少。[3]

弗莱明教授也认为:尽管有这些控制措施,但非故意导致的事故和损害仍然会发生。有些非故意导致的事故和损害毫无疑问应该归因于传统意义上的过失,即归因于不合理的风险,但是其他部分则应属于“不可避免”的意外事故。从公平的角度看,这两种情况中的任何一种可能不仅由直接参与者负责,还应该由和其有关联的生产行为或企业本身承担责任。社会的进步与工业化生产的维持和持续、快捷的运输方法关系密切。因此,社会也应该承受与此相关的损害。简言之,谁来为这些损害买单?是那些不能确切

〔1〕 See Seavey, *Principles of Torts*, 56 Harv. L. Rev. 72 p. 84 (1942).

〔2〕 See John G. Fleming, *The Law of Torts*, 8th ed., The Law Book Company Limited, 1992, p. 4.

〔3〕 See Klein & Waller, *Causation, Culpability and Deterrence in Highway Crashes*, Auto Ins. & Compensation Study, D. O. T. (1970).

证明任何一个特定的人具有传统意义上的过错的受害人,还是从这些生产行为中受益的那些人?弗莱明教授认为:在过失侵权状态下,由集体成员承担运营成本的责任保险制度比侵权责任制度能更好地满足社会的需要。[1]

因此,在这种状态下,既然让受害人恢复到损害发生前的状态这一理想无法实现,那么,就应该放弃对侵权行为类型不加区分、同等对待的故意侵权与过失侵权合一的理论观点,根据功利主义的思想,对故意侵权、过失侵权和无过失侵权,采取不同的法律政策,对故意侵权,在传统的损害赔偿的基础上,辅以惩罚性赔偿制度,既达到完全赔偿的目的,又强化对故意侵权的惩罚和遏制效果。对过失侵权以及无过失侵权,则在对受害人提供填补性损害赔偿的同时,辅以各种社会保险、责任保险制度,来分散损害赔偿金的来源,减轻行为人的侵权责任,增强社会的自由度。

二、故意侵权坚持道德归责属性,过失侵权放弃道德归责属性

在现代社会,各种社会保险、责任保险、强制保险等制度的发达,导致许多侵权事故的损害赔偿,直接由保险公司赔付,行为人直接承担的责任少得甚至可以忽略。在这种意义上,相较于前工业社会,个人责任确实减弱了。但是,无论是基于法律正义理念的要求,还是出于社会秩序控制的需要,世界上绝大多数国家的保险法都规定,故意导致的侵权损害赔偿责任,不在责任保险范围之内。即使有国家的法律规定,保险人对故意侵权损害赔偿也必须强制保险,保险人赔付后也有权向故意加害人追偿。所以,即使个人责任和侵权责任法的道德归责性在过失侵权领域消失了,在故意侵权领域,它还会顽强地存在下去。

完全采取传统的主观性的过错判断标准,不利于受害人举证证明加害人的过错,也不利于人们在社会交往过程中采取合理的注意预防损害的发生,加上侵权责任法由谴责行为人的主观恶性转化为一种社会风险控制机制,因此,世界绝大多数国家的侵权责任法,放弃主观过错标准,采取客观过错标准。但是,采取客观过错标准,意味着放弃对加害人主观恶性的追究,

---

[1] See John G. Fleming, *The Law of Torts*, 8th ed., The Law Book Company Limited, 1992, p. 8.

放弃对行为人的道德谴责，同时也意味着加害人赔偿责任的减轻。故意侵权的恶性、危害程度和造成的损害结果和过失侵权完全不同，对于故意侵权，侵权责任法如果完全放弃对加害人主观恶性的追究，放弃对行为人的道德谴责，显然与社会的正义观念不符。故意加害人承担的侵权责任与过失侵权人承担的侵权责任一致，有违公平之观念。除非受害人放弃根据主观标准追究加害人较重的责任，法律应该注意到故意既具有社会过错的性质，也具有主观过错的性质。

第五章　矫正正义和功利考量互补论

——故意侵权与过失侵权
分立论的哲学基础

第一节　一切侵权责任的问题必然涉及正当性

故意侵权与过失侵权分立,涉及侵权责任法的保护范围、责任构成、责任范围等,仍然属于侵权责任范畴的问题。侵权责任法为什么要强迫某人承担损害赔偿(或补偿)责任?或者说受害人请求加害人赔偿其损害的理论基础是什么?侵权责任法适用什么标准来挑选出某些人而不是其他人来承担事故成本呢?侵权责任法在不同类型的侵权事故中要求原告承担多大的责任呢?侵权责任法根据何种哲学的、道德的根据来确定这些责任的有无及范围呢?侵权责任法在合理解释这些事关侵权责任法根本的问题时,必然要涉及强迫该人承担责任的正当性问题。正如霍姆斯所言:损害应当让它留在原处,强迫他人承担受害人遭受的损害,必须要有正当理由。侵权责任法只有具有了道德上的正当性,才具有法理上的正当性,该法律的适用才具有被人们广泛接受的社会基础。因此,侵权责任法规定加害人在何种情况下应当承担侵权责任,应当承担多大的侵权责任,必须要在道德哲学上具有正当性。

在论证侵权责任法正当性的时候,西方侵权责任法学者之间存在功利论和矫正正义论两个对立的阵营。〔1〕 功利论是指将侵权责任理解为一种工具,其主要目标是遏制加害行为等功利考量,该阵营的共同点是在经济分析的框架内提出其解释。矫正正义论是指将侵权责任法视为一种在当事人之间实现矫正正义的方式。纵观西方学者对于侵权责任法哲学基础之研究,总结其基本观点,无非三种:一是矫正正义一元论,即认为侵权责任的哲学基础是且只是矫正正义;二是功利考量一元论,即认为侵权责任的哲学基础是且只是功利考量;三是无机的矫正正义和功利考量二元论,即认为以自己责任为核心的过错侵权责任的哲学基础是且只是矫正正义,无过错侵权责任法和替代责任法的哲学基础是且只是功利考量。矫正正义和功利考量分别统治侵权责任法的不同领域,二者相互独立。〔2〕

我国侵权责任法学者也深受这些学说的影响。比如,一方面,我国立法者在设置原《侵权责任法》第 24 条公平责任条款和第 86 条高空抛物责任时,其立法理由是"对受害人提供适当的补救",〔3〕对于这种完全无视矫正正义的纯粹功利考量,学者们中的否定论者根据正义理论极力反对,〔4〕支持论者则以遏制加害行为和保护受害人等纯粹的功利考量为由大力支持该观点。〔5〕 另一方面,我国原《侵权责任法》第 47 条规定了产品责任的惩罚性

---

〔1〕 See Gary T. Schwartz, *Mixed Theories of Tort Law Affirming Both Deterrence and Corrective Justice*, 75 Tex. L. Rev., p. 1802(1997).

〔2〕 参见[加拿大]欧内斯特·J. 温里布:《私法的理念》,徐爱国译,北京大学出版社 2007 年版;Izhak Englard, *The Philosophy of Tort Law*, Dartmouth Publishing Company, 1993; David G. Owen, *Philosophical Foundations of Tort Law*, Clarendon Press. Oxford, 1995; W. M. Landes & R. A. Posner, *The Economic Structure of Tort Law*. Cambridge, Mass, and London, 1987; George P. Flet, *The Search for Synthesis in Tort Theory*, Law and Philosophy. Vol. 2, no. 1, 1983; Gary T. Schwartz, *Mixed Theories of Tort Law: Affirming Both Deterrence and Corrective Justice*, 75 Tex L. Rev. 1996 - 1997; John C. P. Goldberg, *Twentieth-Century Tort Theory*, 91 Georgetown Law Journal(2003).

〔3〕 参见全国人大常委会法制工作委员会民法室编:《中华人民共和国侵权责任法条文说明、立法理由及相关规定》,北京大学出版社 2010 年版,第 91 ~ 92 页;高圣平主编:《中华人民共和国侵权责任法立法争点、立法例及经典案例》,北京大学出版社 2010 年版,第 302 页。

〔4〕 参见张新宝:《侵权责任法立法研究》,中国人民大学出版社 2009 年版,第 499 页;阳庚德:《高空抛物侵权连带责任制度否定论》,载《广东社会科学》2010 年第 1 期;程啸:《侵权责任法》,法律出版社 2011 年版,第 152 ~ 156 页。

〔5〕 参见王成、鲁智勇:《高空抛物侵权行为探究》,载《法学评论》2007 年第 2 期;王利明等撰稿:《中国民法典学者建议稿及立法理由·侵权行为编:条文 立法理由 参考立法例》,法律出版社 2005 年版,第 252 页,该部分执笔人署名的是杨立新教授;高圣平主编:《中华人民共和国侵权责任法立法争点、立法例及经典案例》,北京大学出版社 2010 年版,第 302 ~ 306、797 ~ 803 页。

赔偿制度,[1]其立法理由是“惩罚遏制此类行为,保护消费者权益”之类的功利考量,但是,对于需要遏制的其他性质相同甚至更加恶劣的侵权行为,我国侵权责任法却又坚持大陆法系侵权法由矫正正义决定的损害填补一元论传统,完全否定惩罚遏制等功利考量的正当性,进而否定一般性的惩罚性赔偿制度在侵权责任法中的合理性。

虽然我国《民法典》侵权责任编对于侵权责任的正当性基础比之前的原《侵权责任法》更为重视,对公平分担损失制度和从建筑物抛(坠)物造成他人损害的责任规则和补偿规则,都进行了不小的调整。这显然是对原来忽视矫正正义理论、过度功利考量设置侵权责任的纠正。如我国原《侵权责任法》第 24 条规定:“受害人和行为人对损害的发生都没有过错的,可以根据实际情况,由双方分担损失。”我国《民法典》第 1186 条将该条中的“可以根据实际情况”修改为“依照法律的规定”,条文表述为:“受害人和行为人对损害的发生都没有过错的,依照法律的规定由双方分担损失。”这样就将一个授予法官裁量权的裁判规则条文修改为指引性规定:法官将不能依据该条直接判决“由双方分担损失”,如果要判决“由双方分担损失”则需要有我国《民法典》或者其他法律的明确规定。这不仅有利于纠正司法实践中诸多“和稀泥”的裁判,也有利于分清是非曲直,给民事主体正确的行为指引。[2]再如,我国原《侵权责任法》第 87 条高空抛掷物致人损害的损失分担规则实施以后,遇到了进一步的问题。不考虑有关机关依法调查的职责,不考虑物业服务企业的安全保障义务,甚至不对侵权人的侵权责任作出直接规定,而强调由可能加害的建筑物使用人给予补偿,带来了一些负面社会效果:(1)有关机关可能懒政、不依法履行调查的职责,即使是在被侵权人死亡或者严重人身伤害的案件中,有些机关也不依法进行调查,而以“原《侵权责任法》第 87 条提供了民事救济,被侵权人可以到法院起诉”为由进行推诿,使本来可以依法查明的案情得不到调查;(2)过分强调“由可能加害的建筑物使用人给予补偿”,采取“和稀泥”的办法处理侵权案件,没有分清是非曲直,

---

〔1〕 原《侵权责任法》第 47 条规定:明知产品存在缺陷仍然生产、销售,造成他人死亡或者健康严重损害的,被侵权人有权请求相应的惩罚性赔偿。

〔2〕 参见张新宝:《侵权责任编:在承继中完善和创新》,载《中国法学》2020 年第 4 期。

所作的“补偿”缺乏公平正义基础，使得相关当事人不服气，加大了法院的判决执行难度。编纂《民法典》侵权责任编的重要任务之一，就是修改原《侵权责任法》第87条的规定，使建筑物抛（坠）物造成他人损害案件的责任分配与承担更为公正合理，我国《民法典》通过对原《侵权责任法》第87条的全面修改形成的《民法典》第1254条更好地平衡了各方利益，强调在查明事实基础上依法裁判，限制“补偿”的适用。这样的责任规则和补偿规则更加符合公平正义价值的要求，更有利于建设和谐友善的邻里关系。[1]

这些法律条文的修改变化，表明我们对侵权责任的正当性基础之认识在不断深化，我国《民法典》的相关条文比之前的条文更具有正当性，具有重要意义。但是，这并不意味着公平分担损失制度和高空抛物致人损害制度的正当性问题已经完全解决。笔者在拙作《私法惩罚论——以侵权责任法为中心》一书中提出：侵权责任的正当性基础，不能仅仅是矫正正义或者仅仅是功利考量，而是必须同时兼顾矫正正义和功利考量二者，即矫正正义和功利考量互补论。[2] 由于故意侵权与过失侵权分立论要论证的问题是区分故意侵权与过失侵权的必要性和可行性，而这又必然涉及为什么故意侵权的保护范围可以并且应当比过失侵权的保护范围要广一些？故意侵权的损害赔偿范围为什么可以并且应当比过失侵权要大一些？为什么故意侵权可以配置惩罚性赔偿而过失侵权不可配置惩罚性赔偿？惩罚性赔偿金数额要不要限制？这就必须从正当性基础上回答：侵权责任的正当性不仅要考虑矫正正义，而且可以考虑并且必须考虑功利考量的合理性。这就不可避免地涉及侵权责任法中的矫正正义和功利考量的合理性及其限度。笔者认为，只有有机结合矫正正义和功利考量的矫正正义和功利考量互补论，才能从哲学基础上，为侵权责任保护范围和责任范围应当区分故意侵权与过失侵权的正当性，提供具有说服力的解释。

第二节　矫正正义和功利考量互补论的内涵

矫正正义和功利考量互补论的内涵是：在侵权责任的正当性论证中，应

---

〔1〕 参见张新宝：《侵权责任编：在承继中完善和创新》，载《中国法学》2020年第4期。

〔2〕 参见阳庚德：《私法惩罚论——以侵权责任法为中心》，法律出版社2017年版，第34～93页。

当以矫正正义为框架、以功利考量为补充,二者相互依赖,相互给对方施加一种适当的限制效果,相互为了满足对方而改变自己最初的典型状态,最终形成一种互补的和谐状态。

首先,矫正正义和功利考量互补论主张,矫正正义和功利考量在侵权责任法中的结合应该是一种有机结合。这种有机的结合,借用我国哲学中的太极阴阳理论来比喻就是:矫正正义是侵权责任法的"骨骼",是"阳",功利主义是侵权责任法的"血肉",是"阴"。侵权责任法的哲学基础是矫正正义和功利考量"骨肉相连""阴阳调和"。这种有机结合的最佳状态是动态的,可因国情、时代而不同。

其次,矫正正义和功利考量互补论认为,矫正正义与功利考量在有机结合状态中,相互接纳对方,相互补充。侵权责任法中,在严格和纯粹的意义上考虑,矫正正义和功利主义这对概念是矛盾和相互排斥的。但是,这一事实不仅没有否定其相互结合的适当性,而且按照互补性精神,它们相互调整形态,形成一个具体的法律解决方案,反而增强了其各自的本质。多元主义的解决方案代表了一种创造和谐整体的努力,最优地实现双方的价值观念。一方面,矫正正义理论放弃其所谓恢复到损害发生前的状态这一理想主义立场,在责任设定、损害数额确定、因果关系判断等方面接受功利考量因素的影响,从而在损害赔偿数额的确定以及因果关系认定等方面认可政策考量的正当性,认可突破损害填补原则的惩罚性赔偿的正当性。另一方面,在运用功利考量等政策因素时,一定要接受矫正正义理论的限制,不可单方面基于功利考量设置侵权责任。[1]

最后,矫正正义和功利考量互补论认为,矫正正义和功利考量互补的和谐状态是一种动态的、不断接近理想状态的平衡。由于各国社会情势的不同,各国侵权责任法对功利考量的因素和程度可以并且应该会有差别,矫正正义和功利考量之间的这种平衡状态可以并且应该有所不同。

---

〔1〕 我国原《侵权责任法》第 87 条关于高空抛物之人损害的责任,就是纯粹基于功利考量设置的责任制度,其正当性才受到学者的质疑。我国《民法典》立法者意识到了原《侵权责任法》第 87 条正当性不足的问题,因此我国《民法典》第 1254 条做了修改,但在要求不能证明自己不是侵权人的建筑物使用人给予补偿这一点上,仍然一脉相承。

第三节 以矫正正义和功利考量互补论作为侵权责任法哲学基础的合理性

一、矫正正义：是且仅是侵权责任正当性论证的必要条件之一

(一)矫正正义:侵权责任正当性论证的必要条件[1]

关于作为侵权责任法哲学基础的矫正正义之内涵及其特征,前文已经讨论过了。笔者认为,矫正正义理论对于侵权责任的正当性论证,具有至关重要的意义。任何对侵权责任法所作的合理解释——无论是否援引遏制、保护受害人之类的功利考量——必须援引矫正正义。矫正正义绝对是侵权责任正当性论证的必要条件。

1. 所有调整惩罚的规范都是矫正正义规范

从严格意义上讲,民事责任指违反法律义务的民事惩罚后果。[2] 认为立法者有权抛开正义之类的道德问题,完全基于保护受害人、预防损害等政策考量任意设定民事法律责任的观点的潜在逻辑是调整惩罚的规范不一定都是正义规范。那么,是这样吗?

正义规范是一种特殊类型的道德规则,是解决分配性道德问题,即关于谁应当得到多大份额的某种东西的规则,是一种为其分配提供根据的规范。当然,分配的根据是一种分配的条件,也是一种分配的理由。应当承认,并不是所有的道德问题,至少不是所有关乎政治和法律的道德问题,都是分配性问题。因为作为一种规范,仅仅当人们对可分配的东西提出了竞争性主张的时候,分配性的问题才对我们具有强制力。[3] 惩罚不存在竞争获取的问题,那么调整惩罚的规范是否都属于正义规范?

笔者认为,由于人们不能将是否应该运用惩罚的问题和怎样分配惩罚的问题区分开来,因此,惩罚本质上是一个分配行为,即人们基于某种原因从他人处强制拿走某种东西。因此,在我们没有得到“为什么要惩罚某些

---

〔1〕 本部分内容笔者之前曾以论文发表。参见阳庚德:《矫正正义:侵权责任正当性论证的必要条件》,载《学术研究》2013 年第 6 期。

〔2〕 参见尹田:《民法典总则之理论与立法研究》,法律出版社 2010 年版,第 46 页。

〔3〕 See John Gardner, *What Is Tort Law For*? Law and Philosophy, Springer 2010, (2011) 30, p. 6.

人？这些人做了什么？”这一问题的答案时，任何人说“让我们惩罚这些人”没有任何意义。某人是实施了侵权行为的人，这不仅是一个惩罚他的条件，而且是一个惩罚他的理由。当且仅当他是实施了侵权行为的人，他才应该受到惩罚。也就是说，在回答为什么要惩罚某些人这个问题时，需要某种将惩罚和接受惩罚的人联系起来的合理的连接点，因此它已经是一个具有分配性的问题了。换句话说，如何分配惩罚的问题就应当被看作一个正义问题。哈特令人信服地论证了这一命题。哈特的结论是：我们不能就惩罚的正当理由提出任何与分配无关的问题。即使在惩罚问题上不存在竞争获取的问题，所有调整惩罚的规范也都是正义规范。〔1〕

正义规范可以细分成许多类型，最为著名的是亚里士多德的分类。在区分的最顶层，将正义规范区分为分配正义规范和矫正正义规范。〔2〕分配正义规范和矫正正义规范之间存在重要差异。亚里士多德认为，人们应当根据几何的除法公式来理解分配正义规范，某种利益或不利益存在好几个潜在的所有者或承担者，问题是如何在这些人之间分配该利益或不利益。相反，人们应当根据算数的加减法公式来理解矫正正义规范。在某个时间段，只有两个潜在的所有者或承担者。其中一人从另一人处获得了某种利益或不利益，或者丧失了某种利益或不利益。问题是该“交易”是否应当以及如何取消、恢复原状。虽然加法或减法的结果可能总是可以用除法来代替，但是，该结果取决于一种专门设计出来处理这种特殊分配问题的特殊类型的规范。某些东西已经在当事人双方之间发生了转移，矫正正义关注的不是该东西是否应该，以及在什么程度上、以什么方式、基于什么理由在他们之间进行分配之类的问题，矫正正义关注是：该东西是否应该，以及在什么程度上、以何种方式、基于什么理由从一方重新分配给另一方，以取消他

〔1〕 See H. L. A. Hart, *Prolegomenon to the Principles of Punishment*, in Hart, *Punishment and Responsibility*, Clarendon Press, 1968, p. 100.

〔2〕 See Aristotle, *Nicomachean Ethics*, V,4 (Martin Ostwald, trans. ,1962) at 1130b30ff. 人们可能会质疑亚里士多德关于每一个正义规范要么是分配正义规范要么是矫正正义规范的理论。人们会质疑：难道我们不应该将报应正义规范作为一种自成一类的规范，而不仅仅是将其作为分配正义的一个亚类型来对待？此外，难道程序正义规范不是构成了一种既不是分配正义也不是矫正正义的特殊类型？从论证的角度说，没有问题。然而，笔者认为，这些质疑不足以动摇亚里士多德关于正义规范的二分法理论，这些质疑也不影响笔者的论证和结论，因此对此不予置评。

们之间已经发生了的“交易”。矫正正义规范是一种调整取消某种“交易”的规范。[1]

一旦我们认识到,矫正正义规范和其他规范的区别仅在于其调整对象,那么我们也就明白,有些法律规范本身就是矫正正义规范。根据侵权责任法规范,(被法律认可的)加害人应当赔偿其不法行为引起的(被法律认可的)损失,因为他们不法地引起了该损失。这种侵权责任法规范本身就是矫正正义规范。这种矫正正义的法律规范要求判处加害行为人实施了侵权行为之后支付填补性损害赔偿金,受害人确定能够从导致其丧失某些东西的人那里要回,至少部分要回他们丧失的东西。因此,从形式上看,所有的侵权责任规范都是矫正正义规范。

2. 矫正正义道德规范:矫正正义法律规范的合理性之根源

综上所述,侵权责任法事实上已经包含了一种矫正正义规范。但是,为了解释这一矫正正义法律规范,我们不能满足于简单地援引矫正正义,我们还必须进一步解释该种矫正正义规范本身是为了什么,其适用范围及其合理性根据是什么。我们必须依赖一种其力量比法律层次更高的矫正正义规范。正如加德纳所言:或许,人们必须依赖一种对应的矫正正义道德规范,根据该道德规范,加害人对于其不法引起的损害,在道德上负有支付填补性损害赔偿金的义务。[2]

那么,矫正正义道德规范和矫正正义法律规范相互之间如何联系,以至于在解释矫正正义法律规范时,可以依赖矫正正义道德规范?笔者认为,人们必须将二者之间的联系理解为一种本质的、内在的联系,即矫正正义法律规范服务于矫正正义道德规范,矫正正义道德规范塑造矫正正义法律规范的样态,决定其适用的(某些)范围。在处理分配性的道德问题时,人们必须赋予侵权责任法一种和工具主义相对的组织性功能,即侵权责任法有助于对侵权责任正当性形成一种合理的道德解决方案的方式,通过使侵权责任

---

〔1〕 See John Gardner, *What Is Tort Law For*? Law and Philosophy, Springer 2010, (2011) 30, p. 9.

〔2〕 See John Gardner, *What Is Tort Law For*? Law and Philosophy, Springer 2010, (2011) 30, p. 17.

法成为这种解决方案的组成部分来实现,而不是通过有助于使该解决方案更加可行或更加“有效率”来实现。我们不能将侵权责任法视为实现工具主义或非工具主义的任何目标的奴仆。工具主义或非工具主义的目标论认为那些目标是外在于侵权责任法因而能够独立确定的,侵权责任法只不过是有助于实现那些目标而已。[1]

由于矫正正义的侵权责任法规范,人们通常负有赔偿损失的道德义务。但是,在有或没有侵权责任法介入的情况下,这些赔偿损失的道德义务是不一样的。在侵权责任法介入的情况下,人们负有的道德义务更加确定。换句话说,侵权责任法有助于制定从矫正的角度看非常公平的解决方案。同时,为了实现矫正正义的侵权责任法规范在道德方面的创制功能,人们必须将矫正正义的侵权责任法规范视为一种工具,一种实现矫正正义道德规范的工具。为什么要这样理解呢?其理由与法律规范自我无效有关。法律规范自我无效是指当人们做他们有法律义务要做的事情,对于他们去做他们有道德义务要做的事情而言没有帮助的时候,在法律意义上约束他们的法律并不能帮助他们决定,因此也无助于设定他们道德上要做的事情。尽管基于法律实证主义的立场,人们必须遵守这一法律规范,但是从该法律规范作为实现其道德目标的工具角度看,该法律规范是失败的。[2]

关于法律规范的自我无效,我们以比侵权责任法更具确定性的以下例子来说明:人们负有不危险驾驶汽车的道德义务。通过诸如设置交通信号灯、路标和限速标志等手段,法律试图让这种义务更加确定,如隧道内禁止超车、限速每小时30公里等。对于一个提速到每小时60公里的操作行为,如果不考虑隧道入口处的交通标志的法律效力,就不会被视为危险驾驶的操作行为,但是,一旦该交通标志设在那里并具有法律效力,该行为就很可能被认为是一个危险驾驶行为,一个违反禁止危险驾驶的道德规范的行为。但是,这一观点的成立必须具备以下条件:该法律是基于合理的判断而制定的,信赖交通标志有助于那些信赖它们的人避免违反最初的道德规范。如

〔1〕 See John Gardner, *What Is Tort Law For?* Law and Philosophy, Springer 2010, (2011) 30, p. 20.

〔2〕 See Derek Parfit, *Reasons and Persons* (Oxford: Clarendon Press, 1984), chaps. p. 1 – 4.

果隧道入口处的交通标志极度混乱,那么信赖那些交通标志反而更容易出现交通事故,未能遵守这些交通标志在道德上就不构成危险驾驶。因为如果交通标志极度混乱,那么按照交通标志驾驶不会减少危险驾驶的发生概率。

从上面的例子可知,除非一个法律规范发挥了某些与对应的道德规范有关的工具主义的功能,遵守法律规范将有助于遵守部分构成法律规范本质的道德规范,否则该法律规范不能发挥其与道德规范有关的基本作用,即该规范自己使自己无效。正如加德纳所言:仅当法律规范与其背后的道德规范相一致时,法律规范才可能是一个实现其道德目标的成功的工具。但是,如果某一法律规范建立了一种倾向于鼓励人们违反它的反常激励机制,从该法律作为一种实现自我道德目标的工具角度看,它是失败的。[1] 我们不能说只要人们遵守该法律,它就是一个道德上无懈可击的法律。鼓励人们不去遵守它的法律是一个自己使自己无效的法律,此种法律规范阻碍而不是促进人们遵守促使其形成的道德规范。所有其他因素相同的情况下,人们应该废除此种法律规范。所有的法律规范都要受到这种工具主义的审查。贯彻矫正正义的侵权责任法规范也是如此。实现矫正正义道德规范的需要导致形成了贯彻矫正正义的侵权责任法规范。如果没有该法律规范来促进人们遵守有矫正正义道德规范,那么我们就不能将其作为依赖道德规范形成的法律规范的典范。因此,将矫正正义作为“侵权责任的正当性根据是什么”这一问题的答案,并不能免除人们从工具主义角度证明侵权责任法的合理性之义务,也不免除人们对那些与工具主义的正当理由有关的经验主义的问题作出回答之义务。

在法律上,受害人要求加害人因其侵权行为支付的填补性损害赔偿金的数额越大,加害人就要赔偿更多?或者,存在一个使侵权责任法规范变得自己使自己无效、不断缩减的收益转为负值的临界点?如果侵权法规范是一个自己使自己无效的规范,其原因只能是:即使当人们实施了法律规范以矫正正义的名义要求人们实施的行为,实现的矫正正义也很少;该法律规范

---

〔1〕 See John Gardner, *What Is Tort Law For*? Law and Philosophy, Springer 2011, p. 20.

正鼓励人们违反它,因此实现的矫正正义很少。[1]

或许,在实施矫正正义的侵权责任法法律规范的时候,除了促进矫正正义的道德规范之外,还有其他的积极价值,如提高效率、保护受害人、预防侵权行为发生等,但是,将矫正正义作为“侵权责任正当性根据是什么”这一问题的答案的时候,其地位与效率不可能相提并论。

将矫正正义作为侵权责任正当性依据的态度告诉我们的是,人们认为侵权责任法有能力处理什么事情。人们认为侵权责任法有能力确保人们遵守某种(其中一部分被制定为法律的)矫正正义的道德规范。从矫正正义本身的观点看,如果侵权责任法没有能力这样做,那么侵权责任法应该毫不犹豫地被抛弃。[2]

3. 正义的连贯性仅存在于基础义务[3]和矫正义务[4]的原因之间

在寻找对于矫正正义规范而言具有特定性的基本原理的过程中,我们对加害人实施最初的加害行为时违反的规范不感兴趣。笔者认为,这是不恰当的。我们不得不对它感兴趣！因为一旦加害人实施了加害行为,他就无法让时光倒流而回到加害行为实施前,以致于他可以用遵守该基础规范来取代违反该规范。但是,合理地关心一下最初的基础规范要求他做什么,不应该做什么,对我们理解矫正正义还是必要的。损害赔偿义务源于这一规范的违反,即损害赔偿义务的产生以违反这一规范为条件,损害赔偿义务的产生也以违反这一规范作为推理的起点。因此矫正正义不得不关注它！

从某种意义上说,人们违反义务的行为在他违反义务之后持续对他施加一个支配力,持续地塑造他有义务做的事情。最初的违反义务的行为和后来的要做的事情之间,就存在一个连贯性的问题,即某种从最初的义务中产生、贯彻到现在的义务之中的东西。众所周知,损害赔偿义务是违反基础义务引发的从属性义务。虽然第二性义务的履行不是第一性义务的一部

---

〔1〕 See John Gardner, *What Is Tort Law For*? Law and Philosophy, Springer 2010, (2011) 30, p. 21.

〔2〕 西方学术界确实存在很多主张废除侵权责任法的观点,代表性的论文如:Stephen D. Sugarman, *Doing Away with Tort Law*,73 Calif Law Revew, 1985。

〔3〕 笔者将行为人应当遵守基础规范的义务称为基础义务或第一性义务。

〔4〕 笔者将侵权行为人违反基础义务后所应当承担的损害赔偿等义务称为矫正义务或第二性义务。

分，但是对第一性义务违反的所需的责任在某种程度上被第二次义务的履行减轻了，因此引起的道德上的麻烦更小。为什么呢？这是因为当一个义务得到履行或者没有得到履行的时候，那些支持将该行为列为必须做的事情的原因，每一条都可能被程度不等地遵守。

某人负有一项义务（第一性义务）的事实（如不侵害他人合法权益）是某人去做他有义务（第二性义务）做的事情（如赔偿受害人损害）的前提条件，并且这种前提条件具有特殊强制力，[1]因不同的案件事实而异。[2] 在行为人违反第一性义务的情况下，前提条件已经无法得到满足，只能通过第二性义务的履行予以补救。但应当注意的是，虽然两种义务的履行都能够使前提条件保持或恢复圆满，但是与通过履行第二性义务以修补前提条件相比，通过履行第一性义务维持前提条件显然是最优解。因此，只要我们明白了第一性义务的基本原理，我们就可以确定什么是次优方案。在其他条件相同的情况下，一旦我们确定了次优方案，也就掌握了该第二性义务的基本原理，也就是说，该第二性义务就是做次优的事情之义务。在前提条件相同的情况下，第二性义务是第一性义务的理性重复，其存在就是尽可能地服务于没有履行的第一性义务的原因，这就是连贯性。

连贯性是怎样帮助我们解决侵权行为的损害赔偿问题的？连贯性是怎样帮助我们为矫正正义的道德规范提供充分的理由的？一个人为什么有义务赔偿其侵权行为导致的损害？其理由是：这样做和某人负有该义务的前提条件最好地保持了一致，或者说最佳地满足了该条件，并且仍然具有可行性。换句话说，某人必须为其侵权行为导致的损害支付赔偿金的理由，也同样是某人不会导致这些损害的理由。当某人没有导致该损害时确实如此，而某人的赔偿行为和最初的理由也至少部分地保持一致。如果某人有义务和最初的理由保持一致，那么，在其他情形均相同的情况下，反过来，该人也有义务支付损害赔偿金。某人以赔偿其行为导致的损害这种方式弥补其未

---

〔1〕 See H. L. A. Hart, *Prolegomenon to the Principles of Punishment*, in Hart, *Punishment and Responsibility*, Oxford: Clarendon Press, 1968, p. 100.

〔2〕 See Joseph Raz, *Promises and Obligations*, in P. M. S. Hacker and J. Raz (eds.), *Law, Morality, and Society*, Oxford: Oxford University Press, 1977, p. 398.

能履行其负有的第一性义务的事实，足够说明该第二性义务为一种矫正正义义务。当然，纯粹基于矫正的需要，行为本身无须违法。行为仅仅在未被矫正的条件下才是违法的，如不当得利。[1] 但在我们一直重点讨论的、以侵权责任法为典型的情形中，这种先决条件式的矫正被排除在外。某人未能做他应该做的事情的理由和现在需要矫正的事情，足以使得该行为即使被矫正了也还是违法行为。这是因为所有可能的矫正手段，即使是在侵权行为发生后立即认真地实施，相对于只要矫正就可避免成为违法行为的情形，仍然会留下太多重要的事情不会处理，会留下太多未满足或者未完全满足的理由。在这些情形中，即使实现了最佳的矫正正义，即使我们真的拥有次优的理性的连贯性，也存在足够多的理性的不连贯性来决定我们的首要义务是不实施我们已经实施的行为。因为实施此种行为即实施了违法行为。[2]

加德纳认为，某人未能按照要求其实施某种行为的理由实施某种行为，这就意味着这些理由仍然存在，仍然在施加影响力，在其他条件相同的情况下，仍然足以让人们感到歉疚、负罪或者自责。我们可以确定的是，人生中的一切事情都要根据不断变化的原因背景，不断地重新评价，这些原因经常包括从过去延续下来的那些原因。人们有原因要做某些事情，但现在太迟了，在这种情况下，要做这些事情的原因立即成为人们因未能做某事而感到歉疚——在某些情况下是犯罪感和懊悔——的原因。[3] 二者之间存在连贯性。根据连贯性理论，违法行为发生后的世界是有缺陷的，因为连贯性迫切需要的遵守相同原因，现在被推迟实现了。那么，当该原因仅仅得到部分遵守也可能富有成效的情况下，在持续拥有和利用该原因的时候，人们为什么要坚持将某些进一步的成果作为其合理性的条件呢？人们为什么需要一个所谓独立的情形来实现矫正正义呢？根据连贯性理论，实现矫正正义的情

---

〔1〕 在不当得利的情况下，被矫正的行为留下来没有得到满足的前提条件太少，或者不足以使该行为成为违法行为。通过矫正，人们减轻了该行为（如不矫正就会成为一种违法行为）的违法性，使该行为达到了不再是一种违法行为，不再是一种违反义务的行为的临界点。人们有义务去精确矫正，因为不矫正的话，该人就实施了一个违法行为。

〔2〕 See John Gardner, *What Is Tort Law For*? Law and Philosophy, Springer 2010,（2011）30, p. 29.

〔3〕 See John Gardner, *What Is Tort Law For*? Law and Philosophy, Springer 2010,（2011）30, p. 29.

形和令人感到遗憾、懊悔和负罪感的情形不同。在其他条件相同的情况下，在不可能使糟糕的事情变得更好、不可能复原他人因其加害行为丧失的东西的情况下，行为人的歉疚、懊悔等情感表达具有合理性。在其他条件相同且存在复原可能性的情况下，通过矫正正义规范，至少在某种程度上将事情复原到损害发生前的状态，更具有合理性。

温里布最早提出将连贯性理论作为侵权责任正当性问题的解释，但他认为，第一性义务和第二性义务是一样的，前后义务本身存在连贯性。[1] 笔者认为，温里布认为第二性义务和第一性义务永远完全相同的观点是错误的。正如加德纳所论述的那样：如果所谓第二性义务和第一性义务永远完全相同的说法是正确的，那么就不可能存在矫正正义规范了，因为我们不再需要它们了。确立第一性义务的规范将是我们可能需要的唯一的道德规范，由此通过逻辑推理可以推出第一性义务和第二性义务是相同的义务。[2]

综上所述，我们现在可以认为，存在道德上的损害赔偿义务，这些道德上的损害赔偿义务已经由被违反的基础道德规范所限定。只有当法律介入并使该义务具有强制力后，该义务才成为具有权利义务内容的损害赔偿规范，矫正正义才开始具有自己的规范效力。正如我们所看到的，事实上，连贯性仅仅存在于两种义务存在的原因方面，它们共同的基本原理就是将它们联系在一起的东西。这一发现表明，我们需要用矫正正义的道德性以外的原因来解释矫正正义的道德性。我们需要知道某种义务——不是矫正正义的义务——存在的原因。这些义务正是侵权责任法上的第一性义务。在所有情况下，第一性义务的基本原理也正是侵权责任法上违反第一性义务引发的第二性义务的基本原理。这些第二性义务是且只能是矫正正义义务。因此，虽然在侵权责任法甚至法律之外也存在矫正正义，如矫正正义也存在于纯粹的道德之中，但是，没有矫正正义就没有侵权责任法。此外，侵权责任法的内容比矫正正义的内容更加丰富。私法能够并且可能需要使这种矫正正义义务比纯粹的道德形式的矫正正义义务更加具有确定性，但是，

---

〔1〕 See Ernest Weinrib, *The Idea of Private Law* (Cambridge, MA: Harvard University Press, 1995), p. 200.

〔2〕 See John Gardner, *What Is Tort Law For?* Law and Philosophy, Springer 2010, p. 34 – 36.

它无须使其作为第一性义务存在。

(二)矫正正义对于侵权责任的正当性论证之不足

矫正正义是侵权责任正当性论证的必要条件。可以说没有矫正正义,就没有侵权责任法。侵权责任法规范的核心就是将矫正正义道德规范具体化确定化为一系列制度。矫正正义作为侵权责任的逻辑框架和正当性的道德基础,具有适当性。但是,矫正正义理论对于侵权责任法之意义,主要在于为侵权责任法的填补性损害赔偿提供最基础的正当性框架,为侵权责任法的结构和侵权诉讼的形式提供了合理的解释。强调为侵权责任法的宏观方面提供框架,是矫正正义理论的精华,但是同时也是其不足之处——在一些细节方面留下许多有待进一步完善之处,即矫正正义对于侵权责任正当性论证并不充分。矫正正义以侵权责任法的形式、功能为中心,使人们可以从整体上理解侵权责任法,但是矫正正义并不指向影响案件正确判决的案件具体情况和特定因素,其不具有确定性。[1] 正如克莱曼所言:“侵权行为概念是立在矫正正义理论中间需要解释的空格。”[2] 即使作为一种结构的理论,矫正正义也遇到了一些困难。矫正一种不正义或消除混乱状态的概念暗示了侵权责任法的关键特征是通过完全赔偿恢复之前存在的平衡状态,这就在解释层面上产生了几个问题。

第一,恢复原状式的完全赔偿真的可能吗?根据矫正正义采取的弥补手段仅仅是一种次优的措施。虽然在有些情形中,次优方案和最优方案之间的差距非常小,甚至可以忽略不计。但是,在大多数情况下,两者之间的差距相当大,以至于“将侵权法描述为恢复平衡听起来是错误的”[3],因为“侵权诉讼实际上不可能取消侵权行为,从典型意义上讲,也不可能在任何有意义的意义上完全填补原告的损失”[4]。简言之,“受害人不可能返回到损害发生前存在的平衡状态。相反,加害人提供赔偿,而赔偿对于受害人而

---

〔1〕 See Peter M. Gerhart, *Tort law and social morality*, Cambridge University Press, 2010, p. viii.

〔2〕 See Jules L. Coleman, *The Practice of Corrective Justice*, in David G. Owen, *Philosophical Foundations of Tort Law*, Clarendon Press, p. 57 – 58.

〔3〕 See John C. P. Goldberg, *Rights and Wrongs*, 97 MICH. Law Review, p. 1852 – 1853.

〔4〕 See Ellen S. Pryor, *Rehabilitating Tort Compensation*, 91 Geo. Law Journal, 2003, p. 659.

言是一个暗含报复意义的术语"[1]。例如,"人身伤害诉讼并不是仅仅请求被告固定好他打坏了的器官,或者将他拿走的东西放回原处。侵权行为的实施已经无法逆转地改变了这个被害人的状况,导致某人现在是以及将来永远是该侵权行为的受害人。该侵权诉讼寻求的不是恢复而是赔偿受害人,不仅要赔偿受害人遭受的损失,而且要赔偿受害本身"[2]。因此,在评估受害人的损害的时候,矫正正义永远无法拒绝诸如惩罚、遏制等功利思想的补充与渗透。英美法系中已为大家普遍接受的惩罚性赔偿制度具有合理性。

第二,矫正正义理论对被告义务之外的许多东西关注不够。矫正正义理论过于关注被告的义务,即侵害人是否以及何时承担赔偿责任,对被告义务之外的其他方面关注不够。正如本杰明·C.济泼斯基(Benjamin C. Zipursky)教授所言:"矫正正义理论家们非对称地将其焦点聚集在被告的义务上,因此未能注意到,依据法律制度规定,以这一义务为基础寻求赔偿的原告在此过程中发挥作用的方式和路径。如果侵权责任法的目标在于将责任分配给侵权行为人,或者分配不法导致的损失,那么为什么要建立侵权责任制度以至于将这些责任的执行留给原告任意选择?为什么原告应该获得何时应该执行这类义务的决定权?由于没有关注侵权责任法授权(但不是要求)原告以被告对他们承担的此类义务为基础提起诉讼这一特定方式,矫正正义理论似乎对侵权责任法实践仅仅提供了半完美的解释。"[3]

第三,矫正正义对替代责任的正当性解释基本无效。在许多侵权案件中,原告起诉的直接原因是过失行为,但是原告起诉的不是有过失的行为人,而是其雇主。由于雇主本身是无过失的,因此雇主的责任基础只能根据替代责任的严格责任原则来解释。这一原则对于侵权制度而言是最基本的,但是在讨论特定的侵权案件或者侵权责任法问题时,这一原则经常是隐藏的。施瓦茨评论了主张矫正正义的学者提出的支持替代责任的正当理

[1] See John C. P. Goldberg & Benjamin C. Zipursky, *Unrealized Torts*, 88 Virginia Law Review, 2002, p. 1643 – 1644.

[2] See John C. P. Goldberg, *Twentieth-Century Tort Theory*, 91 Geogtown Law Journal, p. 577.

[3] See Benjamin C. Zipursky, *Civil Recourse, Not Corrective Justice*, 91 Geogtown Law Journal, p. 695(2003).

由，其结论是这些正当理由基本上是无效的，通过遏制观点来解释替代责任才具有说服力。[1]

综上所述，所有调整惩罚的规范都是矫正正义规范，因此侵权责任法规范本身就是矫正正义规范。矫正正义的道德规范是矫正正义的侵权责任法规范的正当性基础，矫正正义的侵权责任法规范如果违背了矫正正义的道德规范，就会自我无效；遵守基础规范的义务和实施了侵权行为后的矫正义务之间存在原因上的连贯性。因此，可以说矫正正义是侵权责任正当性论证的必要条件，任何不以矫正正义为基础的强加侵权责任的法律规范都是不正义的，是自我无效的法律规范。但是，矫正正义对于侵权责任的正当性论证，特别在侵权责任大小方面，并不充分，侵权责任的正当性论证还需要功利主义理论补充。因此，矫正正义虽然是侵权责任的重要哲学基础，但是，矫正正义还不足以成为侵权责任法侵权责任的唯一哲学基础。正如美国学者戈登博格(Goldberg)在总结了美国20世纪提出的5种代表性理论后所指出的那样："我们所需要的，并且我们在20世纪的侵权责任法理论中没有找到的东西是一种真正以侵权责任法为基础的理论。一种正如我们所发现的，对侵权责任法实践和侵权责任法原则具有同等意义的理论。在全面考察的这些理论中，矫正正义理论或许最接近这一目标。不幸的是，它是在一种如此高度抽象的水平上运作，以至于比起对作为一种侵权的结构或形式的理论来，它对侵权理论方面提供的解释，就没那么多了。"[2]

二、功利考量：是且仅是侵权责任正当性论证的必要条件之一

(一)侵权责任法上的功利考量之含义

随着社会的发展和变化，侵权责任法理论也不断发展变化。正如易继明先生所言："社会法学派、功利主义或各种实用主义法律解释理论将法律视为一种实现公共目标的机制，特别是20世纪70年代以后兴起的经济分析

---

[1] See Gary T. Schwartz, *The Hidden and Fundamental Issue of Vicarious Liability*, 69 S. Cal. Law Review, p. 1754(1996).

[2] See Gary T. Schwartz, *Contributory and Comparative Negligence: A Reappraisal*, 87 Yale Law Journal, p. 697(1979).

方法,允许法官对侵权责任法进行重新定位,使其服务于经济目标,而不再是服务于矫正正义目标。这就改变了侵权责任法最初的道德基础和价值取向。于是,侵权责任法的法理学也从自然法学转向实用主义、工具主义。"[1]功利主义是一种哲学流派,其本身又有许多分支。我们这里对其学说分歧暂且不过多论述,仅从总体上把握功利主义的思维方法和基本原则。根据杨思斌先生的总结,功利主义是这样一种原则:"人的本性是避苦求乐,人的行为是受功利原则支配的,追求功利就是追求幸福,个人要追求其自身的最大幸福;而对于社会或政府及其制定的措施来说,就是应该追求最大多数人的最大幸福。这就是所谓的'最大多数人的最大幸福原则'。功利主义法学就是把功利主义伦理原则运用到法学领域而产生的法学理论,功利思想是它的核心。功利主义法学认为,人的一切行为的取舍在于功利的权衡,所以,立法者制定法律不得违背这一原则,这是立法的宗旨,也是评判法律优劣的唯一标准。"[2]

依据功利主义者的理论,在制定和理解侵权责任法的时候,首先要设定一个目标,比如"最大多数人的最大幸福原则"或者像法律经济分析学派那样称之为"效益最大化"。和其他法律一样,在服务于社会所取期望的目的方面,私法才具有规范性。通过目标来理解法律的观点,在美国的法律学界根深蒂固地存在着。对法律目的的关注,以一种不间断的形式延续着,从霍姆斯的法理学一直延续到当下专注于政策和社会利益的观点。其中占主导地位的当代理论是经济分析方法。[3] 对私法功能定向式的理解源于这样一个明显的自命题:"法律的目的是服务于人类的需要。"[4]学者的任务便是:将这些目的特定化为与事故相关的目的,用私法来予以规制;表明不同的目的如何得到平衡;评价当下学说是否实现了这些目的;呼吁可能增进这些成

[1] 易继明:《侵权行为法的道德基础》(代译序),载[美]格瑞尔德·J. 波斯特马主编:《哲学与侵权行为法》,陈敏、云建芳译,北京大学出版社 2005 年版,第 ii 页。

[2] 杨思斌:《功利主义法学》,法律出版社 2006 年版,第 3~4 页。

[3] 参见[加拿大]欧内斯特·J. 温里布:《私法的理念》,徐爱国译,北京大学出版社 2007 年版,第 4 页。

[4] Guido Calabresi, *Concerning Cause and the Law of Torts*, 69 University of Chicago Review 105 (1975).

就的变革。[1] 赎罪、预防损害、惩罚和遏制、风险分散、损失分配等目的和功能，广泛地存在于侵权责任法规范中，影响了侵权责任法的价值目标、功能和归责原则。[2]

我国原《侵权责任法》第 87 条规定："从建筑物中抛掷物品或者从建筑物上坠落的物品造成他人损害，难以确定具体侵权人的，除能够证明自己不是侵权人的外，由可能加害的建筑物使用人给予补偿。"结合该法第 8 条的规定，该法试图建立我国侵权人不明时的高空抛物侵权连带责任制度。该法没有提供立法理由，我们无法直接判断其做如此规定的法理根据。但是，我国原《侵权责任法》的规定与《中华人民共和国侵权责任法（草案）》（二次审议稿）以及中国人民大学民商事法律科学研究中心起草的《中国民法典学者建议稿及立法理由・侵权行为编》第 1974 条类似。[3] 支持该建议稿的学者们提出了以下理由作为强加责任的法理根据：一是损失分担的理论，[4] 二是损害预防理论，[5] 三是公共安全理论，四是民事责任的财产性，[6] 五是同情弱者理论，[7] 六是有助于发现真正的行为人，[8] 七是损失承担以及效率

〔1〕 参见［加拿大］欧内斯特・J. 温里布：《私法的理念》，徐爱国译，北京大学出版社 2007 年版，第 4 页。

〔2〕 参见易继明：《侵权行为法的道德基础》（代译序），载［美］格瑞尔德・J. 波斯特马主编：《哲学与侵权行为法》，陈敏、云建芳译，北京大学出版社 2005 年版，第 ii 页。

〔3〕 该建议稿规定："从建筑物中抛掷物品致人损害，抛掷人承担民事责任。不能确定谁为抛掷人的，由建筑物的所有人或者全体使用人承担民事责任。但能够证明没有抛掷该物品的人不承担责任。"参见王利明等撰稿：《中国民法典学者建议稿及立法理由・侵权行为编：条文　立法理由　参考立法例》，法律出版社 2005 年版，第 249 页。

〔4〕 参见王利明：《侵权行为法的发展趋势》（上），载 http://www.civillaw.com.cn/weizhang/default.asp? id = 27378。

〔5〕 参见王利明：《侵权行为法的发展趋势》（上），载 http://www.civillaw.com.cn/weizhang/default.asp? id = 27378；王成、鲁智勇：《高空抛物侵权行为探究》，载《法学评论》2007 年第 2 期；谢哲胜：《高层建筑坠物致人损害的责任》，载王文杰主编：《侵权行为法之立法趋势》，清华大学出版社 2006 年版，第 251 页。

〔6〕 参见王利明：《侵权行为法的发展趋势》（上），载 http://www.civillaw.com.cn/weizhang/default.asp? id = 27378。王利明等撰稿：《中国民法典学者建议稿及立法理由・侵权行为编：条文　立法理由　参考立法例》，法律出版社 2005 年版。

〔7〕 参见王利明等撰稿：《中国民法典学者建议稿及立法理由・侵权行为编：条文　立法理由　参考立法例》，法律出版社 2005 年版，第 252 页。该部分执笔人署名的是杨立新。

〔8〕 参见王成：《高空抛物侵权连带责任的正当性》，载《人民法院报》2006 年 4 月 26 日，第 B01 版。

观点,[1]八是“行为推定”理论,即在侵权行为人不明时,可以推定一定范围内所有可能实施侵权行为的人实施了侵害行为,进而推论所有这些被推定实施了侵权行为的人应该承担侵权责任。[2] 因此,我们大体可以认为,《中华人民共和国侵权责任法(草案)》(二次审议稿)第83条关于加害人不明时的高空抛物致人损害连带责任,其法理根据大体如此。一看便知,除第八项外,对建筑物使用人强加侵权责任的第一项到第七项理由全都是基于功利主义的考量。由此可见,功利主义思想对我国侵权责任法学者的理论以及侵权责任法的制定影响深远。在制定我国《民法典》的过程中,我国法典起草者和立法者都在努力克服功利考量的过度影响,最终的结果是,虽然我国《民法典》第1254条关于高空抛物的规定,仍然保留了“经调查难以确定具体侵权人的,除能够证明自己不是侵权人的外,由可能加害的建筑物使用人给予补偿”这一制度,但极大地修正了该制度,如赋予可能加害的建筑物使用人补偿后向侵权人追偿的权利,增加了物业服务企业的安全保障义务,增加了公安等机关应当依法及时调查、查清责任人的义务。

我们应当如何面对侵权责任法学说思潮的这种转变?如何正确认识功利主义在侵权责任法中的地位?笔者认为,一方面,我们要看到功利主义对侵权责任法的重大影响,在理论和实践中勇敢地做出积极回应。另一方面,我们也决不能“喜新弃旧”,夸大功利主义对侵权责任法的影响,对矫正正义弃之不顾。

(二)功利考量对侵权责任法的意义

1. 功利考量为侵权责任法发挥惩罚遏制功能奠定了基础

在大陆法系国家,侵权责任法的功能就是以赔偿之债的形式,填补受害人所遭受的损害,使受害人恢复到“损害发生前的状态”,以实现矫正正义。功利主义对这种损害填补一元论思想造成了巨大的冲击,一方面,是由于损害填补一元论自身的局限性;另一方面,是由于侵权责任法具有惩罚和遏制

---

〔1〕 参见谢哲胜:《高层建筑坠物致人损害的责任》,载王文杰主编:《侵权行为法之立法趋势》,清华大学出版社2006年版。

〔2〕 参见鲁晓明:《论民事侵权行为的推定及类型化——从抛物行为展开》,载《法律科学(西北政法大学学报)》2008年第4期。

侵权行为的实际需要,私法惩罚具有正当性。

(1)恢复原状式的完全赔偿无法完全实现

依据矫正正义的概念,侵权责任法的功能就是矫正当事人之间被一方的侵权行为破坏的平等,其矫正的最佳状态就是恢复到损害发生前的状态。矫正正义理论强调加害人的所得和受害人的所失在数量上的平等。但是,无论是在侵害财产案件,还是在侵害人身权的案件中,无论是在"以牙还牙"的报复时代,还是当今所有损害原则上只能请求金钱赔偿的时代,试图通过金钱赔偿使受害人"恢复到损害发生前的状态"是几乎不可能做到的。以致人死亡为例,死者丧失生命,如何恢复原状?矫正正义不是关注受害人的损害吗?为什么生命权被侵害之后,受害人本人却得不到任何赔偿了呢?为什么从这种意义上,他被视为没有遭受损害了呢?受害人死亡后,其主体资格丧失了,也不会遭受损害了,但是被剥夺生命本身就是最大的损失啊,而且任何死亡都应该有个过程,或长或短,受害人在走向死亡的过程中,难道没有损失吗?肯定有,并且是无法挽回也无法弥补的损失!凡此种种,损害无法被准确评估,通过损害赔偿根本无法"恢复到损害发生前的状态"。因为在很多情况下,最佳的结果是加害人不实施加害行为,强迫加害人承担侵权责任只能是在发生了侵权结果之后,不得不做出弥补的次优结果。因此,应该换个角度,思考如何采取措施预防侵害行为的发生,至少减少侵害行为的发生。如前所述,预防或者遏制侵权行为有多重层次,对过失侵权人强加填补性的损害赔偿责任,对需要惩罚和遏制的故意侵权行为人在填补性损害赔偿金之外要求其承担惩罚性赔偿金责任,都是合理的,也是完全有必要的。

(2)法律的天平一开始就倾向于功利考量

矫正正义的双极性决定了侵权责任法也具有双极性,即侵权责任法关注受害人权利保护的同时,还关注行为人的行为自由。诚如德国学者拉伦茨所言:"侵权责任法的主要任务在于如何构建法益保护与行为自由之间的矛盾关系。"[1]但是,功利主义的考量导致法律的天平一开始就倾向于对行

---

〔1〕 Larenz/Canaris *SBT* 2 §75 I 1.; *s. imubrigen zu den Zwecken des haftungsrechts Deutsch HR S.* 68 ff.

为自由的维护。根据德国学者福克斯在《侵权行为法》一书中的介绍：在1896年时，《德国民法典》的立法者是将保护行为自由视为其当务之急的法律政策，并对此给予了更多的关注。虽然，一百多年后的今天，侵权责任法所倾向的重点已随着时间的推移而发生了变化，我们不能回避公民对安全的要求以及由此产生的对社会安全的需求，人们期待侵权责任法和损失赔偿法能有助于保障个人的基本生存，并以此建立相应的社会化国家机制。但是，不可否认，为了保证人的充分发展，特别是在经济方面充分发挥自己的能力，不能对他的行动自由做过多的限制。[1]

至于其原因，该书的译者齐晓琨先生认为：侵权责任法的根本目的在于对侵权行为受害人的保护，这种保护是通过对侵权行为受害人的补偿来完成的。这种补偿，就意味着对侵权行为人财产的剥夺。这种剥夺，在行为人作出行为之前和之后，客观上都会产生限制他行为自由的结果。所以，应当对这一后果加以限制，以避免经济自由受到侵权责任法不适当的遏制。侵权责任法要解决的问题实际上就是发生的损害应当由谁承担的问题，这时的着眼点就不仅是受害人，还要顾及加害人的利益。在德国法上，侵权责任法在保护受害人的同时，也有顾及加害人的利益，表现之一就是法律通过侵权责任各种构成要件对赔偿责任产生的限制。[2]

道理其实很简单。作为一个为理性所支配的法律，侵权责任法应当维护为公众所认可的经济秩序。正常的经济竞争同样会给失去市场份额的失败者带来“损失”，但侵权责任法绝对不能将这些“损失”认定为是市场竞争的胜利者的过错所致，从而强令其对市场竞争的失败者进行赔偿。如果出现这样的情况，侵权责任法将会破坏经济秩序，阻碍经济的发展。因此，必须要有一个界限，以这个界限来确定何种情况下应当承担赔偿责任。一些过于“遥远”的损害将被排除在侵权损害赔偿之外。至于在具体案件中应该把界限定在哪里，法律以何种标准确定这一界限，各国的发展千差万别。但

---

〔1〕［德］马克西米利安·福克斯：《侵权行为法》，齐晓琨译，法律出版社2006年版，第4～5页。

〔2〕［德］马克西米利安·福克斯：《侵权行为法》，齐晓琨译，法律出版社2006年版，“译者前言”，第2～3页。

是有一点是确定的："任何一种法律制度都需要一个过滤器，以将可赔偿性损害从不可赔偿性损害中区分出来。"[1]

这个过滤器本身，因其多样性很难一言以蔽之。各国法律要么适用"过错"，要么适用"因果关系"。在这些归责点中，除了公平等道德因素的考量外，功利因素如对违法行为的遏制与预防、分散损害，甚至法律经济分析学派主张的社会福利最大化等，是必然的考量因素。所以，在损害的确定过程中，加害人可归咎的程度以及其他功利因素的考量是不可避免的，离开这些因素，损害就无法被正确评估，矫正正义原理在实践中也就无法运作。因此，在制定侵权责任法的时候，法律可以根据功利主义的思想，一方面，在评估受害人的可赔偿损害的时候，完全可以出于保护行为自由的功利主义的思想，将某些损失排除在可赔偿的损害范围之外。另一方面，为了惩罚和遏制某些加害行为，侵权责任法完全可以引入惩罚性赔偿制度，通过赔偿实现惩罚。[2]

(3)功利考量补充了法律对因果关系之判断

因果关系在矫正正义理论中具有重要的地位，它是联系加害人行为和受害人损失的纽带。但是，几乎没有人对因果关系进行过精确的定义，而是通过描述和分析的方式确定因果关系的技术方法来代替因果关系的定义。因果关系就是侵权责任法所要求的被告不当行为或须由被告承担责任的他人的不当行为或危险源的存在，和可赔偿性损害之间的必要联系。最为人所熟知的方法是"必要条件"或"若非……则……"测试程序。根据必要条件理论，没有 A 就不会有 B 时，那 A 就是 B 的原因。在不作为案件中，为避免双重否定，通常反过来表述这个问题，但实质内容并无不同。如果遵守了义务，损害 B 就当然不会发生时，不法之不作为 A 就是 B 的条件(原因)。

但是，巴尔教授认为："对于何谓必要联系的问题，没有普遍有效的答案。作为欧洲所有法律制度的共同特征，因果关系不仅归属于侵权责任法

[1] [德]克雷斯蒂安·冯·巴尔：《欧洲比较侵权行为法》(下卷)，焦美华译，法律出版社 2004 年版，第 4 页。

[2] 参见阳庚德：《私法惩罚论 以侵权法的惩罚与遏制功能为中心》，载《中外法学》2009 年第 6 期。

基本规定的内容，而且构成了其他几乎所有赔偿法责任构成要件的基础。它在所有侵权法律制度中，都对法官的判决起着举足轻重的作用。尽管因果关系与非合同责任法的许多其他范畴——如不当行为、可赔偿性损害和共同过错——明显重叠，所有欧洲侵权责任法都将它规定为责任认定时的独立考察标准。"[1]根据广为接受的理论，至少在积极作为形式上，必要联系理论实际上是回答了"事实上"，甚至是"自然科学上"因果关系问题的必要条件，和进一步的"可归责性"及"法律上的因果关系"是不同的。责任终止于何处？这正是法律上的因果关系理论（或可归责性）所要解决的问题。法律上的因果关系之远近是一个由价值因素来回答的问题，而不是自然科学（上的因果关系理论）要解决的问题。[2] 必须指出的是，这个意义上的"因果关系"一词所包含的内容，绝不仅是：如果没有被告的行为，损害是否同样会发生。这种必要条件意义上的因果关系的过滤作用是很有限的。为了能使人们在谈及它时，所指的就是一种已经上升为特别的法律意义上的因果关系，它还需要用其他有助于价值判断的归责点加以填补。[3]

在理解法律上的因果关系时，要考虑哪些因素呢？一般意义上，我们只能说，因果关系的考察将两个彼此都与它相联系的范畴连接了起来，即将义务违反和损害连接了起来。人们如何或想如何理解"因果关系"这一表达，完全取决于这两个（本身也相互关联的）范畴。因此，用来确定因果关系的因素也是认定赔偿责任的其他标准，即确定义务之违反和损害时要考量的因素：损害发生的现实可能性和可预见性、损害实际发生时它的种类和潜在程度、为避免损害所需的谨慎程度、被违反之义务的内容和目的、个人可归责性意义上的过错及法律政策之考虑和社会道德观。[4] 在法律政策的考量中，遏制和惩罚等功利性的因素是不可避免的。

---

〔1〕［德］克雷斯蒂安·冯·巴尔：《欧洲比较侵权行为法》（下卷），焦美华译，法律出版社2004年版，第499～500页。

〔2〕参见［德］克雷斯蒂安·冯·巴尔：《欧洲比较侵权行为法》（下卷），焦美华译，法律出版社2004年版，第501～502页。

〔3〕参见［德］克雷斯蒂安·冯·巴尔：《欧洲比较侵权行为法》（下卷），焦美华译，法律出版社2004年版，第32页。

〔4〕参见［德］克雷斯蒂安·冯·巴尔：《欧洲比较侵权行为法》（下卷），焦美华译，法律出版社2004年版，第529页。

2. 功利考量为严格责任和替代责任提供了理论支持

功利考量为侵权责任法上的严格责任奠定了理论基础。温里布的理论以康德的道德哲学前提为基础,强加侵权责任时要求过错(故意或过失),即矫正正义要求过错责任原则。比如,温里布对侵权责任法作非工具主义的内在理解的一个重要结论是,严格责任不合乎标准。严格责任形式与行为内在的风险不能兼容,因为该种责任形式表明本该由另一方遭受的损害是一种侵权损害,至少原则上是如此。"含蓄地说,按照严格责任,每一个行为都是侵权行为。因此,严格责任含蓄地拒绝了行为的合法性。通过允许某种对于受害人而言有点奇怪的东西来决定行为人行为的合法范围,这样做违反了平等观念。"[1]然而,在现代社会,无论是大陆法系还是英美法系,无过错责任制度都是侵权责任法中必然存在的重要制度。在实践中,法律对一系列实践中非常重要、但可能完全不存在过错的情况强加侵权责任。比如,根据英国法上赖兰德诉弗莱切案(Ryland v. Fletch)的归责原则,对危险物品和危险行为强加严格责任。还应该提及让精神不健全的人承担侵权责任的传统规则,[2]在这些侵权行为的框架中,"无辜的和没有过错的行为可能也要承担侵权责任,该规则是几乎不能和康德的自由意志概念相协调的"[3]。

立法机关和司法机关与法学学术界占支配地位的倾向一致,在强加侵权行为责任时,公开提出工具(功利)主义者的论证作为理由,并经常承认工具(功利)主义者分配正义的重要性。当然,温里布毫不迟疑地严厉批判这种论证和推理,但它们实实在在地存在了,而且还是在一种普遍意义的层面上存在了,这就要求我们必须对温里布提出的一致性、内在合理性、内在可理解性等关键概念,做彻底的反思。人们必须扪心自问,当代占主导地位的侵权责任的正当理由是如何通过预防、遏制、风险分散、损失分配以及其他考量因素来表达的?这些因素基本上援引的是分配正义。所谓的不连贯、

---

〔1〕 Izhak Englard, *The Philosophy of Tort Law*, Dartmouth Publishing Company, 1993, p. 49.

〔2〕 See Prosser & Keeton, *The Law of Torts* (St. Paul, Minn, 5th ed., 1984) § 135; Winfield and Jolowicz, *Tort* (London, 13th ed., 1989), p. 678 - 679.

〔3〕 Izhak Englard, *The Philosophy of Tort Law*, Dartmouth Publishing Company, 1993, p. 49.

不可理解的法律解决方案被广为接受并贯彻到被认为“非常复杂”的法律制度中，这一切是如何可能的？答案只有一个，基于功利主义的考量。

同样，功利考量也为侵权责任法上的替代责任提供了理论基础。自己责任是指行为人要且只要对自己的行为导致的损害承担侵权责任。自己责任原则是矫正正义和道德哲学的要求。但是，在侵权责任法的发展过程中，自己责任原则被修正了。其表现就是替代责任制度。侵权责任法中的替代责任是指雇主或监护人本人并没有实施加害行为，而是雇员或被监护人实施了加害行为，导致受害人损害，但是法律基于特定关系的存在，强制雇主或监护人向受害人承担侵权责任。“在替代责任案件中，责任是建立在雇主对其雇员，在特定情况下甚至对独立的承包商的过错行为承担严格责任的理念上的。”〔1〕普通法的准委托人答辩规则认为，雇主对其雇员实施的侵权行为承担严格责任：“雇主虽然自己没有过错，但应该对其雇员在雇佣关系存在期间的故意或过失行为所致损害承担责任。这是一条法律规则。”〔2〕这一规则背离了过错观念，也背离了矫正正义的模式，但这种背离不是等着修正的历史残留物。相反，“它是人们为了反对受到强有力支持的另一种倾向，即要求只有雇主本人的过错（在选任或监督雇员方面）才能作为雇主替代责任的基础，才故意做出这种决定的结果”〔3〕。

弗莱明教授认为：“替代责任规则的现代基础结合了各种考量因素：其一，一个雇佣他人来促进自己经济利益的人，为了公平，应该被要求对经营该事业过程中招致的损失承担相应的责任；其二，和一般都是普通人的雇员相比，雇主有更多的资源承担赔偿责任；其三，该规则促进了侵权损失的大范围分散，因为要将这些侵权损失通过责任保险和更高的价格转嫁出去，雇主是最适合的渠道。”〔4〕人们还进一步认为，该规则具有在事故预防方面的告诫价值，这也是一个额外的支持理由。由更大的比如雇主承担遏制侵权行为发生的责任在效率上最优，因为在通过有效的组织和监督其员工以减

---

〔1〕 Prosser & Keeton, *The Law of Torts*, St. Paul, Minn, 5th ed., 1984 §71, p. 511 – 515.

〔2〕 Stavely Iron & Chemical Co. v. Jones Ltd, [1956] A. C. 627, at 643 (H. L.), per Lord Reid.

〔3〕 Izhak Englard, *The Philosophy of Tort Law*, Dartmouth Publishing Company, 1993, p. 51.

〔4〕 J. G. Fleming, *The Law of Torts*, Sydney, 7th ed., 1987, p. 340.

少事故方面，雇主处于一种战略性的地位。通过让雇主承担责任，如要求其支付赔偿金或保险金的方式，法律提供了一种约束员工实施侵权行为的方式。[1]

毫无疑问，除了公平的观点外，所有这些考量因素都在当事人内在联系之外，因此，也就超出了矫正正义的范畴。而且，它们追求的部分目标还相互冲突，比如遏制和损失分散。这种状态导致皮尔斯勋爵（Lord Pearce）发表了以下广为引用的话：替代责任规则不是从任何非常清晰、富有逻辑、合法的原则，而是从社会方便以及大致的公平发展而来的。雇主（假定为了他自己的利益）雇佣雇员，雇主（假定）更有能力赔偿由雇佣关系导致的损害。对所有由雇员在其职责范围内实施的侵权行为而言，这种安排大体上在全世界都是说得过去的。[2]

总之，坚持严格的矫正正义模式在许多案件中将会导致完全不令人满意的最终结果。事故法已经深深地打上了私人保险和社会保险的烙印，而私人保险和社会保险是在历史上存在的侵权裁判的矫正正义模式之外逐步发展起来的。因此，矫正正义关于纯粹的两极关系长期以来被强有力的责任保险和社会保险机构"打败"了。在存在这些因素的情况下，恩格朗教授正确地指出："传统的矫正正义程序具有了超现实主义的假象。个人自由和道德责任这些卓越的概念，在现实中也仅仅只是在强大的经济体之间作相互财务记账的技术工具而已。它们的关系和个人责任以及赔偿权利的道德前提，不具有任何现实的联系。已经获得赔偿的受害人和实际上没有支付赔偿金的侵权行为人都被保险机构所取代。这种取代深刻地影响了传统的侵权判决的性质。它通过引入完全不同的代位和互利问题，改变了侵权责任法的本质。这些问题，特别是在社会保险的情况下，很明显，必然包含有分配正义的考量。严格地将法律视野局限于侵害人和受害人这一两极关系，而不考虑实际的损失分配，很容易消解掉矫正正义的巨大成就。"[3]

---

〔1〕 See J. G. Fleming, *The Law of Torts*, Sydney, 7th ed., 1987, p. 340; Prosser & Keeton, *The Law of Torts*, St. Paul, Minn, 5th ed., 1984, § 69, p. 500－501.

〔2〕 See Imperial Chemical Industries v. Shatvell, [1965] A. C. 656, 685 (H. L.).

〔3〕 Izhak Englard, *The Philosophy of Tort Law*, Dartmouth Publishing Company, 1993, p. 52.

这就是功利主义对侵权责任法的影响,并且可以预见这种影响还会继续。但是,是否可以认为功利主义将来可以成为侵权责任法强加责任的唯一哲学基础呢?

(三)功利考量对于解释论证侵权责任正当性之不足

1. 功利考量并没有摆脱矫正正义理论框架的限制

从功利主义对矫正正义的修正和补充,我们已经感受到了功利主义的冲击力。那么,从目前的情况看,功利主义超出了矫正正义的限制吗?答案是否定的。

从现实基础看,到目前为止,功利主义对矫正正义的修正和补充包括在矫正正义的框架之内。首先,对于惩罚性赔偿的问题,虽然该问题突破了损害填补一元论,但还是局限于实施加害行为的加害人和遭受损害的受害人之间的关系。诉讼程式和填补性损害赔偿没有任何区别,从最后的结果来看,就是受害人所获得的赔偿金高了一点而已。所以,可以看成是矫正正义中所得和所失的评估问题。其次,无过错责任制度的兴起,虽然挑战了矫正正义理论,但是矫正正义理论也具有巨大的适应能力。如将不法视为过错理论等的提出,缓解了法律对无过错行为强加侵权责任的道德性非难。而且,在无过错责任制度中,除了加害人的行为是合法的行为,不存在过错外,其诉讼结构和过错侵权制度没有本质区别。再次,功利主义对因果关系的补充,仅是对因果关系远近判断的补充而已,没有超出矫正正义的框架。最后,替代责任问题要复杂一些。因为,在替代责任中,最终承担责任的人和实施加害行为的人不是同一个人,所以从矫正正义的角度看,已经有突破矫正正义的迹象,至少在矫正正义的一贯性链条上打开了一个小缺口。但是,矫正正义立即抛出了一根绳索对替代责任的承担进行限制,使其不能成为一匹脱缰野马。其限制就是:根据各国侵权责任法理论和实践,替代责任的承担局限于责任承担人和加害行为实施者之间存在监督、管理权利义务的监护人与被监护人、雇主与雇员之间。责任承担人和加害行为实施者之间这种监督、管理权利义务关系,使最终承担责任的人可以控制加害行为实施者的行为,因此也就可以控制自己承担替代责任的风险。而且,监护人、雇主在监护关系或雇佣关系中,享受精神或物质的利益,也符合责任和利益相一致的原理。因此,这种替代责任具有正当性。况且,有些国家的法律还规定,监护人或雇主只有在自己存在监督管理方面的过错时,才承担替代责任。因此,可以说,替代责任虽然对矫正正义形成了巨大挑战,但是受到了矫正正义的严格限制,最终结果还是在矫正正义可以接受的范围之内。

2. 作为功利理论代表的经济分析理论存在局限性〔1〕

功利主义能够成为侵权责任法强加责任的唯一根据吗?在功利主义者的理论中,卡拉布雷西和波斯纳的经济分析理论显然具有这种雄心,该理论也是所有功利主义理论中对矫正正义冲击最强烈的理论。但是,通过下文对卡拉布雷西和波斯纳的经济分析理论的分析,可以看出,经济分析理论的局限性决定功利主义无法成为强加侵权责任的唯一根据。

(1)卡拉布雷西的经济责任理论简介

卡拉布雷西的方法在一元论责任理论中占有特殊的地位。他假定经济效率作为侵权责任压倒一切的理性原则。但是该效率的目标超出了侵权责任法和责任理念的范围。换句话说,侵权责任法本身从属于效率这一价值观念。因此,如果通过其他法律制度,比如通过社会安全制度,事故成本能够更有效率(换句话说,更廉价)地分配,人们可以摒弃侵权责任法。虽然卡拉布雷西的方法假定存在一个主要的价值观念——效率,但他的方法带有明显的实用主义特征。他知道各种次级目标本质上是冲突的,这妨碍了完美的解决方案的实现。其理论目标是在普遍不完美的世界达到最优的解决方案。具体来说,和事故有关的责任规则的主要目标是降低事故成本,包括避免事故的成本。降低成本这一广泛的目标又可细分为三个次级目标:一是降低事故发生的数量和严重程度(主要的事故成本降低);二是降低事故导致的社会成本(次要的事故成本降低);三是降低事故处理的管理成本(第三级的事故成本降低)。〔2〕

然而,卡拉布雷西的方法没有真正提供一种事故法的一般理论,而是一种针对责任规则的功能与目标的经济分析。人们期待能够从一般理论推导

〔1〕 本部分内容笔者曾以论文发表,发表时有删减。参见阳庚德:《侵权法之经济分析理论的局限性研究》,载《探求》2013 年第 4 期。

〔2〕 See Calabresi G., *Costs of Accidents*, New Haven, 1970, p. 24 – 31.

出具体问题的解决方案。卡拉布雷西的经济分析,虽然复杂而精致,但充其量论证了相关的考量因素而已。考虑到它们相互之间的不一致性,具体的解决方案仍然需要做政策判断。[1] 卡拉布雷西对事故法理想制度的描述表明努力实施它的复杂性:这种制度始于将事故成本分配给能以最低价格避免事故发生的那些人,这些人足够广泛到能分散这些损失,足以实现我们的第二个成本避免目标。该制度可能被一系列为了遏制或进一步限制那些特定的行为而核定的一些不可保险的罚款、惩罚和税收支持。这些行为是在自由市场能够完成的行为之外,我们集体决定要惩罚或要遏制的。作为反市场控制的集体的程度,就像主要作为反第二层次的成本避免的程度一样,可能会因每个地区的事故法而不同。[2]

(2)卡拉布雷西的经济责任理论的局限性

第一,实践作用有限。根据卡拉布雷西自己的理解,他的理论在法庭上的实践作用是相当有限的。由多个制度目标混合而成的制度目标,非常复杂,每一个目标倾向于为特定事故实现最优的成本降低,这就要求大量的准确的经济资料,而这是很难获得的。卡拉布雷西自己假定"只有在每个领域做细致的经验研究,才能揭示出对其而言是最好的制度"[3]。对大量经验资料的需求不可避免地限制了卡拉布雷西对于责任标准的复杂分析的实际操作价值。正如他自己在一篇关于侵权责任标准的论文中所承认的那样:这篇论文的任何部分都不表明我们支持已经讨论过的4种责任标准中的任何一种。[4] 最后,在这些标准中做出选择,正如我们已经反复说过的一样,这是一个深奥的、经验上的问题。虽然我们已经努力去表明起重要作用的那些事实,去揭示不同的事实结合将如何支持不同标准的运用,但是我们没有冒险去回答关于这些事实实际上是如何出现的问题。我们没有这样做的部分原因是我们不知道。[5]

---

〔1〕 See Izhak Englard, *The Philosophy of Tort Law*, Dartmouth Publishing Company, 1993, p. 32.

〔2〕 See Calabresi G., *Costs of Accidents*, New Haven, 1970, p. 312.

〔3〕 See Calabresi G., *Costs of Accidents*, New Haven, 1970, p. 312.

〔4〕 See Calabresi G., *Costs of Accidents*, New Haven, 1970, p. 312. 这4种标准是:(1)通过经验获得的具有前瞻性的汉德标准;(2)通过经验获得的具有溯及力的汉德标准;(3)具有前瞻性的严格责任标准;(4)具有溯及力的严格责任标准。

〔5〕 See Calabresi & Klevorick, *Four Tests for Liability in Torts*, 14 J. Legal Stud, p. 626 (1985).

因为我们几乎不能假定诉讼当事人拥有大量必要的经验资料。但是,尽管获得必要信息这一困难得几乎不能完成的任务有可能完成,法庭也几乎不是实现该理论目标的恰当机构。[1] 卡拉布雷西的激进的功能主义方法假定,为了有效实现合理限定的目标,应该整合所有法律工具(手段)和技术(私法的和公法的)。该功能主义方法要求立法的权威,而法院的司法创造功能应该有必要的限制。卡拉布雷西充分意识到了该强加在法院身上的法律程序,他明确地将政治的法律制定机构看成是事故责任法一般理论的主要执行机构。[2] 从这一角度看,从经典的、限制的意义上讲,卡拉布雷西的方法不是一种法律理论。因为经典的、限制意义上的法律理论应该事先确立一个概念框架,使该概念框架能够通过无条件的、公理式的推理来解决冲突。

卡拉布雷西否认在分配事故损害时,经济效率是排他性的价值。他坚持区分财富效率和源于正义概念的财富分配。[3] 前者是后者的工具,后者是目标。按照他的观点,法律和经济学应该关注该工具和路径,而不是限定该目标。[4] 法院是将正义概念具体化的恰当机构吗?卡拉布雷西特别希望延期考虑这一问题,但是,他推测:在现实中,法院确实决定政策和原则问题,而且可能对政策问题的决定多于对原则问题的决定。政策以效率和分配的结合为基础。在特定背景下,尤其是在不违反任何公平、准确界定的权利或临界点的时候,分配被法院认为是实现正义的工具。[5]

第二,卡拉布雷西没有对正义概念的任何实质要素提出建议,因此,他的事故法理论维持了压倒一切的工具主义的效率原则。正义,或者更准确

---

〔1〕 See Izhak Englard, *The Philosophy of Tort Law*, Dartmouth Publishing Company, 1993. p. 32.

〔2〕 See Calabresi, *First Party, Third Party and Product Liability Systems: Can Economic Analysis Tell Us Anything about Them?*, 69 Iowa Law Review, p. 833 (1984).

〔3〕 See Calabresi, *About Law and Economics : A Letter To Ronald Dworkin*, 8 Hofstra L. Rev., 553 p. 557 – 562 (1980).

〔4〕 See Calabresi, *About Law and Economics : A Letter To Ronald Dworkin*, 8 Hofstra L. Rev., 553 p. 560 (1982). Also see Calabresi, *The New Economic Analysis of Law: Scholarship, Sophistry, or Self-indulgence*, 68 Proc. Brit. Acad, 85 (1982); Calabresi, *First Party, Third Party and Product Liability Systems: Can Economic Analysis Tell Us Anything about Them?*, 69 Iowa L. Rev., 833 (1984).

〔5〕 See Calabresi, *About Law and Economics : A Letter To Ronald Dworkin*, 8 Hofstra L. Rev., 553 p. 561 – 562 (1980).

地说,社群意义上的正义,似乎只不过是构成全面进行成本—收益计算过程中所要权衡的因素之一而已。然而,正是该被认为区别于财富效率概念的正义价值的假定,使他的理论接近于多元论。

卡拉布雷西理论的主要说服力在于它对责任问题的复杂性的分析洞察力。对于具体解决方案,他提出了一个非常谨慎和务实的方法。但是,无论在立法层面还是在具体的司法裁判层面,这些相互冲突的、多元的功利主义目标(事故预防、分散损害和管理效率)和无法界定的正义概念,成了实际实施该理论的主要障碍。恩格朗教授详细分析后指出,美国法院在侵权案件中运用卡拉布雷西的理论。[1] 他最后得出的结论是:现代"详尽的"经济分析对侵权责任法的改革效果,即使不是完全没有,也是非常有限。美国法院的倾向是维持传统框架。在许多案件中,美国法院的这一倾向导致对卡拉布雷西方法的理解相当肤浅。法官忽视了该理论的批判维度,把它看成是一种传统经济分析方法的延续,并在这种意义上简单地运用该理论方法。正如人们预期的那样,应用卡拉布雷西方法,所要面对的一个主要问题是,缺乏关于那些经济标准的相关因素的信息。在许多例子中,对不同法律解决方案的经济分析,得出的不是一个确凿的结果:所有解决方案从一个综合性的观点来判断,都是一样的。换句话说,从卡拉布雷西全面的方法的角度看,每一个司法上可能的解决方案似乎都有其缺陷。这些缺陷虽本质上不同,但在经济效率的标准上是平等的,即都是次优的。因此,法院为了解决具体的冲突,必须转而依靠传统的理由。

在很多案件中,除了纯粹的经济考量之外,法院提到了正义概念。在卡拉布雷西理论的基础上参考正义概念,导致有些法官认为对正义要求的考量优先于经济学因素。该种程序的一个有名的例子是特纳诉新奥尔良公共服务公司案(Turner v. s. New Orleans Public Service Inc.)。路易斯安那州最高法院不得不对立法条款的影响做出决定。立法条款在根据以前的共同过失原则发展起来的司法规则的基础上,引入了比较过错原则。这些原则已经确立了如下规则:在行人和汽车之间的事故中,为了避免行人根据传统的

---

〔1〕 See I. Englard, *Law and Economics in American Tort Cases: A Critical Assement of The Theory's Impact on Courts*, 41 U. T. L. J, 359 (1991).

共同过失原则完全不能获得损害赔偿,行人的过失不予考虑。现在的问题是:新引入的比较过失原则允许法院在司机和有过失的行人之间按比例分配损失,这是否已经改变了这一扩展了的义务规则。丹尼斯法官从"该答案应该以卡拉布雷西的方法分析事故法的基本目标为基础"的假设出发,得出的结论是:分配一部分汽车—行人之间的事故成本给有过失的行人,不会提高责任制度的效率,或分散损失的效率,仅稍稍影响行人的行为。他继续写道:但是,法院认为,尽管考虑了前述经济因素,一种正义的意识要求任何情况下,在计算损害赔偿额时应该考虑行人的过失。毫无疑问,要求汽车司机对其过失负侵权责任,却原谅行人的过失,这在逻辑上不一致。尽管如此,我们反思一会儿后就会认为,虽然这是当今主流的观点,但也未必就是将来的判断。总之,法院这一判决的合理的正当理由似乎是,在现有过错制度下,运用扩张了的鲍姆加特纳(Baumgarter)提出的义务规则,在某种程度上比纯粹的经济立场更加合理。但是我们的正义意识要求,当行人对事故的发生也存在过失时,不应当允许他主张全额赔偿他的损失。[1]

法官不愿意使他自己完全受经济分析结果的约束,这不是一个重要事件,但它清楚地表达了不确定的感觉。这种不确定的感觉正是由对与此问题有关的多重因素的理解引起的。对事故法目标复杂性的洞察力——卡拉布雷西的分析方法所具有的力量,不可避免地导致了一种在情感上对凭直觉获得的简单明了的解决方案的警惕。法官最终参考他认为构成正义的要求而不是经济的考量做出的选择,这表明了决策者在法律传统和现代经济分析之间遇到的典型困境。在选择模糊的正义意识而不是经济分析时,法官明显依赖卡拉布雷西的理论。但很明显,他依赖错了对象。卡拉布雷西对正义概念的实用主义分析,对当前技术和有限的背景下的司法决定而言,几乎不是一个规范性的指导方针。[2] 确实,根据社群主义的正义意识,卡拉布雷西注意到了"评论家可能仅仅希望,随着时间的流逝,理性的考量将会战胜非理性的考量"。在社会变化之前,他评论道:"这不意味着攻击传统观念的人的作用应该被鄙视——仅仅意味着,和别的地方一样,攻击传统观念

---

〔1〕 See Turner v. New Orleans Public Service Inc, 476 So. 2d. 800, 807 – 808 (1985).

〔2〕 See Calabresi G, *Costs of Accidents*, New Haven, 1970, p. 293 – 300, 301 – 308.

的人肯定预料到了来自维护传统观念的人的抵制。”[1]

人们几乎不能认为，现在基于经济的理由，传统的鲍姆加特纳规则的延续肯定将会构成一个很可能引起强烈社会反应的破坏传统的司法行为。法官最终决定的理由必须从其不愿意完全受纯粹的经济考量约束中去寻找，从而加重卡拉布雷西方法固有的非决定性。[2]

3. 波斯纳的经济分析理论之局限性

(1)波斯纳的经济分析理论简介

按照波斯纳的观点，经济效率原则被定义为效益最大化。经济效率原则构成了理解传统的普通法责任规则的关键。相应地，整体意义上的普通法和具体意义上的侵权责任法，能够被最好地解释成一种提高资源分配效率的(尽管是无意识的、没有明确说明的、不完全的)努力。波斯纳理论的起点是：责任的理性基础是(而且，在现有背景下，应该是)经济效率，为以成本最低的可能方式避免事故创造激励。责任的强加是人们设计好来诱使当事人采取正当成本的事故避免措施的制度，或者更一般地说，强加责任追求的是共同利益最大化。[3] 因此，责任的中心目标是达到经济上最优的遏制。围绕这一概念，产生了大量的文献资料。每个作者都努力去精益求精地设计其形式上的数学模型，以及在法律规则的框架内检验这些模型。这些形式上的数学模型是关于各种实际的和行为的假设。[4]

正如恩格拉德指出的那样，波斯纳辩论关于传统侵权责任法的效率本质的实证的假定，我们看不出有什么意义。[5] 因为根据这种实证理论，法官说他们在做什么、他们认为他们在做什么或应该做什么，这一切都不重要，法院实际工作中的推理基本上与此无关。中心问题是法院实际上正在做什么。然而，通过将这一实际扩展到仅仅是“无意识的、没有明确表达的、不完全的”提高资源分配效率的努力，似乎任何解决方案都可以归入法律解决方

---

[1] Calabresi G, *Costs of Accidents*, New Haven, 1970, p. 294.

[2] See Izhak Englard, *The Philosophy of Tort Law*, Dartmouth Publishing Company, 1993, p. 35.

[3] See R. A. Posner, *A Theory of Negligence*, 1 *J. Legal Stud*, 29, 33 (1972).

[4] See W. M. Landes & R. A. Posner, *The Economic Structure of Tort Law*, Cambridge, Mass, and London, 1987; S. Shavell, *Economic Analysis of Accident Law*, Cambridge, Mass, and London, 1987.

[5] See E. L. Rubin, *The Concept of Law and the New Public Law Scholarship*, 89 *Mich. L. Rev*, p. 792, 813 (1991).

案这一类别了。侵权责任的各种规则和原则对经济效率拥有某种评价标准,能够被解释为对经济效率予以考量。因此,经济上合理化(最优化)的标签和整体理论具有相同的基础。整体论主张提供对现存法律秩序至关重要的解释。因此,有人认为实际的侵权责任法起到了一个维持资产阶级社会不平等的工具的作用。这种观点和经济效率观点一样无可辩驳。在努力将侵权责任规则融入符号世界方面,这两种观点没有什么区别。[1]

因此,波斯纳的方法必须在其规范潜在性基础上进行评价。规范潜在性是一种为具体责任问题的解决提供标准的理论。波斯纳自己的起点是关于过失的汉德公式。[2] 根据汉德法官的标准,三个变量决定过失问题:一是事故发生的可能性;二是事故导致的损害的严重性;三是采取适当预防措施的负担(成本)。如果当事人采取适当预防措施的负担(成本)小于损害可能性乘以损害严重性($B < PL$),该人就有过失,因此其应该承担侵权责任。人们对该基础公式的经济分析就会发现,通过要求侵害人和受害人都适度注意,通过假定事故的每个潜在当事人都是潜在的侵害人和受害人,通过假定当事人存在风险厌恶的倾向,通过假定存在包括诉讼成本在内的未获赔偿的成本,通过引入不确定性因素如错误和错误知觉(误解),我们在不断地对该公式做醇化处理,考虑的不再是总成本,而是边际成本。[3] 按照正式模型的观点去分析实证的法律规则和原则各自的经济效率的计量标准,人们将过错和严格责任做比较,每一种责任都结合了一些抗辩事由比如与有过失和比较过失等。[4]

(2)波斯纳的理论的局限性

第一,效率和秩序不是最高的,更不是唯一的价值追求。我国学者指出:经济分析方法更注重从国家、社会的角度进行分析,认为“法律的首要功

[1] See Izhak Englard, *The Philosophy of Tort Law*, Dartmouth Publishing Company, 1993, p. 37.

[2] See Conway v. O'Brian, 111 F. 2d. 611, 612 (2d. Cir. 1940); United States v. Carroll Towing Co, 159 F. 2d 169 (2d. Cir. 1947).

[3] See W. M. Landes & R. A. Posner, The Economic Structure of Tort Law, Cambridge, Mass and London, 1987; S. Shavell, Economic Analysis of Accident Law, Cambridge, Mass and London, 1987.

[4] See Izhak Englard, *The Philosophy of Tort Law*, Dartmouth Publishing Company, 1993, p. 38.

能是保证效率，也就是说，如何使整个社会的蛋糕变大（或社会成本最小）"[1]。这就忽视了当事人的意思表示，忽视了公平与正义，忽视了我们文明社会的根本性原则：自由、正义与合法性基础。经济分析方法虽然注意到了专业化社会分工旨在提高效率，但往往忽视了人类共同生活道德根本前提，过分夸大效率原则，甚至视其为法律的"首要功能"，这实际上是在挑战人们共同生活的底线。因此，对自己的决定权才是人们生活在一起的首要原则。无论是科斯定理，抑或是汉德公式，社会现象中许多参数还不足以为我们所把握，而我们唯一能够理解的是自己生活的感受：自由、安全感和被尊重，而不是被伤害！这才是一个符合正义的秩序状态！[2]

当我们抽象地谈论法律具有正义价值的时候，并非一个空洞无物的概念，而是依据我们共同生活语境和具体行为，有所意指。罗尔斯的两个正义原则中，第一个正义原则便是建立在广泛意义上的平等自由原则。在第二个正义原则中，他认为社会和经济的不平等应该建立在两个优先规则之下：第一个优先规则是"自由的优先性"；第二个优先规则是"正义对效率和福利的优先性"。[3]

第二，汉德公式这一数学模型存在许多不足。前文提到过波斯纳理论的起点是汉德公式。这种数学式研究的复杂性肯定是最令人印象深刻的。数学模型的发展易于评估复杂情形中经济的重要性，但这也构成了一个智力的挑战，尤其是在法律领域。在法律领域，这种经济分析的方法是相当新颖的。这种形式模型给人的强烈印象是：人能够通过客观工具掌握人的现实。专注于使用这些严格的数学公式化的东西，表明对其他方法的态度，如果不是公开的敌视，也是缺乏耐心的。其他方法指向人类价值，这些价值不受功利主义的限制条件的影响。

恩格拉德在仔细研究了波斯纳的数学模型后认为：将该经济分析模型

---

〔1〕 张维迎：《作为激励机制的法律（代序）》，载王成：《侵权损害赔偿的经济分析》，中国人民大学出版社 2002 年版，"序言"，第 12 页。

〔2〕 参见易继明：《侵权行为法的道德基础》（代译序），载［美］格瑞尔德·J. 波斯特马主编：《哲学与侵权行为法》，陈敏、云建芳译，北京大学出版社 2005 年版，第ⅳ页。

〔3〕 参见［美］约翰·罗尔斯：《正义论》，何怀宏、何包钢、廖申白译，中国社会科学出版社 1988 年版，第 288 ~293 页。

应用于具体情况的努力,在不同的层面引发了最严重的问题。这些问题在他看来是无法解决的。这些问题限制了这些模型操作上的重要性,使这些模型的重要性限于在理论上洞察法律规则的功能。然而,这些模型不能取代法律规则。法律规则不可避免地保留了它们的自治特征。

其一,正式模型的实际用途值得怀疑。波斯纳认为在各种函数中,用来描述经济效率的计量标准的核心变量,由于缺少相关资料而不能对其做出限制。资料的不足不是一个偶然性的现象,而是这些必须因素复杂本质的一个内在的和固有的特征。矫正正义的裁判模式是个体的原告面对具体的被告,这种模式中的过失制度,限缩了对当事人各自行为的裁判范围。正如经过波斯纳学派醇化的汉德公式提示的那样,这意味着根据过失的经济概念,人们必须具体评估各个边际事故成本和事故预防成本的计算标准。问题是疏忽行为的预防成本建立在人类品格的弱点之上,这些弱点有健忘、粗心大意、混淆等。但是人们无法真正评估这些预防成本,因为这些行为模式是几乎不能控制的。[1] 大多数评估是从行为本身的成本开始的,比如由一个潜在的加害人实施的检查、警惕、停止或者其他类似的预防性行为。当这些措施适当执行的时候,所有这些措施可能是非常廉价的。但是,过失是关于预防这些粗心大意导致的遗漏,其计算与行为本身的成本的计算是完全不同的。有效避免所有这些可能的小小的人类错误所耗资源,将可能超过人类社会的资源总和。因此,一个真正的事故避免的成本—收益计算,在大多数情况下将是将损失留在它发生的地方。[2]

对相关资料的选择是一个自由裁量的问题。这种自由裁量权使原以为非常精确的程序因受到妨碍而变得不精确。对事实损失的评估也是如此。除了关心原告(受害人)当前具体的损失额外,我们还要必须考虑原告潜在的损失吗?我们还要关心其他未来的、在统计学上是可以确定的受害人吗?每个备选项可能有不同的备选答案,每个备选答案都带有一个不同的法律

[1] See Izhak Englard, *The Philosophy of Tort Law*, Dartmouth Publishing Company, 1993, p. 38.

[2] See I. Englard, *The System Builders: A Critical Appraisal of Modern American Tort Law*, 9 *J. Legal Stud*, 27, 51, at n. 106 (1980); W. M. Landes & R. A. Posner, *The Economic Structure of Tort Law*, Cambridge, Mass. and London, 1987.

解决方案。

经济分析在实践方面的缺陷没有逃过波斯纳法官的注意。根据他在一篇论述汉德公式的文章中表达的观点,他观察到:虽然形式上是数学的,但汉德公式在实务中没有产出数学上精确的结果。数学上精确的结果要求B/P/L三个都必须量化。但据我们所知,在实际案件中,从来就没有做到过量化。尽管如此,汉德公式对于清晰地思考与过错判断有关的因素以及这些因素之间的关系,仍然是一个有价值的辅助手段。[1]

波斯纳教授的解释令人困惑:一个不准确的资料怎么能是一个对于事实的清晰思考有价值的辅助手段呢?在关于同一个主题的论文中,波斯纳教授进一步详细论证:汉德公式将经济术语转化成传统的过错判断的法律标准。通常,当事人在这里没有给陪审团提供必要的信息去量化汉德公式中的变量。这就是汉德公式作为分析工具的重要性大于作为实际运作手段的重要性的原因。在对人身损害进行金钱化的过程中,概念上的以及实际上的困难可能继续打击准确计算预期事故成本的努力。在计算汉德公式这一方程式的另一边——计算预防措施的成本和负担时,至少原则上是可能做到准确计算的。[2] 未来几年,人身损害可能被迫只能在合理的基础上凭直觉进行大概的计算,而不是根据汉德公式中的因素进行计算。只要陪审团的判断是合理的,审判法官就无权置之不理,更不用说用法官自己的判断来代替。[3]

其二,在实务中,波斯纳教授关于过错的成本—收益计算也有问题。两个例子将清楚说明该论点。在美国赛拉姆联营(Selame Associates)公司诉假日酒店(Holiday Inns)公司案中,[4]当事人提出损害赔偿的诉求。该损害赔偿诉求的根据是一份为一艘渡船提供锚地的海事合同。由于停泊不当,渡船在停泊的锚地沉没了。法院依据美国政府诉卡罗尔牵引公司案的判决

---

〔1〕 See US Fidelity & Guarranty Co. v. Jadranska Slobodna Plovidba, 638 F. 2d. 1022, 1026 (1982).

〔2〕 See Cf. Conway v. O'Brien, 111 F. 2d 611,612 (2d Cir. 1940)(L. Hand, J.), rev'd on other grounds, 312 US 492, 61 S. Ct. 634,85 L. Ed. 969(1941).

〔3〕 See McCarty v. Pheasant Run, Inc, 826 F. 2d 1554,1557 (7th Cir. 1987).

〔4〕 See 451 F. Supp. 412 (1978).

来处理该案。该判决认为,注意义务的标准涉及三个因素:一是船舶的价值,二是船舶受损的可能性,三是预防损害的负担。如果负担小于船舶价值与船舶受损的可能性之积,则证明存在过错。法院继续论证:船舶的价值总计30,000美元。被告承认了船舶被固定的可能性。被告还承认,在码头和船舶之间,设一个恰当的驼桩是必要的。避免这个损害的成本,即设置一个合适的驼桩将花费600美元。因此,在这种情况下,未设置一个恰当的驼桩构成过失。[1]

法官的计算非常简单:没有做出努力去确定可能性这一因素的准确数字,原告自己采取预防措施的可能性也被忽略。在通用食品公司诉谷利亚奶牛场公司案,法官伊斯特布鲁克(Easterbrook)表达的少数意见中,他采用了更为详细的成本收益计算方法。[2] 该案涉及被沙门氏菌污染的奶制品的责任问题。买方主张赔偿因缺陷产品导致的经济损失。根据因由于买方的行为导致了风险,因而责任从卖方移转到了买方,陪审团作出了支持卖方的裁决,法官多数意见对此表示支持。根据该案事实,买方已经发现并拒绝了被污染的9桶牛奶中的一桶,于是决定根据提高了的标准检验剩余的几桶牛奶。该标准将95%规定为值得信赖的水平,这意味着仅有少于5%的缺陷机会。该检验标准被证明是无效的,尽管如此,该剩余产品却是被污染了的。陪审团认为买方使用了可疑的船只运输牛奶,而买方是有权拒绝使用该可疑船只运输该牛奶的,但是他没有拒绝使用该可疑船只运输该牛奶,最终导致了损害的风险产生。法官伊斯特布鲁克对经济分析的方法的依赖,胜于对其他理由的依赖:"通用食品公司与其供应商谷利亚奶牛场公司之间的合同,试图分配质量控制的义务。每一方负有注意义务。如果某人疏于采取预防措施,而采取该预防措施的成本小于损害(如果损害发生的话),那么该人的行为就不合理。[3] 通用食品公司检测牛奶如此彻底,以至于5%的奶粉将含有沙门氏菌污染物,概率少于1/20。人们很难发现,在日常的商

---

[1] See 451 F. Supp. p. 419 (1978).

[2] See 771 F. 2d. 1093 (1985).

[3] See United States Fidelity & Guaranty corporation v. Jadranska Slobodna Plovidba; United States vs. Carroll Towing corporation. p. 100.

业方式中,甚至根据一种侵权行为标准,某一种利用牛奶的方式是否合理。在这种情况下的损失则高达120万美元。如果将检验结果解释成对5%的损失可能性的更高限制是恰当的话,使用该牛奶的预期损失将少于6万美元(120万美元乘以0.05等于6万美元)。该备选方案将导致牛奶厂在寻求其他奶源期间停产,其可能导致的商业损失大大超过前述损失数额。"[1]

但是,该计算无法令人信服。法官将实际损失和事先期待的损失等同了。在既定案件情况下,这肯定不是真实的。真实的可预见的损失是受污染的产品流通到消费者手中。如果法官已经将全部风险考虑到了,那么他的计算结果很可能不同。此外,最可能的是买方具有其自己控制的额外的、更严格的污染检测标准。从风险的巨大程度考虑,该标准从成本收益角度看仍然是有效率的。前述两个例子揭示了在将波斯纳的经济分析方法看作一种规范原则时,所具有的内在的模糊性和脆弱性。规范原则就是要将具体的成本收益计算的方式应用于裁判。

正如恩格拉德所分析的那样:传统侵权诉讼的矫正正义方式,对于有效率地促进事故总成本减少而言,是一个相当笨拙的工具。除了普遍接受的信息问题外,在整合意外事件的后果和责任保险方面,个人责任制度是不恰当的。责任保险直接与经济上更有效率的分配成本有关。因此,沙维尔(Shavell)教授总结了责任与保险之间关系的一个重要方面后,正确地指出:由于责任保险人支付了损失的一部分或全部,而这些损失是加害人应该赔偿的;责任规则改变加害人行为的方式在很大程度上是间接的,加害人的行为方式和责任保险单之中的条款联系起来了(在保险费费率或投保人支付的保费与加害人行为以及保险范围是否完全之间,建立起了联系)。在美国现存的责任规则框架中,没有允许司法干预保险合同关系中的条款,责任的经济原理不可避免地是一种被裁剪了的因素。我们还能够提出一系列其他的、更概念化和理论化的理由对波斯纳的方法进行批评。第一,通过放松最初的简单的假定,实现了经济模型的逐步精致化。但是,这样就在缩小相互冲突的责任原则之间的差异方面,产生了自相矛盾的效果。因此,现实世界

---

〔1〕 See General Foods Corp. v. Valley Lea Dairies Inc, supra. n. 52, p. 1102 – 1103.

的复杂性概念越精致,严格责任和过失责任之间区分(从社会福利的观点)的意义就越少。信息成本、诉讼成本、管理成本等类似成本,所有这些潜在的无效率因素,在不同程度上,都伴随不同的法律责任规则。可能的结果就是各种经济优势和无效率相互中立化,以至于形成了一个与各种经济因素无关的等值的情形。按照经济僵局情形下的观点,负责解决具体责任问题的机构将不得不在非经济价值观念的基础上,做出价值决断。在这一阶段,波斯纳教授的一元化的成本收益计算方法未能发挥作用了,变为卡拉布雷西立场的务实的方法。[1]

第二,过错的经济原理仅关注次优的预防。侵权行为人实施的侵权行为是侵权行为人次优的注意导致的资源浪费。[2] 被告的侵权责任建立在资源的无效率分配概念之上。如果过错侵权的原理就是如此的话,人们会问:为什么不对一个在预防方面花费过度的人强加侵权责任?从社会福利的立场看,次优的注意和超优的注意同样是无效率的,因此应该受到同样的制裁。[3] 然而,从责任规则的本质看,其仅在下述一个向度发生作用,即强加赔偿责任的原因在于次优的预防。

第三,侵权责任法排他性地专注于侵权行为的遏制功能,将遏制看成责任规则唯一的理性目标,这样会导致对致害事件法律视角的异常颠倒。责任不是特定人类行为的后果,而被看作人类行为的假定的决定论的原因。责任的威胁,即将来责任的强加,被认为是为积极的当事人创造了激励,去选择经济上最有效率的行为。自相矛盾的情形是,在实际强加责任的时候,最初的激励显然未产生作用。因此,从纯粹经济的视角,在此阶段,对于涉及的具体当事人而言,责任的存在可能是毫无意义的。[4]

事实上,波斯纳教授根据亚里士多德的矫正正义概念,为经济的方法提供正当理由的努力,依赖于目前的责任将对特定诉讼当事人未来的行为产生影响。波斯纳教授先是认为恢复原状的观念在法的经济理论中是隐含

〔1〕 See Izhak Englard, *The Philosophy of Tort Law*, Dartmouth Publishing Company, 1993, p. 41 – 42.

〔2〕 See R. A. Posner, *A Theory of Negligence*, 1 *J. Legal Stud*, p. 29, 33 (1972).

〔3〕 See R. L. Abel, *A Critique of Torts*, 37. UCLA L. Rev, p. 785, 795 (1990).

〔4〕 See Izhak Englard, *The Philosophy of Tort Law*, Dartmouth Publishing Company, 1993, p. 42.

的,然后又写道:如果在事故预防方面,A 未能采取成本比其预期收益小的预防措施,因此导致 B 受到伤害的事故发生,且没有采取任何措施恢复该损害,这将违背作为效率的正义的概念。其原因通过考虑未采取任何恢复原状的措施的后果被揭示出来。因为 A 未承受其粗心的行为的成本(或全部成本),他将来没有任何激励采取预防措施。这样,将来会有更多的事故发生。由于 B 没有得到任何对其伤害的赔偿,可能诱使他将来采取比 A 未能采取的预防措施更昂贵的预防措施。B 的预防措施将减少事故,因此部分地抵消了 A 持续未采取预防措施的不利后果。但是,通过这种当事人之间注意义务的分配,累积的社会福利将被减少。[1]

当然,人们可能想知道,为什么认为在其他条件均相同的情况下,责任的遏制效果对侵权行为人产生的效果,第二次比第一次更好?但是,即使如此,我们假定,单方面导致了损害的发生因而应负责任的侵权行为人,将不再实施损害行为(比如在自己死亡的场合)。为了实际受害人的利益,对行为人的全部财产强加侵权责任的经济目的是什么?答案必须依赖对其他潜在侵权行为人的一般遏制观念。换句话说,责任问题的审判超越了当事人的范围,当事人仅仅是一场不同的戏中的不同演员而已。真正的问题是如果侵权行为人在该案件中不负责任,侵权责任法的一般(经济)目的将被暗中破坏。奇怪的是,整个成本高昂的侵权诉讼程序的目标在于搞清楚当事人与致害行为有关的(经济)行为的细节。这套侵权诉讼程序仅仅在教育方面具有面向未来的重要性。在这个意义上,它似乎完全背离了矫正正义概念,甚至也背离了波斯纳教授对矫正正义概念的特定理解。[2]

波斯纳教授的经济分析以责任规则的遏制效果的假定为基础。金钱刺激被认为对人的行为具有决定意义:潜在的加害人,作为理性地追求自己财富最大化的人,将选择经济上最优的行为。在工具主义经济分析方法的框架内,对这种行为假定的反驳将粉碎侵权责任的基础。如果责任规则对行为没有效果,一套高效率的规则确实将是一套法律制度的运用

---

〔1〕 See R. A. Posner, *The Conpect of Correcttive Justice in Recent Theoties of Tort Law*, 8 J. Legal Stud, 27, 38 – 47 (1980).

〔2〕 See Izhak Englard, *The Philosophy of Tort Law*, Dartmouth Publishing Company, 1993, p. 43.

成本最小化的制度,且将由一个在所有情况下都不负责任的独一无二的规则组成。[1]

对此,恩格拉德教授正确地指出,毫无疑问,原则上拒绝经济激励对人的行为的效果将是可笑的。但是,这里的问题是具体的,责任规则在哪里起到预防侵权行为的效果,更具体地说,事故的最少化?该问题的答案不以理论的分析为基础,而是以经验的资料为基础。不幸的是,发生事故后,在统计上对各个责任因素独立考量是一件困难的事情。人类行为的复杂性,尤其是在行为时对法律规则的主观意识,以及影响事故发生的多方面的原因,构成了获得准确的经验结果方面难以克服的障碍。人们凭直觉会怀疑法律责任规则可能对个人具有的具体效果。在事故发生的场合,不仅他们自己是潜在的伤害和损失的受害人,而且也受到犯罪和行政制裁的威胁,受公众谴责的影响。而且,这些人经常没有关于事故发生可能性的足够的信息,这些人被假定都购买了责任保险。许多研究成果表明,责任规则的变化对事故发生率具有相当大的影响。因此,人们得出结论:无过错责任法的采用导致汽车死亡事故发生率增加了15%。就这些与事故发生率的增加和注意水平的减低(区别于汽车驾驶水平的增加)相关的实证研究成果而言,由于它们是反直觉的,因此看起来不可信。对于这些研究成果,对这些资料的恰当性及其被估计的模型的具体说明,我们表示重大怀疑。但是,对经济研究方法论的科学性问题,我们只能留给统计学家和计量经济学家去做最终判断了![2]

综上所述,我们可以得出结论:侵权责任法强加侵权责任的哲学基础不能建立在功利主义一元论之上。只有把矫正正义和功利主义结合起来的二元论,才能为侵权责任法提供坚实的哲学基础。并且,当功利考量和矫正正义发生冲突的时候,正义相对于效益、效率或福利,具有优先性。

---

[1] See W. M. Landes & R. A. Posner, *The Economic Structure of Tort Law*, Cambridge, Mass, and London, 1987, p. 13 - 14.

[2] See Izhak Englard, *The Philosophy of Tort Law*, Dartmouth Publishing Company, 1993, p. 44.

三、有机融合矫正正义与功利考量的可行性[1]

矫正正义和功利考量是在哲学基础方面解释侵权责任正当性这个问题而产生的相互对立的、都具有一定的正确性但又都不完全正确的理论,在侵权责任法中有机融合二者可能吗?

从方法论角度看,在物理学界,如果任意一种描述单独不能提供一种完全的描述或解释该事物,那么同一事物的两种或更多描述是互补的。这是丹麦物理学家和诺贝尔奖得主尼尔波尔(Niel Bohr)提出的一种方法论思想。在我国传统哲学的阴阳理论中,贤哲们将宇宙万物两种相反相成、对立统一的性质,抽象为阴阳,并提出阴阳对立、阴阳互根的思想。马克思主义哲学也提出对立统一的思想和方法论。因此,有机融合矫正正义和功利考量的理论在方法论上不存在障碍。

对于两种对立的理论,美国侵权责任法学家戈登博格认为,应该抵制将侵权责任法理论之间的争议描述成两种理论之间"你死我活"的斗争的诱惑。一方是为侵权责任法假定了一个目标或一项功能的矫正正义理论,另一方是未做如此假定的功利主义理论。有些理论完全是功利主义的,然而其他一些理论则为某些概念留下了空间,这些概念不能以任何简单的方式还原成功能或功利的考量。应当区分对侵权责任法目的或目标的理论解释与侵权责任法附带效果的理论解释。例如,一个矫正正义的理论家可能假定,侵权责任法的要点是在当事人之间实现正义。但是,尽管如此,他还是得承认侵权责任法的效果有时包括对不当行为的遏制或对贫困的受害人的救济。我们应当承认,侵权责任法理论的领域没有被经济理论和以正义为基础的道德理论双方"你死我活"的斗争所穷尽。[2]同样,正如豪斯曼所指出的那样,在一定程度上,经济学仍旧是一门道德科学。没有道德假设,就不可能进行经济学研究;没有合理地阐明道德问题,很难将经济学研究清

---

〔1〕 本部分内容笔者曾以论文发表,发表时有增减。参见阳庚德:《矫正正义和功利考量互补论——统一的侵权法理论基础之建构》,载《法律适用》2013 年第 8 期。

〔2〕 See John C. P. Goldberg, *Twentieth-Century Tort Theory*, 91 Geo. L. J. , March, 2003, p. 582.

楚。类似地,没有人类互动的信念,不可能进行道德哲学的研究;没有经济学家所追寻的那些知识的帮助,也很难将道德哲学研究清楚。总之,道德哲学和经济学有很多可以互相促进的方面。[1] 我们应当认识到,在侵权责任法中融合矫正正义和功利考量这两种看起来相互对立的理念,不仅是可能的,而且是必然的选择。

第四节 矫正正义与功利考量互补论的意义[2]

以矫正正义和功利正义互补论为我国侵权责任法的哲学基础,对我国侵权责任法过错侵权一般条款的完善,特别是故意侵权与过失侵权分立论、惩罚性赔偿、权利和利益区分保护、替代责任的边际确定、损害赔偿数额和因果关系确定中引入政策考量因素的合理性等,具有重要的意义。

一、为侵权责任法合理配置损害填补、惩罚遏制和损害分散功能提供哲学基础

英美法系国家的法官和学者一般认为,侵权责任法主要功能有三个方面,即损害填补、遏制侵权行为发生和损害分散。正是这三个功能使一个有效率的侵权责任法制度在我们社会中非常重要。

损害填补是侵权责任主要的正当理由。一个导致他人损害的人应该为矫正该损害支付代价,损害填补是有义务不侵害他人权益却实施了侵权行为后的次优方案,这被认为是正义的,也是合理的。因此,赔偿的目标是,在力所能及的范围内,向受害人提供足够的金钱,使他恢复到与侵权行为发生前的处境相同的状态。损害赔偿概念的核心是,提供一个对于恢复受害人至先前状态所必要的等价物或相等价值的替代物。但是,就整个社会而言,其最优的功利目标是在损害发生之前预防侵权行为,而不是仅仅等损害产生后转移该损害。因为等损害产生后再通过侵权制度转移该损害,不仅没

〔1〕 参见[美]丹尼尔·豪斯曼、[美]迈克尔·麦克弗森:《经济分析、道德哲学与公共政策》,纪如曼、高红艳译,上海译文出版社 2008 年版,第 11 页。

〔2〕 本部分内容笔者曾以论文发表,参见阳庚德:《矫正正义和功利考量互补论——统一的侵权法理论基础之建构》,载《法律适用》2013 年第 8 期。

有创造价值,而且还徒增管理成本。因此,侵权责任法一个重要功能就是向社会发送一个信息,即人们在行使自己的自由权利时,应当适当关注他人,履行相关的注意义务,不应该以故意伤害他人的方式行为。侵权责任法通过强迫加害人对受害人承担填补性损害赔偿责任,对社会无法容忍的侵权行为强加惩罚性的损害赔偿,以达到遏制人们实施不法行为的目的。如果行为人确实不存在任何过错,基于受害人保护的功利考量,在高度危险领域实行无过错责任原则,但是基于经济和技术发展方面的功利考量,可以对导致的损害赔偿进行最高额限制,并且在不违背社会道德伦理的情况下,可以通过责任保险制度分散损害。损失分散的概念不仅是将损失从一方当事人转移到另一方当事人。因为侵权责任法的目标不是在经济上“摧毁”被告。损害分散功能在大众购买了保险的侵权行为中更容易实现。正如澳大利亚高等法院在卡尔斯诉卡尔斯案(Kars v. Kars)中指出的那样,“多年以来,以及在大多数起诉的机动车伤害案件中,强制保险的存在,已经用保险公司的深口袋取代了作为受害人损害赔偿源泉但可能空空如也的侵权行为人的口袋。在今天的侵权诉讼中,许多加害人(雇主、机动车司机等)都购买了保险,侵权制度的运作就是通过保险政策,将损害在整个购买保险的人当中分散。责任保险的目标就是允许个体在一群保单持有人当中分散损害风险。在责任保险中单个被告因此被保护,以免承担可能降落在他们头上的不幸的全部成本。而是,一大群人将每个人支付一点点费用以覆盖赔偿成本”[1]。

侵权责任法损害填补、惩罚遏制和损害分散三大功能,在故意侵权、过失侵权和无过失侵权中,各有侧重,相互配合,相互补充。具体而言,由于故意侵权不仅是一种非正义的行为,从经济学的角度分析,也是一种对社会无任何效益的纯粹资源浪费行为,而且加害人能够完全控制此类行为的发生与否。因此,任何社会的侵权责任法对于故意侵权的法律政策都是遏制其发生。其手段除了要求加害人根据矫正正义的要求填补受害人损害外,完全可以像英美法系国家的侵权责任法那样,为故意侵权配置惩罚性赔偿制度。故意侵权导致的损害赔偿责任之后果最终一定要加害人自己承担,不

---

〔1〕 Pam Stewart & Anita Stuhmcke, *Australian Principles of Tort Law*, 1st ed., Cavendish Publishing Limited, 2005, p. 6 - 8.

得分散给社会。各个国家的保险法规定故意侵权损害赔偿责任不是责任保险的范围,以此为标的的保险合同无效,或者规定保险公司对故意侵权人具有追偿权,目的就是如此。对于过失侵权,虽然任何社会对于过失侵权行为都不欢迎,但是,基于维护自由和社会发展的功利考量,各国的法律政策都对其持容忍态度,损害填补和损害分散成为过失侵权法的主要制度。部分国家的无过失侵权在贯彻损害填补和损害分散的基础上,还辅以最高赔偿额制度,以寻求在受害人保护和发展经济和技术之间实现适当平衡。由此,我们可以建构一个由填补性赔偿、惩罚性赔偿、最高额限制赔偿等形成的梯次的损害赔偿制度体系,以解决现行侵权制度赔偿不足和赔偿过度的问题。

二、为建立和完善惩罚性赔偿制度提供法理依据

惩罚性赔偿金(punitive damages 或 exemplary damages),是指"除去所有填补性损害赔偿金或名义赔偿金外,为了惩罚被告情节特别严重的不法行为而被判处的金额"[1]。英美法系国家原则上允许在民事诉讼中判决惩罚性赔偿金,目前采用了惩罚性赔偿制度的国家主要有美国、英国、澳大利亚、新西兰和加拿大。[2] 根据矫正正义和功利主义互补论,一方面,基于功利考量的角度,对于那些社会无法容忍的侵权行为,我们可以并且应当引入惩罚性赔偿制度,以达到通过惩罚实现遏制和预防的目的。例如在美国,惩罚性赔偿金服务于两个目的:一是惩罚被告实施不法的、蓄意的、粗暴无礼的行为。二是遏制被告以及其他人将来实施法律禁止的行为。[3] 纵观英美法系国家的惩罚性赔偿制度之适用范围,可以认为,将惩罚性赔偿制度的适用范围限定在以故意为基础的侵权案件,特别是故意伤害案件、诽谤和金融侵权案件是适当的立法政策。另一方面,在根据功利考量设计惩罚性赔偿

---

〔1〕 See Dan B. Dobbs, *Handbook on the Law of Remedies* 204 (1973) [citing Restatement of Torts 908 (1939)]; Charles T. McCormick, *Handbook on the Law of Damages* p. 275 (1935).

〔2〕 See John Y. Gotanda, *Punitive Damages: A Comparative Analysis*, Columbia Journal of Transnational Law, 2004, 42 Colum. J. Transnat'l L, p. 391 - 444.

〔3〕 See Cooper Indus, Inc. v. Leatherman Tool Group, Inc, 532 U. S. 424, 432 (2001); Cass R. Sunstein et al., *Assessing Punitive Damages* (with Notes on Cognition and Valuation in Law), 197 Yale L. J. 2071, 2081 (1998).

制度的时候,应当在矫正正义的框架内思考问题。在侵权诉讼中规定惩罚性赔偿虽然是出于功利考量,突破了损害填补一元论,在私人之间引入了惩罚概念,但是,惩罚性赔偿仍然是一个私人之间的赔偿问题。诉讼程式和填补性损害赔偿没有任何区别。因此,在规定或评估惩罚性赔偿金数额时,要充分考虑侵权责任法由矫正正义决定的损害填补的本质。既要避免一味强调损害赔偿的填补性,否定惩罚性赔偿制度的合理性,导致侵权责任法遏制和惩罚不足;又要避免像美国侵权责任法判例那样,一味强调惩罚和遏制等功利目标,忽视侵权责任法矫正正义的要求,判处的惩罚性赔偿金过高。

三、为确定侵权责任法保护范围和损害评估时引入政策考量提供法理基础

矫正正义和功利考量互补论认为,对于侵权责任的正当性论证,无论是责任成立还是责任大小,侵权责任法保护范围的确定,都可以在矫正正义的框架内进行功利考量。这就为损害评估中引入功利主义的政策考量提供法理基础,因为法律上的损害评估本身就是一个具有功利性的政策问题。侵权损害赔偿制度尤其是损害赔偿范围的合理确定,不仅关乎加害人和受害人利益的调整,而且关乎社会风险分配价值目标的实现,具有重大意义。正如巴尔教授所言:对受害人而言,如其所失能获得法律上救济而得到弥补,则既可以获得经济上的补偿,又可以获得精神上的慰藉,从而使损害赔偿对受害人具有弥补其所失以矫正违背其意志的利益减少之积极意义。但就社会现实观察,由于损害几乎无时不在,若损害赔偿亦无时不存,则人类社会必将面对终日忙碌而为诉讼之“盛况”。若如此,则人人动辄得咎,行为自由与经济自由将受到极大限制,而从社会观之,如此一来,社会自由亦恐丧失殆尽,社会发展难以为继,人类社会也终将无法存在。于是,从人类社会建立规则之初,便不曾选择对所有损害加以救济,而是在众多的损害之中撷取若干重要者,予受害人法律上之救济权利,而将大量的损害,通过法律之网加以过滤,使其成为人类共同生活所必须忍受之损害而由受害人自行承受,“任何一个法律制度都需要一个过滤器,以将可赔偿性损害从不可赔偿性损

害中区分出来”[1]。总之,民法中的损害赔偿是经过裁剪的有限范围的救济,如我国曾世雄教授所指出的那样:民法所谓“全部损害赔偿”,“实并非损害之全部,而只是其一部而已”。[2] 为实现对现实中损害的法律裁剪,侵权责任法必须利用各种法技术工具贯彻其立法政策。

四、为侵权责任法上的因果关系判断引入政策考量提供法理基础

矫正正义和功利考量互补论认为,对于侵权责任的正当性论证,无论是责任成立还是责任大小,都可以在矫正正义的框架内进行功利考量。这就为因果关系确定中引入政策考量提供法理基础,因为法律上的因果关系判断本身就是一个具有功利性的政策问题。在变化多端的事态网中,法律必须抽取一些相关的结果,并非基于纯粹的逻辑,而是出于实践的原因。而如何挑选法律上的原因,虽存有不少的理论分歧,但可被普遍接受的一点是,这主要是一个法律政策的问题。[3] 在英美法系国家,通过事实上因果关系和法律上因果关系的区分,侵权责任法将构成赔偿责任的原因限定在法律认可的因果关系范围内,大大限缩了可请求赔偿的损害范围。法律上因果关系的判断为法律政策的实现提供了极便利的平台,法律可通过认为不具备法律上因果关系而排除侵权责任的构成,也可通过认定具有法律上因果关系而对受害人提供保护。在大陆法系国家,“相当性”因果关系判断亦可方便地体现法律政策的价值。学者一般也充分肯定法律政策对因果关系判断的决定作用。[4] 我国也有学者明确提出,法律上的因果关系概念不是一种自在的性质,而是一种社会和法律制度的建构,其中隐含的是一系列特定的社会公共政策判断或价值判断。[5]

---

〔1〕 [德]克雷斯蒂安·冯·巴尔:《欧洲比较侵权行为法》(下卷),焦美华译,法律出版社2004年版,第31页。

〔2〕 参见曾世雄:《损害赔偿法原理》,中国政法大学出版社2001年版,第25页。

〔3〕 崔建远主编:《合同法》(第3版),法律出版社2003年版,第262页。

〔4〕 参见陈聪富:《因果关系与损害赔偿》,北京大学出版社2006年版,第131页。

〔5〕 参见苏力:《司法解释、公共政策和最高法院——从最高法院有关“奸淫幼女”的司法解释切入》,载《法学》2003年第8期。

五、为替代责任的边际限制提供法理根据

近代侵权责任法采用自己责任和过错责任两大原则,要求每个人应当对其过错行为导致的损害承担赔偿责任,也只对因自己的过错行为导致的损害承担责任。侵权责任法将这些要求具体化为侵权责任的构成要件。侵权责任的构成要件是:加害人实施了危害行为;加害人实施该行为时具有过错;受害人受有损害;加害人的危害行为和受害人的损害之间存在因果关系。但是,侵权责任法在坚持自己责任的同时,也规定了替代责任制度。笔者所称的替代责任,王泽鉴教授称为就他人加害行为责任,[1]王利明教授称之为转承责任,[2]是指行为人就第三人实施的侵权行为对受害人所承担的侵权责任。行为人为什么要就第三人实施的侵权行为对受害人承担替代责任?弗莱明教授认为:"替代责任规则的现代基础结合了各种考量因素:其一,一个雇用他人来促进自己经济利益的人,为了公平,应该被要求对经营该事业过程中招致的损失承担相应的责任;其二,和一般都是普通草根的雇员相比,雇主有更多的资源承担赔偿责任;其三,该规则促进了侵权损失的大范围分散,因为要将这些侵权损失通过责任保险和更高的价格转嫁出去,雇主是最适合的渠道。"[3]有观点还进一步认为,该规则具有在事故预防方面的告诫价值,这也是一个额外的支持理由。由更大的单位比如雇主承担遏制侵权行为发生的责任在效率上最优,因为在通过有效组织和监督其员工以减少事故方面,雇主处于一种战略性的地位。通过让雇主承担责任,如要求其支付赔偿金或保险金的方式,法律提供了一种约束员工实施侵权行为的方法。[4] 毫无疑问,除了公平的观点外,所有这些考量因素都超出了矫正正义范畴,属于功利考量之结果。

但是,某人替代他人承担责任的情形不是漫无边际的,传统民法上的替

---

〔1〕 参见王泽鉴:《侵权行为》,北京大学出版社 2009 年版,第 344 页。

〔2〕 参见王利明等:《中国侵权责任法教程》,人民法院出版社 2010 年版,第 30 页。

〔3〕 See J. G. Fleming, *The Law of Torts*, Sydney, 7th ed., 1987, p. 340.

〔4〕 See Prosser and Keeton, *The Law of Torts*, St. Paul, Minn., 5th ed., 1984, § 135; Winfield and Jolowicz, *Tort*, London, 13th ed., 1989, 679/ 515/501.

代责任主要有法定代理人的替代责任、雇用人的替代责任、定做人的替代责任。[1] 仔细分析这些情形，我们觉得这种替代责任的承担是合理的或正义的。因为根据各国侵权责任法理论和实践，承担替代责任的监护人、雇主和实施加害行为的被监护人、雇员之间，都存在一种监督管理关系，基于这种特殊关系，责任承担者对行为人负有控制义务。[2] 正是这种责任承担人和加害行为实施者之间监督、管理权利义务关系，使最终承担责任的人可以控制加害行为实施者的行为，因此也就可以控制自己承担替代责任的风险。承担责任的人在承担替代责任的同时，享受了实施加害行为的人给他带来的精神方面或物质方面的利益。而且，就雇主承担的替代责任而言，他还可以通过价格机制将其承担的责任转嫁给社会。这也符合责任和利益相一致的原理。因此，这种责任承担人和加害行为实施者之间监督、管理权利义务关系的存在，既使这种功利考量不至于成为一匹"脱缰野马"，也使这种替代责任具有了最基础的正当性。况且，有些国家的法律还规定，监护人或雇主只有在自己存在监督管理方面的过错时，才承担替代责任。因此，可以说，替代责任虽然对矫正正义形成了巨大挑战，但是受到了矫正正义的严格限制，最终结果还是在矫正正义可以接受的范围之内。

我国侵权责任法在救济受害人[3]的理念指导下，想强化侵权责任的承担，其中也包括替代责任的强加。笔者认为，我国原《侵权责任法》第 35 条规定的劳务关系下的替代责任，必须受到责任承担者对行为人负有控制义务的限制。根据矫正正义和功利考量互补论，原《侵权责任法》第 87 条规定的加害人不明的高空抛物致人损害的责任承担，应当删除。高空抛物这种加害行为，是一种作为侵权而不是物件致人损害侵权，是一种单一行为侵权而不是共同侵权（更不是共同危险行为），是一种过错侵权而不是无过错侵权。[4] 对于这样一种侵权行为，在受害人或公安机关无法确定加害人时，我国原《侵权责任法》第 87 条强迫可能实施侵权行为的建筑物区分使用人承

---

〔1〕 参见王泽鉴：《侵权行为》，北京大学出版社 2009 年版，第 344 页。

〔2〕 参见张民安：《侵权法上的替代责任》，北京大学出版社 2010 年版，第 32 页。

〔3〕 关于以救济受害人为中心指导我国侵权责任法的论述，参见王利明：《我国侵权责任法的体系构建——以救济法为中心的思考》，载《中国法学》2008 年第 4 期。

〔4〕 参见王成、鲁智勇：《高空抛物侵权行为探究》，载《法学评论》2007 年第 2 期。

担补充责任,这实质上就是要求没有实施抛物行为的建筑物使用人部分替代实施了抛物行为的建筑物使用人承担侵权责任,是一种替代责任。但是,显而易见,在现代高层公寓区分所有权的状态下,区分所有人或使用人之间基本上处于“陌生人”的状态,而且彼此独立,相互之间不存在相互监督管理关系之可能,也就不可能强迫一方对另一方承担控制义务。基于人权保护的价值目标,立法者也不可能强加一个相互监督管理的义务。在这样一种状态下,立法者要求建筑物区分使用人为他人的抛物行为导致的损害承担替代责任,即使存在功利主义的考量,也超出了矫正正义的最低要求,因而不具有正当性。我国《民法典》侵权责任编相关条文,对于原《侵权责任法》中这些正当性不足的条文做了修改,比如,我国《民法典》第 1191 条〔1〕和第 1192 条〔2〕规定的替代责任中,用人单位对其工作人员执行工作任务造成他人损害时应当承担替代责任,个人之间限于形成劳务关系的情况下,提供劳务一方造成他人损害的,接受劳务一方应当承担替代责任,否定了司法解释确立的个人帮工情况下帮工人造成他人损害由被帮工人应当承担替代责任的规则,合理地划定了替代责任的边界。再如,和原《侵权责任法》第 87 条〔3〕相比,我国《民法典》第 1254 条〔4〕增加了 4 项内容,一是增加了“禁止从建

---

〔1〕 我国《民法典》第 1191 条规定:用人单位的工作人员因执行工作任务造成他人损害的,由用人单位承担侵权责任。用人单位承担侵权责任后,可以向有故意或者重大过失的工作人员追偿。

劳务派遣期间,被派遣的工作人员因执行工作任务造成他人损害的,由接受劳务派遣的用工单位承担侵权责任;劳务派遣单位有过错的,承担相应的责任。

〔2〕 我国《民法典》第 1192 条规定:个人之间形成劳务关系,提供劳务一方因劳务造成他人损害的,由接受劳务一方承担侵权责任。接受劳务一方承担侵权责任后,可以向有故意或者重大过失的提供劳务一方追偿。提供劳务一方因劳务受到损害的,根据双方各自的过错承担相应的责任。

提供劳务期间,因第三人的行为造成提供劳务一方损害的,提供劳务一方有权请求第三人承担侵权责任,也有权请求接受劳务一方给予补偿。接受劳务一方补偿后,可以向第三人追偿。

〔3〕 我国原《侵权责任法》第 87 条规定:从建筑物中抛掷物品或者从建筑物上坠落的物品造成他人损害,难以确定具体侵权人的,除能够证明自己不是侵权人的外,由可能加害的建筑物使用人给予补偿。

〔4〕 我国《民法典》第 1254 条规定:禁止从建筑物中抛掷物品。从建筑物中抛掷物品或者从建筑物上坠落的物品造成他人损害的,由侵权人依法承担侵权责任;经调查难以确定具体侵权人的,除能够证明自己不是侵权人的外,由可能加害的建筑物使用人给予补偿。可能加害的建筑物使用人补偿后,有权向侵权人追偿。

物业服务企业等建筑物管理人应当采取必要的安全保障措施防止前款规定情形的发生;未采取必要的安全保障措施的,应当依法承担未履行安全保障义务的侵权责任。

发生本条第 1 款规定的情形的,公安等机关应当依法及时调查,查清责任人。

筑物中抛掷物品”这样的宣示性规定；二是增加了“从建筑物中抛掷物品或者从建筑物上坠落的物品造成他人损害的，由侵权人依法承担侵权责任”这样关于责任主体的明确规定；三是增加了不能够证明自己不是侵权人的建筑物使用人承担补偿责任的前提条件，即“经调查难以确定具体侵权人”；四是增加了公安机关“依法及时调查，查清责任人”的义务。虽然该条的核心内容“除能够证明自己不是侵权人的外，由可能加害的建筑物使用人给予补偿”没有变化，但是显而易见，根据我国《民法典》第1254条主张可能加害的建筑物使用人承担补偿责任，比根据原《侵权责任法》第87条要求可能加害的建筑物使用人承担补偿责任，至少形式上要困难很多。我国《民法典》第1254条针对原《侵权责任法》第87条的修正，大幅度提升了矫正正义的分量，降低了功利考量的分量，使现有条文虽然还不能说完美地实现了矫正正义和功利考量互补论要求的理想程度，但也大大提高了其正当性。

综上所述，要制定一个完整、协调和清晰的侵权责任规则系统，一般化的理论必不可少。任何一般化的侵权责任法理论，都必须对侵权责任正当性作出一般化和体系化的思考。因此，必须构建一种统一的侵权法基础理论。矫正正义和功利考量这两种相互对立的侵权责任正当性解释理论，任何一种都不足以为侵权责任正当性提供解释。只有在互补性概念之基础上提出的矫正正义和功利考量互补论，才足以为侵权责任之正当性提供理论基础。矫正正义和功利考量互补论是指在侵权责任的正当性论证中，应当以矫正正义为框架、以功利考量为补充，二者相互依赖，相互给对方施加一种适当的限制效果，相互为了满足对方而改变自己最初的典型状态，最终形成一种互补的和谐状态。

第六章　私法惩罚论:故意侵权与过失侵权分立的法理基础

故意侵权与过失侵权分立论认为,故意侵权与过失侵权之所以应当并且可以分立,是因为故意侵权与过失侵权分立论认为,作为私法的侵权责任法也是可以承担惩罚遏制功能的。因此,私法惩罚论是故意侵权与过失侵权分立论的重要理论基础。

第一节　私法惩罚之内涵

一、私法惩罚的概念

人们通常将惩罚与刑法、刑罚(可能还有行政法和行政处罚)联系在一起。如从词典上关于惩罚的解释来看,法律上的惩罚与刑罚、制裁、损失或资格丧失、痛苦感受密切联系。如《辞海》对"惩"的解释是"戒止""惩罚";将"罚"解释为"处分犯罪或犯规的人"。对于惩罚与刑法、刑罚之间的关系,没有任何疑问,但是,对于惩罚是否仅仅与刑法和刑罚相关,则认识不一。如《牛津法律大辞典》认为惩罚是"享有合法惩罚权的人使他人遭受某种痛苦、折磨、损失、资格丧失或者其他损害"。《布莱克法律词典》认为"惩罚是一种制裁,如罚款、刑罚或者财产、权利或特权的丧失"〔1〕。根据这两种词典上关于惩罚的定义,似乎并没有否定私法也可以实现惩罚,因为"使

〔1〕 *Black's Law Dictionary*, West Group, ST. Paul, Monn, 1999.

加害人丧失财产或权利”,私法通过损害赔偿这种手段,也完全可以实现。

关于惩罚是否只能与诸如刑法和刑罚之类的公法相关、私法能否被赋予惩罚性的问题,两大法系的侵权责任法表现出了截然相反的理念和实践。以德国、法国为代表的大陆法系国家的民商法理论和实践以矫正正义理论为基础,将侵权责任法的功能定位为损害填补,认为惩罚是只能由公法独占实施,通过惩罚性赔偿实现的私法惩罚,是违背德国和法国现行民法精神的。[1] 因此这些国家的侵权责任法理论和实践否定私法惩罚之类的概念。相反,以美国和英国为代表的英美法系国家的侵权责任法则深受功利主义的影响,将惩罚和遏制功能置于重要地位,承认私法惩罚概念。

从国际上研究惩罚的知名学者对法律上的惩罚之阐释与理解来看,学者们似乎也并没有否定私法惩罚存在的空间。比如,哈特虽然主要是从刑法和刑罚的角度来理解惩罚,没有提出私法惩罚的概念,但是,根据他提出的界定法律惩罚应当具备的5项标准[2]来看,私法惩罚也是可以满足这些关于惩罚的标准的。另一名学者贝勒斯则明确指出,惩罚的中心理念是人们必须为其不轨行为付出代价。在刑法中,这些代价是指刑罚,在民法或私法中,这些代价主要指对受害人支付金钱赔偿。[3] 因此,根据贝勒斯的观点,刑法上的刑罚是法律上的惩罚,私法强迫支付金钱赔偿,也是法律上的惩罚。

承认私法惩罚的学者对于私法惩罚也有不同的理解。第一种理解认为:所有民事责任的追究,都是对被追究者违反法定义务的一种惩罚性后果。[4] 据此,无论在英美法系国家还是在大陆法系国家,侵权责任、违约责

---

〔1〕 See Helmut Koziol & Vanessa Wilcox, *Punitive Damages*: *Common Law and Civil Law Perspectives*, 2009.

〔2〕 哈特提出的界定惩罚的5项标准为:一是惩罚必定涉及痛苦或者其他结果,而这些结果通常被认为是不快乐的;二是惩罚必定是因为违反法律规则而被制定;三是必定是因为这个违法行为而施加于实际的或假定的违法者;四是惩罚必定是由他人而不是违法者有意地执行;五是惩罚必定是由一个权威来施加和执行,这个权威根据一个法律制度来建立,而对这个法律制度的抵触就构成违法行为。See Hart, H. L. A., *Punishment and Responsibility*: *Essays in the Philosophy of Law*, Oxford UniversityPress, p. 1.

〔3〕 参见[美]迈克尔·D. 贝勒斯:《法律的原则》,张文显等译,中国大百科全书出版社1996年版,第249页。

〔4〕 参见尹田:《民法典总则理论与立法研究》,法律出版社2010年版,第46、49页。

任、缔约过失责任的追究,对被追究责任者而言,都是一种私法上的惩罚。甚至还有学者提出精神损害赔偿具有惩罚性,甚至连带责任的承担也具有惩罚性。[1] 第二种理解认为:根据大陆法系国家的民法理论,违约损害赔偿和侵权损害赔偿追求的最高目标是"恢复到损害发生前的状态",即恢复原状,其目的在于损害填补,不具有惩罚性。只有根据英美法系国家侵权责任法上的惩罚性赔偿制度,对加害人判处惩罚性赔偿金时,才具有惩罚性。也就是说,只有当根据私法判处被告承担的损害赔偿金数额,超过了加害人给受害人造成的实际损失时,加害人承担的赔偿责任才是惩罚性的。虽然第一种理解对于私法惩罚的理解也具有一定的意义,但是,根据大陆法系国家侵权责任法理论和实践中的通说,这是一种损害填补,不具有惩罚性。为了概念明确,笔者在第二种理解之上使用私法惩罚概念。

因此,笔者所称的私法惩罚,是指为了惩罚加害人故意侵害他人合法权益,遏制加害人本人或者他人在将来实施类似行为,国家通过私法(主要是侵权责任法)之规定,授权受害人或其近亲属向加害人主张超过了受害人实际损害的赔偿金。私法惩罚在法律形式上体现为惩罚性赔偿制度。

二、私法惩罚的特征

根据前述概念,私法惩罚具有以下3个法律特征。

第一,私法惩罚必须是国家通过立法(主要是侵权责任法)来设置的。[2] 受害人或其近亲属是否能够主张惩罚性赔偿、按照什么标准主张惩罚性赔偿,都必须要有法律明文规定。如果法律没有明文规定可以请求惩罚性赔偿,则受害人或其近亲属不能主张惩罚性赔偿;受害人或其近亲属能够主张的惩罚性赔偿之数额,也必须符合法律的规定,不得超过法律规定的可以主张惩罚性赔偿的金额限定。法官不得在法律没有明确规定的情况下

---

〔1〕 参见朱岩:《侵权责任法通论·总论:责任成立法》(上册),法律出版社2011年版,第115、117页。

〔2〕 我国现行法律确定了惩罚性赔偿制度的有:我国《民法典》第1185条规定的故意侵害知识产权的惩罚性赔偿责任,第1207条规定的缺陷产品惩罚性赔偿责任,第1232条规定的故意违规污染环境,破坏生态的惩罚性赔偿责任;其他法律有我国《消费者权益保护法》第55条、我国《食品安全法》第148条。另外,《最高人民法院关于审理侵害知识产权民事案件适用惩罚性赔偿的解释》针对我国《民法典》第1185条做了司法解释。

判处惩罚性赔偿,也不得超过法律的数额限制判处惩罚性赔偿。私法惩罚的这一特点类似于公法惩罚中的罪刑法定原则。

第二,私法惩罚必须由被害人或其近亲属主张。[1] 从惩罚性赔偿发展的历史和现状看,它的确主要是为了惩罚私犯、维护受害人的私利。当然,它在帮助受害人实现其私利的同时,也间接地使社会受益,比如它会产生一般预防的效果,但这并不影响它的私法属性。这正如同侵权责任法中的补偿性赔偿也会产生一般预防的效果,从而间接地使整个社会受益。因此,私法惩罚必须由被害人或其近亲属主张才能适用,如果受害人或其近亲属不主张惩罚性赔偿,即使侵权行为人的加害行为依法应当承担惩罚性赔偿责任,法院也不得依据职权主动判处惩罚性赔偿。这是私法惩罚中的私法属性决定的,也是私法惩罚区别于刑事(公法)惩罚的主要方面。

第三,私法惩罚的法律模式为侵权行为人向加害人或其近亲属支付惩罚性赔偿金。私法惩罚通过侵权行为人向加害人或其近亲属支付惩罚性赔偿金来实现,该惩罚性赔偿金一旦由受害人或其近亲属受领,则属于其个人资产,无须上缴国库。私法惩罚这一特征使其区别于诸如罚金和罚款之类的公法惩罚。

第二节　两大法系关于侵权责任法的功能定位之争:损害填补一元论 VS 填补惩罚遏制复合论

侵权责任法中能否设置具有惩罚性的制度,取决于人们对侵权责任法功能或目的的认识。正如王泽鉴教授所言:“侵权责任法系在规定何种行为,侵害何种权益时,应就所生的何种损害如何予以赔偿。侵权责任法的内容与其所要达成的功能或目的具有密切的关系。”[2] 对于侵权法的功能定位,以及以惩罚性赔偿为表现形式的私法惩罚,英美法系国家和大陆法系国

---

[1] 在一些公益诉讼中,涉及法律规定有惩罚性赔偿的时候,存在提起公益诉讼的一方主张惩罚性赔偿的现象。由提起公益诉讼的一方主张惩罚性赔偿与文本归纳的“私法惩罚必须由被害人或其近亲属主张”这一特征并不矛盾。在提起公益诉讼的一方主张惩罚性赔偿的情况下,提起公益诉讼的一方可以解释为这些提起公益诉讼的一方是受害人的代理人或代表人,也可以将提起公益诉讼的一方主张惩罚性赔偿解释为这一特征的例外。

[2] 王泽鉴:《侵权行为法:基本原理　一般侵权行为》(第1册),中国政法大学出版社2001年版,第7页。

家之间存在巨大差别。

一、大陆法系国家的侵权责任法：损害填补一元论

在大陆法系国家的民法典中，侵权责任法是债法的组成部分，因为侵权行为发生后会在侵权行为人和受害人之间产生以赔偿受害人损害为内容的债之关系，即损害赔偿之债。侵权责任法的目的就是确定构成侵权的标准，在确定构成侵权的情况下，以受害人受到侵害后的实际损害为出发点，以损害赔偿之债的形式，填补受害人所遭受的损害，使受害人恢复到损害发生前的状态，不能多也不能少，理论上被称为完全赔偿原则，以实现矫正正义。超过受害人所遭受的实际损害的赔偿，被认为具有惩罚性，是作为私法的侵权法所不能接受的。笔者将大陆法系国家侵权法的这种态度称为损害填补一元论。

《德国民法典》起草者认为，民事侵权责任法纯粹是损害填补性的，仅仅在刑法中才能适用惩罚。正如《德国民法典》的预备文件中所言："关于以过错为基础的损害赔偿责任，虽然好几部民法典如《普鲁士民法典》采取了按照过错的层级和类型判处赔偿金数额的制度，但是草案拒绝了这种做法。在决定不法行为法律效果的时候，人们必须抛弃将道德因素和刑罚因素包含在损害赔偿法中的思想。这种区分就是在此基础上建立起来的。共同的法律原则是导致的损害数额限定了从法律的观点看可赔偿的损害赔偿金数额。"〔1〕德国的法学理论采纳了这一态度，至少表面上如此。比如德国尼尔斯·詹森（Nils Jansen）和卢卡斯·拉德马赫（Lukas Radema）等学者都认为，惩罚性赔偿是违背德国和法国现行民法精神的。〔2〕整个20世纪，几乎不存在任何明确支持判处惩罚性赔偿金的法律理论。在20世纪下半叶之前，德国联邦最高法院不断强调，损害赔偿法唯一重要的功能就是填补性损害赔

---

〔1〕 Motive zu dem Entwurfe eines B rgerlichen Gesetzbuches f r das Deutsche Reich § 218 799 BGB.

〔2〕 See Helmut Koziol & Vanessa Wilcox, *Punitive Damages: Common Law and Civil Law Perspectives*, 2009.

偿。[1] 这种强调成为一项基本原则，在整个20世纪被一遍又一遍地重复着。损害赔偿判决应该让原告恢复到损害没有发生的状态。损害赔偿判决不能让原告获得利益，损害赔偿判决除了一般的填补性损害赔偿固有的效果之外，不能以惩罚或遏制加害人为目标。[2] 总而言之，德国法不判处惩罚性赔偿金的主张反映了德国法院和自1900年《德国民法典》实施以来的学术界的一般态度。[3]

其实，在19世纪，德国存在类似于美国西奥多·塞奇威克（Theodore Sedgwick）和西蒙·格林利夫（Simon Greenleaf）关于侵权法能否设置惩罚性赔偿制度的论战。西奥多·塞奇威克基于实用主义的理由允许判处惩罚性赔偿金。西蒙·格林利夫基于理论上和教条主义的理由反对判处惩罚性赔偿金。[4] 不过，《德国民法典》对此争议的解决结果和美国的不同。美国侵权法允许判处惩罚性赔偿，而在起草《德国民法典》的过程中，所有在《德国民法典》之前存在的惩罚性赔偿金的痕迹，全部被消除了。[5] 巴尔教授的论述也支持了上述观点。巴尔教授认为："侵权行为法是私法的一部分。它决定某人受到侵害后是否有权得到赔偿，尽管受到损害只构成双方当事人之间的法定之债。既作为法律部门又是实体法的侵权责任法只能从构成其核心部分的两个要素发展起来。这两个要素在任何地方都是得到公认的：首先，其作为赔偿损害之制度的功能；其次，其适用不要求在受害人和加害人之间存在法律关系。"[6] 巴尔教授认为，侵权责任法公认的功能是填补性

---

〔1〕 See e. g, Judgment of September 29, 1952, Entscheidungen des Bundesgerichtshofes in Zivilsachen [BGHZ] 7, 223; Judgment of June 4, 1992, BGHZ 118, 312, translated in 32 I. L. M. 1320 (1993).

〔2〕 See Wolfgang Grunsky, Mnchener Kommentar B rgerliches Gesetzbuch, § 249 n. 3 (3d ed. 1994) [citing among others, Josef Esser & Eike Schmidt, Schuldrecht, Allgemeiner Teil, § 30 Ⅱ (7th ed. 1993)].

〔3〕 See Volker Behr, *Punitive Damages in American and German Law-Tendencies Towards Approximation of Apparently Irreconcilable Concepts*, 78 Chi. - Kent L. Rev. p. 127 - 129 (2003).

〔4〕 美国在这方面的讨论，See *Ronald A. Brand*, *Punitive Damages Revisited: Taking the Rationale for Non-Recognition of Foreign Judgments Too Far*, 24 J. L. & Com. 181 (2005)。德国关于这方面的辩论，See Volker Behr, *Punitive Damages in American and German Law-Tendencies Towards Approximation of Apparently Irreconcilable Concepts*, 78 Chi. - Kent L. Rev. 105 (2003)。

〔5〕 See Volker Behr, *Myth and Reality of Punitive Damages in Germany*, 24 J. L. & Com, p. 199.

〔6〕 [德]克雷斯蒂安·冯·巴尔：《欧洲比较侵权行为法》（上卷），张新宝译，法律出版社2004年版，第1页。

的赔偿损害。

德国的上述理论对日本等继受大陆法系国家法律传统的国家或地区的侵权法理论和立法产生了直接影响。如日本学者园谷峻先生明确指出：损害赔偿法中最重要的机能就是补偿性机能。所谓承担赔偿责任不是惩罚或惩戒的问题，而是恢复债权人原有的状态。[1]

二、英美法系国家的侵权法：填补惩罚遏制复合论

在英美法系国家侵权责任法的理论和实践中，其在承认侵权责任法损害填补功能之外，还承认惩罚遏制功能在侵权责任法中的重要地位。英美法系国家侵权责任法理论认为，侵权责任法对加害行为的遏制存在层次性。对于社会虽然不喜欢但无法避免存在的过失侵权行为和无过失侵权行为，侵权责任法通过强制行为人事后承担损害填补责任的方式，实现遏制和预防的效果。但是对于社会不能容忍的某些极不道德的故意侵权行为，法律除了强制加害人承担损害填补责任外，还必须要求其承担惩罚性赔偿责任，以达到惩罚遏制之目的。

英美法系国家侵权责任法中的惩罚性赔偿制度，公认最早起源于1763年英国上院法官卡姆登勋爵(Lord Camden)审理的哈克尔诉曼妮案(Huckle v. Money)，在该案中，卡姆登勋爵以政府官员曼妮非法侵害报社工作人员哈克尔为由，判决曼妮赔付哈克尔300英镑惩罚性赔偿金，由此开创了惩罚性赔偿制度的先河。这一制度从此逐渐被各普通法院所承认。在承认初期，惩罚性赔偿主要适用于一些使得被害人受到极大精神痛苦的案件，而到了19世纪中期，惩罚性赔偿已经在英美法系国家普遍适用，惩罚性赔偿的遏制与惩罚效用也逐渐占据主导地位。美国法律研究院编写的《侵权法重述——纲要》第908节对惩罚性赔偿定义如下："惩罚性赔偿是在补偿性赔偿或名义上的赔偿之外，为惩罚该赔偿交付方的恶劣行为并阻遏他与相似

---

[1] 参见[日]园谷峻：《判例形成的日本新侵权行为法》，赵莉译，法律出版社2008年版，第11页。

者在将来实施类似行为而给予的赔偿。”[1]由此可见,在几百年的发展中,英美法系国家侵权责任法的惩罚遏制功能与损害填补功能已经构成一个复合体,它们之中的任何一个功能对于英美法系国家的侵权责任法都是缺一不可的。笔者将英美法系国家侵权责任法的这种态度称为填补惩罚遏制复合论。现在,英美法系国家的侵权责任法理论和实务均支持填补惩罚遏制复合论观点。比如,澳大利亚的甘莫(Gummow)法官在比利牛斯郡议会诉戴依案(Pyrenees Shire Council v. Day)的判决中,认为侵权责任法主要功能有三个方面,即损害赔偿、惩罚侵权行为、遏制侵权行为发生。正是这三个功能使一个有效率的侵权责任法制度在我们社会中非常重要。[2] 法经济学家将惩罚、遏制和预防概念描述为侵权法的核心功能。[3] 根据这一观点,遏制和预防功能会避免更多的伤害,以降低生产成本、身体保健成本和其他相关成本的方式,为社会增加财富。

第三节　两大法系主要国家对惩罚性赔偿的态度
——私法惩罚之比较法基础

一、英美法系国家对惩罚性赔偿制度的态度[4]

惩罚性赔偿金是指“除去所有填补性损害赔偿金或名义赔偿金外,为了惩罚被告情节特别严重的不法行为而被判处的金额”[5]。采用了惩罚性赔偿制度的国家主要有美国、英国、澳大利亚、新西兰和加拿大。惩罚性赔偿制度不仅在英美法系国家得到广泛适用,而且对大陆法系国家也产生了某

[1] 艾伦 · M. 芭波里克选编:《侵权法重述纲要》(第 3 版),许传玺等译,法律出版社 2016 年版,第 456 页。

[2] See Pam Stewart & Anita Stuhmcke, *Australian Principles of Tort Law*, Cavendish Publishing Limited, First Edition,2005,p. 5.

[3] See the discussion by Fleming,JG, *Preventive damages*, in Mullany, op cit fn. 3, p. 56, citing Posner, R. A., Economic Analysis of Law, 1973, Boston, Mass: Little, Brown.

[4] 本部分内容笔者曾以论文发表,参见阳庚德:《英美法系国家惩罚性赔偿制度研究:以英、美、澳、加四国为对象》,载《环球法律评论》2013 年第 4 期。

[5] Dan B. Dobbs, *Handbook on the Law of Remedies* 204 (1973) [citing Restatement of Torts 908 (1939)]; Charles T. McCormick, Handbook on the Law of Damages 275 (1935).

种影响。[1] 惩罚性赔偿的问题甚至还引起了国际争议。[2] 我国学者对美国的惩罚性赔偿制度的研究比较深入,但进一步全面深入研究一下这项在普通法国家具有200多年历史的制度,[3]特别是在这些国家的发展动态,仍然很必要的。在司法实践中,关于惩罚性赔偿问题的重点是惩罚性赔偿的适用范围、惩罚性赔偿金数额的确定、控制惩罚性赔偿金数额过高的措施这3个方面。因此笔者就以这3个问题为重点,对英美法系具有代表性的5个国家的惩罚性赔偿制度做比较研究,以期找出一些共同的东西供我们参考。

(一)惩罚性赔偿金的适用范围:虽不断扩张但以故意侵权为主

1. 英国的惩罚性赔偿之适用范围:从严格限制到谨慎扩展

虽然普通法国家判予惩罚性赔偿金的历史根源在英国,[4]但是,和其他英美法系国家不同,英国一直将惩罚性赔偿限制在有限类型的案件,近年来人们才努力扩大惩罚性赔偿的适用范围,但还是对其额度作出了严格限制。

在英国,第一例关于惩罚性赔偿的报告案例是1763年判决的威尔克斯诉伍德案(Wilkes v. Wood)。[5] 在该案中,法院判予一个出版商惩罚性赔偿金,国王的国务秘书怀疑该出版商印刷一种诽谤国王的宣传册,在没有办

---

〔1〕 See Volker Behr, *Punitive Damages in American and German Law—Tendencies Towards Approximation of Apparently Irreconcilable Concepts*, 78 Chi. - Kent L. Rev., Chicago-Kent Law Review, 2003, p. 105 - 161; Ernet C. Stiefel, *U. S. Punitive Damage Awards in Germany*, 39 The American Journal of Comparative Law, 1991, p. 784.

〔2〕 比如在海事仲裁员协会(Society of Maritime Arbitrators)支持下裁判案件的仲裁员们,已经在涉及跨国合同的仲裁案件中判予惩罚性赔偿金。See, e. g, Octonia Trading, Ltd. v. Stinnes Interoil GmbH, SMA no. 2424 (1987) (awarding $ 100,000 punitive damages where respondent wrongfully stole its petroleum cargo from the ship's bunkers and used it to fuel the ship); Triumph Tankers, Ltd. v. Kerr McGee Ref. Corp, SMA no. 2642 (1990) (awarding treble damages of $ 368,495. 55 to the claimant under RICO (the applicable law) on the ground that the respondent had converted part of the claimant's petroleum cargo).

〔3〕 See Harvey McGregor, *McGregor on Damages* 309 - 311 p. 226 - 27, 14th ed., 1980; F. H. Lawson & Harvey Teff, Remedies of English Law 133 (1980); Harry Street, *Principles of the Law of Damages*, p. 28 - 29 (1962).

〔4〕 See generally F. H. Lawson & Harvey Teff, *Remedies of English Law*, p. 133 (1980); Harry Street, *Principles of the Law of Damages*, p. 28 - 29 (1962); Bruce Chapman & Michael Trebilcock, *Punitive Damages: Divergence in Search of Rationale*, 40 Ala. L. Rev., p. 745 (1989); Note, *Exemplary Damages in the Law of Torts*, 70 Harv. L. Rev. p. 518 - 20 (1957).

〔5〕 See Wilkes v. Wood, 98 Eng. Rep. 489 (C. P. 1763).

理正当的搜查证的情况下,该国务秘书派人搜查了该出版商的房子,并扣押了其财产。首席法官普拉特(Pratt)解释说,判予惩罚性赔偿金抚慰了受害人,惩罚了不法行为,遏制了将来发生类似的行为,表明了陪审团对这种不法行为的嫌恶。[1] 在威尔克斯诉伍德案之后的10年里,法院通常在诸如蓄意攻击、非法拘禁、诽谤、教唆、恶意控告和直接侵害等侵权诉讼中判予惩罚性赔偿金,[2]但是,在合同案件中,从来不允许判予惩罚性赔偿金。[3]

在1964年,英国上院在鲁克斯诉巴纳德案(Rookes v. Barnard)中,严格限制惩罚性赔偿金制度的适用。[4] 丹宁(Devlin)勋爵代表官方认为,只有在下述3种类型的案件中,判予惩罚性赔偿金才是适当的:(1)涉及国家公务员不公正的、专横的或者违宪的行为的案件;(2)被告的行为是精心策划以牟取超过原告可获得的赔偿利益的案件;(3)制定法授权进行惩罚性赔偿的案件。[5] 要归入第一类案件,必须具备下述两个条件:一是必须存在一个不公正的、专横的或违宪的行为。[6] 在霍尔顿诉兰开夏郡警察局长案(Holden v. Chief Constable of Lancashire)中,上诉法院指出,这些术语应该分开来理解。因此,即使违宪的行为既不是不公正的,也不是专横的,也可能归入第一类。[7] 二是该行为必须是运用政府权力实施的。英国上院在卡赛尔有限公司诉布鲁姆案(Cassell & Co. , Ltd. v. Broome)的判决中清楚明确地表达了该要求。[8] 该案中,英国上院宣称,第一类案件应该作广义解释,

---

〔1〕 See Wilkes v. Wood, 98 Eng. Rep. p. 498 – 499 (C. P. 1763).

〔2〕 See Harvey McGregor, *McGregor on Damages* p. 226 – 227, 14th ed. , 1980; Loudon v. Ryder, 2 Q. B. 202 (C. A. 1953) (assault); Dumbell v. Roberts, 1 All. E. R. 326 (C. A. 1944) (false imprisonment); Bull v. Vazquez, 1 All E. R. 334 (C. A. 1947) (defamation); Tullidge v. Wade, 95 Eng. Rep. 909 (K. B. 1769) (seduction); Leith v. Pope, 96 Eng. Rep. 777 (K. B. 1779) (malicious persecution); Bulli Coal Mining Co. v. Osbourne, 1899 A. C. 351 (trespass); Owen & Smith v. Reo Motors, 151 L. T. R. 274 (C. A. 1934) (trespass to goods).

〔3〕 See Harvey McGregor, *McGregor on Damages*, p. 227, 14th ed. , 1980.

〔4〕 See Rookes v. Barnard, 1964 A. C. 1129 (H. L.). 该案中,原告诉称一个商会非法引诱其雇主解雇他。一个陪审团判予原告£ 7500 的惩罚性赔偿金。上诉法院撤销了该判决,认为商会的行为合法。但英国上议院认为关于责任的判决应当恢复,但命令法院对赔偿金数额作出新的判决。

〔5〕 See Rookes v. Barnard, 1964 A. C. p. 1225 – 1228 (H. L.).

〔6〕 See, e. g, Holden v. Chief Constable of Lancashire, 1987 Q. B. 380, 388 (C. A.).

〔7〕 See, e. g, Holden v. Chief Constable of Lancashire, 1987 Q. B. 380, 388 (C. A.).

〔8〕 See Cassell & Co, Ltd. v. Broome, 1972 A. C. 1027 (H. L.).

将警察、市政官员以及其他官员的行为包括在内。[1] 关于第二类行为，即精心策划以牟取不法利益的行为，丹宁勋爵在鲁克斯诉巴纳德案中解释如下：这种类型不限于严格意义上在金钱方面的获利行为，它扩张到被告寻求以牺牲原告利益为代价实现其目标。即使被告可能根本不能实现这些目标，或者除非他付出比他想付出的代价更大的代价才能实现其目标，在法律绝对不允许实施侵权行为的场合，判处惩罚性赔偿金也是适当的。[2] 英国上院在卡塞尔有限公司诉布鲁姆案中进一步阐明了该标准，认为必须存在：(1)明知拟议中的行为是违法的，或者疏忽地漠视该行为是否违法；(2)因为物质利益的预期超过了物质损失的预期，所以决定继续实施该行为。[3] 这一类型包括诸如诽谤、直接侵害以及其他恶意的不法行为。[4] 第三类允许判予惩罚性赔偿金的案件是制定法明确规定可以判处惩罚性赔偿金案件。因为很少有制定法包括这种规定，所以这种诉讼请求很少见。

在 1993 年的 AB 诉西南水务有限公司案(AB v. South West Water Services Ltd.)，上诉法院极大地限制了可以获得惩罚性赔偿金的案件类型。法院认为一个公共滋扰诉因不能支持惩罚性赔偿金请求。法院认为，要想归入鲁克斯诉巴纳德案确定的前两种类型，侵权行为必须是 1964 年，即鲁克斯诉巴纳德案的日期以前作出的惩罚性赔偿金判决中的侵权行为。因为 1964 年前的公共滋扰案件没有判处过惩罚性赔偿金。[5] AB 诉西南水务有限公司案的判决将第一类案件限制在恶意控告、非法拘禁、人身攻击、殴打的范围内。此外，它将第二类案件主要限制在诽谤、侵犯不动产权利、非法干预企业活动的范围内。因此，在过失案件、公共滋扰案件、欺骗、专利侵权以及以性别人种等方面的不法歧视案件中，不能判处惩罚性赔偿金。

但是，2001 年，英国上院在库杜斯诉莱斯特郡警察局长案(Kuddus v. Chief Constable of Leicestershire Constabulary)中，拒绝了 AB 诉西南水务有

---

[1] See Cassell & Co, Ltd. v. Broome, 1972 A. C. p. 1087 – 1088 (H. L.).

[2] See Rookes, 1964 A. C. p. 1227.

[3] See Cassell, 1972 A. C. p. 1088 – 1089.

[4] See Branchette v. Beaney, 3 All E. R. 910 (C. A. 1992); Drane v. Evargelou, 2 All E. R. 437 (C. A. 1978).

[5] See AB v. S. W. Water Serv. Ltd, 1993 Q. B. 507, 523 (C. A.).

限公司案所作的限制。[1] 在库杜斯诉莱斯特郡警察局长案中,原告针对一个警察提起滥用职权之诉,并且,除其他诉讼请求外,提出了惩罚性损害赔偿金请求。一审法院驳回了原告的惩罚性赔偿金诉讼请求,其理由是滥用职权不是一个 1964 年以前可以判予惩罚性赔偿金的诉因。上诉法院维持原判,原告上诉至英国上院。英国上院认为,是否可以判处惩罚性赔偿金不应该局限于 1964 年以前可以判处惩罚性赔偿金的那些诉因。英国上院认为那些要求是不合理的。司宁恩(Slynn)勋爵解释道:"按照以前的规则,能否提起一个惩罚性赔偿金的诉讼请求,不是取决于原则,而是取决于事故的性质。这种僵化的规则,在我看来,即使符合丹宁勋爵在鲁克斯案中采用的限制标准,也违背了法院的惯常做法,限制了法律的未来发展。"[2] 英国上院得出结论认为:"决定一个案件是否允许判处惩罚性赔偿金,其焦点不应该是诉因,而应该是侵权行为发生的具体情况是否导致它应当归入允许判处惩罚性赔偿金的三类案件之中。"[3] 库杜斯诉莱斯特郡警察局长案的判决极大地扩展了可以判处惩罚性赔偿金的诉讼类型。根据该判决,原告可以在任何案件中主张惩罚性赔偿金,只要案件事实表明该案应该归入鲁克斯诉巴纳德案确立的三种类型中的任何一类就可以了。这些侵权行为甚至包括了过失侵权案件、涉及非法歧视案件。但是,在违约案件中,仍然禁止惩罚性赔偿金的适用。[4]

虽然库杜斯诉莱斯特郡警察局长案的判决极大地扩展了惩罚性赔偿金制度的适用范围,但不能因此认为英国现在对惩罚性赔偿金制度的适用范围非常广泛。因为在英国,还有六大限制性规定限制了惩罚性赔偿金的可适用性。一是"当且仅当"标准,即当且仅当填补性损害赔偿金不足以惩罚被告、遏制其他潜在加害人、表明法院对这种行为的否定之情形,法院才能

---

〔1〕 See Kuddus v. Chief Constable of Leicestershire Constabulary, 2 A. C. 122, 134 – 135 (H. L. 2002).

〔2〕 Kuddus v. Chief Constable of Leicestershire Constabulary, 2 A. C. 122, p. 134 (H. L. 2002).

〔3〕 Kuddus v. Chief Constable of Leicestershire Constabulary, 2 A. C. 122, p. 135 (H. L. 2002).

〔4〕 See Addis v. Gramophone Co. Ltd, 1909 A. C. 488 (H. L); The Law Commission Report 247, *Aggravated, Exemplary and Restitutionary Damages* (Dec. 16, 1997), available at http://www. lawcom. gov. uk/741. htm, p 5. 71 – 73.

判处惩罚性赔偿金。[1] 二是原告必须是被告应受惩罚行为的受害人。[2] 三是如果被告已经因其不法行为受到了惩罚,惩罚性赔偿金可能是不适当的。[3] 四是多个原告的存在可能限制惩罚性赔偿金的可适用性。这一限制的理由是当不是所有的原告知道此事或不是所有的原告都到庭,或者当不是所有的原告受到声称的不公正的、专横的或违宪的行为侵害的场合,法院可能无法分配判决赔偿的金额。[4] 五是当被告是本着诚信的心态行事时,惩罚性赔偿金可能不具有正当性。[5] 六是如果是原告引起了被告的侵害行为,或者原告对被告实施该侵害行为具有过失,原告的行为可能会妨碍法院作出惩罚性赔偿金判决。[6]

总之,自 2001 年以来,英国改变了长期遵循的严格限制态度,扩大了惩罚性赔偿金制度的适用范围,但非常谨慎。

2. 美国惩罚性赔偿金的适用范围:范围广泛但故意侵权、金融侵权是重点

(1)惩罚性赔偿所适用的空间范围

在州层面上,尽管允许惩罚性赔偿金的情形大不相同,但美国绝大多数州允许惩罚性赔偿金,[7]只有 5 个州完全禁止惩罚性赔偿金判决,或者严格限制其适用,其中,内布拉斯加州和华盛顿州不允许适用惩罚性赔偿金制度,[8]在路易斯安那州、新罕布什尔州和马萨诸塞州 3 个州,除非制定法有明确规定,否则禁止适用惩罚性赔偿制度。[9] 在联邦层面上,美国联邦一些

---

〔1〕 See Cassell, 1972 A. C. p. 1126.

〔2〕 See Rookes, 1964 A. C. p. 1227.

〔3〕 See, e. g, Archer v. Brown, 1 Q. B. 401, 423 (1985).

〔4〕 See AB, 1993 Q. B. p. 527 – 528, 531.

〔5〕 See Holden v. Chief Constable of Lancashire, 1987 Q. B. 380, 388 (C. A.).

〔6〕 See Thompson v. Comm'r of Police of the Metropolis, 1998 Q. B. 498, 517 (C. A.).

〔7〕 See Richard L. Blatt et al, *Punitive Damages: A State-by-State Guide to Law and Practice* p. 236 – 552(2003).

〔8〕 See Miller v. Kingsley, 230 N. W. 2d 472 (Neb. 1975); Maki v. Aluminum Bldg. Prod, 436 P. 2d 186 (Wash. 1968).

〔9〕 See N. H. Rev. Stat. Ann. 507:16 (1986); McCoy v. Ark. Natural Gas Co, 143 So. 383 (La. 1932), cert. denied, 287 U. S. 661 (1932); Karavokiros v. Indiana Motor Bus Co, 524 F. Supp. 385 (ED La. 1981); USM Corp. v. Marson Fastener Corp, 467 N. E. 2d 1271, 1284 (Mass. 1984). Michigan 允许惩罚性赔偿金,前提是该惩罚性赔偿金本质上是填补性的。See Peisner, 364 N. W. 2d at 603.

制定法针对特定的侵权行为明确规定惩罚性赔偿这一救济措施。[1] 例如，《公平信用报告法》(The Fair Credit Reporting Act)规定，当消费者报告机构故意未遵守法案强加的要求的时候，法院可以判处惩罚性赔偿金。[2] 其他允许3倍赔偿金的制定法有1914年的《克莱顿法》(Clayton Act)、《诈骗影响和腐败组织法》(Racketeer Influenced and Corrupt Organization Act)、《综合环境反应补偿责任法》(Comprehensive Environmental Response, Compensation and Liability Act)。[3] 相反，有些联邦的制定法，比如《外国政府豁免法》(Foreign Sovereign Immunities Act)和《联邦侵权索赔法案》(the Federal Tort Claims Act)则明确排除惩罚性赔偿金制度的适用。[4]

(2)惩罚性赔偿所适用的案件范围

在案件范围方面，今天的美国法院在各类案件中，都可以判处惩罚性赔偿金，即在涉及侵权责任法、合同法、财产法、海事法、雇佣法和家庭法的诉讼中，都允许惩罚性赔偿金。[5] 一段时间以来，美国的惩罚性赔偿金判决的频率和赔偿金数额急剧飙升。[6] 在1996年至2001年，美国每年超过100万美元的惩罚性赔偿判决翻了一番。仅2001年，一审判予或二审维持的惩罚性赔偿金总额超过1620亿美元。[7] 确实，有些判决的惩罚性赔偿金数额令人震惊，如彭左耳有限责任公司诉德士古股份公司案(Pennzoil Co. v. Texaco, Inc.)，陪审团评估了75.3亿美元的实际损害赔偿金、30亿美元的

---

〔1〕 See Equal Credit Opportunity Act, 15 U. S. C. 1691e(b) (1994); Fair Housing Act, 42 U. S. C. 3613(c) (1994). See Chrysler Credit Corp. v. J. Truett Payne Co, Inc, 670 F. 2d 575, 581 – 582 (5th Cir. 1982)(该案认为该反托拉斯法可以判处三倍的惩罚性赔偿金); Riley v. Empire Airlines, 823 F. Supp. 1016, 1023 (N. D. N. Y. 1993)(该案认为该铁路劳工法可以针对非法解雇判处惩罚性赔偿金).

〔2〕 See Fair Credit Reporting Act, 15 U. S. C. 1681n (1994).

〔3〕 See Clayton Act 4, 15 U. S. C. 15(a) (1994); Racketeer Influenced and Corrupt Organization Act, 18 U. S. C. 1964(c) (1994); Comprehensive Environmental Response, Compensation, and Liability Act, 42 U. S. C. 9607(c)(3) (1994).

〔4〕 See Federal Tort Claims Act, 28 U. S. C. 2674 (1994); Foreign Sovereign Immunities Act, 28 U. S. C. 1606 (1994).

〔5〕 See Linda J. Schlueter & Kenneth R. Redden, *Punitive Damages* p. 20, 4th ed., 1980; John J. Kircher & Christine M. Wiseman, *Punitive Damages: Law & Practice* 5. 1, 6. 1, 13. 1, 2d ed. 2000.

〔6〕 See, e. g., Thompson v. Comm'r of Police of the Metropolis, 1998 Q. B. 498 (C. A.); John v. MGN Ltd, 1997 Q. B. 586 (C. A.).

〔7〕 See Richard L. Blatt et al, *Punitive Damages: A State-by-State Guide to Law and Practice* 12, (2003).

惩罚性赔偿金。[1]

相比其他类型的案件,惩罚性赔偿更经常在侵权类型案件中出现。例如,在所有可以适用惩罚性赔偿的民事案件中,医疗事故和产品责任案件判定惩罚性赔偿的频率最低。[2] 适用惩罚性赔偿频率最高的是故意伤害案件(斗殴、攻击等)、诽谤和许多关于金融侵权案件(欺诈、保险、雇佣、不动产、合同和商业交易以及消费销售)。故意侵权和诽谤最有可能被判处惩罚性赔偿金。根据兰德公司的调查报告,所有涉及殴打、蓄意攻击和非法拘禁且原告胜诉的判决中,有31.8%的判决判予惩罚性赔偿金;在涉及诽谤的案件中,29.8%的案件判予了惩罚性赔偿金。金融侵权行为者作为被告受到惩罚的频率排第二,仅次于故意伤害侵权行为者。[3] 总之,兰德公司的调查显示,85%的惩罚性赔偿裁定出现在两种类型的案件中:故意伤害和金融损害。[4] 因重大过失造成的人身伤害,产品责任或者医疗事故在适用惩罚性赔偿的案件中只扮演很小的角色。[5]

在美国,从典型方面讲,惩罚性赔偿金服务于两个目的:一是惩罚被告实施不法的、蓄意的、粗暴无礼的行为。二是遏制被告以及其他人将来实施法律禁止的行为。[6] 少数州仅仅在损害赔偿金很难确定的时候,允许通过惩罚性赔偿金这一救济措施去填补原告的损失,而不是处罚被告。[7]

---

[1] See Pennzoil Co. v. Texaco, Inc, 481 U. S. 1 (1987). The largest reported punitive damages award was in Engle v. R. J. Reynold Tobacco, 122 F. Supp. 2d 1355 (S. D. Fla. 2000), where the jury awarded $ 145 billion in punitive damages. That award, however, was later overturned on appeal. See Liggett Group, Inc. v. Engle, 853 So. 2d 434 (Fla. Dist. Ct. App, 2003).

[2] See A. J. Sebok, *Punitive Damages: From Myth to Theory*, Iowa L. Rev. 92 (2007) 966 n. 24.

[3] See Moller et al., J. Leg. Stud. 28 (1999) 301; E. Moller et al., RAND Corp. Inst. for Civil Justice, Punitive Damages in Financial Injury Jury Verdicts (1997) 20. 兰德公司的调查结果和其他关于惩罚性赔偿在商业侵权中的被判处的频率及其本质的调查结论相一致。See, e. g., D. Jones Merritt, K. A. Barry, *Is the Tort System in Crisis? New Empirical Evidence*, Ohio St. L. J. 60 (1999) 315, 388.

[4] See Moller et al., J. Leg. Stud. 28 (1999) 301; Eisenberg et al., J. Leg. Stud. 26 (1997) 633.

[5] See Anthony J. Sebok, *Punitive Damages in the United States*, in Helmut Koziol & Vanessa Wilcox (eds.), *Punitive Damages: Common Law and Civil Law Perspectives*, (2009) p. 158.

[6] See Cooper Indus, Inc. v. Leatherman Tool Group, Inc, 532 U. S. 424, 432 (2001); Cass R. Sunstein et al., *Assessing Punitive Damages (with Notes on Cognition and Valuation in Law)*, 197 Yale L. J. 2071, 2081 (1998). But see Sebok, supra note 22, p. 163 - 165.

[7] See Peisner v. Detroit Free Press, 242 N. W. 2d. 775 (Mich. App. 1976), aff'd as modified, 364 N. W. 2d 600 (Mich. 1984); Wright Titus, Inc. v. Swafford, 133 S. W. 2d 287 (Tex. Civ. App. 1939).

值得一提的是,在加害人已经因导致损害的同一行为受到刑事追究或者被告的不法行为将使他受到刑罚处罚的场合,大多数美国的州还是允许在侵权诉讼中判处惩罚性赔偿金。[1] 这一规则具有两个正当理由:一是禁止双重惩罚仅适用于双重刑事惩罚,因此,刑事诉讼不排除在随后的民事诉讼中适用惩罚性赔偿金制度;[2] 二是民事惩罚和刑事惩罚服务于不同的目的,刑事制裁的目的是弥补不法行为对公众(公共利益)的损害,而民事诉讼中的惩罚性赔偿金弥补的是不法行为对私人的侵害。[3]

3. 澳大利亚的惩罚性赔偿制度的适用范围:故意侵权和过失侵权均可

在澳大利亚,在各种侵权案件中都可以请求惩罚性赔偿金。但是,惩罚性赔偿金被认为是一种特别的救济方式,仅仅针对那些极不道德的行为适用才是适当的。[4]

和英国一样,在澳大利亚,适用惩罚性赔偿金制度的目的是惩罚和遏制违法行为。[5] 但是和英国不同,澳大利亚拒绝像英国上院在鲁克斯诉巴纳德案(Rookes v. Barnard)中确定的那样,将惩罚性赔偿金限制在某些类型的案件。在乌伦诉约翰·费尔法克斯有限公司案(Uren v. John Fairfax & Sons Pty. Ltd.)中,澳大利亚高等法院法官温德耶(Windeyer)解释道:"丹宁勋爵在鲁克斯诉巴纳德案中提出的主张和澳大利亚理解的普通法不一致。对于我们现在为什么要对陪审团在合适的案件中判予惩罚性赔偿金的权力作此种限制,我看不到任何很好的理由。"[6] 相反,在任何侵权案件,只要被告实

---

〔1〕 See John J. Kircher & Christine M. Wiseman, *Punitive Damages: Law & Practice* 3.2, 2d ed. 2000.

〔2〕 See E. F. Hutton & Co, Inc. v. Anderson, 596 P. 2d 413 (Colo. Ct. App. 1979); Olson v. Walker, 781 P. 2d 1015 (Ariz. Ct. App. 1989).

〔3〕 See Wittman v. Gilson, 520 N. E. 2d 514 (N. Y. 1988); Moody v. Payne, 355 So. 2d 1116 (Ala. 1978).

〔4〕 See John Y. Gotanda: *Punitive Damages A Comparative Analysis*, Columbia Journal of Transnational Law, 2004, 42 Colum. J. Transnat'l L. p. 408.

〔5〕 See Francis Trindale & Peter Cane, *The Law of Torts in Australia* 243 (1985).

〔6〕 Uren v. John Fairfax & Sons Pty. Ltd. (1966) 117 C. L. R. 118, 160 (Windeyer, J.). The Privy Council agreed with the High Court's decision; See Austl. Consol. Press Ltd. v. Uren (1967) 117 C. L. R. 221. Commentators believe that the rejection of Rookes was noteworthy because, at that time, courts in Australia typically followed the rulings of the House of Lords. See Michael Tilbury & Harold Luntz, *Punitive Damages in Australian Law*, 17 Loy. L. A. Int'l Comp. L. J. 769, 774 (1995).

施了一种“有意识的、傲慢无礼的、漠视他人权利的不法行为”,就可以请求和判予惩罚性赔偿金。〔1〕 因此,在澳大利亚,侵害动产案件、侵害土地案件、侵害人身案件、欺诈、诽谤等,都可以判处惩罚性赔偿金。〔2〕 如果被告有意识地实施侵权行为或傲慢无礼地漠视原告权利,过失侵权案件也可以判处惩罚性赔偿金,〔3〕但是在违约案件中不可以判处惩罚性赔偿金。〔4〕

4. 新西兰的惩罚性赔偿制度的适用范围:故意侵权、过失侵权均可

同其他普通法国家相比,在新西兰,惩罚性赔偿金的适用范围更为广泛。和澳大利亚一样,新西兰法院明确拒绝将惩罚性赔偿金的适用范围限制在英国上院在鲁克斯诉巴纳德案(Rookes v. Barnard)中确定的种类。〔5〕新西兰的法律政策是:“无论什么时候,只要有必要告诉违法行为人,实施侵权行为是不行的,就可以判处惩罚性赔偿金。”因此,在许多案件中,都可以判处惩罚性赔偿金,包括诽谤、人身伤害以及某些过失侵权诉讼。〔6〕 为了确定惩罚性赔偿金是否具有正当理由,法院要审查被告是否实施了一个真正应受谴责的行为。一般而言,只有在存在“傲慢无礼、漠视原告权利”或某些恶意侵害原告权利的场合,才可以判处惩罚性赔偿金。〔7〕 这些要求甚至被

---

〔1〕 See Whitfeld v. DeLauret & Co. Ltd. (1920) 29 C. L. R. 71, 77 (Knox, C. J.); Tan v. Benkovic (2000) N. S. W. C. A. 295, p. 46.

〔2〕 See Sales Pty. Ltd. v. Inglis Electrix Pty. Ltd. (1968) 1221 CLR 584; XL Petroleum (N. S. W.) Pty. Ltd. v. Caltex Oil (Austl.) Pty. Ltd. (1985) 155 CLR 448; Lamb v. Cotogno (1987) 164 CLR 1; Musca v. Astle Corp. Pty. Ltd. (1988) 80 A. L. R. 251; Uren, 117 C. L. R. at 118; See also Duncan Miller, *Restitutionary and Exemplary Damages for Copyright Infringement*, 14 Austl. B. Rev. 143 (May 24, 1996).

〔3〕 See Gray v. Motor Accident Comm'n (1998) 196 C. L. R. 1; Midalco Pty. Ltd. v. Rabenalt (1989) V. R. 461; See also Lamb v. Cotogno (1987) 164 C. L. R. 1, 13.

〔4〕 See Hospitality Group Pty. Ltd. v. Austl. Rugby Union Ltd. (2001) 110 F. C. R. 157; Whitfield v. De Lauret & Co. Ltd. (1920) 29 C. L. R. 71; See also Darryn Jensen, Punitive Damages for Breach of Fiduciary Obligation, 19 U. Queensl. L. J. 125 (1996–1997).

〔5〕 See Rookes v. Barnard, 1964 A. C. 1129 (H. L.); Taylor v. Beere [1982] 1 N. Z. L. R. 81, 1982 Nzlr Lexis 591; Margaret A. Vennell, The Accident Compensation Act 1972 and Exemplary Damages, 10 N. Z. L. Rev. 165 (1982).

〔6〕 See, e. g, McLaren Transp. Ltd. v. Somerville [1996] 3 N. Z. L. R. 424 (H. C. Dunedin), 1996 Nzlr Lexis 812; G v. G [1997] N. Z. F. L. R 49 (H. C. Auckland), 1996 Nxflr Lexis 42; Television New Zealand Ltd. v. Quinn [1996] 3 N. Z. L. R. 24, 1996 Nzlr Lexis 788. See generally Margaret A. McGregor Vennell, *Remedies in The Law of Torts in New Zealand* 870–73 (Stephen Todd ed, 1991).

〔7〕 See Taylor, 1982 Nzlr Lexis 591, p. 41.

运用到过失侵权中。在过失侵权中,法院认为,只有在存在明目张胆地漠视原告权利的场合,才可以判处惩罚性赔偿金。[1]

5. 加拿大的惩罚性赔偿制度的适用范围:故意侵权和过失侵权均可

就空间范围而言,传统上,是否适用惩罚性赔偿制度取决于管辖该争议的省或地区采用的是大陆法系制度还是普通法系制度。在采用普通法系制度的省和地区,惩罚性赔偿是一项确立已久的救济措施。[2] 相反,在魁北克省,采用的是大陆法系的制度,在民事诉讼中曾经是不允许判予惩罚性赔偿金的。[3] 直到 1991 年,魁北克省修订了其民法典后,才允许在民事诉讼中判予惩罚性赔偿金。[4] 现在,可以说加拿大所有省和地区都允许判予惩罚性赔偿。

就案件范围而言,在加拿大,惩罚性赔偿金的适用范围很广。惩罚性赔偿金的金额在增加,适用范围在扩大。[5] 在加拿大,判决惩罚性赔偿金的目的是惩罚、遏制和表明法院对被告行为的否定态度。[6] 和澳大利亚和新西兰一样,加拿大一直拒绝"追随"丹宁勋爵在鲁克斯诉巴纳德案(Rookes v. Barnard)阐述的限制惩罚性赔偿金在案件方面的适用范围的观点。比如,在沃维斯诉不列颠哥伦比亚省保险公司案(Vorvis v. Insurance Corp. of British Columbia)中,加拿大最高法院拒绝采用类型化的方法,其认为在任何案件中,只要被告的行为是恶劣的、恶意的、应受谴责的、有预谋的,都可以判予

---

〔1〕 See Ellison, 1997 Nzlr Lexis 635; McLaren, 1996 Nzlr Lexis 812.

〔2〕 See John W. Morrison, *The Insurability of Punitive Damages* app. B (1985); S. M. Waddams, *The Law of Damages* 562 – 92 (1983); Donna Lea Hawley, *Punitive and Aggravated Damages in Canada*, 18 Alta. L. Rev. 485, 492 (1980); H. L. Weiss Forwarding Ltd. v. Omnus, [1975] 5 N. R. 511 (S. C. C.); S. v. Mundy, [1969] 9 D. L. R. 3d 446 (Ont. Co. Ct.); Parkes v. Howard Johnson Rest. Ltd, [1970] 74 W. W. R. 255 (B. C. S. C.); Heddinger v. Calgary, [1992] 2 Alta. L. R. 3d 224 (Q. B.); Epstein v. Cressey Dev. Corp, [1992] 65 B. C. L. R. 2d 52 (C. A.); Mount Baker Enter. Ltd. v. Big Rig Collision, Inc, [1990] 64 Man. R. 2d 180 (Q. B.), aff'd, 68 Man. R. 2d 269 (C. A.); Thompson v. Celebration Saloons Ltd., [1992] 104 Sask. R. 138 (Q. B.); G. E. Cox Ltd. v. Adams, [1979] 26 N. B. R. 2d 49 (S. C. App. Div.).

〔3〕 See G. H. L. Fridman, *Punitive Damages in Tort*, 48 Can. B. Rev. 373, 381 n. 47 (1970).

〔4〕 See Civil Code, S. Q, ch. 64, art. 1621 (1991) (Que.); Patenaude v. Roy, [1970] 123 D. L. R. 4th 78; Lanctot v. Giguere, [1991] R. J. Q. 123 (S. C.); Ouellette v. Forgeot, [1992] R. R. A. 940 (Que.); Samuelli v. Jouhannet, [1994] R. J. Q. 152 (S. C.).

〔5〕 See Whiten, 1 S. C. R. at 621; Bruce Feldthusen, *Punitive Damages: Hard Choices and High Stakes*, 1998 N. Z. L. Rev. 741, 742 (1998).

〔6〕 See Hill v. Church of Scientology, [1995] 2 S. C. R. 1130, 1208.

惩罚性赔偿金。[1] 在希尔诉山达基教会案(Hill v. Church of Scientology)中,加拿大最高法院补充了一个观点,即"只有在那些填补性损害赔偿金和加重的损害赔偿金将不足以实现惩罚和遏制目的的情况下,才能判予惩罚性赔偿金"[2]。

在加拿大,惩罚性赔偿制度主要还是在涉及故意侵权的案件中适用,例如诽谤[3]、蓄意攻击[4]、非法拘禁[5]以及其他被告实施的"异常具有可诉性"的行为。[6] 虽然在过失侵权诉讼中也可能判予惩罚性赔偿金,但这种情况非常少见。[7] 加拿大法院认为当导致原告损害的是一个独立可诉的不法行为时,惩罚性赔偿也可以适用于违约案件。[8]

加拿大有些法院直接禁止在死亡案件中适用惩罚性赔偿金,理由是这种赔偿金不能代表死者实际的金钱损失,且将让死者的遗产继承人不当得利。[9] 更有甚者认为,除非立法明确规定可以适用惩罚性赔偿金,否则,在

---

〔1〕 See, e. g, Vorvis v. Ins. Corp. of B. C, [1989] 1 S. C. R. 1085, 1104 - 1105.

〔2〕 Hill, 2 S. C. R. at 1208.

〔3〕 See, e. g, Ross v. Lamport, [1956] S. C. R. 366; Goodman v. Kidd, [1986] N. W. T. R. 94 (S. C.); Kolewaski v. Island Properties, Ltd, [1983] 56 N. S. R. 2d 475 (T. D.).

〔4〕 See, e. g, Moore v. Slater, [1979] 101 D. L. R. 3d 176 (B. C. S. C.); Karpow v. Shave, [1975] 2 W. W. R. 159 (Alta. S. C. T. D.); Kingsmith v. Denton, [1977] 3 A. R. 315 (S. C. T. D.).

〔5〕 See, e. g, Lang v. Burch, [1982] 140 D. L. R. 3d 325 (Sask.); Hayward v. F. W. Woolworth Co. Ltd, [1979] 98 D. L. R. 3d 345 (Nfld. S. C. T. D.). Punitive damages also have been awarded in cases involving nuisance and conspiracy. See, e. g, Culp v. Township of East York, [1956] O. R. 983 (H. C. J.), aff'd, 6 D. L. R. 2d 417 (C. A.); McKinnon v. F. W. Woolworth Co. Ltd, [1968] 70 D. L. R. 2d 280 (Alta. S. C. App. Div.).

〔6〕 Vorvis, 1 S. C. R. p. 1104 - 1105.

〔7〕 See Robitaille v. Vancouver Hockey Club, [1979] 19 B. C. L. R 158, 1979 Carswell B. C. 477, P 85 (该案认为过失侵权案件中可以判处惩罚性赔偿金); Coughlin v. Kuntz, [1989] 42 B. C. L. R. 2d 108, 2 W. W. R. 737 (允许过失侵权案件判处惩罚性赔偿金).

〔8〕 See Vorvis, 1 S. C. R. at 1107; Whiten v. Pilot Ins. Co, [2002] 1 S. C. R. 595, 637 - 39; Nantel v. Parisien, [1981] 18 C. C. L. T. 79 (Ont. H. C. J.); Cornell v. Pfizer C & G Inc, [1981] 23 C. P. C. 286 (Ont. H. C.); Brown v. Waterloo Regional Bd. of Comm'rs of Police, [1982] 136 D. L. R. 3d 49, 37 O. R. 2d 277 (H. C. J.); David I. Bristow, The Art of Proving Damages for Breach of Tender, 10 Constr. L. Rep. (3d) 158, at 5 (2000).

〔9〕 See, e. g, Survival of Actions Act, Alta, 5; Survival of Actions Act, Nfld, 4(6); Survival of Actions Act, N. B, 5; Survival of Actions Act, N. S, 3(a); Survival of Actions Act, P. E. I, 5(a); Survival of Actions Act, S. Y. T, 6(1); Trustee Act, Man. R, 55(1).

因法定权利被侵害而提出损害赔偿请求时，不能判处惩罚性赔偿金。[1]

在加拿大，即使加害人已经在刑事诉讼中受到刑罚处罚，也可以判处惩罚性赔偿金。事实上，加拿大法院在评估惩罚性赔偿金的时候，将先前的刑罚处罚作为一个考量因素对待。[2] 例如，在布克斯鲍姆诉布克斯鲍姆案（Buxbaum v. Buxbaum）中，安大略省上诉法院判决认为，即使加害人已经被判处不能假释为25年有期徒刑的终身监禁（无期徒刑），对该同一行为，也还可以判处惩罚性赔偿金，但法院可以根据加害人先前所受的刑罚处罚，减少惩罚性损害赔偿金数额。[3]

6. 各国惩罚性赔偿的适用范围之共性

英美法系国家原则上允许在民事诉讼中判决惩罚性赔偿金。今天，惩罚性赔偿金适用于广泛的侵权诉讼，在加拿大，惩罚性赔偿还适用于违约案件。侵权诉讼中判处惩罚性赔偿金的条件是被告实施了异常应受谴责的行为。对于这些异常应受谴责的行为，英美法系国家侵权责任法多用"不法行为必须具有故意、恶意、压迫或粗暴、鲁莽而轻率地不尊重他人权利、有意对被告漠不关心"等词汇具体描述。对应大陆法系国家侵权责任法描述加害人主观状态的抽象词汇，分析如下。

大陆法系国家侵权责任法（包括我国侵权责任法）描述加害人主观状态的词汇为过错。根据过错的主观恶性程度又可分为恶意、一般故意、重大过失、一般过失等。大陆法系国家民法典多有关于恶意的规定，但是这些法典通常都不对恶意进行概念上的界定，我国民法学术界上对恶意和一般故意

---

〔1〕 See Canadian Encyclopedic Digest 38 (3d ed. 1995); See also Worobel Estate v. Worobel [1988] 67 O. R. 2d 151 (H. C.).

〔2〕 See, e. g, Buxbaum v. Buxbaum, [1997] O. J. no. 5166, [1997] Carswell Ont. 4922 (Ont. C. A.); G (E. D.) v. D (S.), [1993] 77 B. C. L. R. 2d 106 (B. C. C. A.); Pollard v. Gibson [1986] 1 Y. R. 167 (Y. T. S. C.); Joanisse v. Y. (D.), [1995] 15 B. C. L. R. 3d 224 (B. C. S. C.); Canada v. Lukasik, [1985] 18 D. L. R. 4th 245 (Alta. Q. B.); Wittig v. Wittig, [1986] 53 Sask. R. 138 (Sask. Q. B.); See also Ont. Law Comm'n, Report on Exemplary Damages 13 (1991).

〔3〕 See John Y. Gotanda: *Punitive Damages A Comparative Analysis*, Columbia Journal of Transnational Law, 2004, 42 Colum. J. Transnat-l L. p. 434.

虽有讨论,但都不够深入且不统一。[1] 笔者认为,可以参考我国《刑法》第14条关于故意的概念,即明知自己的行为会发生不法侵害他人权益的结果,并且希望或放任这种结果的发生者,为故意。其中希望侵害结果发生者为直接故意,放任侵害结果发生者为间接故意。据此,无论普通法系国家侵权责任法上的恶意还是大陆法系侵权法上的恶意,基本上都可以被直接故意涵盖。普通法系国家侵权责任法上的压迫行为,主要是指被告利用其与原告之间存在的不对等权利伤害弱势者,达成自我目的。被告在利用其优势伤害弱者时,其肯定认识到了其行为的性质,因此这种行为完全属于故意侵权行为。将粗暴对待他人的行为以及鲁莽而轻率地不尊重他人权利、有意对他人漠不关心的行为,定性为一种间接故意侵权行为,应无疑问。

综上所述,笔者认为,普通法国家适用惩罚性赔偿金的各种情形,应替换成大陆法系国家侵权责任法的抽象概念,即故意侵权。

在加害人故意实施侵权行为的场合,加害人无合法原因而意图伤害他人,或仗势欺人使他人受其凌辱,其行为应予惩罚并加以遏制,应无异议。因此,对故意侵权判处惩罚性赔偿金,合情合理。至于单纯的过失侵权场合,虽有个别英美法系国家的侵权责任法也将其纳入惩罚性赔偿的适用范围,但是笔者认为,被告对于不法行为及其结果并未认知,不具有道德上的可非难性,且过失行为系属社会常见之行为,无惩罚遏制之必要,因此不宜适用惩罚性赔偿。当然,故意和过失特别是重大过失之间,也存在一个量变到质变的过程。被告对于损害发生之危险越有可能认知,其可非难程度离故意就越近,则越有可能承担惩罚性赔偿责任。就法律政策而言,惩罚性赔偿金制度系非常手段,应限于逾越道德认可范围、社会无法忍受之故意侵权

---

〔1〕 如我国张新宝教授认为,恶意作为最严重的故意,它不仅需要符合故意的一般要件,而且需要符合一些特别要件:一是必须是直接故意(追求损害结果的发生);二是行为人对禁止性法律规定和他人受保护的权益公然漠视(在实施行为时明确知道行为的不法性或不当性);三是显然以追求他人之损害为目标或主要目标。参见张新宝:《侵权责任构成要件研究》,法律出版社2007年版,第443页。至于一般意义上的故意,按照德国侵权法理论,(一般)故意分为直接故意和间接故意:追求损害结果的发生或者明知自己的行为不可避免会导致损害结果的发生而实施该行为,谓之直接故意。明知自己的行为可能导致损害的发生,而执意实施该行为,谓之间接故意。参见张新宝:《侵权责任构成要件研究》,法律出版社2007年版,第445页。日本学者我妻荣教授认为:所谓故意是指虽然认识到自己的行为侵害他人的权利,将会发生其他被评价为违法的事实,仍然冒险地实施该行为的心理状态。参见张新宝主编:《侵权法评论》(第1辑),人民法院出版社2003年版,第200页。

行为。重大过失在没有转化为间接故意之前,仍然不宜适用惩罚性赔偿金制度。

(二)惩罚性赔偿金数额之确定:以加害行为为重点,考量诸多因素

1. 英国的惩罚性赔偿金数额之确定:陪审团斟酌确定加上法官一般指引

在英国,一切与加重或减轻被告行为性质的因素都与惩罚性赔偿金的数额相关。因此,在决定惩罚性赔偿金数额的时候,英国法院要考虑各种因素,包括被告的财产状况、原告因惩罚性赔偿金判决所获得的意外之财大小、是否涉及多方原告或被告、原告是否引发了被告的行为、被告是否善意行事等。[1]

当陪审团确定惩罚性赔偿金数额的时候,英国的传统做法是法官仅仅对其提供关于适当水平的赔偿金数额的一般指引。[2] 但是,在 1997 年,为了应对陪审团认定的惩罚性赔偿金过高的问题,上诉法院在汤普森诉大都会警察局长案(Thompson v. Commissioner of Police of the Metropolis)中,认为一审法官在帮助陪审团确定一个恰当数额的惩罚性赔偿金方面,应当发挥更大的作用。当涉及惩罚性赔偿金的时候,上诉法院认为,一审法官应该对陪审团作出如下解释:(1)原告的伤害已经获得了填补性赔偿金。从被告的角度看,任何填补性的损害赔偿金或加重的损害赔偿金都是一种惩罚措施。(2)仅仅在陪审团看来,基础的填补性损害赔偿金和加重的损害赔偿金不足以惩罚被告不公正的、专横的或违宪的行为的时候,才可以判处惩罚性赔偿金。(3)惩罚性赔偿金判决为原告提供了一笔意外之财,这种赔偿金判决可能意味着国库减少了一笔收入。(4)惩罚性赔偿金数额不应该超过表明陪审团对被告行为反对态度所需要的名义数额。[3]

在英国,上诉法院也可以提出赔偿金的上下限额,以指导陪审团确定适

---

〔1〕 See Cassell, 1972 A. C. at 1063; Thompson v. Comm'r of Police of the Metropolis, 1998 Q. B. 498, 517 (C. A.); Riches v. News Group Newspapers Ltd, 1986 Q. B. 256, 276 (C. A.); Holden, 1987 Q. B. p. 388.

〔2〕 See Cassell, 1972 A. C. p. 1065 – 66; John v. MGN Ltd, 1997 Q. B. 586, 608 (C. A.).

〔3〕 See Thompson, 1998 Q. B. p. 507.

当数额的填补性赔偿金和惩罚性赔偿金。[1] 关于惩罚性赔偿金，英国上诉法院认为，在这些类型的案件中，惩罚性赔偿金判决不可能少于5000英镑。事实上，英国上诉法院指出，如果惩罚性赔偿金数额少于5000英镑，该惩罚性赔偿金判决可能是不正当的。上诉法院还补充认为，被告的行为必须是十分恶劣，才可判处25,000英镑的惩罚性赔偿金，并且50,000英镑应该被认为是最高限制。而且，上诉法院指出，除非实际损害很少；否则，如果惩罚性赔偿金数额高于实际损害的3倍，将被认为是不正常的。[2]

2. 美国的惩罚性赔偿金数额之确定：陪审团斟酌诸多因素自由裁量

关于惩罚性赔偿金数额的确定，美国实践中的做法一直是授予陪审团广泛的自由裁量权。[3] 有8个州给予陪审团完全的自由裁量权，如罗得岛州、南卡罗来纳州和佛蒙特州。例如，南卡罗来纳州最高法院在吉尔伯特诉杜克电力公司案（Gilbert v. Duke Power Co）中认为，在判处惩罚性赔偿时并没有定式可以使用，惩罚性赔偿的金额应该由陪审团自由裁量。[4] 也有些州虽然给予陪审团自由裁量权，但还是做了一些限制。又如，缅因州给予陪审团一定的自由裁量权，但是规定了自由裁量的最低限度。[5] 同样地，肯塔基州、路易斯安那州、明尼苏达州、密西西比州、南达科他州和田纳西州6个州的法院，也给予陪审团在判处惩罚性赔偿时的自由裁量权，但是其给陪审团提供了一份应考虑因素的清单。肯塔基州、明尼苏达州、密西西比州3个州在它们的州法典里还规定了一些对判处惩罚性赔偿的指导性条款，还有另外两个州通过普通法也做了类似的规定。例如，南达科他州虽然最大限度地允许陪审团自由裁量，但是法官必须考虑下述5个因素，以应对可能因判处的惩罚性赔偿金数额过高而发动的重审。这5个法官必须考虑的因素是：（1）被告的财产状况；（2）补偿性赔偿与惩罚性赔偿的比例；（3）错误的

---

〔1〕 在卢克斯（Rookes）案中，丹宁勋爵指出：由于判予惩罚性赔偿金的程序没有刑事诉讼法保障，因此有必要对惩罚性赔偿金判决的数额做一个武断的限制。See Rookes, 1964 A. C. p. 1228.

〔2〕 See Thompson, 1998 Q. B. p. 517 – 518.

〔3〕 See Missouri Pac. Ry. Co. v. Humes, 115 U. S. 512, 521 (1885); Cass R. Sunstein et al., Punitive Damages: How Juries Decide 3 (2002).

〔4〕 See 255 S. C. 495, 500, 179 S. E. 2d 720, 723 (1971).

〔5〕 See Hanover Insurance Co. v. Hayward, 464 A. 2d 156, 159 (Me. 1983).

性质和大小;(4)被告主观恶性的大小;(5)其他的相关因素。[1] 路易斯安那州、明尼苏达州、密西西比州、田纳西州在上述5个因素之外,还增加了被告行为的持续时间、被告因错误行为而获得的财务收益以及被告是否有采取补救措施3个因素。[2]

3. 澳大利亚的惩罚性赔偿金数额之确定:以侵权行为为中心综合考量

在澳大利亚,法院在确定赔偿金数额的时候,任何相关因素都会予以考虑,但是,主要的焦点是不法行为人方面,[3]其中最为重要的因素是被告行为的性质和加害行为导致的伤害程度。两者必须达到表明被告的行为是令人十分憎恶的程度。一般来说,被告的行为越无视法律恣意而为,惩罚性赔偿金的数额就越高。[4] 此外,对被告以及其他可能实施类似行为的人的遏制效果也是考量的因素,还要考虑被告是否从侵权行为中获取利益、原告是否挑衅被告等因素。[5] 而且,被告支付惩罚性赔偿金的财力也会考虑进来。如果判处惩罚性赔偿金将导致被告生活过于艰难,那么法院可能减少或取消惩罚性赔偿金。[6] 在确定惩罚性赔偿金数额的时候,惩罚性赔偿金将会导致原告得到意外之财的大小也是一个考量因素。[7] 但是,在澳大利亚,惩罚性赔偿金不需要和填补性损害赔偿金成一定比例。[8]

尽管近些年,在澳大利亚,请求判处巨额惩罚性赔偿金的案件数量可能已经增多了,但是,在人身伤害案件中,惩罚性赔偿金一般是很低的,通常低于10,000澳元。虽然已经存在数额超过100,000澳元的案例,但迄今还没

---

〔1〕 See 573 N. W. 2d 493, 504 – 07 (S. D. 1997) [citing Flockhart v Wyant, 467 N. W. 2d 473, 479 (S. D. 1991)].

〔2〕 See Hodges v S. C. Toof & Co. , 833 S. W. 2d 896, 902 (Tenn. 1992).

〔3〕 See Gray v. Motor Accident Comm'n (1998) 196 C. L. R. 1, 14.

〔4〕 See, e. g, Adams v. Kennedy (2000) 29 N. S. W. L. R. 78; Lee v. Kennedy (2000) N. S. W. C. A 153.

〔5〕 See Fontin v. Katapodis (1962) 108 C. L. R. 177, 178; Lamb v. Cotogno (1987) 164 CLR 1, 13.

〔6〕 See Backwell v. AAA (1997) 1 V. R. 182, 1996 VIC LEXIS 730, at 87; XL Petroleum (N. S. W.) Pty. Ltd. v. Caltex Oil (Austl.) Pty. Ltd. (1985) 155 CLR 448, 472; Jane Swanson & Barbara McDonald, Commentary on the Report of the English Law Commission on Aggravated, Restitutionary and Exemplary Damages, 7 Torts L. J. 184, TLJ LEXIS 22, at 26 – 27 (1999).

〔7〕 See Gray, 196 C. L. R. at 7.

〔8〕 See XL Petroleum, 155 CLR at 471; Sanders v. Snell (1997) 73 F. C. R. 598.

有几百万澳元的惩罚性赔偿金判决的报道。

4. 新西兰的惩罚性赔偿金数额之确定:综合考量诸多因素且数额较低

同其他普通法国家相比,在新西兰,惩罚性赔偿金的数额比其他国家要少得多。在决定惩罚性赔偿金数额的时候,法院考量下列6个因素:(1)被告不法行为的严重性。(2)惩罚性赔偿金数额必须适度。(3)原告取得的意外之财。(4)被告的财产状况。(5)原告所受的伤害及损失。(6)被告此前所受到的惩罚。[1] 其中,核心因素是加害行为的严重性。第一个因素被第二个因素所限制。第二个因素要求惩罚性赔偿金在数量上应该适度。根据新西兰法院的观点,惩罚性赔偿金数额必须和被告的不法行为相适应。[2] 新西兰法院认为,在过失侵权案件中,如果被告被判处惩罚性赔偿金具有正当理由的话,在20,000新西兰元到30,000新西兰元之间判处惩罚性赔偿金是适当的。[3] 第三个因素即原告获利,也是为对惩罚性赔偿金数额进行限制的目的服务的,任何赔偿金的判予都应当是适度的,因为它将导致原告获得意外之财,并且,在被告是公共机构的时候,该意外之财可能是以普通大众的利益为代价的。[4] 第四个因素考察的是被告履行惩罚性赔偿金判决的财产能力。在这一方面,重点是被告资产、负债、要扶养和抚养的人、潜在收入等的净值。[5] 运用这一因素也能将惩罚性赔偿金数额限制在被告能够支付的限度内。第五个因素是原告的伤害所表明的被告行为的应受谴责程度。G诉G案清楚地表明了这一因素的应用。该案中,原告诉称她被被告殴打和虐待,并主张惩罚性赔偿金。被告承认打了原告四五年,但他主张其之所以殴打原告,是因为原告辱骂他。法院认为,被告的行为具有对其判处惩罚性赔偿金的正当理由。在确定惩罚性赔偿金数额的时候,法院考察的

---

〔1〕 See Joanna Manning, *Reflections on Exemplary Damages and Personal Injury Liability in New Zealand*, 2002 N. Z. L. Rev. 143, 178 (2002); Stephen Todd, Exemplary Damages, 18 N. Z. L. Rev. 145, 188 - 190 (1998).

〔2〕 See Ellison, 1997 Nzkr Lexis 635, at 9; McLaren, 1996 Nzlr Lexis 812, at 36 - 37; Williams v. Duvalier Investments Ltd. [1999] D. C. R. 897 (D. C. Auckland), 1999 N. Z. D. C. R. LEXIS 15, at 29; Abel v. Brownlee [2002] D. C. R. 735 (D. C. Auckland), 2002 N. D. C. R. LEXIS 30, p. 8 - 9.

〔3〕 See L v. Robinson [2000] 3 N. Z. L. R. 499, 2000 Nzlr Lexis 285, p. 37.

〔4〕 See Stephen Todd, Exemplary Damages, 18 N. Z. L. Rev. 145, p. 188 (1998).

〔5〕 See G v. G [1997] N. Z. F. L. R. 49 (H. C. Auckland), 1996 Nzflr Lexis 42, p. 46.

焦点在于身体方面的殴打。法院指出，针对家庭成员的暴力行为应该受到强烈谴责。无视法律恣意妄为的行为应该受到惩罚性赔偿金的惩罚，但是惩罚性赔偿金的数额必须在某种程度上考虑原告因被告的行为已经或将要遭受的损害大小。在评估损害赔偿金的时候，法院认为，除了其他的因素，还应考虑暴力行为的严重性，最后确定判处 85,000 新西兰元的赔偿金。[1] 第六个因素是考虑加害人是否已经因其不法行为受到了惩罚。上诉法院认为，如果加害人已经因同一行为受到了刑罚惩罚，那么就不应该对其再判处惩罚性赔偿金了。后来，枢密院也肯定了该观点。不管加害人是否被宣告有罪、被判刑或被宣告无罪，惩罚性赔偿金应该被禁止。而且，如果被告的侵权行为可能导致追究刑事责任，惩罚性赔偿金的诉讼请求必须中止。[2]

总的来说，相对于其他国家而言，新西兰的惩罚性赔偿金数额一直很低，一般在 10,000 新西兰元到 85,000 新西兰元之间，平均为 31,000 新西兰元。[3] 其原因有以下三个：第一个原因是，在新西兰，惩罚性赔偿金的唯一目的就是惩罚被告。[4] 在 A 诉博特里尔案（A v. Bottrill）中，法院曾考虑是否扩张判处惩罚性赔偿金的理论基础，不仅惩罚被告，而且也用来遏制将来的不法行为。法院最终拒绝这样做。法院认为，“（扩张惩罚性赔偿金的理论基础）太迟了，也和新西兰的惩罚性赔偿金制度的发展进化不一致”[5]。因此，由于判处惩罚性赔偿金的唯一目的是惩罚被告，所以其数额应当受到限制。[6] 第二个原因是，在新西兰，作出惩罚性赔偿金判决的是法官而不是陪审团。[7] 在新西兰，在民事诉讼中，除了诽谤、恶意控告、非法拘禁外，陪审团审理的案件很少。在新西兰，诽谤案件判处的惩罚性赔偿金是数额最

---

〔1〕 See H v. R [1996] N. Z. F. L. R. 224 (H. C. Auckland), 1995 Nzflr Lexis 77, p. 41 – 42.

〔2〕 See Daniels. v. Thompson [1998] 3 N. Z. L. R. 22, 1998 Nzlr Lexis 99, p. 73 – 74, 80, 84; John Smillie, *Exemplary Damages and the Criminal Law*, 6 Torts L. J. 113 (1998).

〔3〕 See Joanna Manning, *Reflections on Exemplary Damages and Personal Injury Liability in New Zealand*, 2002 N. Z. L. Rev. 143, p. 180 – 181 (2002).

〔4〕 See A v. Bottrill [2001] 3 N. Z. L. R. 622 (C. A. Wellington), 2001 Nzlr Lexis 161.

〔5〕 A v. Bottrill [2001] 3 N. Z. L. R. 622 (C. A. Wellington), 2001 Nzlr Lexis 161, p. 37.

〔6〕 See Joanna Manning, *Reflections on Exemplary Damages and Personal Injury Liability in New Zealand*, 2002 N. Z. L. Rev. 143, p. 152 (2002); John Smillie, Exemplary Damages for Personal Injury, 1997 N. Z. L. Rev. 140 (1997).

〔7〕 See Stephen Todd, Exemplary Damages, 18 N. Z. L. Rev. 145, p. 194 (1998).

高的。[1] 第三个原因,或许也是最主要的一个原因是,在新西兰,法院始终贯彻执行惩罚性赔偿金数额应该适度这一原则。[2]

5. 加拿大的惩罚性赔偿金数额之确定:陪审团综合考量诸多因素确定

加拿大关于惩罚性赔偿金数额的确定问题,传统上,陪审团被赋予广泛的自由裁量权。[3] 1988年以前,惩罚性赔偿金相对数额较小,最高金额大概就是5万加元。[4] 在20世纪90年代中期,有一个判决超过100万加元,几个判决超过10万加元。[5] 最近几年,在加拿大,惩罚性赔偿金已经明显增加了。在2003年6月,一个加拿大陪审团判决一家保险公司赔偿200万加元的惩罚性赔偿金,因为被告在原告的农场被烧毁后,"恶意地"且"专横地"拒绝支付原告的保险费。这一惩罚性赔偿金据报道是加拿大历史上最高数额。[6]

由于惩罚性赔偿金日益增加,加拿大最高法院在怀特诉皮林特保险公司案(Whiten v. Pilot Insurance Co.)中主张,法院应该根据惩罚性赔偿金的功能确定一些应当考量的因素,指导陪审团确定合适数额的惩罚性赔偿金。当时就确定了下列9个陪审团应该考量的因素:(1)惩罚性赔偿金是例外而不是原则。(2)仅仅在不法行为背离了通常的行为标准,存在专横、恶意、蓄意、为所欲为或应受谴责的侵权行为,才能判处惩罚性赔偿金。(3)在判处惩罚性赔偿金的情况下,惩罚性赔偿金数额的评估应该和加害行为导致的损害、不法行为的主观恶性程度、原告的相对脆弱性、被告因该行为所获得的优势或利益等因素,保持合理的比例。(4)被告因该不法行为遭受的任何

[1] See Joanna Manning, *Reflections on Exemplary Damages and Personal Injury Liability in New Zealand*, 2002 N. Z. L. Rev. 143, p. 182 (2002); Television New Zealand Ltd, 1996 Nzlr Lexis 788.

[2] See Williams v. Duvalier Inv. Ltd. [1999] D. C. R. 897 (D. C. Auckland), 1999 NZDCR LEXIS 15, p. 28.

[3] See Hill, 2 S. C. R. p. 1195 – 96.

[4] See Bruce Feldthusen & Neil Vidmar, *Exemplary Damage Claims in Ontario: An Empirical Profile*, 16 Can. Bus. L. J. 162 (1990).

[5] See Claiborne Indus. v. Nat'l Bank of Can, [1989] 59 D. L. R. 4th 533 (Ont. C. A.); Hill, 2 S. C. R. at 1130; MacDonald Estate v. Martin, [1994] 100 Man. R. 2d 1 (Manitoba C. A.); Mustaji v. Tjin, [1996] 25 B. C. L. R. 3d 220 (B. C. S. C.); Lewis Klar, *Punitive Damages in Canada: Smith v. Megafood*, 17 Loy. L. A. Int'l & Comp. L. J. 809, 822 – 26 (1995).

[6] John Y. Gotanda: *Punitive Damages A Comparative Analysis*, Columbia Journal of Transnational Law, 2004, 42 Colum. J. Transnat'l L., p. 436.

其他罚款或刑罚惩罚。(5)仅仅当不判处惩罚性赔偿金,不法行为将得不到惩罚的场合,或者其他惩罚对于实现惩罚、遏制和谴责目标是或可能是不适当的情况下,才能判处惩罚性赔偿金。(6)惩罚性赔偿金的目的不是填补原告的损害,而是给予被告应得的报应(惩罚),以遏制被告和其他人在将来不实施类似的行为(遏制),以及表明社会对所发生的一切的集体谴责(谴责)。(7)只有在填补性损害赔偿金(在某种程度上也具有惩罚性)不足以实现上述目的的情况下,才判处惩罚性赔偿金。(8)惩罚性赔偿金不应超过合理实现上述目标的必要数额。(9)在通常情况下,国家取得对不法行为所作的罚款或财产处罚的财产,但是原告除了获得填补性损害赔偿金外,还将获得作为一种"意外之财"的惩罚性赔偿金。[1]

6. 各国在惩罚性赔偿金数额确定方面之共性

虽然各个国家运用各种不同的方法来确定惩罚性赔偿金数额,但5国都确定了各种考量因素,供法官或陪审团在确定惩罚性赔偿金数额时采用或参考。这些因素倾向于聚焦于不法行为的严重性、被告获取不法利益的可能性、原告遭受的实际损害、被告的财产状况等。

笔者认为,惩罚性赔偿金制度之主要目的在于处罚被告,达到特定预防和一般预防之目的,以被告侵权行为之非难性作为衡量惩罚性赔偿金数额之标准,符合报复主义关于惩罚应与被告非难程度相当之原则,合情合理。

就惩罚性赔偿金制度之遏制功能而言,若被告可保有不法行为之获利,将违背有效遏制理论,无法达成惩罚性赔偿制度的遏制功能。因此,将被告的获利可能性作为评估惩罚性赔偿金的考量因素,具有合理性,也无太大争议。

至于原告受害之程度与性质是否应当作为评估惩罚性赔偿金数额的考量因素,则甚具争议。反对者完全从惩罚、遏制、报复等功利考量角度提出主张,认为如果将惩罚性赔偿金数额与原告遭受的实际损害相联系,就达不成惩罚性赔偿制度之惩罚遏制目的。支持者认为惩罚性赔偿毕竟也是按照侵权责任法判处的损害赔偿,其不仅具有惩罚遏制的功能,还具有填补受害

[1] See Whiten, 1 S. C. R. p. 646.

人损害之目的。将受害人遭受的实际损害纳入考虑范围,使惩罚性赔偿数额与填补性损害赔偿数额之间具有一定比例额度,一方面有助于惩罚性赔偿金数额的确定,另一方面避免原告获得与其实际损害不成比例的意外之财。笔者认为,侵权责任法的哲学基础必须建立在矫正正义和功利考量互补论之上。根据矫正正义和功利考量互补论,在评估惩罚性赔偿金数额的时候,必须兼顾侵权责任法的矫正正义和功利考量双重合理性,不能将侵权责任法上的惩罚性赔偿金完全等同刑事制裁或者行政制裁,而完全忽视其私法属性。因此,将惩罚性赔偿金数额和实际损害相联系,具有合理性。将惩罚性赔偿金数额评估与受害人实际损害挂钩后,导致惩罚性赔偿金数额偏低,难以完全发挥其惩罚遏制功能的,根据民事责任和行政责任、刑事责任的关系原理,完全可以要求被告在依据侵权责任法承担了惩罚性赔偿责任后,依据其他法律再承担行政法律责任甚至刑事法律责任,以期充分实现法律的惩罚遏制功能。

同理,被告的财产状况也应该作为评估惩罚性赔偿金数额的一个考量因素,但不应过分夸大,更不能单纯根据被告的财产状况评估惩罚性赔偿金数额。

总之,惩罚性赔偿金数额应当在矫正正义和功利考量互补论的指导下,充分考量上述因素后得出结果。

(三)防止惩罚性赔偿金数额过高:各国共同的努力方向

1. 英国对惩罚性赔偿金数额过高的控制

在英国,过高的惩罚性赔偿金判决是被禁止的。根据传统,英国法院对陪审团的裁决表示出极大的尊敬,法院很少认为陪审团裁定的惩罚性赔偿金过高。正如海尔沙姆(Hailsham)勋爵在卡赛尔有限公司诉布鲁姆案(Cassell & Co., Ltd. v. Broome)中解释的那样,除非一个惩罚性赔偿金判决的数额是如此之高,以至于12个明智的人可能不会理性地作出这种判决,或者惩罚性赔偿金和案件情节之间不存在任何合理的平衡,惩罚性赔偿金判决才可能被驳回。[1] 但是,在1990年,英国的法院和法律服务法案授权

---

〔1〕 See Cassell, 1972 A. C. p. 1065.

上诉法院，当上诉法院认为陪审团的判决数额过高时，可以撤销陪审团的判决，并且做出自己的判决予以替代。[1] 这一变化也算是对一些涉及不成比例的高额判决的回应，上诉法院似乎对这些判决审查得更为严格，并且在一些案件中大大降低了惩罚性赔偿金的数额。[2] 比如在约翰诉镜报集团有限公司案（John v. MGN Ltd.）中，著名表演家埃尔顿·约翰爵士（Sir Elton John）起诉全国性的报纸出版商镜报集团（MGN）有限公司，原因是该报纸刊登了一篇文章称，约翰爵士在吃一种稀奇古怪的食物，该食物有可能要了他的命。陪审团判予约翰爵士75,000英镑的填补性损害赔偿金、275,000英镑的惩罚性赔偿金。MGN公司提起了上诉。上诉法院将填补性赔偿金减少至25,000英镑。其理由是，尽管该文章是不真实的，并且具有冒犯性，报纸出版者也未能查证故事内容的真实性，但是该文章对作为一个艺术家的约翰爵士的名誉没有造成损害。上诉法院还认为，根据案件的具体情况，275,000英镑的惩罚性赔偿金"明显过高"了。所以，上诉法院裁定将惩罚性赔偿金减少至50,000英镑，认为该金额将足以"确保双方都得到了公正对待"，且"充分保护了案件涉及的公共利益"。[3]

在汤普森案（Thompson）中，上诉法院合并审理了两个被诉惩罚性赔偿金过高的案件。在第一个案件中，原告起诉警察非法拘禁和恶意控告。陪审团判予其1500英镑的填补性损害赔偿金和50,000英镑的惩罚性赔偿金。在第二个案件中，原告起诉警察错误逮捕、非法拘禁以及人身攻击。陪审团判予其20,000英镑的填补性损害赔偿金和200,000英镑的惩罚性赔偿金。上诉法院将第二个案件的赔偿金数额减少了，理由是上诉法院认为200,000英镑的惩罚性赔偿金数额过高。上诉法院指出，在原告家中逮捕原告的几个警察在无缘无故的情况下实施了暴力侵害行为，因此同意该案具有判决惩罚性赔偿金的正当理由。但是，由于整个事件不到一个小时就结束了，原告也已经接受了加重损害赔偿金，法院将惩罚性赔偿金减少至15,000英镑。

---

〔1〕 See The Courts and Legal Services Act, 1990, 8(2) (Eng.).

〔2〕 See, e. g, John v. MGN Ltd., 1997 Q. B. 586 (C. A.); Thompson, 1998 Q. B. p. 507; Riches v. News Group Newspapers Ltd., 1986 Q. B. 256.

〔3〕 See John v. MGN Ltd., 1997 Q. B. p. 626 (C. A.).

法院认为,该数额"应该足以表明公众对所发生的一切的强烈不满,也清楚地向地方警察及其同行表明法院不能容忍这种行为"[1]。

遵循汤普森案确立的指导原则,英国上诉法院在戈斯韦尔诉大都会警察局长案(Goswell v. Commissioner of Police for Metropolis)中,降低了陪审团裁定的对人身攻击作出的120,000英镑赔偿金、对非法拘禁作出的12,000英镑赔偿金和170,000英镑的惩罚性赔偿金的金额。[2] 该案中,在警察非法扣留原告20分钟的过程中,原告受到人身攻击。上诉法院将人身攻击和非法拘禁的赔偿金分别减少至22,500英镑 和100英镑,加重损害赔偿金减少至10,000英镑。至于惩罚性赔偿金,上诉法院认为,惩罚性赔偿金判决应该根据以下目标作出,即表明法院对被告行为的否定,承认这种判决将使原告获得意外之财,而使警方的资金空虚,对一般公众不利。上诉法院将惩罚性赔偿金从170,000英镑减少至15,000英镑。法院认为,应该受到惩罚性赔偿金处罚的行为是单个警察的单个行为,被告的主管官员对行为人进行了纪律约束,所以这一数额的赔偿金相对于整个案件中警察的行为来说将是适当的。[3]

在最近的大多数判决中,如在沃森诉克利夫兰警察局长案(Watson v. Chief Constable of Cleveland Police)中,陪审团对人身攻击裁定500英镑、对恶意指控裁定3500英镑的赔偿金,并且裁定1500英镑的加重损害赔偿金,以及16,000英镑的惩罚性赔偿金。在上诉审中,上诉法院一开始就指出,虽然填补性损害赔偿金(包括加重损害赔偿金)在汤普森案确定的幅度之内,但是惩罚性赔偿金超过了适当幅度。上诉法院还指出,汤普森案中,法院认为,除了少数非正常案件,惩罚性赔偿金加上其他损害赔偿金的总额(包括填补性损害赔偿金、加重损害赔偿金),不超过实际损害的3倍。尽管上诉法院认为该案事实导致超过汤普森案确定的上下限额具有正当理由,但是上诉法院认为16,000英镑的惩罚性赔偿金实在太高了,超过了汤普森案确

---

〔1〕 John Y. Gotanda, *Punitive Damages A Comparative Analysis*, *Columbia Journal of Transnational Law*, 2004, 42 Colum. J. Transnat'l L. p. 406.

〔2〕 See Goswell v. Comm'r of Police for Metropolis, 1998 EWCA Civ. 653.

〔3〕 See John Y. Gotanda: *Punitive Damages A Comparative Analysis*, Columbia Journal of Transnational Law, 2004, 42 Colum. J. Transnat'l L. , p. 407.

定的上限。上诉法院判决认为 9000 英镑的惩罚性赔偿金是适当的。[1]

2. 美国对惩罚性赔偿数额过高的控制

在美国，州法律和联邦法律都对惩罚性赔偿金进行控制。就州层面而言，一些州对可能判处的惩罚性赔偿金数额给予限制。[2] 例如，新泽西州将惩罚性赔偿金最高额定为填补性损害赔偿金的 5 倍或者 350,000 美元。[3] 俄克拉何马州的惩罚性赔偿金限于下述三类案件：第一类案件是，在陪审团找到了明确且令人信服的证据证明被告存在严重疏忽、漠视他人权利行为，陪审团可以做出数额不超过 100,000 美元或实际损失金额的惩罚性赔偿金裁决。第二类案件是，在陪审团找到了明确且令人信服的证据证明被告故意且有加害意图地对他人实施其行为的场合，陪审团可以做出数额不超过 500,000 美元或实际损失金额两倍或被告因实施导致原告和他人损害的行为所获得的经济利益的惩罚性赔偿金裁决。第三类案件是，在陪审团找到了明确且令人信服的证据证明被告故意且有加害意图地对他人实施其行为的场合，法院认为在合理的翻倍之外，还存在被告故意且有加害意图地实施危及人类生命行为的证据，陪审团可以判处其认为合适的任何数额的惩罚性赔偿金。[4]

就联邦层面而言，200 多年来，美国联邦最高法院拒绝对陪审团判决的惩罚性赔偿金施加任何宪法限制。[5] 但是 20 世纪 90 年代中期以后，美国联邦最高法院发布了一些限制惩罚性赔偿金、提出法院审查惩罚性赔偿金

---

〔1〕 See John Y. Gotanda, *Punitive Damages A Comparative Analysis*, Columbia Journal of Transnational Law, 2004, 42 Colum. J. Transnat'l L. p. 408.

〔2〕 See, e. g, Ind. Code Ann. 34 – 51 – 3 – 4 (1998) (stating punitive damages may not be more than three times compensatory damages or $ 50, 000, whichever is greater); Tex. Civ. Prac & Rem. Code Ann. 41. 008 (2001) (limiting in certain actions punitive damages to $ 200, 000 or two times the economic damages and up to $ 750, 000 in additional non-economic damages, whichever is greater); Va. Code Ann. 8. 01 – 38. 1 (2000) (imposing $ 350, 000 cap on punitive damages); Nev. Rev. Stat. 42. 005 (1) (2002) (limiting punitive damages in certain cases to three times the amount of compensatory damages if the compensatory damages is more than $ 100, 000 or to $ 300, 000 if amount of compensatory damages is less than $ 100, 000).

〔3〕 See N. J. Stat. Ann. 2A: 15 – 5. 14 (2000).

〔4〕 See Okla. Stat. Ann. tit. 23, 9. 1 (West Supp. 2003); John Y. Gotanda, *Punitive Damages A Comparative Analysis*, *Columbia Journal of Transnational Law*, 2004, 42 Colum. J. Transnat'l L. p. 424.

〔5〕 See, e. g, St. Louis, Iron Mountain & S. Ry. Co. v. Williams, 251 U. S. 63 (1919); Beckwith v. Bean, 98 U. S. 266, 305 (1878); Day v. Woodworth, 54 U. S. 363 (1852).

判决的程序的判例。[1] 第一个否决陪审团惩罚性赔偿金裁决的案件是北美宝马股份有限公司诉戈尔案(BMW of North America, Inc. v. Gore)。[2] 美国联邦最高法院撤销了该判决,理由是惩罚性赔偿金数额高得过分了,超过了宪法的限制。美国联邦最高法院在该案中宣布了用于审查惩罚性赔偿金判决数额是否过高的三条指导原则:一是被告加害行为应受谴责的程度;二是填补性损害赔偿金和惩罚性赔偿金之间的比率;三是惩罚性赔偿金判决和可能对类似行为强加的其他惩罚之间的差异。美国联邦最高法院指出,第一个指导原则,即应受谴责程度是判断惩罚性赔偿金判决合理性的最重要的证据。运用这一因素,法院认定北美宝马股份有限公司的行为没有恶劣到可以证明200万美元惩罚性赔偿金具有正当性的程度。美国联邦最高法院解释说,戈尔的损害纯粹是经济损失,这种损失不同于人身损害,也不存在证据表明被告"故意虚假陈述、进一步强化不法行为、隐瞒不恰当动机"。根据第二个指导原则,美国联邦最高法院认为,惩罚性赔偿金必须和原告受到的实际损失之间保持合理的比例关系。虽然美国联邦最高法院拒绝采用简单的数学公式来决定惩罚性赔偿金判决的合宪性,但是美国联邦最高法院指出,对北美宝马股份有限公司判处的200万美元的惩罚性赔偿金是戈尔实际损失的500倍。美国联邦最高法院最后得出结论认为该惩罚性赔偿金"肯定导致了""人们对司法的怀疑甚至反对"。美国联邦最高法院提出了第三个指导原则,即将惩罚性赔偿金和该州对于被告行为具有可比性的行为可能强加的制裁进行对比。美国联邦最高法院解释说,在运用这一因素的时候,审查法院应该"实质遵循"立法机关对争议行为应受的恰当惩罚所做的价值判断。在该案中,美国联邦最高法院认为,在亚拉巴马

---

[1] See Honda Motor Co. v. Oberg, 512 U. S. 415 (1994); BMW of N. Am, Inc. v. Gore, 517 U. S. 559 (1996); Cooper Indus. v. Leatherman Tool Group, Inc, 532 U. S. 424 (2001); State Farm Mut. Auto. Ins. Co. v. Campbell, 123 S. Ct. 1513 (2003).

[2] 该案中,戈尔诉称,按照亚拉巴马州的法律,北美宝马股份有限公司没有告诉他,他从一家授权经销商那里购买的新车在出售前已经受损过,且重新喷过漆,北美宝马股份有限公司这一行为构成了欺诈。陪审团认为,北美宝马股份有限公司的行为构成严重的、不公正的或恶意的欺诈行为,判予戈尔4000美元的填补性损害赔偿金,400万美元的惩罚性赔偿金。北美宝马股份有限公司上诉到亚拉巴马州最高法院。亚拉巴马州最高法院驳回了北美宝马股份有限公司关于该惩罚性赔偿金过高而违反宪法的主张。尽管如此,它将惩罚性赔偿金减少至200万美元。法院认为陪审团不适当地计算了惩罚性赔偿金。See 517 U. S. p. 567.

州,对于欺诈性交易的最高民事惩罚是2000美元,远低于200万美元的惩罚性赔偿金。美国联邦最高法院也指出,“该案中强加的制裁不能证明其正当性,因为在遏制未来的不法行为的时候,考虑一下是否还有不那么极端的救济措施可以用来达到该同样的目标”是必要的。根据上述3个指导原则,美国联邦最高法院得出结论,认为该惩罚性赔偿金判决数额过高,超过了宪法的限制。因此,美国联邦最高法院撤销了亚拉巴马州最高法院的判决,发回重审。[1]

美国联邦最高法院在国营农场互助汽车保险公司诉坎贝尔案(State Farm Mutual Automobile Insurance Co. v. Campbell)[2]中,进一步阐明了其在北美宝马股份有限公司诉戈尔一案中提出的3个指导原则。美国联邦最高法院一开始就指出:(1)过分高额的惩罚性赔偿金违反了宪法的正当程序,构成了一种对财产权的专横剥夺。(2)惩罚性赔偿金的民事判决对被告的关切不够,理由是惩罚性赔偿金和刑法罚金的目的类似,但是,接受惩罚性赔偿金判决的当事人没有受到和刑事诉讼中的当事人同等的保护。(3)由于陪审团在确定惩罚性赔偿金数额的时候,经常被赋予广泛的自由裁量权。这就存在一种潜在可能性,即陪审团利用它们的判决来表达一种对被告的偏见,因为被告通常不是和其具有很强的地区联系的社区居民。

然后,美国联邦最高法院转向北美宝马股份有限公司诉戈尔案确立的审查惩罚性赔偿金的3个指导原则:一是不法行为的应受谴责程度,二是惩罚性赔偿金和实际的或潜在的损害之间的比率,三是惩罚性赔偿金判决和对可比较行为的其他制裁之间的区别。美国联邦最高法院认为,被告行为的应受谴责性可以通过审查以下因素来决定:(1)导致的损害是人身方面的还是经济方面的;(2)被告的行为是否显示出其对他人安全和健康漠不关心;(3)原告经济上是否困难;(4)被告的行为是一个孤立的事件还是重复实

〔1〕 See Gore, 517 U. S. p. 575 – 586.

〔2〕 该案中,坎贝尔诉称,国营农场互助汽车保险公司在解决其提出的保险赔偿请求时的行为构成背信、欺诈和故意导致其精神痛苦。陪审团判予坎贝尔250万美元的填补性损害赔偿金、14,500万美元的惩罚性赔偿金。一审法官将填补性损害赔偿金减少至100万美元,将惩罚性赔偿金减少至2500万美元。双方上诉至犹他州最高法院。犹他州最高法院重新恢复了14,500万美元的惩罚性赔偿金判决。但是,美国最高法院撤销了犹他州最高法院的判决。

施的行为;(5)被告的行为是否存在恶意、奸计或欺诈。仅仅存在上述因素之一可能不足以为惩罚性赔偿判决提供基础。如果上述因素一个都不存在,这种判决的合宪性肯定是值得怀疑的。美国联邦最高法院还补充道,仅仅在填补性损害赔偿金不足以惩罚被告和遏制被告以及他人重复实施该类不法行为的时候,才能判处惩罚性赔偿金。

对于第二个指导原则,美国联邦最高法院认为,法院必须确保惩罚性赔偿金判决对于原告的损害和获得赔偿的填补性损害赔偿金而言,不仅是合理的,而且是适当的。虽然和在先前的案件一样,美国联邦最高法院明确拒绝采用一个惩罚性赔偿金不能超过的具体比率,但是,这一次,美国联邦最高法院认为,“在很大程度上,很少有惩罚性赔偿金和填补性损害赔偿金之间超过个位数比率的判决将会满足正当程序要求”。美国联邦最高法院进一步指出,如果一个特别恶劣的行为仅仅导致数额很少的损害,一个更高的比率可能是符合宪法的;如果填补性损害赔偿金数额很大,一个更低的比率将是符合宪法的。美国联邦最高法院建议,如果填补性损害赔偿金数额巨大,那么宪法可能限制对这些损害进行双倍赔偿。运用这一指导原则,美国联邦最高法院指出,14,500 万美元的惩罚性赔偿金判决是无效的,一方面145∶1 的比率太高,另一方面是因为 100 万美元的填补性损害赔偿金判决对于一年半的精神痛苦而言数额是巨大的,而坎贝尔受到的经济损失数额不大。美国联邦最高法院也以不适当为由驳回了犹他州最高法院关于国营农场互助汽车保险公司的巨额财产支持该高额惩罚性赔偿金判决的观点。因为美国联邦最高法院认为违宪的判决不能仅仅因为被告富有就具有了正当理由。关于第三个指导原则,美国联邦最高法院指出该指导原则不应该被理解为,人们可以用惩罚性赔偿金来代替刑罚惩罚。刑罚惩罚只能在经过刑事诉讼程序才能判处,而在刑事诉讼程序中,被告受到的保护更严格,证明标准也更高。美国联邦最高法院指出,根据犹他州的法律,对国营农场互助汽车保险公司的行为的惩罚具有参照性的是该州针对欺诈的 10,000 美元罚金。美国联邦最高法院认为,该罚金数额相对于 14,500 万美元的惩罚性赔偿金,相差太大了!美国联邦最高法院最终得出结论认为,14,500 万美元的惩罚性赔偿金判决,“相对于被告的不法行为来说,既不合理也不适当,是对被告财产非理想且专横地剥夺"[1]。

美国联邦最高法院还有两个值得一提的关于惩罚性赔偿的判决:本田汽车公司诉奥伯格案(Honda Motor Co. v. Oberg)和库柏工业公司诉莱瑟曼器具集团有限公司案(Cooper Industries v. Leatherman Tool Group, Inc.)。在本田汽车公司诉奥伯格案中,美国联邦最高法院认为,州法院未能为被告提供有意义的途径对惩罚性赔偿金判决的数额进行司法审查,违反了正当程序条款,因为对于剥夺一方自由或财产的专横的、不准确的判决,法院没有提供任何保护。在库柏工业公司诉莱瑟曼器具集团有限公司案中,美国联邦最高法院认为,不管北美宝马股份有限公司诉戈尔案确立的指导原则是否得到了满足,惩罚性赔偿金判决必须由上诉法院重新审查。[2]

总而言之,美国联邦最高法院最近的判决毫不含糊地表明,美国联邦最高法院对惩罚性赔偿金判决的程序和赔偿金数额深深地担忧。美国联邦最高法院认为,程序上的正当程序要求确保判处惩罚性赔偿金的公平性,而且,实质性的正当程序禁止数额过高的惩罚性赔偿金判决。可以预见,在将来的几年,美国法院很可能对惩罚性赔偿金判决进行严格审查,以确保按照美国的标准,惩罚性赔偿金判决相对于所实施的不法行为而言具有合理性和适当性。

3. 澳大利亚对惩罚性赔偿金数额过高的控制

和英国一样,澳大利亚禁止数额过高的惩罚性赔偿金判决。一般而言,如果任何理性的陪审团不可能做出如此高额的裁决或者该裁决的金额和案件的具体情况完全不成比例,那么这个惩罚性赔偿金判决数额就过高了,但是这种数额的评估是以个案为基础的。[3]

澳大利亚法院坚持认为,在限制和减轻惩罚性赔偿金方面,应当给予陪

[1] State Farm Mut. Auto. Ins. Co. v. Campbell, 123 S. Ct. p. 1513 – 1526(2003).

[2] See Honda Motor Co. v. Oberg, 512 U. S. 415 (1994); Cooper Industries v. Leatherman Tool Group, Inc, 532 U. S. 424 (2001).

[3] See Coyne v. Citizen Finance Ltd. (1991) 172 C. L. R. 211, 238; Carson v. John Fairfax & Sons Pty. Ltd. (1993) 178 C. L. R. 44, 61 – 62.

审团适当的指导。[1] 在巴克韦尔诉 AAA 案(Backwell v. AAA)中,一审法官指示陪审团,惩罚性赔偿金必须是“合理和正义的”,陪审团必须“仔细审查对于应受惩罚的行为而言,惩罚性赔偿金是否过高或过低”。维多利亚上诉法院认为,这一指示没有强调惩罚性赔偿金过高的风险。他们认为,一审法院具体指示陪审团在裁定惩罚性赔偿金数额的时候,应该表现出克制和稳健。法院解释道:应该谨记的是,这种具有寄生性的赔偿金形式涉及惩罚的运用,它无须参考原告遭受的实际损失,因此,在通过惩罚性赔偿金施加惩罚的时候,要求陪审团扮演一个他们平时不具有的、和惩罚有关的角色,即一个适当的惩罚者的角色。在一个虚构的或者现实的关于美国惩罚性赔偿金数额过高的报道不断见诸报纸或电视的时代,上述警告或许更加重要。[2]

澳大利亚法院判处惩罚性赔偿金,存在两个重要限制。一是虽然澳大利亚拒绝鲁克斯诉巴纳德案确定的适用惩罚性赔偿金的类型化方法,但是澳大利亚采用了丹宁勋爵的“当且仅当”原则。仅当填补性损害赔偿金不足以处罚被告、遏制被告重复实施侵权行为、表明法院对被告此种行为的不满的情况下,才可以判处惩罚性赔偿金。[3] 二是如果被告已经在刑事诉讼中受到了严厉的惩罚,那么就不能再对被告判处惩罚性赔偿金。[4]

指出下面这一事实也是很重要的,即有些州已经对惩罚性赔偿金施加了很多限制。例如,新南威尔士州禁止对汽车事故和工伤事故判处惩罚性赔偿金。[5] 和其他许多英美法系国家不同,新南威尔士州也禁止对诽谤行

---

〔1〕 See Backwell, 1996 VIC LEXIS 730, at 75; Carson v. John Fairfax & Sons Pty. Ltd. (1993) 178 C. L. R. 44, 59; XL Petroleum, 155 CLR at 463; Denise Weybury, *Case Notes: The Appeal in the Case of the Mixed-up Sperm*, 4 Torts L. J. 214, TLJ LEXIS 8, 11 (1995).

〔2〕 See Backwell, 1996 VIC LEXIS 730, p. 74 – 75.

〔3〕 See Backwell v. AAA (1997) 1 V. R. 182, 1996 VIC LEXIS 730, at 91.

〔4〕 See Gray v. Motor Accident Comm'n (1998) 196 C. L. R. 1, 14. 该案中,加害人故意用汽车撞原告,导致原告严重受伤。加害人后来被判故意伤害罪,有期徒刑 7 年。原告随后提起民事诉讼,除其他诉讼请求之外,请求判处惩罚性赔偿金。澳大利亚高等法院认为,对于在民事诉讼程序中的同类行为而言,7 年有期徒刑算是严厉的惩罚。因此,构成惩罚性赔偿裁判时的不利因素。该法院推理认为,该案中,惩罚性赔偿金惩罚和遏制的目的已经通过刑事诉讼程序达到了。在刑事诉讼结束之后,针对同一行为强加惩罚性赔偿金将构成对被告双重处罚。

〔5〕 See Motor Accidents Compensation Act, 144 (N. S. W.) ("A court cannot award exemplary or punitive damages to a person in respect of a motor accident."); Workers' Compensation Act 1987, 151R (N. S. W.) (A court may not award exemplary or punitive damages to a person in an award of damages.).

为判处惩罚性赔偿金。[1] 此外，维多利亚州禁止对不法侵害致人死亡案件判处惩罚性赔偿金。[2]

总之，在澳大利亚，在很多侵权诉讼中都可以判处惩罚性赔偿金。虽然主张惩罚性赔偿金的诉讼数量近年有所增加，但是判决的惩罚性赔偿金数额一直相对很低，部分原因是澳大利亚法院一直坚持在判决惩罚性赔偿金时，保持谨慎和克制。

4. 加拿大对惩罚性赔偿金数额过高的控制

相对于其他一些国家，在审查惩罚性赔偿金是否合理方面，加拿大法院具有更大的自由裁量权。正如科里法官在希尔案中解释的那样：和填补性损害赔偿金不同，惩罚性损害赔偿金不是不受限制的。因此，在上诉审中，法院的审查范围广泛，自由裁量权更大。上诉审查应该以惩罚性赔偿金是否实现了其合理目的为基础。换句话说，被告的行为是恣意妄为，以至于作为一种遏制手段，判处惩罚性赔偿金是合理的。[3]

在裁定一个惩罚性赔偿金判决是否合理的时候，上诉法院考量 6 个因素。第一个考量因素是惩罚性赔偿金是否和被告的不法行为相称。“行为越应受谴责，潜在的惩罚性赔偿金数额的合理限制越高。”行为的应受谴责性水平由以下 7 个因素决定：(1) 不法行为是不是有计划或蓄意的；(2) 被告的内心意图及其动机；(3) 被告是否持续一段时间实施其应受谴责的行为；(4) 被告是否隐藏或试图隐藏其不法行为；(5) 被告是否意识到（知道）其实施的行为是不法行为；(6) 被告是否从其不法行为中获利；(7) 被告不法行为侵害的利益是否是原告众所周知的，或者是一件不可替代的物品。[4] 第二个考量因素是惩罚性赔偿金是否和原告的财产状况以及其他脆弱性相称，是否和被告对原告这种脆弱性的伤害相称。在这里，焦点在于是否需要惩罚性赔偿金来遏制被告不去侵害脆弱的一方。第三个考量因素是惩罚性赔偿金是否和损害，尤其是直接针对原告的损害相称。第四个考量因素是惩

---

〔1〕 See Defamation Act, 1974, 46 (3) (N. S. W.); Austl. Law Reform Comm'n, *Unfair Publication: Defamation and Privacy*, p. 263 (1979).

〔2〕 See Reindel v. James Hardie & Co. Pty. Ltd. (1994) 1 V. R. 619.

〔3〕 See Hill, 2 S. C. R. p. 1208 – 1209.

〔4〕 See Whiten, 1 S. C. R. p. 650 – 651.

罚性赔偿金是否和遏制的需求相称。在这里,法院可能在下述限度内考虑被告的财产状况:(1)有证据表明被告因为支付惩罚性赔偿金将会出现财务困难;(2)有证据表明被告的经济能力才使他有可能实施该恣意妄为的行为;(3)从案件事实中可以"合理地"得出结论,即因为被告的财产状况,数额更少的惩罚性赔偿金将不足以遏制被告。第五个考量因素是惩罚性赔偿金是否和对被告的不法行为作出的任何民事或刑事惩罚相协调。在被告已经被民事或刑事诉讼实施了惩罚或将要面对这种民事或刑事惩罚的场合,如果报复、遏制或谴责的目标通过其他程序已经实现了或将要实现,法院可能减少或取消惩罚性赔偿金。第六个考量因素是惩罚性赔偿金是否足以保证被告不从其不法行为中获取利益。[1]

还应该注意的是,和美国联邦最高法院不同,加拿大最高法院已经拒绝将惩罚性赔偿金和填补性赔偿金之间的比例作为决定惩罚性赔偿金是否过高的因素。加拿大法院认为:"该种比例甚至不是最相关的因素,因为它将焦点放在了原告的损失上,而不是放在其应该放的地方,即被告的不法行为上。"和在美国一样,在加拿大上诉法院,关于决定惩罚性赔偿金的适当数额问题,似乎不存在一致性。[2] 不存在一致性表明,在加拿大,决定这种惩罚性赔偿金是否不合理是一个非常实际的问题,以某个案件的具体情况为基础。

5. 新西兰对惩罚性赔偿金数额过高的控制

新西兰法院对惩罚性赔偿金数额的认定普遍比较低,笔者没有查到相关新西兰法院在判决中讨论控制新西兰惩罚性赔偿金额过高的问题,故此处略过不谈。

6. 各国在对惩罚性赔偿数额过高的控制方面之共性及评论

通过前文可知,5 国法院一致认为,应当限制数额过高的惩罚性赔偿金判决。美国和英国已经明确要求法院运用比例原则来决定惩罚性赔偿金判

---

〔1〕 See John Y. Gotanda, *Punitive Damages A Comparative Analysis*, Columbia Journal of Transnational Law, 2004, 42 Colum. J. Transnat'l L., p. 437 - 438.

〔2〕 See, e. g, Lauscher v. Berryere, [1999] 87 A. C. W. S. 3d 68; Walker v. Darcy, [1999] 117 O. A. C. 367, 1999 Carswell Ont. 457, p. 5.

决是否合理,如在美国,惩罚性赔偿金超过填补性损害赔偿金 10 倍的判决可能是无效的,而在英国,大多数情况下惩罚性赔偿金不能超过基本赔偿金的 3 倍。相反,澳大利亚和加拿大法院拒绝运用比例原则,其理由在于这种方法将焦点放在原告所受损失而不是被告的不法行为上。但是澳大利亚和新西兰一样,法院判予的惩罚性赔偿金数额远低于美国法院判予的惩罚性赔偿金数额。

虽然 5 国都反对作出数额过高的惩罚性赔偿金判决,但是,由于各国经济发展水平和历史、文化乃至法律体系不同,5 国对于多大数额才构成过高观点不一。即使美国法院特别是美国联邦最高法院努力限制不合理的巨额惩罚性赔偿金,但在不久的将来,在美国和其他国家之间关于惩罚性赔偿金数额之间的鸿沟,也不可能以任何有意义的方式终结。

笔者认为,限制数额过高的惩罚性赔偿金判决具有合理性。一方面,侵权责任法可以基于惩罚遏制等功利考量,一般性地规定惩罚性赔偿制度。并且,基于惩罚和遏制的需要,法院在评估惩罚性赔偿金时,应当根据侵权行为人的侵权行为之性质及其财产状况,确定一个能产生惩罚和遏制效果的惩罚性赔偿金数额。另一方面,对违法行为的惩罚和遏制,不是侵权责任法一个部门法的事情,而是整个法律体系的目标。侵权损害赔偿这种法律责任形式,仅仅是刑事责任、行政责任和民事责任 3 种法律责任形式之一。因此,在为侵权责任法配置惩罚遏制功能的同时,也必须牢记它是民法(私法)的一部分,由矫正正义决定的填补性损害赔偿仍然是侵权损害赔偿的主要形式,通过民事诉讼程序实施的惩罚性赔偿金判决,不能也不应该仅因惩罚遏制的需要而判处数额过高的惩罚性赔偿金,而应该在矫正正义和功利考量互补论的指引下,确定一个合理的数额。即使该数额的惩罚性赔偿金不足以实现法律的惩罚遏制功能,侵权责任法也应该到此为止,将惩罚遏制不法行为的"舞台"让给行政法甚至刑法。实现侵权责任法、行政法和刑法之间的协调与配合。

二、大陆法系国家侵权法对私法惩罚的态度

惩罚性赔偿是英美法系国家侵权责任法上的制度,大陆法系国家侵权

责任法传统上对损害赔偿采取恢复原状之立场,强调损害填补,否定惩罚性赔偿的合理性。在这个全球法律制度相互影响的时代,在受到英美法系国家侵权责任法上的惩罚性赔偿影响和冲击之后,[1]当代大陆法系国家的侵权法理论和实务对英美法系国家的惩罚性赔偿制度之态度有没有什么变化?笔者以法国、德国、西班牙、意大利4个具有代表性的大陆法系国家的侵权法理论和判例为研究对象,探讨其对于惩罚性赔偿制度的态度及其争议点。

笔者认为,大陆法系国家侵权法对私法惩罚的态度,可以从三个方面来研究:一是大陆法系国家的现行民事法律是否存在和私法惩罚具有类似效果的制度;二是大陆法系国家法院在裁判案件过程中对私法惩罚的态度如何;三是大陆法系国家民法或者侵权法理论界对惩罚性赔偿制度的态度如何及其争议点何在。

(一)法国现行民事法律中存在类似的或隐藏的私法惩罚机制

从总体上看,《法国民法典》和法国立法机构对于惩罚性赔偿完全没有提及,[2]法国法上不存在法院为了惩罚被告或者遏制其实施导致原告损害的行为,而判决被告赔偿超过原告遭受的实际损害的赔偿金这种惩罚性赔偿制度。而且,法国法院一直以来从未做出过惩罚性赔偿判决,至少没有正式这样做。关于侵权责任,法国最高法院(the Cour de cassation)历来坚持完全赔偿原则(réparation intégrale)。根据这一原则,判决给原告的损害赔偿金必须刚好填补其遭受的损害,不能因此让其变得更富有,也不能因此让其变

---

〔1〕 惩罚性赔偿制度对大陆法系国家产生的影响和冲击,首先表现在申请大陆法系国家承认和执行英美国家作出的惩罚性赔偿判决。其次表现在一些国际仲裁协会比如海事仲裁员协会(Society of Maritime Arbitrators)支持下裁判案件的仲裁员们,在涉及跨国合同的仲裁案件中判予惩罚性赔偿金,因此还引发了国际争议。See, e. g, Octonia Trading, Ltd. v. Stinnes Interoil GmbH, SMA no. 2424 (1987); Triumph Tankers, Ltd. v. Kerr McGee Ref. Corp, SMA no. 2642 (1990).

〔2〕 一个可能的例外是法国知识产权法 art. L. 331 - 1 - 3。在合同法领域,《法国民法典》第1149条规定:“应当赔偿给债权人的损害赔偿金原则上是债权人已经遭受到的损失以及本可以获得却没有获得的利润。本法其他条款有例外规定的除外。”但是,《法国民法典》第1149条仅仅确立了一个一般原则,并不能将其解释为一个明确的或者一个绝对禁止惩罚性赔偿的条款。

得更贫穷。[1] 正如法国律师经常说的那样:损害赔偿金必须完全填补,也只能填补受害人遭受的损害。在法国的公法中也贯彻了同样的原则。[2] 但是,根据法国学者的介绍,尽管法国法上没有正式承认惩罚性赔偿制度的存在,但是,确实存在一些与惩罚性赔偿具有某种相似性的机制,并且,人们普遍认为法院有时候悄悄地判处惩罚性赔偿金。[3]

1. 法国法中和惩罚性赔偿功能类似的机制

一般而言,法国的律师们都赞同如下观点:民事责任的目标不仅仅是损害填补,遏制和惩罚也是民事责任的可能功能。[4] 有些机制或制度从技术上说属于民事责任范畴,或者至少和它具有某种联系,但其主要目标不是填补受害人的损害,而主要以惩罚侵权行为人为目的。此时,民事责任充当了一种私法惩罚的形式(peine privée),而不是一种损害填补机制。在法国法上,这种具有私法惩罚功能的制度有许多,其中大多数和惩罚性赔偿类似,即加害人有义务支付超过其导致的实际损害的赔偿金,就如他被要求支付惩罚性赔偿金一样。这种结果可以通过各种各样的机制来达到。我们可以将其分为3类来梳理:(1)合同机制;(2)知识产权法上的机制;(3)其他适用范围更广、更为一般化的机制。

(1)合同机制

法国人通常认为,惩罚性赔偿的问题是只有在侵权责任中才引发的问题,至少是根据法国法时如此。但是,必须探讨一下在法国合同法领域适用的机制。在法国合同法领域,完全赔偿原则没有像侵权法领域那样严格适用。

①惩罚性违约金条款(clauses pénales)

人们通常认为,法国法上的惩罚性违约金条款和普通法上的惩罚性赔

---

〔1〕 See, e. g. , Cass. 2e civ. , 8 July 2004, Bulletin des arrêts de la Chambre civile de la Cour de Cassation (Bull. civ.) Ⅱ, no. 393: Les dommages-intérêts alloués à une victime doivent réparer le préjudice subi sans qu'il résulte pour elle ni perte ni profit.

〔2〕 See, e. g. , J. Rivero, J. Waline, Droit administratif (21st ed. 2006) no. 471.

〔3〕 Jean-Sébastien Borghetti, *Punitive Damages in France*, in Helmut Koziol, Vanessa Wilcox (eds.), *Punitive Damages: Common Law and Civil Law Perspectives*, Springer Wien NewYork, 2009, p. 55.

〔4〕 See, e. g. , M. Fabre-Magnan, Droit des obligations. 2 – Responsabilité civile et quasi-contrats (2007) no. 13 ff.

偿条款相当。法国法上的惩罚性违约金条款是一种事先确定一方违反合同时应当向对方支付的损害赔偿金数额的合同条款,但这种条款和惩罚性赔偿具有某些相似性,因为根据这种惩罚性违约金条款,债务人可能支付超过其导致的损害的赔偿金。此外,这种条款大多情况下是故意设计出来惩罚未能履行义务的债务人的,正如惩罚性赔偿一样。惩罚性违约金条款和惩罚性赔偿的主要区别是,在合同上的惩罚条款中,债务人支付赔偿金是适用双方当事人事先确立的合同条款的结果,而不是基于法院判决。

根据法国法,惩罚性违约金条款是有效的,但不是根据侵权法,而是仅仅在合同法中有效。《法国民法典》第 1152 条第 1 段规定:"如果合同约定未履行合同义务的一方将向另一方支付一定数额的赔偿金,那么法院判决给该另一方的赔偿金不能高于也不能低于约定的赔偿金数额。"过去,由于有些债权人对其债务人强加过分的惩罚性违约金条款,法国立法机关决定对该合同原则规定一个例外。于是在 1975 年,立法机关为《法国民法典》第 1152 条制定了第 2 款:"尽管如此,在合同约定的惩罚性违约金数额过高或者过低的时候,法官可以根据当事人的请求,甚至主动依职权适当减少或增加双方约定的违约金数额。"大多数情况下,法国法院诉诸该条款是为了减少过高的惩罚。但是在此类案件中,法国法院也不允许判处少于债权人遭受的实际损失的赔偿金。[1]《法国民法典》第 1152 条证明了如下事实,即根据法国法,损害赔偿金不只是填补受害人遭受的实际损害,它还可以有更多的作用。但是,这种惩罚性违约金条款的有效性被严格限制在合同领域,而且这种根据合同中的惩罚性违约金条款支付的赔偿金,不仅不是法院判决的,法院还有权减少此类金额。因此,这类惩罚性违约金条款与惩罚性赔偿并不完全一致。

②逾期罚款(astreinte)

逾期罚款是一种由法国法院对不履行义务的债务人强加的具有期限性和惩罚性的金钱给付。债务人除了向债权人支付最初的债务和法院确定的

---

〔1〕 See, e. g., Cass. 1re civ., 24 July 1978, Bull. civ. I, no. 280, Revue trimestrielle de droit civil (RTD civ.) 1979, 150, obs. G. Cornu; Cass. com., 9 June 1980, Bull. civ. Ⅳ, no. 245; Cass. com., 3 February 1982, Bull. civ. Ⅳ, no. 44.

可能的损害赔偿金之外,还必须支付一定数额的金钱(通常以天数计算),直到债务人清偿其债务。[1] 在法国法院确定债务清偿前,债务人必须向债权人支付逾期罚款。债务人一旦支付了逾期罚款,该逾期罚款就和惩罚性赔偿具有极大的相似性,因为债务人支付给债权人的金钱超过了其给债权人造成的实际损失,而债权人获得了超过其实际损失的金钱。而且,至少在理论上说,逾期罚款可以达到很大的金额。

当然,逾期罚款和惩罚性赔偿之间仍然存在某些差别:一是立法机关对逾期罚款和损害赔偿金做了明确的区分。[2] 二是逾期罚款通常适用于债务人违反合同义务或者某一明确的法定义务的场合,在侵权责任场合几乎看不到其适用的余地,除非债务人拒绝支付法国法院确定的或者当事人协商确定的损害赔偿金。

(2)知识产权法上的机制

法国 2007 年修订的《法国知识产权法典》第 2007 - 1544 条引入了一些新的条款。该条款是贯彻执行欧盟法,在《法国知识产权法典》中原封不动地移植欧盟 2004 年第 48 号指令的结果。尽管该指令没有明确规定判处惩罚性赔偿金的可能性,但是某些条款和确立惩罚性赔偿金非常接近。

①没收非法利润

在刑法上,没收财产或者非法利润是一种相当普遍的制裁措施。在此类案件中,没收财产或者非法利润和惩罚性赔偿毫不相干。但是,在非法复制一个受知识产权法保护的作品的案件中,《法国知识产权法典》第 331 - 1 - 4 条规定,民事法院可以没收全部或者部分通过造假获得的收益,并将这些收益交归受害人所有。鉴于这些收益可以归受害人所有,这就意味着受害人可以获得超过被告的不法行为导致的实际损失的赔偿金。因此,《法国知识产权法典》第 331 - 1 - 4 条引入了一种具有惩罚性赔偿之强烈气息的制裁措施。应当承认,该制度看起来和英国法上的归入权制度或者以获益为计

---

〔1〕 See Jean-Sébastien Borghetti, *Punitive Damages in France*, in Helmut Koziol, Vanessa Wilcox (eds.), *Punitive Damages: Common Law and Civil Law Perspectives*, Springer Wien NewYork, 2009, p. 57.

〔2〕 See Cf. art. 34 Law no. 91 - 650 of 9 July 1991: "L'astreinte est indépendante des dommages-intérêts."

算基础的损害赔偿制度非常类似,但是,法国法上不存在英国法上这样一个损害赔偿类型。而且,尽管人们能够在某些地方找到区分惩罚性赔偿制度和归入权制度或者以获益为计算基础的损害赔偿制度的观点,但并没有人对其作出明确的区分。当然,这些制度如果能够被称为“惩罚性赔偿金”,其数额也不能超过侵权行为人所获得的不法收益。[1] 此外,《法国知识产权法典》第331-1-4条引入时间不长,其实际效果仍需观察。

②《法国知识产权法典》第331-1-3条

在《法国知识产权法典》的所有条款中,第331-1-3条原封不动地移植了欧盟2004年第48号指令第13条,该条是关于在知识产权侵权案件中如何确定损害赔偿金的条款。该条规定:“在确定损害赔偿金的时候,法院应当将所有因素比如消极的经济后果,包括受害方所遭受的利润损失、侵权行为人通过侵权行为获得的利润、他人因侵权行为导致的对权利人的道德偏见等都考虑在内。”但是,作为替代措施,根据受害人的请求,法院可以在不低于通过正常授权使用该知识产权应当支付的使用费金额的基础上,确定一笔一次性支付的损害赔偿金数额。《法国知识产权法典》第331-1-3条第2款并没有真正偏离确定损害赔偿金数额的正常路径,因为人们可以将其解释为一种权利人遭受的利润损失的大概数额。[2] 在引入《法国知识产权法典》第331-1-3条之前,在知识产权侵权案件中,法国法院有时也通过计算正常授权应当支付的许可费的方式确定损害赔偿金数额。[3] 在法国法的背景下,第331-1-3条第1款更加令人感到惊讶,因为该款规定损害赔偿金数额的确定不仅应当考虑受害人的损失,而且还应当考虑侵权行为人因侵权行为所获得的利益。当然,并不是说侵权行为人所获得的利益

---

[1] 在这一点上,其和不当得利具有某种相似性。但是,在法国法上,一个以不当得利为根据的损害赔偿案件中,利益受损的一方不能获得超过其实际损害或者获益方所获利益二者之间较低的金额。因此,不当得利不能成为原告获得他根据损害填补的完全赔偿原则所能够获得的赔偿的一种替代制度。

[2] 这一条款也可以被看作一个以不当得利为请求权基础的例子:被告节省了他如果通过缔结授权许可合同使用该知识产权时必须支付的许可费。See P. - Y. Gautier, Fonction normative de la responsabilité: le contrefacteur peut être condamné à verser au créancier une indemnité contractuelle par équivalent, Recueil Dalloz (D.) 2008, 727.

[3] See, e. g., Cass. 1re civ., 30 March 2004, Bull. civ. I, no. 105. Also: Girardet, Cah. dr. entr. 4 (2007) 30.

完全等于其应支付的损害赔偿金数额，它们仅仅是应当考虑的几个因素中的一个而已。但是，显而易见，原告可以利用这一条款，获得超过其遭受的实际损失的损害赔偿金。在这种情况下，这些损害赔偿金可以看作一种被法律承认的惩罚性赔偿金。因此，《法国知识产权法典》第 331 - 1 - 3 条似乎是法国法上第一次正式认可惩罚性赔偿。尽管该条款迄今为止还没有吸引人们太多的注意，但是，从标志性的观点看，该条款确实具有重要意义。因为该条款适用的情形极为特殊，绝不是要为责任法中确立一个一般原则，所以该条款在实务中的重要意义仍然有限。但是，需要再一次强调的是，该条款可能预示着将来法律变革的方向。[1]

(3)其他适用范围更广、更为一般化的机制

在法国法上，除上述几种制度外，还存在两种和惩罚性赔偿制度极为相似的制度。这两种制度在理论上适用范围非常广泛，但迄今为止，法国立法者极少应用这两种制度。

①多倍赔偿金

多倍赔偿金是法国法上的一个特例。规定多倍损害赔偿的条款主要有《法国保险法》第 211 - 13 条。该条规定，保险公司迟延向交通事故受害人支付其根据交通事故强制保险计划应支付的保险赔偿金的，从其支付期限届满之日起，应当按照双倍的利率支付保险赔偿金。这可以看作一个多倍赔偿的例子。尽管在许多法律体系中，多倍赔偿金确实是惩罚性赔偿金的一个变种，但是，《法国保险法》前述规定和普通法上的惩罚性赔偿并不完全相同，因为此处仅仅是利息的支付增加了 1 倍，因此，债务人额外要支付的金钱数额是不多的。

②民事罚款(amende civile)

在许多情况下，法国法规定法院可以判处被告支付所谓的“民事罚款”。民事罚款是由民事法律规定并由民事法院判处的一笔罚款，而不是由刑事

---

〔1〕 See Jean-Sébastien Borghetti, *Punitive Damages in France*, in Helmut Koziol, Vanessa Wilcox (eds.), *Punitive Damages: Common Law and Civil Law Perspectives*, Springer Wien NewYork, 2009, p. 59.

法律规定并由刑事法院判处的。[1] 民事罚款应当支付给财政部。民事罚款通常是作为一种针对试图逃避诸如辅导孤儿等公共责任或者民事义务(参见《法国民法典》第395条、第412条和第413条)的制裁,或者是作为一种针对滥用诉权(参见新《法国民事诉讼法典》第581条)的制裁。民事罚款通常很低,和惩罚性赔偿几乎不具有可比性。但是,法国法上确实也规定了数额较大的民事罚款,而且,这笔数额较大的民事罚款是在债务人的行为对他人造成了损害的情况下支付的。《法国商法典》第442-6条规定了其适用条件。该条规定了一系列的禁止性行为,允许因这些行为而遭受损害的竞争者主张此类损害赔偿金。而且,《法国商法典》第442-6-Ⅲ规定,当某人实施了《法国商法典》第442-6条规定的禁止性行为的时候,检察官或者经济发展部的代理人也有权向民事法院或者商事法院提起诉讼,要求法院判处被告不超过200万欧元的民事罚款。因为这种民事罚款对不法而且有害的行为具有惩罚性、具有民事性质、很可能超过该行为导致的实际损失等,所以人们经常将这种民事罚款和惩罚性赔偿进行比较。唯一的区别似乎是该笔民事罚款支付给财政部而不是受害人。另一个应当提及的民事罚款之规定是《法国住宅和建筑业法》第651-2条,该条规定未经批准授权,擅自将住宅物业改为商业物业的,对行为人处2万欧元的罚款。在这种情况下,该不法行为可能导致利害关系人的损害,因此,该民事罚款和惩罚性赔偿具有类似的效果。但是,这些都是例外情形,并且该条的重要性有限。[2]

最近,《法国商法典》第442-6-Ⅲ条的合法性受到法院的审查。两个上诉法院判决认为该条违反了《欧洲人权公约》第6条第1款,因为该条没有充分保护被告的权利。[3] 但是,法国最高法院则表达了相反的观点。[4]

---

〔1〕 See M. Behar-Touchais, L'amende civile est-elle un substitut satisfaisant à l'absence de dommages et intérêts punitifs? in: G. Viney, Faut-il moraliser le droit français de la réparation du dommage? Les Petites Affiches (LPA) 232 (2002) 36.

〔2〕 See Jean-Sébastien Borghetti, *Punitive Damages in France*, in Helmut Koziol, Vanessa Wilcox (eds.), *Punitive Damages: Common Law and Civil Law Perspectives*, Springer Wien NewYork, 2009, p. 62.

〔3〕 See CA Versailles, 3 May 2007, D. 2007. 1656, obs. E. Chevrier; CA Angers, 29 May 2007, D. 2007. 2433, note M. Bandrac.

〔4〕 See Cass. com., 8 July 2008, D. 2008. 2067 obs. E. Chevrier and 3046, note M. Bandrac, quashing CA Versailles, 3 May 2007 (fn. 23).

尽管《法国商法典》第442－6－Ⅲ条得到了司法的认可,但是必须指出的是,民事罚款制度夹在民法和刑法之间并不那么自在。民事罚款和刑事罚金相比,条件更为宽松,程序更为灵活,但是正如刑事制裁那样,由于民事罚款的目标是惩罚侵权行为人,那么民事罚款就注定要不断受适用于刑事制裁的各项要求之拘束,至少当它们达到一定金额的时候应当如此。假如对《欧洲人权公约》第6条和第7条规定的刑事指控和犯罪行为概念做广义理解的话,尤为如此。[1] 因此,法国法是否能够维持这种判处足以比肩惩罚性赔偿但又超出刑法领域的大笔金额的民事罚款,尚不确定。

尽管法国法没有正式接受惩罚性赔偿制度,前述例子表明,法国存在诸多和惩罚性赔偿概念具有某种相似性的机制。这意味着实务中禁止惩罚性赔偿并没有理论上那样严格。该结论和如下普遍公认的事实完全一致,即法国法院经常隐蔽地判处惩罚性赔偿金。[2]

(二)大陆法系国家的法院在裁判案件中对惩罚性赔偿的态度

1. 法国法院:可能判处隐蔽的惩罚性赔偿金

法国律师界和学术界普遍认为,法国法院有时不仅以原告遭受的实际损失为基础确定损害赔偿金,当被告对原告权益的侵害存在故意时,将被告的加害行为也纳入考量范围,以惩罚加害人。[3]

(1)确定损害赔偿金数额的基本规则

法国的法官们确定损害赔偿金数额时,他们无须给出正当理由或者解释。损害赔偿金的评估和确定是第一审和第二审法院自由裁量的事情。法国最高法院对下级法院的这一自由裁量权不加控制,仅仅当下级法院作出的判决违背了损害填补的完全赔偿原则时,法国最高法院有权撤销该法院

---

〔1〕 See Engel v. Netherlands, 8.6.1976, no. 5100/71; 5101/71; 5102/71; 5354/72; 5370/72; Bendenoun v. France, 24.2.1994, no. 12547/86.

〔2〕 See Jean-Sébastien Borghetti, *Punitive Damages in France*, in Helmut Koziol, Vanessa Wilcox (eds.), *Punitive Damages: Common Law and Civil Law Perspectives*, Springer Wien NewYork, 2009, p.62.

〔3〕 See P. Jourdain, *Rapport introductif*, *in*: *G. Viney*, *Faut-il moraliser le droit français de la reparation du dommage*? LPA 232 (2002) 3, no.7.

相关判决。[1] 但是这种情况很少发生,因为下级法院通常并不对其如何评估确定损害赔偿金数额给出任何提示。各下级法院有资格在这一点上继续保持沉默,因为它们宣布原告遭受的损害将会通过它们确定的损害赔偿金得到适当而充分的填补。而且,人们将损害填补的完全赔偿原则理解成要求根据案件事实具体地评估损害,禁止法国法院求助于标准化的损害赔偿数额。法官不能根据一个审判前确定的标准,确定某种类型的损害通常应当赔偿多少。事实上,人们都知道,对于某种类型的损害赔偿,特别是对人身损害的赔偿,确实存在这种标准化的损害赔偿金数额,并且各个法国上诉法院之间各不相同。但是法国法院不能正式承认它们求助于这种标准化的损害赔偿标准,唯恐它们的判决因为没有根据原告遭受的实际损失来确定损害赔偿金数额,因此违背了损害填补的完全赔偿原则,而被法国上诉法院或者法国最高法院撤销。[2] 当然,如果这种标准化的损害赔偿标准能够得到正式承认,那么人们可能发现确实存在惩罚性赔偿金,人们也可以通过对某个案件中原告实际判予的损害赔偿金与根据标准化的损害赔偿标准原告应当得到的损害赔偿金进行比较,来确定惩罚性赔偿金数额。但是,这种情形在法国法律体系目前的状态下不可能出现,因为法国法院即使运用了标准化的损害赔偿标准,它们也不会这样说,当然也不会提及它们运用过的标准化的损害赔偿标准。[3]

(2)判处隐蔽的惩罚性赔偿金的主要情形

虽然对法国法院隐蔽的惩罚性赔偿金数额进行评估是不可能的,但是,非常明确的是,法国法院有时确实不仅根据原告遭受的实际损害,而且带有惩罚加害人的意图做出损害赔偿金判决。法国学者提到了好几个因素来证明前述观点。尽管是几年前根据为数不多的判决得出的结论,但是人们已经证实,当被告的过错导致受害人死亡时,法院为了填补因亲人死亡而遭受

---

〔1〕 See, e. g., Cass. 2e civ., 8 May 1996, Bull. civ. Ⅱ, no. 358. 该法国最高法院的判决撤销了第一审法院的判决,因为该第一审法院判决在确定损害赔偿金数额时明确将被告过错考虑在内。

〔2〕 See G. Viney, P. Jourdain, *Les effets de la responsabilité*, 2nd ed., 2001, no. 64.

〔3〕 See Jean-Sébastien Borghetti, *Punitive Damages in France*, in Helmut Koziol, Vanessa Wilcox (eds.), *Punitive Damages: Common Law and Civil Law Perspectives*, Springer Wien NewYork, 2009, p. 63.

的精神损失而判予的损害赔偿金,平均要高于当被告无过错导致受害人死亡时,法院为了填补因亲人死亡而遭受的精神损失而判予的损害赔偿金。[1] 从更一般的观点看,财产之外的损害,即精神损害的填补是很容易判处惩罚性赔偿的,这一点非常明确。众所周知,法国法院对于精神损害持一种非常自由的立场。称为精神损失的损害原则上总是能够得到填补。并且,法国法院在财产外损害这一更为一般的类别下,认可了一个不断提高的赔偿金数额。[2] 但是,显而易见,在大多数情况下,完全不可能以金钱来评估此类损害。[3] 因此,意图填补此类精神损害而确定的损害赔偿金并没有也不可能遵循任何准确的规则。法国法尤为如此,因为即使在此类案件中,法国法院也不接受标准化的损害赔偿标准的运用。其结果就是,法院在确定损害赔偿金数额时是自由的,它们为了填补财产之外的损害,确定损害赔偿金时,不仅考量原告遭受的损害,而且还考量被告可归咎的行为或者被告通过其加害行为获得的利益。[4] 当侵害的是所谓的"人格权"的时候,尤为如此。在这些案件中,人们普遍认为,当侵权行为人为了盈利而故意侵害受害人这些权利的时候,法国法院确定的损害赔偿金数额要比一般情况更高。[5] 一个典型的例子就是,一家报纸明知某个信息侵害了某人的隐私权,却为了吸引更多的读者而决定发表该信息。[6] 不幸的是,尽管在此类案件中,和被

---

[1] See M. Bourrié-Quenillet, *L'indemnisation des proches d'une victime décédée accidentellement. Étude d'informatique judiciaire*, thèse Montpellier 1 (1983) 97 – 100.

[2] See G. Viney, P. Jourdain, *Les effets de la responsabilité*, 2nd ed., 2001, no. 265.

[3] See G. Viney, P. Jourdain, *Les effets de la responsabilité*, 2nd ed., 2001, no. 152; L. Boré, *La défense des intérêts collectifs par les associations devant les juridictions administratives et judiciaires* (1997) no. 317.

[4] See F. Terré, Ph. Simler, Y. Lequette, *Droit civil. Les obligations*, 9th ed., 2005, no. 712.

[5] See, e. g., Carval (fn. 5) no. 256; P. Kayser, *Remarques sur l'indemnisation du dommage moral dans le droit contemporain*, in: *Études offertes à Jean Macqueron* (1970) 411, no. 17 – 18; J. Ravanas, *La protection des personnes contre la réalisation et la publication de leur image*, foreword P. Kayser (1978) 396.

[6] See R. Lindon, Commentaire sous CA Paris, 13 February 1971, *La Semaine Juridique: Juris Classeur Périodique* (JCP éd. G.) 1971. Ⅱ. 16774.

告过失侵害案件中的损害赔偿金数额相比,法院确定的损害赔偿金通常要高,[1]但是,在受害人遭受的实际损害之上确定损害赔偿金数额,甚至带有惩罚的味道,却是不可能的。法国最高法院也认为,当被《法国民法典》一条特别条款保护的隐私权受到侵害,只要发现存在侵权行为,受害人就有权主张填补性的损害赔偿。[2] 这种观点显然意味着即使受害人不能证明其存在实际损失,甚至该侵权行为根本不会导致任何实际损害,法院也必须判予原告损害赔偿金。在后一种情况下,损害赔偿金并不填补任何损害,因此,该种损害赔偿金仅仅具有惩罚功能——至少当该笔损害赔偿金数额比较大的时候是如此。[3]

为了填补法人遭受的精神损害,法国法院也可能将惩罚性赔偿金伪装成填补性损害赔偿金予以判决。虽然这看起来有点奇怪,但是法国法院认为诸如公司或者非营利组织之类的法人有权就其遭受的财产外损害主张填补性损害赔偿。[4] 有些学者认为,法人也能够真实地遭受到财产外损害。在这些案件中,作为受害人的法人当然有权获得填补性损害赔偿。[5] 但是,

---

〔1〕 See, e. g. , Tribunal de Grande Instance (TGI) Paris, 17 December 1986, Gazette du Palais (Gaz. Pal.) 1987. 1. 238, 该案中,法院判决被告向法国王位继承人支付 20 万法郎(约合现在的 3 万欧元)的损害赔偿金,以填补其因一家报纸发表一篇报道指控该继承人挥霍浪费了家族的资产而受到的伤害。正如 L. Boré 指出的那样,这笔损害赔偿金大大地高估了原告在此类案件中所受到的伤害,唯一的解释就是法院试图剥夺侵权行为人通过该侵权行为所获得的利益,以达到遏制其将来实施类似行为的目的。See L. Boré, La défense des intérêts collectifs par les associations devant les juridictions administratives et judiciaires (1997) no. 317. 但是,并不是所有的法院判决都采此一立场。有些法院明确重申了损害赔偿金只能填补受害人遭受的实际损害、不能根据被告的过错程度或者其所获利益来确定损害赔偿金数额的原则。See e. g. , TGI Paris, 5 May 1999, CA Versailles, 4 May 2000, CA Paris, 31 May 2000, cited by D. Fasquelle, L'existence de fautes lucratives en droit français, in: G. Viney, Faut-il moraliser le droit français de la réparation du dommage? LPA 232 (2002) 27, no. 25. See also E. Dreyer, La faute lucrative des médias, prétexte à une réflexion sur la peine privée, JCP éd. G.

〔2〕 See Cass. 1re civ. , 5 November 1996, Bull. civ. I, no. 378, JCP éd. G. 1997. Ⅱ. 22805, note J. Ravanas, ibid. at I. 4025, no. 1, obs. G. Viney, RTD civ. 1997. 632, obs. J. Hauser; according to this decision "selon l'article 9 du Code civil, la seule constatation de l'atteinte à la vie privée ouvre droit à réparation. "

〔3〕 See Jean-Sébastien Borghetti, *Punitive Damages in France*, in Helmut Koziol, Vanessa Wilcox (eds.), *Punitive Damages: Common Law and Civil Law Perspectives*, Springer Wien NewYork, 2009, p. 64.

〔4〕 See Ph. Stoffel-Munck, Le préjudice moral des personnes morales, in: Mélanges en l'honneur de Philippe le Tourneau (2008) 959, no. 6.

〔5〕 See, e. g. , Ph. Stoffel-Munck, Le préjudice moral des personnes morales, in: Mélanges en l'honneur de Philippe le Tourneau (2008) 959, no. 6.

就这些学者的观点而言，人们几乎不可能理解法人能够遭受财产之外的损害，至少当法人纯粹是营利性组织时是这样。此类营利性法人可能遭受的损害仅限于其财产或者收益被侵害或减少。因此，法院任何时候判予其填补其精神损害的损害赔偿金，事实上，该笔损害赔偿金要么是填补其财产损害，要么就是一笔为了惩罚被告可归咎的侵权行为而判予的惩罚性赔偿金。[1] 即使原告不是营利性组织，为了填补其精神损害而判予的损害赔偿金有时也明显具有惩罚的味道。例如，在埃里卡（Erika）案件中，为了填补鸟类保护联合会（the Ligue de protection des oiseaux）因埃里卡灾难导致的海鸟死亡而遭受的精神损害，法院判予其 10 万欧元的损害赔偿金。[2] 尽管该联合会的责任是保护鸟类，但是很难说该组织因此遭受了该精神损害。因此，在博尔盖蒂（Borghetti）教授看来，这些损害赔偿金显然具有惩罚性。[3]

人们普遍认为，法国法院运用了惩罚性赔偿制度的另一个领域是不正当竞争。虽然在这一领域，没有任何扎实的数据，[4] 但是大多数学者一致同意，凡涉及不正当竞争的问题，法国法院在确定损害赔偿金数额时，通常不仅会考量原告遭受的实际损害，而且会考量被告通过其侵权行为所获得的利益[5] 及其过错的严重程度。[6] 尽管在某些案件中，法院判给原告的损害

[1] See, e. g. , TC Paris, 12 January 2004, D. 2004. 335, note A. Couret. See also CA Paris, 8 September 2004, Communication commerce électronique (Comm. com. élec.) 2004, comm. 136, obs. G. Decocq, awarding € 1 million to compensate dommage moral suffered in a case on counterfeit goods.

[2] See TGI Paris, 16 January 2008, no. 9934895010, D. 2008. 351 and 2681, note L. Neyret, JCP éd. G. 2008. Ⅱ. 10053, note B. Parance, 251.

[3] See Jean-Sébastien Borghetti, *Punitive Damages in France*, in Helmut Koziol, Vanessa Wilcox (eds.), *Punitive Damages: Common Law and Civil Law Perspectives*, Springer Wien NewYork, 2009, p. 65.

[4] See Cl. Alexandre-Caselli, La concurrence déloyale et l'effacement de la clientèle-Compte-rendu d'une analyse jurisprudentielle, in: Y. Chaput (dir.), Clientèle et concurrence. Approche juridique du marché (2000) 109. 该文分析了大约 200 份关于不正当竞争案件的法院判决并得出如下结论：法院经常用损害赔偿金来惩罚被告，但是对于惩罚性赔偿的具体规模，该文并没有做出估计。

[5] See, e. g. , Carval (fn. 5) no. 129; D. Fasquelle, Concurrence déloyale: amendes civiles ou 'dommages punitifs', in: Conquête de la clientèle et droit de la concurrence, Gaz. Pal. 313 – 314 (2001) 1681, 1684; le Tourneau (fn. 8) no. 47. See also, e. g. , CA Bastia, 15 November 2006, Revue Lamy droit de l'immatériel (RLDI) 2006, no. 685, note L. Grynbaum.

[6] See, e. g. , Cass. com. , 17 November 1998, Revue de jurisprudence de droit des affaires (RJDA) 3/99, no. 358. 该案中，法国最高法院支持上诉法院将被告的过错纳入确定损害赔偿金数额之考量因素的判决。

赔偿金明显超过了其遭受的实际损失,[1]但是人们不可能准确知道这些损害赔偿金中哪部分意味着对被告的惩罚而不是填补被告的实际损害。[2]

还有一点必须指出的是,法国法允许非营利性组织在某些情况下,在其寻求促进或保护的集体利益受到侵害时,有权主张填补性损害赔偿。法院因这些集体利益受到侵害而判予这些非营利性组织的损害赔偿金,并非真正填补这些组织所遭受的实际损害。在这一点上,至少当这些损害赔偿金数额较大时,这些损害赔偿金具有非常类似于惩罚性赔偿金的功能。[3]

(3)法国法院判处惩罚性赔偿金具有不确定性

显而易见,尽管存在恢复原状的完全赔偿原则,法国法院在确定损害赔偿金数额时,并非仅仅考量原告遭受的实际损害,有时,法国法院还将被告可归咎的侵权行为以及惩罚之目的也纳入考量范围。更为普遍的是,由于法国法院在确定损害赔偿金数额方面具有极大的自由裁量权,人们不能确定法国法院判决的损害赔偿金的类型,因此隐藏的惩罚性赔偿金经常披着填补受害人的精神损害或财产外损害为目的的填补性损害赔偿金的幌子。[4]

在法国法上,虽然不可能准确评估惩罚性赔偿金数额,但是,有没有可能更精确地确定法院在评估惩罚性赔偿金数额时应当考量的因素?不幸的是,法国法院在确定损害赔偿金数额时的模糊性使人们很难准确知道,在确定超过原告遭受的实际损失判处损害赔偿金时,法国法院到底考量了哪些因素。当然,法国法院肯定考量了被告的侵害行为:被告的行为越具有可归

---

〔1〕 根据法国某些学者的观点,当法国最高法院认为只要行为人违反了反不正当竞争法的条款,受害人无须证明存在实际损害即可主张损害赔偿金的时候,惩罚性赔偿在法国的存在就显得非常明确了。See esp. Cass. 1re civ., 31 May 2007, no. 05 – 19.978, Revue des contrats (RDC) 2007.1118, obs. Y. – M. Laithier.

〔2〕 See, e.g., Cass. com., 16 June 1992, Bull. civ. Ⅳ, no. 241. 该案中,法国最高法院维持了原审判决。原审判决中,由于某巴黎名餐厅的名称被另一家餐厅使用,法院判给该巴黎名餐厅老板12万欧元的损害赔偿金。See CA Paris, 10 July 1986, JCP éd. G. 1986. Ⅱ. 20712, taking into account the profits made by the tortfeasor.

〔3〕 Boré 非常令人信服地论证了这一观点。See L. Boré, La défense des intérêts collectifs par les associations devant les juridictions administratives et judiciaires (1997) no. 319.

〔4〕 See Jean-Sébastien Borghetti, *Punitive Damages in France*, in Helmut Koziol, Vanessa Wilcox (eds.), *Punitive Damages: Common Law and Civil Law Perspectives*, Springer Wien NewYork, 2009, p. 66.

咎性，法院判处的赔偿金越高。除此之外，法官可能还将被告通过其可归咎的加害行为获得的利益考虑在内。在新闻媒体为了提高销售额而故意侵害某人隐私权的案件中，尤为如此。在不正当竞争的案件中也是这样。[1] 尽管法国法院似乎没有仅仅根据被告所获得的不法利益来确定损害赔偿金数额，但是，人们普遍认为，法国法院经常试图剥夺被告获得的不法利益，至少是部分不法利益，以期实现遏制被告及与其类似的人将来实施此类不法行为。

鉴于法国法上用以确定损害赔偿金数额的规则，惩罚性赔偿金的存在及法国法院判处惩罚性赔偿金的数额、法国法院在确定惩罚性赔偿金数额时考量的标准，很大程度上仍将保持隐藏性。除非法国立法机构承认并在法国法中正式引入惩罚性赔偿制度，否则这种状态似乎不可能改变。当然，是否向前迈一步仍然是不确定的。

2. 德国法院：在某些案件中认可美国式惩罚性赔偿之分析思路

虽然对德国法院的判例是否具有惩罚性在理论上存在争议，但是通过对美国法院和德国法院判处诸如媒体侵害人格权之类的类似案件进行比较分析，我们发现，德国法院对美国式的惩罚性赔偿及其分析思路是认可的，德国法院运用美国法院完全相同的论证方法，达到了和美国法院根据惩罚性赔偿金的方法所达到的完全相同的结果。

（1）新闻媒体侵害人格权案

①新闻媒体侵害人格权问题在美国：谢尔诉国际论坛有限公司案（Shell v. Forum International, Ltd.）

在谢尔诉国际论坛有限公司案[2]中，被称为谢尔的美国艺人起诉几个被告，要求赔偿未经授权发表一份采访的文字记录导致的损害。除了其他诉讼主张外，谢尔起诉被告滥用其名字和公开权。一审法院支持了谢尔的诉讼请求，判予其损害赔偿金。被告上诉到第九巡回法院，该上诉法院除了其他的处理外，维持了针对被告弗洛姆的损害赔偿金判决。[3]

---

〔1〕 See S. Carval, Vers l'introduction en droit français de dommages-intérêts punitifs?, RDC 2006, 822 f.

〔2〕 See Shell v. Forum Int'l Ltd, 692 F. 2d 634 (9th Cir. 1982).

〔3〕 See Shell v. Forum Int'l Ltd, 692 F. 2d 640 (9th Cir. 1982).

该案案件事实如下：谢尔接受了一个脱口秀主持人的采访，他以为该采访将会发表在《美国周刊》(*The US Weekly*)这一杂志上。当《美国周刊》杂志没有发表该采访时，采访人将该采访记录出售给了名为《论坛》(*Forum*)和《明星》(*Star*)的杂志的出版商。"论坛"杂志在1981年3月那一期上发表了该采访记录的部分内容。该杂志确认了采访人，但改变了内容，使得人们看起来好像是《论坛》杂志提出问题，谢尔对这些问题做出回答。《论坛》杂志将谢尔的图片印在封面上，旁边的标题是："独家专访：谢尔直言不讳。"《论坛》杂志也发布了一个"撕碎"的预定形状，以谢尔的图片为特征，图片说明为："有些事情，谢尔是不会告诉《人物》(*People*)杂志的，也决不会告诉《美国周刊》杂志的。她却告诉了《论坛》杂志。"相同的图片及说明在《阁楼》(*Penthouse*)杂志1981年2月号上作为广告发布了。广告内容是："按照谢尔和其他许多敢作敢为的人说的去做！订阅《论坛》杂志。"同时，《论坛》杂志也从在《纽约每日新闻》(*New York Daily News*)发布广告而获利。该广告吸引人的主要内容就是谢尔的照片，图片说明是"谢尔从来没有告诉任何人她如何接吻，她告诉了《论坛》杂志"。谢尔起诉了《论坛》杂志社。理由有二：一是《论坛》杂志错误地制造了谢尔直接接受了《论坛》杂志采访的印象，并对此加以利用。事实上，她并没有接受其直接采访。二是未经谢尔同意，通过暗示她支持《论坛》杂志的方式，利用其名人效应销售杂志。谢尔起诉《阁楼》杂志的理由是，《阁楼》杂志拥有《论坛》杂志80% 的股份，而且《阁楼》杂志的员工帮助准备了该广告在《论坛》杂志和《阁楼》杂志上发布。[1]

该上诉法院承认，在预订广告中如实陈述与谢尔有关的东西的时候，《论坛》杂志有权使用她的照片。但是，该上诉法院责备被告："《论坛》杂志拥有谢尔的一些照片，也对谢尔做过采访并留下采访记录。这是事实。但《论坛》杂志不满足于诚实地利用这一事实。《论坛》杂志向其广告版的读者错误地宣称：谢尔'告诉《论坛》杂志'她'绝对不会告诉《美国周刊》杂志'。"一审法院认定："《论坛》杂志或《阁楼》杂志明知本案中的广告是虚假

---

〔1〕 See Shell v. Forum Int'l Ltd, 692 F.2d 638 - 640 (9th Cir. 1982).

的,还予以发布。”二审法院同样指出:“鉴于谢尔已经试图将其在采访过程中所说的东西告诉其对手《美国周刊》杂志,而没有告诉《论坛》杂志任何东西这一事实,广告显而易见是虚假的。”上诉法院最终维持了下级法院的判决。其判决内容如下:第一,作为特殊损害赔偿金,论坛国际有限公司和阁楼国际有限公司连带赔偿原告100,000美元,并支付利息。第二,作为一般损害赔偿金,被告论坛国际有限公司额外再赔偿原告69,117美元,并支付利息。第三,作为惩罚性赔偿金,被告论坛国际有限公司额外赔偿原告100,000美元,并支付利息。

该上诉法院认为,一审法院判定的惩罚性赔偿金没有任何错误。该上诉法院还认为:“惩罚性赔偿金作为对这些被告做虚假广告和为了促销而错误陈述的惩罚,可以得到支持。”〔1〕

我们无须对此案例的判决做进一步的讨论。现在,我们来比较德国法院对类似案件事实所做的一个判决。

②新闻媒体侵害人格权问题在德国:卡洛琳公主人格权被侵害第一案(Caroline I)

在德国,和谢尔诉国际论坛有限公司案匹配的是德国联邦最高法院判决的卡洛琳公主人格权被侵害第一案(Caroline I)。〔2〕该案和谢尔诉国际论坛有限公司案的案件事实几乎相同。被告是一家以轰动性报道为特点的德国小报。被告发表了一个据称对原告的“独家专访”。该原告就是摩纳哥公主卡洛琳。该文章标题为“卡洛琳公主:第一次谈到她对这个世界的悲伤和憎恶以及对幸福的追求”。该采访被配以该公主及其家人的私人照片来说明。实质上,该采访完全是杜撰的。汉堡上诉法院判处30,000马克的精

〔1〕 Shell v. Forum Int'l Ltd, 692 F. 2d 639 (9th Cir. 1982); Volker Behr, *Myth and Reality of Punitive Damages in Germany*, 24 J. L. & Com. p. 209.

〔2〕 See Judgment of November 15, 1994, BGHZ 128, 1. This case is known as "Caroline I" because it was followed by several other "Caroline" cases. E. g, Judgment of Federal Supreme Court December 5, 1995, 15 NJW 984 (1996) (decided as "Caroline Ⅱ" in 1995); Judgment of December 19, 1995, BGHZ 131, 332 (decided as "Caroline Ⅲ" in 1995); and Judgment of December 23, 1995, 15 NJW 985 (1996) (decided as "Caroline's son" in 1995). For an exhaustive discussion of Caroline I, see Tilman Ulrich Amelung, *Damages Awards for Infringement of Privacy-The German Approach*, 14 Tul. Eur & Civ. L. F. 15 (1999).

神损害赔偿金。联邦最高法院认为,被告已经严重侵害了卡洛琳公主的一般人格权。该小报故意利用卡洛琳公主的私人生活来促进其商业利益。联邦最高法院强调,卡洛琳公主的人格权被不计后果地“强迫性的商业化”了,而且该小报因其侵权行为而获得利益。因此,联邦最高法院要求判处一种特殊的、更高数额的赔偿金。因此,联邦最高法院裁定驳回被告的上诉,支持原告的上诉。该案被发回汉堡上诉法院终审。遵照德国联邦最高法院的裁定,汉堡上诉法院重新评估了损害赔偿金的数额,判予卡洛琳公主180,000马克赔偿金。这是德国法院有史以来对侵害一般人格权案件判处的最高数额的赔偿金。[1]

卡洛琳公主人格权被侵害第一案的案件事实不仅和美国的谢尔诉国际论坛有限公司案一样,而且和1964年的伊朗苏拉娅(Soraya)皇后案几乎相同。在1964年的伊朗苏拉娅皇后案中,一家德国小报发表了一个对前皇后苏拉娅的虚假的采访。[2] 在伊朗前皇后苏拉娅案以及其他无数类似案件中,德国法院总是将痛苦等精神损害赔偿金限制在大约10,000马克。[3]

和以前类似案件的判决相比,卡洛琳公主人格权被侵害第一案的不同之处在哪?有人认为该新方法背离了以往关于人身权侵害案件根深蒂固的案例法。但是,应该指出的是,该案和德国法院过去对新闻媒体侵害人格权案件的处理,本质上并没有完全不同。最主要的变化就是在论证过程中,清楚明确地引入了惩罚因素。卡洛琳人格权被侵害第一案的处理结果带有遏制被告和其他类似小报的目的。正如判决所说:“在侵害隐私权的案件中,通过引入遏制因素,德国联邦最高法院在论证方面跨越了损害填补和惩罚

---

〔1〕 See BGHZ 128, 1.

〔2〕 See Bundesgerichtshof 8. 12. 1964, 1965 Neue Juristische Wochenschrift, 685, affirmed on constitutional grounds by the German Constitutional Court, Judgment of February 14, 1973, Entscheidungen des Bundesverfassungsgerichtes [BVerfGE] [Federal Constitutional Court] 34, 269.

〔3〕 See As to pre-Caroline I jurisprudence of the German Federal Supreme Court on the violation of the right to personality see, e. g, Judgment of February 14, 1958, BGHZ 26, 349 (DM 10. 000); Judgment of September 19, 1961, BGHZ 35, 363 (365) (DM 8. 000); Judgment of March 5, 1963, BGHZ 39, 124 (127) (DM 10. 000). For a detailed discussion, see Tilman Ulrich Amelung, *Damages Awards for Infringement of Privacy-The German Approach*, 14 Tul. Eur & Civ. L. F. 15 (1999).

之间的界限。"[1]并且，这种对损害填补和惩罚之间界限的跨越似乎是故意而为的。裁判卡洛琳人格权被侵害第一案的审判委员会首席法官在采访中曾指出："精神损害赔偿应该使出版商感到痛苦。"[2]

这种观点并不是一种全新的观点。过去，法院就在损害填补的幌子下，考虑过被告的动机、过错的严重程度以及侵害的程度。当时，法院将焦点放在原告及其所遭受的损失，除非判予原告精神损害赔偿，否则不能得到填补的损害方面。但是，在卡洛琳人格权被侵害第一案中，法院将焦点直接放在了被告方面。法院不再依赖损害填补的幌子。人们利用损害填补，将与被告有关的考量转化为与以原告为取向的考量。和美国上诉法院的做法类似，德国联邦最高法院引入了被告为了促进其经济利益，使原告的人格权被迫商业化，需要对这种行为进行遏制的思想。为了防止这种对原告人格的不正当利用，损害赔偿金应该能够达到遏制加害人进一步侵害原告权利的目的。[3] 这种对损害赔偿金的评估方法已经不再是受害人取向的恢复原状式的损害填补，而是以加害人为取向的防止将来侵权行为发生的观点了。因此，这种损害评估方法不再适合包括在传统的损害填补和恢复原状的概念之下，相反，它完全和惩罚性赔偿思想相匹配。[4]

这种在判决赔偿金时依赖惩罚性赔偿的论证趋势，不限于新闻媒体侵害人格权的案件，[5]还包括侵害知识产权案件和不正当竞争案件。

(2)侵害知识产权案件和不正当竞争案件

①美国的侵害知识产权案件和不正当竞争案件：库伯实业股份有限公司诉莱瑟曼器具集团有限公司案(Cooper Industries, Inc. v. Leatherman Tool Group, Inc.)[6]

---

[1] Tilman Ulrich Amelung, *Damages Awards for Infringement of Privacy-The German Approach*, 14 Tul. Eur & Civ. L. F. p. 22 – 23 (1999).

[2] Tilman Ulrich Amelung, *Damages Awards for Infringement of Privacy-The German Approach*, 14 Tul. Eur & Civ. L. F. p. 22 n. 33 (1999).

[3] See BGHZ 128, 1 (16).

[4] See Volker Behr, *Punitive Damages in American and German Law-Tendencies Towards Approximation of Apparently Irreconcilable Concepts*, 78 Chi. – Kent L. Rev. p. 109 – 113 (2003).

[5] 对德国法院依赖惩罚性赔偿来论证的具体情形的详细讨论，See Peter M ller, Punitive damages und deutsches Schadensersatzrecht (2000)。

[6] See Cooper Indus, Inc. v. Leatherman Tool Group, Inc, 532 U. S. 424 (2001).

美国联邦最高法院关于惩罚性赔偿的最新判决之一是库伯实业股份有限公司诉莱瑟曼器具集团有限公司案。在该案中,莱瑟曼器具集团有限公司生产一种便携式多功能工具。莱瑟曼器具集团有限公司的竞争者库伯实业股份有限公司设计了一种类似的产品,但是将莱瑟曼器具集团有限公司产品的图片修改一下后用在自己的海报、包装和广告上。莱瑟曼器具集团有限公司以不公平竞争和违反 1946 年的《联邦商标法》(Lanham Act)为由提起诉讼。陪审团判予莱瑟曼器具集团有限公司 5 万美元的填补性损害赔偿金,450 万美元的惩罚性赔偿金。[1] 尽管第九巡回上诉法院维持了该判决,但是美国联邦最高法院以审查标准不当为由撤销了该判决并发回重审。[2] 和其他最新的重要案例一样,在该案中,美国联邦最高法院没有质疑法律是否允许惩罚性赔偿金。相反,美国联邦最高法院讨论的重点在于惩罚性赔偿金的数量是否过高,以至于违反了美国宪法第八和第十四修正案。该案的其他细节我们无须讨论,我们只要记住美国法的适用可能导致判处惩罚性赔偿金就够了。

②德国的侵害知识产权案件和不正当竞争案件

在德国联邦最高法院的案例中,和美国的库伯实业股份有限公司诉莱瑟曼器具集团有限公司类似的案例,是成衣款式抄袭案[3]。在该案中,被告抄袭了原告设计的男式成衣款式,这些设计款式中有一款是注册登记了的,但其他款式没有注册登记。原告以侵害其注册登记了的设计款式和不正当竞争为由,对被告提起损害赔偿之诉。一审法院按照原告的诉讼请求判予了原告损害赔偿金。但是德国的上诉法院撤销了该损害赔偿金判决。理由是对于那些没有注册登记的设计,原告不能证明存在实际损失。德国联邦最高法院又撤销了上诉法院的判决,按照"客观方法"的"损害计算的三种方法"裁判了该案。[4] 根据该上诉法院的观点,损害赔偿局限于侵害类似于绝对权地位的注册登记了的设计。直到那时,人们还认为这种损害计算

---

〔1〕 See Cooper, 532 U. S. p. 427 – 8.

〔2〕 See Cooper, 532 U. S. p. 443.

〔3〕 See BGHZ 122, 262.

〔4〕 See BGHZ 122, 266.

方法不能运用到不公平竞争案件中。

在知识产权侵权案件中，损害赔偿金计算的三种方法追溯到了民法典制定前的时代。[1] 该方法是德国帝国法院在著作权和专利侵权案件中发展起来的，后来德国联邦最高法院也采用了这一方法。[2] 该方法允许原告以三种不同的方式计算其遭受的损害赔偿金。根据这些方法，原告可以通过证明其遭受的实际损害的方式来计算其损害赔偿金；或者要求被告赔偿其在获得许可证的情况下必须支付的合理金额；又或者要求被告赔偿相当于其侵害原告知识产权所获得的利益。[3] 随着时间的推移，在某些领域，尤其是在查找加害人十分麻烦且成本高昂的著作权侵权领域，赔偿额甚至是合理的许可费的双倍。这种双倍赔偿开始是以公平考量为基础的。[4] 后来，德国联邦最高法院认为，不这样做的话，加害人的地位将比通过适当的方式获取许可证的情形更为优越。[5]

第一种损害赔偿额的计算方法是以《德国民法典》第 251 条和第 252 条为根据的，其数额也被限制在严格意义上的填补性损害赔偿金之内，其目标是填补受害人所遭受的损害。这一方案符合德国损害赔偿法的一般原则，另外两种损害赔偿额的计算方法不是严格意义上的损害填补。这两种损害赔偿额的计算方法是根据其他正当理由，如避免证明实际损害的困难，发展起来的。这两种方法允许原告在他无论如何不会授予许可证的情况下，或者被告的获利远远超过原告自己通过利用其知识产权所能合理期待的利益的情况下，获得损害赔偿金。因此，这两种损害赔偿金的计算方法没有纯粹以填补受害人遭受的实际损害为目标。相反，这两种损害赔偿金计算方法是以消除被告所获利益为目标。尽管这两种损害赔偿金计算方法可能是以不当得利为理论基础的，但是德国法院坚持认为这是一种侵权损害赔偿金

---

〔1〕 这一法理追溯到了德国帝国法院 19 世纪末期一个有名的判例。See Judgment of June 8, 1895, Entscheidungendes Reichsgerichtes in Zivilsachen [RGZ] 35, 63.

〔2〕 See Judgment of May 8, 1956, BGHZ 20, 345; Judgment of October 8, 1971, BGHZ 57, 116.

〔3〕 See RGZ 35, 67 (1895).

〔4〕 See Judgment of June 24, 1955, BGHZ 17, 376.

〔5〕 See Judgment of March 10, 1972, BGHZ 59, 286.

的计算方法。[1]

至于第三种损害赔偿金的计算方法,法院称之为损害填补之外的附加赔偿,正如英国大法官哈瑟利(Hatherly)详细论述的那样,"英国法院决不允许任何人通过其不法侵害行为获利"[2]。相似地,德国法院公开承认,在知识产权侵权案件中,计算加害人必须支付的损害赔偿金的后两种方法,是以加害人不应该从其不法行为中获得利益的自然正义观点为基础的。德国联邦最高法院直接宣称:"为了惩罚加害行为,我们事先假定,知识产权人将获得和加害人同样多的利益。"[3]因此,德国联邦最高法院审查的焦点不是受害人遭受的损害,而是加害人的加害行为。学术界后来根据其功能将这些方法称为"遏制性损害赔偿"。[4] 与此同时,知识产权立法也根据过错等级的区分,采纳了第三种损害赔偿金计算方法。[5] 在过失侵害知识产权而不是故意侵害知识产权的案件中,德国法院可能在受害人遭受的实际损害和加害人所获得的利益之间判予赔偿金。[6] 这种根据被告的过错所作的区分已经超出了填补性损害赔偿的思路。[7]

由上可见,德国法院也采用惩罚性赔偿的分析方法,并且判决惩罚性赔偿金。在德国,侵权案件不能判处惩罚性赔偿金的先例,在现实中正被越来越多的法院判决打破。损害填补和惩罚性赔偿这两种不可调和的观念正在一步一步地靠拢。[8]

---

〔1〕 See Volker Behr, *Punitive Damages in American and German Law-Tendencies Towards Approximation of Apparently Irreconcilable Concepts*, 78 Chi. – Kent L. Rev. p. 137 – 39. (2003); Volker Behr, *Myth and Reality of Punitive Damages in Germany*, 24 J. L. & Com., p. 221.

〔2〕 Jegon v. Vivian, L. R. Ch. App. Ⅵ, 742, 761 (1871).

〔3〕 Judgment of November 30, 1976, BGHZ 68, 90 (94).

〔4〕 See Judgment of November 30, 1976, BGHZ 68, 90 (94). Citing Joachim Schmidt-Salzer, Zur Technik der topischen Rechtsbildung: Angemessene Lizenzgeb hr und Verletzergewinn als Grundlage der Schadensberechnung, Juristische Rundschau, Mar. 1969, p. 87.

〔5〕 See, e. g, Patentgesetz in der Fassung der Bekanntmachung vom 16. 12. 1980 (BGBl. 1981 S. 139) Part Ⅵ. 2. b.

〔6〕 See Judgment of November 30, 1976, BGHZ 68, 90 (94).

〔7〕 See Volker Behr, *Myth and Reality of Punitive Damages in Germany*, 24 J. L. & Com., p. 222.

〔8〕 See Volker Behr, *Punitive Damages in American and German Law-Tendencies Towards Approximation of Apparently Irreconcilable Concepts*, 78 Chi. – Kent L. Rev. (Chicago-Kent Law Review, 2003) p. 105 – 161.

3. 意大利法院：在人身损害赔偿案件中隐蔽地承认惩罚因素的合理性，但拒绝承认惩罚性赔偿

在意大利，人们通常将惩罚性赔偿理解为法院为了惩罚加害人而判给受害人的超过其因加害行为所遭受的实际损害的损害赔偿金。[1] 意大利学者认为，为了全方位探讨法院或者法律制度中判处惩罚性赔偿金的隐藏方式，必须对法院判处的损害赔偿金数额与加害行为的可归咎性之间的联系，更一般地说，侵权法是否具有遏制功能，进行探讨。他们认为，尽管意大利的制定法拒绝正式承认超过实际损害的惩罚性赔偿金制度（特别是在法律体系中，因为其认为惩罚性赔偿制度和公共秩序相冲突），但是意大利法院却通过判予数额巨大的损害赔偿金这种方式，默默地惩罚情节恶劣的加害行为。加害行为的可归咎性与法院判处的损害赔偿金数额之间可能存在的相互关系具有重要意义。[2] 有意大利学者认为：在侵权责任法上，当意大利法院在确定损害赔偿金数额的时候，将被告的行为作为一种影响责任成立、影响损害赔偿金数额或者加害人通过加害行为而获得的利益纳入考量范围之时，遏制的目的就存在了。[3]

意大利法学界对是否可以判处惩罚性赔偿金这样的问题早就明确讨论过了，其焦点集中在人身伤害案件中本质上不能以金钱准确量化的

---

〔1〕 See W. V. H. Rogers, Winfield and Jolowicz on Tort, 17th ed. 2006, 939 ff.; M. Lunney, K. Oliphant, Tort Law-Text and Materials, 2nd ed. 2003, 798 ff.; J. Murphy, Street on Torts, 11th ed. 2003, 579 f.; P. Cane, The Anatomy of Tort Law (1997) 114 f.

〔2〕 See Alessandro P. Scarso, *Punitive Damages in Italy*, in Helmut Koziol, Vanessa Wilcox (eds.), *Punitive Damages: Common Law and Civil Law Perspectives*, Springer Wien NewYork, 2009, p. 103.

〔3〕 See C. Scognamiglio, Danno morale e funzione deterrente della responsabilità civile, Responsabilità civile e previdenza (RCP) 2007, 2485 ff. 基于此，作者指出，"损害赔偿也具有预防损害的功能"(art. 10:101 PETL)，这种说法并没有充分总结出侵权责任具有遏制功能。根据 Scognamiglio 的观点，PETL 似乎有点前后矛盾，即其一方面指出"故意侵权比其他类型的侵权对某种权益的保护可能更为广泛"，也就是说"侵权法的保护范围可能会受到责任性质的影响"(art. 2:102(5) PETL)；另一方面，就非金钱损害而言，意大利的 PETL 认为"在评估精神损害数额的时候，案件的所有情节都应该考虑在内，包括加害行为的严重性、持续时间和损害后果的不公平性在内"。并且特别指出"只有在加害人的过错程度对受害人具有重要影响的情况下，才应当将其纳入考量因素"。这就明确将过错这一主观因素限定为一种例外。See E. Navarretta, Funzioni del risarcimento e quantificazione dei danni non patrimoniali, RCP 2008, 502 f.

非财产损害赔偿。[1] 根据意大利侵权法学界的观点,在不法行为导致的人身伤害案件中,除了诸如收入减少、医疗费用支出等财产损害之外,至少还有两种不同类型[2]的非金钱损害应予赔偿:一是生理损害(danno biologico),[3] 例如受害人人身的完整性;二是精神损害(danno morale),即受害人因加害行为经历的痛苦和疼痛,它指的是受害人"心理上遭受的苦难",其"内心"遭受的损害。[4]

赔偿生理损害和赔偿"痛苦和疼痛"服务于不同的目的,因为它们指向个人生命的不同方面。其结果是意大利法院为痛苦和疼痛判处的损害赔偿金可能比为残疾或疾病判处的损害赔偿金要高得多。[5] 根据意大利最高法

---

〔1〕 See W. V. H. Rogers, *Death and Non-Pecuniary Loss*, in: H. Koziol, B. C. Steininger (eds.), European Tort Law 2006 (2008) 54 f.; B. Koch, Wrongful Death: How much Does It Cost to Kill Someone? 61 f. As far as compensation for the non-pecuniary loss for personal injury in Italy is concerned, see: P. G. Monateri, La responsabilità civile, in: R. Sacco (ed.), Trattato di diritto civile (1998) 389 ff.; U. Izzo (ed.), Dialoghi sul danno alla persona (2006) 57 ff.; G. Cricenti, Il danno non patrimoniale (2006); id., Persona e risarcimento (2005) 169 ff., spec. 187; M. Franzoni, Il danno risarcibile, in: M. Franzoni (ed.), Trattato della responsabilità civile (2004) 562 ff.; P. Pardolesi, Profitto illecito e risarcimento del danno (2005) 153 ff.; G. Afferni, La riparazione del danno non patrimoniale nella responsabilità oggettiva, RCP 2004, 870.

〔2〕 与受害人受加害行为影响而必须改变其日常生活习惯有关的所谓"生存损害"(danno esistenziale),针对的是人存在的"外部领域"。生存损害是不是非金钱损害中一种与生理损害和精神损害相区别的独立类型,目前在意大利学者和法官之间还存在争论。See, most recently, Corte di Cassazione (Cass.) (Joint Sections) - 11 November 2008, no. 26972, RCP 2009, 38 ff., with commentaries by P. G. Monateri, E. Navarretta, D. Poletti and P. Ziviz; Cass. (3rd Section) 20 April 2007, no. 9510, Giustizia civile Massimario (GCM) 2007, 4, which explicitly excluded its autonomous nature. Contra: Cass. (Labour Section) 16 May 2007, no. 11278, GCM 2007, 5, according to which "danno esistenziale represents an autonomous theoretical category within art. 2059 Codice civile" (Civil Code, CC) (for the content of art. 2059 CC, cf. fn. 31). For an outline of danno esistenziale, see Cass. 24 March 2006, no. 6572, in: Foro italiano (FI) 2006, I, 2334; Giurisprudenza italiana (GI) 2006, 1359; RCP 2006, 1041 and 1477; Giustizia civile (GC) 2006, 1443; Danno e responsabilità (DR) 2006, 852; Corriere giuridico (CG) 2006, 787; Corriere del merito 2006, 1165; Guida al diritto 2006, no. 16, 64; Rivista critica del diritto del lavoro 2006, 473 and, more recently, Cass. 12 June 2006, no. 13546, RCP 2006, 1439; DR 2006, 843; CG 2006, 1382.

〔3〕 关于生理损害的公认原则是只要受害人的身体或心理受到伤害,意大利法院就必须判予其损害赔偿金,而不管其获得收入的能力如何。关于生理损害(danno biologico), See E. Navarretta, Diritti inviolabili e risarcimento del danno (1996) passim。

〔4〕 See Alessandro P. Scarso, *Punitive Damages in Italy*, in Helmut Koziol, Vanessa Wilcox (eds.), Punitive Damages: Common Law and Civil Law Perspectives, Springer Wien NewYork, 2009, p. 104.

〔5〕 See Cass. 23 May 2003, no. 8169, RCP 2003, 1342, with a commentary by G. Facci; Archivio della Circolazione (AC) 2004, 42.

院的观点,[1]痛苦和疼痛构成一种针对"人的道德完整性"的伤害。人的道德完整性是受到《意大利宪法》第2条和第3条保护的,并且人的社会尊严是和健康并列的基本价值。

当生理损害的赔偿参照标准化的类似点数制度[2]之类的经济参考指标的时候,[3]非金钱损害的评估就与生理损害不同了。也就是说,针对痛苦和疼痛判处的损害赔偿金(精神损害,如果承认的话还包括生存损害[4])在很大程度上关注的是受害人主观方面的感受。[5]

意大利最高法院(Corte di Cassazione)最近的判决进一步确认了法院在

---

[1] Cass. 4 March 2008, no. 5795.

[2] 《意大利商业保险法》(Decreto legislativo (Legislative decree-D. lgs.) 7 September 2005, no. 209) 规定,法院应判处的生理损害赔偿金取决于伤害的严重程度。对于轻微的伤害(1% ~9% 级),第一点数的损害赔偿标准目前是,终身残疾的损害赔偿金为72,095欧元,暂时性生理损害的情况下,完全残疾期间每天的赔偿金为4206欧元。See Decree of the Ministry of Economic Development 24 June 2008. 每个残疾节点的损害赔偿金数额根据受害人的年龄和伤害严重程度(art. 139 CPI)运用"残疾系数"(disability coefficients)确定。如果伤害超过9%,永久性或者暂时性生理损害数额的确定则由法官自由裁量,但是法院经常运用一些标准化的标准。

[3] 基于此点理由,即由于其客观上可确定的数额,有些法律学者认为,生理损害也应当看作一种金钱损失而不是一种非金钱损失。See F. D. Busnelli, Il danno biologico-Dal "diritto vivente" al "diritto vigente" (2001) passim; E. Bargelli, Danno non patrimoniale e interpretazione costituzionalmente orientata dell'art. 2059 c. c., RCP 2003, 702 ff. Corte di Cassazione 已经对该问题进行了明确的探讨,他明确指出生理损害构成一种非金钱损害。See Cass. 4 November 2005, no. 16525, FI 2004, I, 779, with a commentary by M. Bona.

[4] See Corte di Cassazione (Cass.) (Joint Sections) – 11 November 2008, no. 26972, RCP 2009, 38 ff., with commentaries by P. G. Monateri, E. Navarretta, D. Poletti and P. Ziviz; Cass. (3rd Section) 20 April 2007, no. 9510, Giustizia civile Massimario (GCM) 2007, 4, which explicitly excluded its autonomous nature. Contra: Cass. (Labour Section) 16 May 2007, no. 11278, GCM 2007, 5, according to which "danno esistenziale represents an autonomous theoretical category within art. 2059 Codice civile" (Civil Code, CC) (for the content of art. 2059 CC, cf. fn. 31). For an outline of danno esistenziale, See Cass. 24 March 2006, no. 6572, in: Foro italiano (FI) 2006, I, 2334; Giurisprudenza italiana (GI) 2006, 1359; RCP 2006, 1041 and 1477; Giustizia civile (GC) 2006, 1443; Danno e responsabilità (DR) 2006, 852; Corriere giuridico (CG) 2006, 787; Corriere del merito 2006, 1165; Guida al diritto 2006, no. 16, 64; Rivista critica del diritto del lavoro 2006, 473 and, more recently, Cass. 12 June 2006, no. 13546, RCP 2006, 1439; DR 2006, 843; CG 2006, 1382.

[5] 最近的法院判决证明了不仅总体上评估非金钱损害的赔偿金数额非常困难,而且具体到评估痛苦和疼痛等不同类型损害的赔偿金数额,难度也很大。例如,对于与受害人受到伤害后短时间之内死亡的人身伤害有关的所谓"生命末期损害赔偿金",理论认为,为了在特定案件中准确量化应当判处的损害赔偿金数额,在评估该损害赔偿金时,确定受害人实际损害遭受的痛苦和苦难、侵害行为的严重程度,以及案件的其他所有情节十分必要。See the recent contribution of G. Facci, La Cassazione ed il risarcimento del c. d. danno terminale, RCP 2003, 1060.

评估后一种形式的非金钱损害的赔偿金方面拥有极其广泛的自由裁量权。[1] 一方面，为了防止损害赔偿金的评估过分偏离，意大利最高法院认为，就法院判处的填补生理损害的赔偿金而言，非金钱损害只占一小部分。[2] 另一方面，意大利最高法院又认为，评估痛苦和遭受苦难的损害赔偿金数额时，不能机械地将其缩减到只占"生理损害赔偿金中的一小部分"。[3] 因此，不允许只对损害赔偿金的评估做数学考量。[4] 例如，不允许法官判决侵害道德完整性的损害赔偿金仅仅值侵害身体完整性的损害赔偿金的一半。[5] 因此，为了在个案中准确量化法院应当判给受害人的损害赔偿金，法院就必须"评估受害人实际遭受到的痛苦合同苦难、侵害行为的严重程度以及所有其他因素"[6]。

尽管意大利法拒绝公开承认惩罚性赔偿的合理性，但是也存在一些只要加害人的行为未能达到事先确定的标准，法院就默默地强加侵权责任，因

〔1〕 值得指出的是，尽管在确定损害赔偿金数额的时候，《意大利商业保险法》规定了一些客观的标准，但是该法没有完全取消法院的自由裁量权，而是在法律授权的情况下，保留了法院在个案中公平评估损害赔偿金的权力。鉴于受害人主观感受的状态，在判决时必须求助于法院的"衡平权力"。尤其是，《意大利商业保险法》第 139 条第 3 款规定，只要法院提出理由，法律允许其在基准价值 20% 的限度内增加损害赔偿金数额。See Alessandro P. Scarso, *Punitive Damages in Italy*, in Helmut Koziol, Vanessa Wilcox (eds.), *Punitive Damages: Common Law and Civil Law Perspectives*, Springer Wien NewYork, 2009, p. 105.

〔2〕 See Cass. 14 July 2003, no. 11003, RCP 2003, 1049, with a commentary by G. Facci; Diritto di famiglia (DF) 2003, 643; Cass. 16 May 2003, no. 7632, RCP 2003, 1049; Cass. 9 January 1998, no. 1030, DR 1998, 351.

〔3〕 See Cass. 4 March 2008, no. 5795; Cass. 23 May 2003, no. 8169 (cf. fn. 6).

〔4〕 See Cass. 14 July 2003, no. 11003 (cf. fn. 13).

〔5〕 See Cass. 4 March 2008, no. 5795. 因此，由于精神损害影响人的尊严，其损害赔偿金的评估"必须努力做到让受害人满意，而不能只是一个象征性的数额"。See Cass. 11 January 2007, no. 394, Nuova giurisprudenza civile commentata (NGCC) 2007, I, 960, with a commentary by G. Sganga; Guida al diritto 2007, 6, 22, with a commentary by G. Comandè; AC 2007, 239.

〔6〕 The recent contribution of Facci, RCP 2003, 1060.

而在某种程度上让侵权责任法承担遏制目标的案例。[1] 因为当被告的行为作为一种影响责任成立或责任大小(损害赔偿金数额)的因素,或者法院在确定损害赔偿金数额时将加害人通过加害行为获得的利益纳入了考量范围,那么侵权法就具有了遏制的目的。意大利法这一特征表明意大利法相信:故意不仅构成一种加害人行为的主观条件(这一点能够从《意大利民法典》第 2043 条对故意和过失不加区分就可推断出来),[2]而且也是一种认定一种损害为“不公平”损害因而应当承担侵权责任的条件。换句话说,仅仅由于加害人出于故意或者重大过失实施侵权行为,才导致侵权责任,仅仅是轻微过失的情况下不承担责任。[3] 人们普遍认为:过错,特别是故意和重大过失,应该是法院决定某种行为是否应当承担侵权责任以及承担多大的侵权责任时应当考量的重要因素。当加害人的加害行为是出于故意或者重大过失时,人们可能不会接受损害赔偿责任的减轻规则。只有当行为人故意实施侵害行为的情况下,他才应当承担侵权责任的具体例子是家庭成员之间侵权时的侵权责任承担,例如违反夫妻之间的义务。这涉及宪法中根深蒂固的价值冲突。例如夫妻之间违反忠实义务只有在“加害行为因其固有的严重程度构成对一个人基本权利的侵害”的情况下,才可能需要承担侵权

---

[1] See, Corte di Cassazione (Cass.) (Joint Sections) - 11 November 2008, no. 26972, RCP 2009, 38 ff., with commentaries by P. G. Monateri, E. Navarretta, D. Poletti and P. Ziviz; Cass. (3rd Section) 20 April 2007, no. 9510, Giustizia civile Massimario (GCM) 2007, 4, which explicitly excluded its autonomous nature. Contra: Cass. (Labour Section) 16 May 2007, no. 11278, GCM 2007, 5, according to which "danno esistenziale represents an autonomous theoretical category within art. 2059 Codice civile" (Civil Code, CC) (for the content of art. 2059 CC, cf. fn. 31). For an outline of danno esistenziale, see Cass. 24 March 2006, no. 6572, in: Foro italiano (FI) 2006, I, 2334; Giurisprudenza italiana (GI) 2006, 1359; RCP 2006, 1041 and 1477; Giustizia civile (GC) 2006, 1443; Danno e responsabilità (DR) 2006, 852; Corriere giuridico (CG) 2006, 787; Corriere del merito 2006, 1165; Guida al diritto 2006, no. 16, 64; Rivista critica del diritto del lavoro 2006, 473 and, more recently, Cass. 12 June 2006, no. 13546, RCP 2006, 1439; DR 2006, 843; CG 2006, 1382.

[2] 《意大利民法典》第 2043 条规定:“任何以故意和过失给他人造成不法损害的行为实施者应承担损害赔偿责任。”

[3] See Cf. Monateri (fn. 3) 464; P. Cendon, Il dolo nella responsabilità extracontrattuale (1976) 435 ff. and 464 ff.; id., Danno imprevedibile e illecito doloso, in: G. Visintini (ed.), Risarcimento del danno contrattuale ed extracontrattuale (1984) 23 ff.; P. Cendon, L. Gaudino, Il dolo, in: G. Alpa, M. Bessone (eds.), La responsabilità civile I (1987) 82. P. Widmer, Liability based on Fault, in: European Group on Tort Law (ed.), Principles of European Tort Law-Text and Commentary (2005) no. 10.

责任。[1] 对于纯粹违反夫妻忠实义务时的责任豁免,从配偶违反其承担的义务的观点看,意大利法院对婚外恋情情况下的责任承担,代表着《意大利宪法》第2条规定的人格发展权[2]必须与以家庭团结和公平为基础的因婚姻产生的同居义务和忠实义务之间的平衡。[3]

同样地,《意大利民法典》第81条规定,违反结婚誓言一般不承担侵权责任,除非在结婚誓言的基础上为准备结婚而支付了费用或者承诺承担其他商业方面的义务。该条款清楚地表明配偶双方有违反其婚姻誓言的自由。意大利法院认为,并且学术界也赞同,[4]故意导致他人损害的行为排除《意大利民法典》第88条的适用,加害人应当承担侵权责任(包括应当赔偿对方因痛苦和苦难而遭受的损害)。在侵权责任构成方面排除重大过失的一个重要例子就是政府机关的侵权责任。有些学者认为,相关的法院判决表明,政府机关的侵权责任总体上应当限制在重大过失行为以上。[5] 这些

---

[1] See Cass. 10 May 2005, no. 9801, RCP 2005, 598 ff., with a commentary by G. Facci; DR 2006, 37 ff., with a commentary by F. Giazzi; Famiglia, Persone e Successioni 2005, 308 ff., with a commentary by A. P. Scarso; CG 2005, 925 ff., with a commentary by G. De Marzo; Famiglia e diritto (FD) 2005, 370 ff., with a commentary by M. Sesta. See also Tribunal of Milan 24 September 2002, RCP 2003, 468, with a commentary by G. Facci.

[2] See Cass. 10 May 2005, no. 9801 (cf. previous fn.); Cass. 26 May 1995, no. 5866, GI 1997, I, 843, with a commentary by A. Amato; DF 1997, 87, with a commentary by T. Montecchiari; Cass. 14 April 1994, no. 3511, FD 1994, 527, with a commentary by G. Servetti, and Cass. 4 December 1985, no. 6063, CG 1986, 284; GC 1986, I, 159; GI 1987, I, 118.

[3] See Cass. 10 May 2005, no. 9801 (cf. fn. 51). See A. P. Scarso, Violazione dei doveri coniugali prima del matrimonio ed estinzione del vincolo coniugale, Famiglia, Persone e Successioni 2005, 308 – 324; id., Il dovere di fedeltà coniugale, Famiglia, Persone e Successioni 2005, 242 – 251; R. Partisani, Sulla risarcibilità del danno cagionato in violazione dell'obbligo di fedeltà coniugale, Responsabilità-comunicazione-impresa 2003, 122; Alessandro P. Scarso, *Punitive Damages in Italy*, in Helmut Koziol, Vanessa Wilcox (eds.), Punitive Damages: Common Law and Civil Law Perspectives, Springer Wien NewYork, 2009, p. 111.

[4] See Monateri (fn. 3) 463; G. Ferrando, Il matrimonio, in: Trattato Cicu/Messineo (2002) 272; Cendon/Gaudino (fn. 50) 82; F. Finocchiaro, Del matrimonio, in: Commentario del Codice Civile Scialoja-Branca, sub art. 79 – 83 (1971) 188, fn. 15. The issue has been addressed with reference to the-somehow outdated-seduction in consequence of wedding vows. For bibliographical references to jurisprudence, see A. P. Scarso, Danno non patrimoniale e "responsabilità prematrimoniale", RCP 2006, 1016 ff.

[5] See A. P. Scarso, *Tortious Liability of Regulatory Authorities*, in: H. Koziol, B. C. Steininger (eds.), European Tort Law 2005 (2006) 94 ff.; F. Rossi, *Prospectus Liability*: *Implementing Art. 6 of the European Community Directive* 2003/71/EC in Italy, European Business Law Review 2005, 1565 ff.

学者认为,将政府机关的侵权责任限制在重大过失以上,允许政府机关以合理和适当的方式免除自己的法定义务,以免让其在履行职责时为了避免自己承担侵权责任而支出过高的预防成本,以提高消费者保护水平和财政市场的稳定性和透明度。[1]

但是,意大利最高法院对惩罚性赔偿是否总体上和意大利公共秩序相冲突的问题作出了明确的否定性回答。这些案件涉及在意大利执行美国法院的判决,该美国法院判决意大利一家安全帽扣环生产商向一个交通事故受害人支付总额100万美元的惩罚性赔偿金,其判决原因是该生产商生产的扣环存在产品缺陷,导致该受害人受到了致命伤害。在法院判决中,意大利上诉法院拒绝执行该类判决,认为惩罚性赔偿违反了意大利的公共秩序。[2] 为了维持意大利上诉法院的判决,意大利最高法院曾指出:"侵权法的目标在于重建受害人在经济方面的完整性""侵权法通过赋予受害人请求一笔损害赔偿金以消除其遭受的损害来实现其目标"[3]。根据意大利最高法院的观点,"惩罚和制裁目标和侵权法制度不兼容,而为了达到恢复原状目标,对加害行为的考察是不适当的""人们也不能将惩罚性赔偿视为针对非金钱损害或者痛苦和苦难等生理损害的填补"。因此,"任何认同惩罚性赔偿金或者甚至是在与惩罚性赔偿相同的基础上确定痛苦和苦难的填补性损害赔偿金,都是错误的"。在通过损害赔偿填补痛苦和苦难的案件中,法院判给受害人的损害赔偿金数额应当和原告遭受的损失相一致。惩罚性赔偿的本质特征就是弥补赔偿金数额和实际损害之间的不一致性。[4] 和生理损害不同,在人身损害案件中,针对非金钱损害的填补性损害赔偿"总要对侵害行为导致的痛苦和苦难以及伤害作出评估""在填补非金钱损害时,关

---

〔1〕 See A. P. Scarso, *Tortious Liability of Regulatory Authorities*, in: H. Koziol, B. C. Steininger (eds.), European Tort Law 2005 (2006) 94 ff. Alessandro P. Scarso, *Punitive Damages in Italy*, in Helmut Koziol, Vanessa Wilcox (eds.), *Punitive Damages: Common Law and Civil Law Perspectives*, Springer Wien NewYork, 2009, p. 112.

〔2〕 See App. Venice 15 October 2004, NGCC 2002, I, 765, with a commentary by G. Campeis and A. de Pauli; Foro padano 2002, I, 525, with a commentary-again-by G. Campeis and A. de Pauli; Rivista di diritto internazionale privato e processuale 2002, 1021.

〔3〕 Cass. 17 January 2007, no. 1183 (cf. fn. 18).

〔4〕 See Cass. 17 January 2007, no. 1183 (cf. fn. 18).

注的重点应当放在受害人方面,而不应当是加害人。因此,为了确定适当的损害赔偿金数额,受害人的经济状况、加害行为的恶劣程度以及加害人的财产状况或者富裕程度,都与赔偿金数额的评估毫不相干”。[1]

意大利最高法院得出结论认为:“所谓的惩罚性赔偿不是一种合适的损害填补手段,因为它们和国家法的基本原则相冲突。这些基本原则赋予侵权责任法的功能就是将受害人遭受损害的经济状态恢复原状。”[2]因此,外国法院判决加害人支付惩罚性赔偿金因而寻求惩罚加害人的判决,在意大利不具有可执行性。[3]意大利最高法院的判决和最近确立的关于非金钱损失的赔偿规则是一致的,即只要涉及侵害宪法规定的基本权利,受害人就有权主张损害赔偿。在此之前,《意大利民法典》第2059条规定,“只有在法律有明文规定的情况下”,才可以主张非金钱损害的赔偿。该条被解释为,除加害行为构成刑事犯罪外,受害人不允许主张非金钱损害赔偿。[4] 显然,这种限制和填补性损害赔偿所具有的广义上的“惩罚”目标是一致的,即认为加害人的行为及其财产状态对于损害赔偿具有特别重要的意义。[5] 但是,意大利宪法法院的态度后来却发生了变化,它明确指出:《意大利民法典》第2059条不再具有惩罚目的,它唯一的功能就是列出哪些具体的案件可以主张非金钱损害赔偿。[6]

(三)大陆法系国家的民法学界对于惩罚性赔偿的态度

1. 法国民法学界:虽存在争议,但正式引入惩罚性赔偿的呼声高

一段时间以来,法国民法学界存在正式引入惩罚性赔偿制度的呼吁,但是,在这一问题上,法国学者们和律师们的观点分成了两派。尽管最近一个法律草案(《卡特拉草案》)建议将惩罚性赔偿制度引入法国法,但是不能确

---

[1] Cass. 7 November 2006, no. 23719 and Cass. 14 February 2000, no. 1633 (both fn. 26); Alessandro P. Scarso, *Punitive Damages in Italy*, in Helmut Koziol, Vanessa Wilcox (eds.), *Punitive Damages: Common Law and Civil Law Perspectives*, Springer Wien NewYork, 2009, p. 107.

[2] Cass. 7 November 2006, no. 23719 and Cass. 14 February 2000, no. 1633 (both fn. 26).

[3] See Cass. 7 November 2006, no. 23719 and Cass. 14 February 2000, no. 1633 (both fn. 26).

[4] 《意大利刑法典》第185条规定:“应当负刑事责任的人必须向受害人支付金钱和非金钱损害赔偿金。”

[5] See G. Bonilini, Danno morale, in Dig. Disc. Priv. (sez. civ.) Vol. Ⅴ (1989) 88.

[6] See Corte cost. 11 July 2003, no. 233 (cf. fn. 30).

定该法案这一建议的命运。

(1)是否正式引入惩罚性赔偿:法国法律人观点存在分歧

法国法律人非常关注在某些国家特别是美国存在的惩罚性赔偿制度。惩罚性赔偿已经成为法国法律人研究和获得灵感的对象。尽管法国法律人对法国法美国化普遍表示担心和害怕,[1]而且美国法院判处的某些数额高得离谱的惩罚性赔偿金案例感觉不可思议,但是许多法国学者已经明确表示惩罚性赔偿金制度应当引入法国法中。[2] 根据这些学者们的观点,引入惩罚性赔偿制度的主要好处是可以提升民事责任制度惩罚和遏制这两项功能。由于人们将其注意力优先集中在民事责任的填补功能上,民事责任的惩罚和遏制功能经常被人们忽略。虽然人们对于损害填补应当成为民事责任的首要目标、刑法的主要功能就是惩罚和遏制反社会的行为这两点,通常不存在争议,但是,许多人认为,刑法并不是打击各种各样的反社会行为的适当工具,民事责任制度应当在这一方面有所作为。民事责任可以通过私法惩罚实现这一点。法国学者认为,私法惩罚在很久以前就被强调过,但是被忽略了很长时间,现在又受到人们越来越多的关注。[3]

从实现私法惩罚的功能角度看,惩罚性赔偿当然非常合适被引入法国法。支持惩罚性赔偿的人认为,惩罚性赔偿是打击营利性故意侵害行为(fautes lucratives)的最佳方式。[4] 营利性故意侵害行为,是行为人认为其实施某行为可能获得的利益大于其应当承担的责任之后,故意违反法律规则或法律义务实施的侵害他人权益的行为。在此类案件中,承担责任的预期

---

〔1〕 See L. Engel, *Vers une nouvelle approche de la responsabilité. Le droit français face à la derive américaine*, Esprit 192 (1993) 5; S. Schiller, *Hypothèse de l'américanisation du droit de la responsabilité*, *Archives de philosophie du droit* (Arch. philo. dr.) 2001, 177.

〔2〕 See Boré (fn. 32) no. 312 ff.; Carval (fn. 5); M. Chagny, *Droit de la concurrence et droit commun des obligations*, foreword. J. Ghestin (2004) no. 692 ff.; Fasquelle, Gaz. Pal. 313 – 314 (2001) 1681; G. Maître, *La responsabilité civile à l'épreuve de l'analyse économique du droit*, foreword. H. Muir-Watt (2005) no. 303 ff.; le Tourneau (fn. 8) no. 45; G. Viney, *Rapport de synthèse*, *in*: *id.*, *Faut-il moraliser le droit français de la réparation du dommage*? LPA 232 (2002) 66.

〔3〕 See S. Carval, *La responsabilité civile dans sa fonction de peine privée*, foreword G. Viney (1995); A. Jault, *La notion de peine privée*, foreword. F. Chabas (2005); B. Mazabraud, *La peine privée*. Aspects de droit international, thèse Paris 2 (2006).

〔4〕 See Fasquelle, LPA 232 (2002); D. Fasquelle, R. Mésa, *Les fautes lucratives et les assurances de dommages*, *Revue générale du droit des assurances* (RGDA) 2005, 351.

和必须填补受害人实际损害，并不足以遏制潜在的侵权行为人实施侵害受害人的行为，因为行为人知道他将从该行为中获得利益。根据某些学者的观点，只有引入惩罚性赔偿制度，让侵权行为人承担相当于其所获利益的惩罚性赔偿责任，而非仅仅是填补受害人的实际损失，方可彻底根除盈利性故意侵害行为。这种在法国法中引入惩罚性赔偿制度的呼吁，在消费者权益保护法、环境法、竞争法和人格权保护法领域执业的律师或者研究前述领域的学者中，最为强烈。[1]

虽然最近一段时间，支持在法国法中引入惩罚性赔偿制度的运动日益强劲，但是，仍然有许多法律人对此持反对或者谨慎立场。[2] 其主要理由似乎是他们并不想摒弃被认为是法国责任法之精髓的损害填补(完全赔偿)原则。根据这些法律人的观点，惩罚不是民事责任应当考虑的事情。[3] 在保护被告的合法权利以及限制法院的自由裁量权的语境下，如何贯彻此种惩罚性赔偿制度？有些法律人对此持警惕态度。看起来，一部支持在法国法中引入惩罚性赔偿制度的法案的起草者们至少部分地关注到了这些法律人的担忧。

(2)《法国债务法改革草案》正式引入了惩罚性赔偿制度

由法国巴黎第二大学教授皮埃尔·卡特拉(Pierre Catala)教授领导的一群法国名学者利用《法国民法典》200周年纪念的机会，起草了一个支持对《法国民法典》部分条款进行改革的计划，对象是自1804年制定以来就基本上未曾动过的债务法。该被称为《卡特拉草案》的《法国债务法改革草案》(The Avant-Projet de Réforme du Droit des Obligations)，已经于2005年9月

[1] See P. Kamina, *Quelques réflexions sur les dommages et intérêts punitifs en matière de contrefaçon*, Cah. dr. entr. 4 (2007) 35; Lindon, JCP éd. G. 1971. Ⅱ. 16774, in fine; Fasquelle, LPA 232 (2002) no. 3; D. Fenouillet, *Loteries publicitaires: pour un droit efficace!*, RDC 2007, 788, 792.

[2] See, e. g., M. Bacache-Gibeili, *Les Obligations. La responsabilité civile extracontractuelle* (2007) no. 486 – 487; Dreyer, JCP éd. G. 2008. I. 201, no. 3; Ph. Brun, *Responsabilité civile extracontractuelle* (2005) no. 12 – 14; J. Flour/J. – L. Aubert/E. Savaux, *Les obligations: quasi-contrats, responsabilité délictuelle*. 2. Le fait juridique, 12th ed. 2007, no. 387; R. Saint-Esteben, *Pour ou contre les dommages et intérêts punitifs: une solution d'avenir? Responsabilité civile et assurances* (*RCA*) (*hors – série June* 2001) 68.

[3] See S. Piedelièvre, *Les dommages et intérêts punitifs: une solution d'avenir? Responsabilité civile et assurances* (RCA) (hors-série June 2001) 68.

提交给了法国司法部。尽管当时的政府宣布其对该草案非常感兴趣，但是该草案随后却未能提交到国会，现在，该草案中的各项建议似乎永远不会成为立法了。但是，该草案却重新激发了人们对民法改革的兴趣，解除了讨论包括惩罚性赔偿在内的许多热点问题的束缚。而且，非常有可能的是，任何未来的法国债务法方面的立法改革都将会根据该草案进行评估，或者至少会将其和该草案进行对比。因此，研究一下该草案中关于惩罚性赔偿的立场及其激起的反对意见，是件非常有意义的事情。

①《卡特拉草案》中惩罚性赔偿制度之具体内容

《卡特拉草案》中关于民事责任部分是由一群学者在叶尼韦耶·维尼（Geneviève Vine）和乔治·杜里（Georges Durry）两位教授的主持下起草的。关于损害赔偿金，《卡特拉草案》一开始庄严地确认了恢复原状的完全赔偿原则。该草案第1370条规定："损害赔偿金判决的目标是让受害人尽可能地恢复到损害发生前的状态，受害人既不能够因损害赔偿而受益，也不能留下未填补的损害。法律有特别规定或者当事人另有约定的除外。"但是，《卡特拉草案》第1371条立马就针对前述原则规定一项例外，规定在某些情况下可以判处惩罚性赔偿金。该条规定："故意侵权行为人尤其是以盈利为目的故意侵权行为人应当受到谴责；他除了应当支付填补性损害赔偿金之外，还应当支付惩罚性赔偿金。法院可以自由裁量决定将部分惩罚性赔偿金分配给国库；法院要求被告支付惩罚性赔偿金必须要有特殊的理由支持，并且惩罚性赔偿金数额要和判予给受害人的任何其他类型的赔偿金相区别。惩罚性赔偿金不能成为保险的标的。"

该条款可能部分受到新修订的《魁北克民法典》的立场启发。新修订的《魁北克民法典》引入了惩罚性赔偿制度，[1]其立场可能使包括草案起草者在内的许多法国法律人确信，惩罚性赔偿虽然起源于普通法，但是可以和民法法系的传统原则相协调。

《卡特拉草案》第1371条明确了营利性故意侵害行为和惩罚性赔偿之间的联系。该草案明显将惩罚性赔偿视为一种打击营利性故意侵害行为、

[1] See Cf. art. 1621 Code civil du Québec; J. – L. Baudouin/P. Deslauriers, *La responsabilité civile* (6th ed. 2003) no. 350.

遏制反社会但有利可图的行为的手段。这也解释了《卡特拉草案》第 1371 条最后一款为什么规定惩罚性赔偿不能成为保险的标的。其思想基础是某些侵权行为人只有在他们自己承担侵权行为的所有代价,没有任何可能将该种惩罚转嫁给承保人,才能遏制他们实施营利性故意侵害行为。[1]

为了处理针对惩罚性赔偿经常提出的一种批评,即惩罚性赔偿使原告获得了不该得的利益,这样做有时还扰乱了经济代理人之间的竞争,《卡特拉草案》第 1371 条进一步规定,部分惩罚性赔偿金可以分配给国库。

《卡特拉草案》也确立了一些程序保障条款,以减少法院的自由裁量权。虽然传统的法官无须解释其判处的损害赔偿金的规则仍然得到保留,但是,《卡特拉草案》第 1371 条规定支付惩罚性赔偿金的判决必须要有具体的判决理由,并且惩罚性赔偿金的数额要和判给原告的其他损害赔偿金区别开来。显而易见,惩罚性赔偿是一种遵循自己独立规则的特殊种类的损害赔偿金。

②对《卡特拉草案》的反对意见

虽然《卡特拉草案》对惩罚性赔偿制度的认可受到了许多学者的赞扬,[2]但是也引发了广泛的批评。有些批评是针对惩罚性赔偿本身的,[3]有些批评是针对规定惩罚性赔偿金制度的该草案第 1371 条的。如由巴黎工商业联合会(巴黎商会)针对前述草案起草的一份报告,毫不意外地严厉批评了在法国法中引入惩罚性赔偿制度的思想。[4] 按照这份报告中的观点,惩罚性赔偿将使民事责任具有了浓重的惩罚味道,这样会在民事责任和刑事责任之间制造混乱。因此,民事责任应当遵循完全赔偿原则。而且,该

---

〔1〕 See Jean-Sébastien Borghetti, *Punitive Damages in France*, in Helmut Koziol, Vanessa Wilcox (eds.), *Punitive Damages: Common Law and Civil Law Perspectives*, Springer Wien NewYork, 2009, p. 70.

〔2〕 See, e. g., M. Fabre-Magnan, *Droit des obligations. 2 – Responsabilité civile et quasi-contrats* (2007) no. 13 ff.

〔3〕 See, e. g., Y. Lambert-Faivre, *Les effets de la responsabilité* (*les articles* 1367 *à* 1383 *nouveaux du Code civil*), RDC 2006, 163, 164.

〔4〕 See D. Kling, *Pour une réforme du droit des contrats et de la prescription conforme aux besoins de la vie des affaires. Réactions de la CCIP à l'avant-projet 'Catala' et propositions d'amendements* (2006) 119 (the Rapport can be found at http://www. etudes. ccip. fr/archrap/pdf06/reformedroit-des-contrats-kli0610. pdf).

报告起草者认为,法院通过慷慨地判处填补性损害赔偿金,就已经能够有效地惩罚侵权行为人了。

一份由法国最高法院设立的一个研究小组起草的报告也对在法国法中引入惩罚性赔偿制度提出了批评。该研究小组由法国最高法院社会庭前庭长皮埃尔·萨格斯(Pierre Sargos)担任主席,专门为研究《卡特拉草案》而设立。[1] 该研究小组认为,《卡特拉草案》中关于过错类型的定义太不精确了,而过错定义又对法院判决惩罚性赔偿尤为关键,这为司法过程中出现争论和司法结果的不确定埋下了隐患。该研究小组也对可能将惩罚性赔偿金分配给国库的规定提出了批评,他们认为这将使该制度的最终结果具有不确定性,并模糊了民事罚款(amende civile)与行政罚款和刑事罚金(astreinte)之间的区别。该小组最终认为,法国民事责任法应当坚持恢复原状式的完全赔偿原则,至于惩罚可归咎的侵权行为,应当发展适当的行政制裁和刑事制裁措施来解决。

这两份报告中表达的观点,人们当然应当高度关注。但是,博尔盖蒂教授认为,这两份报告中表达的反对惩罚性赔偿制度的观点并不完全令人信服,因为恢复原状的完全赔偿原则似乎并不是法国法上一项绝对的原则。而且,虽然填补受害人的损害是民事责任的优先目标,但是惩罚加害人的思想从来就没有在法国民事责任法中完全消失。[2] 但前述两份报告中表达的观点足以引起人们的注意,因为这些观点表明了商界和法院前高官等反对在法国法中引入惩罚性赔偿制度的观点。

对于其他同意在法国法中引入惩罚性赔偿制度的学者,尽管他们同意在法国法中引入惩罚性赔偿制度,但是他们对《卡特拉草案》中相关规定的

---

〔1〕 Rapport du groupe de travail de la Cour de cassation sur l'avant-projet de réforme du droit des obligations et de la prescription, 15 June 2007, no. 91 (the Rapport can be found on the website of the Cour de cassation at: www. courdecassation. fr).

〔2〕 See Jean-Sébastien Borghetti, *Punitive Damages in France*, in Helmut Koziol, Vanessa Wilcox (eds.), *Punitive Damages: The Common Lawand Civil Law Perspectives*, Springer Wien NewYork, 2009, p. 71.

表述方式表示疑虑。[1] 第一,是否应当为法院提供一个确定惩罚性赔偿金数额的适用标准,比如加害人过错的严重程度、加害人通过侵权行为获得的利益大小、加害人的支付能力等?[2]第二,是否应当通过限定惩罚性赔偿金最高数额的方式限制法院在个案中确定惩罚性赔偿金的自由裁量权?第三,支付惩罚性赔偿金的理由是否可能和刑事制裁结合起来?这样的话,是否和一事不再理原则相冲突?更一般地说,人们可能怀疑为什么不能像欧洲议会和欧洲人权法院理解的那样,至少在某些案件中,将惩罚性赔偿归为刑事制裁的一种类型?[3]《卡特拉草案》第1371条规定部分惩罚性赔偿金可以支付给国库这一事实勾勒出了惩罚性赔偿金和刑事罚金之间的相似性。这意味着惩罚性赔偿金制度应当考虑欧洲议会和欧洲人权法院为刑事制裁确立的相关要求。这些要求比《卡特拉草案》中的规定要严格得多。

因此,《卡特拉草案》中引入惩罚性赔偿的方式是否真正令人信服,尚存疑问。但是,这个问题已经无关紧要了,因为如前所述,《卡特拉草案》提交给国会的前景似乎已经消失了,更一般地说,在不久的将来,立法机关在法国法中正式引入惩罚性赔偿似乎不可能。针对《卡特拉草案》的反对意见表明,许多商界人士、律师、法官和学者都反对惩罚性赔偿制度。而且,关于在法国消费者保护法中可否引入集团诉讼讨论中,大家明确反对惩罚性赔偿制度。但是,受托调研法国环境保护法改革之必要性的莱佩奇委员会(Mission Lepage)公开了其调研报告。根据该报告,如果行为人故意引起环境损害,他们支持在法国法中引入惩罚性赔偿制度。因此,关于在法国法中是否正式引入惩罚性赔偿制度的争论,注定仍将继续下去。

---

〔1〕 See, e. g., A. Constantin, Causalité et régulation économique, Revue Lamy droit civil (RLDC) (2007, no. °spéc. sur "les distorsions du lien de causalité en droit de la responsabilité") 47, in fine.

〔2〕 See Carval, RDC 2006, 825; M. Chagny, *La notion de dommages et intérêts punitifs et ses repercussions sur le droit de la concurrence*, JCP éd. G. 2006. I. 149, no. 11; P. Jourdain, *Présentation des dispositions de l'Avant-projet sur les effets de la responsabilité*, RDC 141 (2007) no. 15; Kamina, Cah. dr. entr. 4 (2007) 39. On the contrary, art. 1621 Code civil du Québec lists criteria which the courts must take into account when setting punitive damages.

〔3〕 See D. Fasquelle, R. *Mésa*, *La sanction de la concurrence déloyale et du parasitisme économique et le Rapport Catala*, D. 2005, 2666.

2. 德国民法学界：对精神损害赔偿等情形是否应惩罚的争论极大

《德国民法典》关于损害赔偿的规定是如何形成的？在 19 世纪以前，德国法对惩罚性赔偿的态度和美国当时对惩罚性赔偿的态度非常相似。二者对于非填补性损害赔偿，特别是惩罚性赔偿，根本没有一个统一的态度。惩罚性赔偿尽管没有在德国所有地方适用，但是在德国有些州还是存在的。例如，在好几种情况下，《普鲁士民法典》允许法院判处比原告遭受的实际损害更多的损害赔偿金。该损害赔偿金数额的确定取决于加害人的过错程度。〔1〕其实，在 18 世纪末 19 世纪初，德国存在类似于美国西奥多·塞奇威克（Theodore Sedgwick）和西蒙·格里夫（Simon Greenleaf）关于惩罚性赔偿的论战。西奥多·塞奇威克基于实用主义的理由允许判处惩罚性赔偿金。西蒙·格里夫基于理论上和教条主义的理由反对判处惩罚性赔偿金。〔2〕不过论战的结果却截然相反。在美国，西奥多·塞奇威克更为务实的观点战胜了西蒙·格里夫更为理论化和教条式的观点，因而美国侵权法保留了惩罚性赔偿制度。在德国，那场关于惩罚性赔偿的争论则以一元化的损害填补论获胜。在起草《德国民法典》的过程中，所有在《德国民法典》之前存在的惩罚性赔偿金的痕迹，全部被消除了。〔3〕根据《德国民法典》起草者的观点，民事侵权法纯粹是损害填补性的，仅仅在刑法中才能适用惩罚。正如《德国民法典》的预备文件中所言："关于以过错为基础的损害赔偿责任，虽然好几部民法典如《普鲁士民法典》采取了按照过错的层级和类型判处赔偿金数额的制度，但是草案拒绝了这种做法。在决定非法和不当行为的法律效果时，人们必须抛弃将道德因素和惩罚因素混入损害赔偿法中的思想。共同的法律原则就是：从法律的观点看，加害行为导致的损害数额限定了法

〔1〕 See Motive zu dem Entwurfe eines *Buergerlichen Gesetzbuches fuer das Deutsche Reich* 218, at 799 (BGB 1896), 218 at 17.

〔2〕 See Ronald A. Brand, *Punitive Damages Revisited: Taking the Rationale for Non-Recognition of Foreign Judgments Too Far*, 24 J. L. & Com. 181 (2005); Volker Behr, *Punitive Damages in American and German Law-Tendencies Towards Approximation of Apparently Irreconcilable Concepts*, 78 Chi. - Kent L. Rev. 105 (2003).

〔3〕 See Volker Behr, *Myth and Reality of Punitive Damages in Germany*, 24 J. L. & Com., p. 199; Volker Behr: *Private Law, Punishment, And Disgorgement: Punitive Damages In American And German Law-Tendencies Towards Approximation Of Apparently Irreconcilable Concepts*, 78 Chi. - Kent L. Rev., p. 105 - 161, Chicago-Kent Law Review 2003. Part Ⅱ.

院可判处的损害赔偿金数额。"[1]这清楚地表明了判处损害赔偿金将让原告恢复到损害发生前的状态，不能多也不能少。与此同时，在损害赔偿法中否定惩罚因素也是限制在人身伤害和侵害名誉权等案件中针对疼痛和痛苦给予损害赔偿的核心观点。对侵害名誉的行为作出金钱赔偿与具有刑法特征的"侵辱估价之诉"有关。[2] 以上述观念为基础，起草者们起草了《德国民法典》，建立了一个纯粹的填补性损害赔偿法。德国损害赔偿法完全是受这种损害填补和恢复原状概念支配的结果。

尽管上述立法框架清楚明确，德国法学理论界在《德国民法典》制定后立即接受了《德国民法典》关于损害填补的态度(至少表面上如此)，但是，德国民法学界关于惩罚性赔偿的学术争论却并没有随着《德国民法典》的制定而消失。长期以来，惩罚性赔偿是德国法学界辩论的主题，特别是最近几十年来，辩论越来越激烈，特别是在痛苦和疼痛的损害赔偿领域。[3] 虽然基于公共政策原因支持在德国法中引入惩罚性赔偿的观点，在目前的报告中还不具有重要作用，[4]因为他们还没有找到进入立法或者更具体的立法项目的路径。但是，也有德国学者认为，惩罚性赔偿已经是德国损害赔偿法的

---

〔1〕 See Motive zu dem *Entwurfe eines Brgerlichen Gesetzbuches f r das Deutsche Reich* § 218 799 BGB. 这种说法和美国学者西蒙·格里夫的观点是多么相似。See Simon Greenleaf, *A Treatise on the Law of Evidence* 253, p. 242 – 243 (2d ed. 1972).

〔2〕 See BGHZ 7, 223.

〔3〕 See K. Nehlsen-v. Stryk, *Schmerzensgeld ohne Genugtuung*, *Juristenzeitung* (JZ) 1987, 119 ff. with further ref. 也有些德国学者将填补性损害和惩罚性赔偿二者之间的关系称为爱恨交加的关系。See J. Mörsdorf-Schulte, *Strafschadensersatz-eine deutsche Hassliebe? Neue Juristische Wochenschrift* (NJW) 2006, 1184 ff. 在第66届德国法学家大会(Deutscher Juristentag)上，惩罚性赔偿是探讨的主题。See Ständige Deputation des Deutschen Juristentages (ed.), Verhandlungen des Sechsundsechzigsten Deutschen Juristentages (2006) Vol. Ⅰ, A 11 ff. (report by G. Wagner); Vol. Ⅱ, L 7 ff.

〔4〕 See B. Großfeld, Die Privatstrafe (1961); P. Müller, Punitive Damages und deutsches Schadensersatzrecht (2000) especially (esp.) 311 ff.; I. Ebert, Pönale Elemente im deutschen Privatrecht (2004) 576 ff. and passim, each with further ref. 最近来自德国反独占委员会的一份专家意见要求在反托拉斯案件中判处惩罚性赔偿，以达到遏制当事人实施反自由竞争的行为。See Das allgemeine Wettbewerbsrecht in der Siebten *GWB-Novelle. ondergutachten der Monopolkommission gemäß* § 44 Abs. 1 Satz 4 GWB (2004) no. 75 ff. 然而，必须指出的是，该专家建议双倍惩罚性赔偿金的主要动机是反托拉斯诉讼的局限性，大体上还是在德国法填补性损害赔偿的框架之内。因此，一方面，双倍赔偿金意味着"填补"原告在提起此类诉讼时的高风险和额外的成本。另一方面，其目标在于使违反《德国托拉斯法》的加害人对其不法行为导致的所有损害承担充分的责任。See Das allgemeine Wettbewerbsrecht in der *Siebten GWB-Novelle. Sondergutachten der Monopolkommission gemäß* § 44 Abs. 1 Satz 4 GWB (2004) no. 75 f., 82.

一部分,德国法院以《德国民法典》第 249 条为基础,不断作出从严肃意义上讲不能称为纯粹的填补性损害赔偿的惩罚性赔偿判决。而且,这些学者指出了《德国民法典》以及其他法典中意图防止令人讨厌的行为而故意包含惩罚因素的条款。因此,他们得出结论,德国私法对于预防和遏制概念并不陌生,德国法院判决的说理中应当明确承认惩罚性赔偿。〔1〕尽管对德国法院来说,为了对受审的侵权行为强加一项足够重的制裁而公然要求被告承担额外的赔偿责任,这样的目标是不能接受的。〔2〕但是,事实上,在德国法院的裁判实务中,恢复原状和惩罚性损害赔偿金之间的界限有时模糊不清,特别是在法院允许受害人主张将加害人通过侵权行为获得的利益归为己有的情况下。争议主要体现在以下几个方面。

(1)针对痛苦和疼痛的损害赔偿:惩罚还是填补?

针对痛苦和疼痛的损害赔偿(慰抚金或称精神损害赔偿金)是德国法上关于惩罚性赔偿之辩论的传统领域。〔3〕根据现行《德国民法典》第 253 条第 2 款(对应于 1900 年版的《德国民法典》第 847 条第 1 款)的规定,受害人可以就身体、健康、自由、性自主等方面的伤害而产生的无形损害主张赔偿。在制定《德国民法典》之前,很多有影响力的学者曾拒绝考虑针对非物质损失支付金钱作为赔偿的可能。他们认为:金钱和痛苦(或荣誉、尊严)不具有可比性。〔4〕相应地,在这些学者看来,可以将精神损害赔偿理解为一种私法的惩罚手段。〔5〕但是,在 20 世纪的绝大部分时期,这种观点既不符合《德国

---

〔1〕 See Esp. P. Müller, *Punitive Damages und deutsches Schadensersatzrecht* (2000) 101 ff., 260 ff.; I. Ebert, *Pönale Elemente im deutschen Privatrecht* (2004) 576 ff., both with further ref.

〔2〕 See Nils Jansen and Lukas Radema Cher, *Punitive Damages in Germany*, in Helmut Koziol, Vanessa Wilcox (eds.), *Punitive Damages: The Common Law and Civil Law Perspectives*, Springer Wien NewYork, 2009, p.77.

〔3〕 See Nehlsen-v. Stryk, JZ 1987, 119 ff.; S. Göthel, Zu den Funktionen des Schmerzensgeldes im 19. Jahrhundert, Archiv für die civilistische Praxis (AcP) 205 (2005) 36 ff.

〔4〕 See F. Mommsen, *Beiträge zum Obligationenrecht*. Zweite Abtheilung, *Zur Lehre von dem Interesse* (1855) 122 ff.; R. Cohnfeld, *Die Lehre vom Interesse nach Römischem Recht mit Rücksicht auf neuere Gesetzgebung* (1865) 71, 73, 76; B. Windscheid, *Lehrbuch des Pandektenrechts* Ⅱ/1 (1865) 303 (§ 455, no.31); for further ref. see Jansen/HKK (fn.2) §§ 249-253, 255, no.53 f.

〔5〕 See esp. C. J. Seitz, *Untersuchungen über die heutige Schmerzensgeldklage* (1860) 101 ff. (hence, favouring the abolishment of damages for pain and suffering: ibid. at 142 ff.); See also G. F. Puchta in: A. F. Rudorff (ed.), Pandekten, 9th ed., 1863, p.571 (§ 388); Windscheid (fn.11) 302 f. (§ 455).

民法典》的立法者的立场,[1]也和德国法院的观点[2]以及通说不合。[3] 20世纪,潜在的社会价值观念发生了重大变化。在19世纪末期,人们——至少上流社会成员——认为,受害人要求针对痛苦和疼痛主张金钱赔偿是不适当的。[4] 然而,人们现在普遍认为,将金钱作为针对痛苦和其他非物质损害的赔偿手段是适当的。因此,即使过失侵权中,尤其是在严格责任案件中,法院也判处精神损害赔偿。[5] 受害人身体上和精神上遭受的损害可能被其享受其他令其愉快的事情的可能性抵消。

然而,尽管对痛苦和疼痛的赔偿属于填补性损害赔偿的解释表面上看起来貌似有理,但它在20世纪面临诸多难题。第一,由于任何人都无法感受他人遭受的痛苦,因而不存在对痛苦的客观评估标准,也就很难评估此类填补性损害赔偿金的适当数额。[6] 第二,应当支付的损害赔偿金数额取决于受害人对其所遭受痛苦的敏感程度,这是不合理的。而且,在极端悲剧性案件中,受害人遭受侵害后,丧失了感受其遭受严重伤害之痛苦的知觉或感觉,因而不存在痛苦需要填补的问题。这种解释在这种情况下根本不适用。因此,在这些案件中,是否应当针对痛苦和苦难判处填补性损害赔偿金,值

---

〔1〕 See Motive zu dem Entwurfe eines *Bürgerlichen Gesetzbuches für das Deutsche Reich*, Vol. Ⅱ, 1899, 17 f. (B. Mugdan (ed.), *Die gesammten Materialien zum Bürgerlichen Gesetzbuch für das Deutsche Reich*, Vol. Ⅱ [1899] 10); BT-Drucks., *Bundestagsdrucksache*, *printed paper of the Bundestag*, 14/7752, appendix 1, 14 f.

〔2〕 See BGHZ (29 November 1952 - Ⅲ 340/51) 7, 223, 224; BGHZ (6 June 1955 - GSZ 1/55) 18, 149, 151; BGHZ (29 November 1994 - Ⅵ 93/94) 128, 117, 120 ff.

〔3〕 See G. Planck in: id. (ed.), *Bürgerliches Gesetzbuch nebst Einführungsgesetz*, Vol. Ⅱ (1900) § 847, no. 2 b; E. Lorenz, *Immaterieller Schaden und 'billige Entschädigung in Geld'* (1981) 36 ff. and passim; K. Larenz, *Lehrbuch des Schuldrechts*, Vol. Ⅰ, Allgemeiner Teil, 14th ed., 1987, p. 476 ff.; Lange/Schiemann (fn. 2) 435 ff.; Oetker/MüKo (fn. 2) § 253, no. 13.

〔4〕 See Protokolle der Kommission für die zweite *Lesung des Entwurfs des Bürgerlichen Gesetzbuchs*, Vol. Ⅱ (1897) 1247, Mugdan, fn. 13, p. 517.

〔5〕 See N. Jansen, *Tagespolitik*, *Wertungswandel und Rechtsdogmatik*-Zur Reform des Schadensersatzrechts 2002, JZ 2002, 964, 967 f. for further details.

〔6〕 See Cf. H. A. Fis Cher, *Der Schaden nach dem Bürgerlichen Gesetzbuche für das Deutsche Reich* (1903) 299 f.

得怀疑。[1] 实际上，在 1975 年的一个判决中，德国联邦最高法院认为，在上述情形的案件中，不可能判处“真正”意义上的精神损害赔偿。相反，受害人只被判予“象征性”的赔偿金，数额相当少。[2] 然而，人们普遍认为，这种情况令人无法容忍。因此，自 20 世纪 90 年代起，法院对受害人的损害评估采用客观标准。相应地，人们认为人格的丧失是一种无形的损失，不管受害人是否认识到其遭受的损害，都应该获得填补性损害赔偿。[3] 第三，在受害人本身非常富有的情况下，赋予受害人购买补偿性乐趣的权利之观念在论证上也难以成立。在 1955 年，此类案件促使德国联邦最高法院重新思考精神损害赔偿的性质。[4] 在那份很不明确的判决中，德国联邦最高法院认为，精神损害赔偿服务于两个目标，除了填补受害人所遭受的痛苦之外，还考虑让加害人向受害人赔罪，抚慰其痛苦。[5] 但是一直以来，“抚慰金”这一术语的含义都是模糊的。[6] 虽然法院早就强调过为痛苦和疼痛判处的损害赔偿金不是一种惩罚手段，但是许多学者将抚慰金理解为在损害赔偿法中引入了一种惩罚因素。[7] 为了维护德国侵权法不能具有惩罚性的传统观点，拉伦茨教授提出了规范利益损失的概念。他认为将慰抚金理解为在侵权责任法中引入了惩罚因素，没有考虑到这种规范利益损失的可能性。并且，拉伦

---

〔1〕 See E. Lorenz, *Schmerzensgeld für die durch eine unerlaubte Handlung wahrnehmungs-und empfindungsunfähig gewordenen Verletzten*? in: P. Hanau/E. Lorenz/H. – C. Matthes (eds.), *Festschrift für Günther Wiese* (1998) 261, 269 ff.; C. – W. Canaris, *Gewinnabschöpfung bei Verletzung des allgemeinen Persönlichkeitsrechts*, in: H. – J. Ahrens/C. von Bar/G. Fis Cher (eds.), *Festschrift für Erwin Deutsch* (1999) 85, 102 f.

〔2〕 See BGH (16 December 1975 – Ⅵ 175/74) NJW 1976, 1147, 1148. 该案判处的 30,000 马克的损害赔偿金，远远低于诸如截瘫之类的严重伤害案件通常判处的赔偿金数额。

〔3〕 See BGHZ (13 October 1992 – Ⅵ 201/91) 120, 1, 4 ff., 7; Lorenz (fn. 15) esp. 32 ff., 67 ff., 93 ff., 104, and passim.

〔4〕 See Cf. BGHZ (6 June 1955 – GSZ 1/55) 18, 149, 157, 159; BGHZ (29 November 1994 – Ⅵ 93/94) 128, 117, 120 ff.

〔5〕 See H. Stoll in: A. Tunc et al. (eds.), *International Encyclopedia of Comparative Law*, Vol. Ⅺ/8, Consequences of Liability: Remedies (1986) no. 10, 92 ff.

〔6〕 See U. Stein in: MüKo (3rd ed. 1997) § 847, no. 3 f.; E. Deutsch, *Allgemeines Haftungsrecht* (2nd ed. 1995) no. 907.

〔7〕 See Stoll (fn. 1) *Haftungsfolgen*, 199 ff., 206 ff.; Müller (fn. 7) passim; B. – R. Kern, *Die Genugtuungsfunktion des Schmerzensgeldes-ein pönales Element im Schadensrecht*? AcP 191 (1991) 247 ff.

茨教授认为,在德国损害赔偿法中,这种规范利益根深蒂固。[1] 虽然德国联邦最高法院明面上不承认侵权责任法具有报复的意思,[2]但是德国法院通过将主观权利的保护作为一种独立的请求损害赔偿的理由,接受了规范利益损失这一概念。[3] 这种观点仍然没有超出维护加害人和受害人之间平衡这一观念的范畴。因此,该观念也与强加惩罚无关。套用英国普通法的术语,人们可以将这些损害理解为“加重的”损害:这些损害赔偿金并不是像惩罚性赔偿那样,为了“让陪审团感到震惊的行为”设定的,而是为了“让原告感到震惊的行为”设定的。[4]

近年,德国关于公法惩罚和私法填补之间关系的法学理论使这一观点更加清晰:虽然有些法院直到20世纪80年代才认识到,对受害人的抚慰也可以通过刑罚惩罚来实现,[5]但是德国联邦最高法院现在明确认为,不能基于加害人已经根据刑法被判处刑罚这一理由,减少受害人根据私法接受抚慰的权利。[6]

(2)侵害人格权的情形:抚慰重于填补?

在保护主观权利过程中形成的规范利益,为理解侵害个人隐私而做出的损害赔偿判例奠定了概念之基础。在这种情况下,德国联邦最高法院也

---

〔1〕 See K. Larenz, *Lehrbuch des Schuldrechts*, Vol. Ⅰ, Allgemeiner Teil, 14th ed., 1987, p. 476 ff.; H. Oetker in: K. Rebmann & F. J. Säcker & R. Rixecker (eds.), *Münchener Kommentar zum BGB* (MüKo) 5th ed., 2007, § 253, no. 13.

〔2〕 See BGHZ (29 November 1994 – Ⅵ 93/94) 128, 117, 124.

〔3〕 但是,德国法院一直拒绝将精神损害赔偿再做进一步的细分。See BGHZ (6 June 1955 – GSZ 1/55) 18, 149, 157; BGH (6 December 1960 – Ⅵ 73/60) Versicherungsrecht (VersR) 1961, 164 f.; BGHZ (29 November1994 – Ⅵ 93/94) 128, 117, 123 f. 有一种可能就是,德国联邦最高法院试图避免将赔偿痛苦和疼痛的损害赔偿金误解为惩罚性的,进一步的详细讨论,See N. Jansen in: M. Schmoeckel/J. Rückert/R. Zimmermann (eds.), *Historisch-kritischer Kommentar zum BGB* (HKK) Vol. Ⅱ (2007) § § 249 – 253, 255, no. 149。

〔4〕 See Cf. J. Fleming, *The Law of Torts* (9th ed. 1998) 274.

〔5〕 See OLG (Oberlandesgericht, Appellate Court) Celle (12 June 1968 – 9 U180/67) JZ 1970, 548; OLG Düsseldorf (12 March 1974 – 4 U 120/73) NJW 1974, 1289; OLG Stuttgart (6 October 1988 – 14 U 2/88) VersR 1989, 1150, 1151.

〔6〕 See BGHZ (29 November 1994 – Ⅵ 93/94) 128, 117, 122 ff.; confirmed in BGH (16 January 1996 – Ⅵ 109/95) NJW 1996, 1591.

一贯认为，抚慰比填补性的金钱赔偿更加重要。[1] 但是，基于德国侵权法仅具损害填补功能的传统观念，德国联邦最高法院认为，人们不应该将抚慰理解为一种客观的附属于损害填补观念的惩罚。相反，这种赔偿金判决成了一种恢复受损权利的手段。[2] 因此，应当根据受害人受到安慰的利益，特别是受害人的社会地位、侵害隐私的强度，来评估加害人应当支付的损害赔偿金数额。[3]

但是，自从 1994 年关于卡洛琳公主人格权被侵害第一案判决以来，[4] 德国联邦最高法院已经运用了一种和德国侵权责任法传统完全不同的损害赔偿计算方法。在卡洛琳公主人格权被侵害第一案中，黄色期刊基于经济利益的动机，侵害了具有很高知名度的受害人的人格利益。德国法院认为，传统的损害评估方法无法确保防止此类侵权行为的发生，因为德国法院根据传统方法判处的填补性损害赔偿金远远低于加害人因此类侵权行为所能够获得的利益。但是，对于德国联邦最高法院在卡洛琳公主人格权被侵害第一案中所运用的新的损害赔偿计算方法，学界则有完全不同的解读。有德国学者认为，应当将这种新的强调预防的观点解释为具有惩罚性。[5] 也有德国学者从维护德国侵权法传统的角度出发，认为这种方法同样没有改变损害填补的目标，相反，其目标仍然是恢复当事人之间被破坏了的平衡，因为德国法院判处的损害赔偿金数额是根据加害人侵害受害人权利后获得的利益来评估的。在这里，填补性损害赔偿和加害人以牺牲受害人权利为代价所获得的利益是相对应的。绝对不能让一个故意利用他人人格权谋取

---

〔1〕 See BGHZ (14 February 1958 – I 151/56) 26, 349, 353 (Herrenreiter); BGHZ (18 March 1959 – Ⅳ 182/58) 30, 7 17 f. (Catarina Valente); BGHZ (19 September 1961 – Ⅵ 259/60) 35, 363, 366 ff. (Ginseng); BGHZ (15 November 1994 – Ⅵ 56/94) 128, 1, 15 (Caroline I).

〔2〕 See BGH (5 March 1974 – Ⅵ 228/72) VersR 1974, 756, 757 (Rauschmittel I); BGHZ (15 November 1994 – Ⅵ 56/94) 128, 1, 13 (Caroline I).

〔3〕 See BGHZ (14 February 1958 – I 151/56) 26, 349, 356 ff. (Herrenreiter); BGH (1 December 1981 – Ⅵ 200/80) NJW 1982, 635, 636 f. (Böll/Walden); BGH (22 January 1985 – Ⅵ 28/83) NJW 1985, 1617, 1619; BGHZ (13 October 1992 – Ⅵ 201/91) 120, 1, 6 f.; BGHZ (30 January 1996 – Ⅵ 386/94) 132, 13, 27 f. (Lohnkiller).

〔4〕 BGHZ (15 November 1994 – Ⅵ 56/94) 128, 1 ff.

〔5〕 See P. Müller, *Punitive Damages und deutsches Schadensersatzrecht* (2000), 266 ff., 277 ff.; I. Ebert, Pönale Elemente im deutschen Privatrecht (2004) 496 ff.

利益的人有这样一种认识，即社会能够允许他保留此类利益。因此，人们仍然能够在填补性损害赔偿和/或恢复原状的框架内解释这种损害赔偿请求权。[1] 还有一些学者主张，恢复原状请求权，诸如《德国民法典》第821条（不当得利条款），尤其是《德国民法典》第687条第2款（无因管理），为这些判决提供了一个比侵权责任法更好的解释。[2]

（3）侵害知识产权时的损害赔偿金计算方法：纯粹的损害填补？

根据德国法，知识产权（版权、专利权、注册的设计和商标权）人在其知识产权受到侵害后，有权在三种不同的损害计算方法中选择一种主张损害赔偿。[3] 一是赔偿包括丧失的利润在内的实际损失。二是在实际损失很难评估的情形下，受害人可以不主张实际损害的赔偿，而是要求加害人赔偿利用其权利而应支付的一个适当数额的许可费，即使受害人在一开始并没有任何授予加害人许可证的意愿，也可主张该许可费。三是受害人有权要求追缴被告通过不法侵害其权利所获得的利润。[4] 这些规则最初是在19世纪产生的判例法的基础上产生的，现在绝大部分都被吸收到制定法中。[5] 德国联邦最高法院认为，这三种损害计算方法和传统的赔偿一笔单一金额的赔偿金不同。[6] 因为后两种新的损害赔偿计算方法显然和传统的关于损

---

〔1〕 See Nils Jansen and Lukas Rademacher, *Punitive Damages In Germany*, in Helmut Koziol, Vanessa Wilcox (eds.), *Punitive Damages: Common Law and Civil Law Perspectives*, Springer Wien NewYork, 2009, p. 82.

〔2〕 See C. -W. Canaris, Gewinnabschöpfung bei Verletzung des allgemeinen Persönlichkeitsrechts, in: H. -J. Ahrens/C. von Bar/G. Fischer (eds.), *Festschrift für Erwin Deutsch* (1999) 85 ff.; H. P. Westermann, Geldentschädigung bei Persönlichkeitsverletzung-Aufweichung der Dogmatik des Schadensrechts, in: I. Koller/J. Hager/M. Junker (eds.), Einheit und Folgerichtigkeit im Juristischen Denken (1998) 125, 134 ff., 144 f.; detailed U. Amelung, Der Schutz der Privatheit im Zivilrecht (2002) 192 f., 226 ff., 289 ff. with further ref.

〔3〕 See Jansen/HKK (fn. 2) §§ 249-253, 255, no. 116 ff., further ref. within.

〔4〕 See H. Lange, G. Schiemann, Schadensersatz (3rd ed. 2003) 10, 356 ff. with further ref.

〔5〕 See § 97(1) Urheberrechtsgesetz (Copyright Act); § 42(2), 45 Geschmacksmustergesetz (Design Act); § 139(2) Patentgesetz (Patent Act); § 24(2) Gebrauchsmustergesetz (Utility Model Act).

〔6〕 See BGHZ (8 October 1971 - I 12/70) 57, 116, 118 (Wandsteckdose Ⅱ); BGHZ (22 April 1993 - I 52/91) 122, 262, 264 ff. (Kollektion Holiday).

害赔偿的差异理论不符。[1] 差异理论是德国传统的损害赔偿评估方法。根据差异理论，加害人应当支付的损害赔偿金数额就是受害人在侵权行为发生前的财产数额与侵权行为发生后的财产数额之差。

如何从理论上解说这两种新的损害赔偿计算方法？学者们之间又产生了争议。有人认为这两种新方法和传统的损害填补完全不同，具有惩罚性。也有学者坚持从维护传统的立场出发，认为尽管目前的法律赋予受害人主张远高于其实际损失的损害赔偿金的权利，但是据此得出这种损害赔偿具有惩罚性的结论，是错误的。[2] 相反，受害人的金钱损失必须根据法律规范来评估，即使在受害人的财产平衡表上没有有效的扣除额，如果他被剥夺了某项属于他的权利，他也遭受了损害。[3]

虽然人们可以说这些规则将一系列损害赔偿联系在一起，关于不当得利和无因管理的法律也和《德国民法典》上的典型概念存在差别，但是权利人的损害赔偿请求保持了其非惩罚性的恢复原状之特征。只要一个损害赔偿主张能够被解释为一种恢复当事人之间的平等，它就不能服务于一种惩罚的目的。[4]

(4)无因果关系的责任：是否具有惩罚性？

在20世纪，德国法院必须对根据案件事实判决加害人对不是其行为导致的损害承担责任看起来具有正义性的案件作出判决。关于德国音乐著作权中介协会的案件[5]为这一方法提供了一个典型案例。德国音乐著作权

---

〔1〕 因此，德国联邦最高法院将这描述成通过法官造法或者习惯法对差异理论的一种修正。See BGHZ (8 May 1956 - I 62/54) 20, 345, 353 (Paul Dahlke); BGHZ (14 February 1958 - I 151/56) 26, 349, 352 (Herrenreiter); BGHZ (8 October 1971 - I 12/70) 57, 116, 119 (Wandsteckdose Ⅱ).

〔2〕 See P. Müller, Punitive Damages und deutsches Schadensersatzrecht (2000) especially (esp.) 101 ff.

〔3〕 See RGZ (8 June 1895 - I 13/95) 35, 63 (head note), 71 (Ariston). 关于已经分配的主观权利概念以及对该主观权利的剥夺意味着一种直接的经济损失之观念。See N. Jansen, Die Struktur des Haftungsrechts. Geschichte, Theorie und Dogmatik außervertragli Shiel Ansprüche auf Schadensersatz (2003) 476 ff., 516 ff. with further ref. See also R. Neuner, Interesse und Vermögensschaden, AcP 133 (1931) 277, 283 f., 307 ff.

〔4〕 See Nils Jansen and Lukas Radema, *Punitive Damages in Germany*, in Helmut Koziol, Vanessa Wilcox (eds.), Punitive Damages: Common Law and Civil Law Perspectives, Springer Wien NewYork, 2009, p. 82.

〔5〕 See Gesellschaft für musikalische Aufführungs-und mechanische Vervielfältigungsrechte (Society for Musical Performing and Mechanical Reproduction Rights).

中介协会是代表其成员（作曲家、诗人和音乐出版商）利益、为这些版权人收取特许使用费的版权集体代理人。根据该判决，侵害音乐作品的版权之人除了向德国音乐著作权中介协会支付其应支付的损害赔偿金之外，还必须支付与前述损害赔偿金数额相同的额外金额。[1] 德国法院如此判决的理由是，德国音乐著作权中介协会为保护其成员的版权，必须实施成本高昂的监控行为，加害人对此应当承担一定比例。虽然加害人的侵权行为并不是导致这笔费用发生的原因，但是这并不妨碍要求其赔偿这笔费用。[2] 德国法院强调，从经济分析的角度看，必须认为这些成本与案件中需要填补的损害存在直接关联性。在这些案件中，要求被告对这些费用承担责任的原因始终是以矫正正义为基础的，或者认为被告应当对案件中的预防措施负责，至少间接如此，或者被告最终从原告支出的这些费用中受益了，因此被告应当承担一个公平的比例。[3] 比较而言，人们可以认为，要求合法的用户支付这笔费用是不公平的，但是德国联邦最高法院认为要求侵权行为人支付部分该费用具有合理性。然而，尽管有各种各样的建议，但是德国联邦最高法院拒绝将前述观点扩张到其他领域。[4] 因此，商场和超市不能转嫁其监控防止装扮成顾客的小偷的成本。[5]

另外，在德国还有一个赔偿为了减轻损害而采取预防措施的判例。根据这一判例法，受害人除了主张赔偿其实际损失外，他还有权主张加害人赔偿其事前为了挽回加害人导致的损害而支出的所有费用。[6] 代表性的案例

---

〔1〕 See KG (Kammergericht, Appellate Court for Berlin) (2 September 1937 – 27 U 1911/37) Archivfür Urheber-und Medienrecht (Ufita) 11 (1938) 55, 57; KG (19 January 1939 – 27 U 3233/38) Ufita 12 (1939) 194, 196; BGHZ (24 June 1955 – I 178/53) 17, 376, 383; BGHZ (10 March 1972 – I 160/70) 59, 286.

〔2〕 See U. Loewenheim, *Schadensersatz in Höhe der doppelten Lizenzgebühr bei Urheberrechtsverletzungen?* JZ 1972, 12, 14 f. with further ref.

〔3〕 See BGHZ (10.5.1960 – Ⅵ 35/59) 32, 280, 284 f.

〔4〕 该判例法没有被扩张适用至其他侵犯版权的案例。See BGH (9 March 1966 – Ib 36/64) Gewerblicher Rechtsschutz und Urheberrecht (GRUR) 1966, 570, 572; BGHZ (22January 1986 – I 194/83) 97, 37, 49 ff. (Filmmusik); Oetker/MüKo (fn.2) § 249, no. 192 ff., 196 ff. with further ref.

〔5〕 See BGHZ (6 November 1979 – Ⅵ 254/77) 75, 230, 231 ff., 233 f. (also on the differences to the GEMA case law).

〔6〕 See RGZ (30 November 1910 – I 433/09) 74, 362, 364 f.; BGHZ (10 May 1960 – Ⅵ 35/59) 32,280 ff.

是一家有轨电车公司不仅获赔了其受损的机车损失,而且在交通事故发生时已经准备好要更换的缆车的更换费用也获得了赔偿。[1] 在所有这些案件中,一个共同的特点就是:被告要对不是其侵权行为导致的损害承担责任。[2] 乍一看,这种加害行为和要赔偿的损害之间根本不具有因果关系,这种做法不仅与传统的损害填补原则不符,也与个人责任的观念不合,个人责任要求加害人的行为是受害人损害的必要条件。但是,迄今为止,还没有一个德国学者就此给出一个全面的解释。

(5)逾期履行赔偿义务的罚金是否属于私法惩罚

为了鼓励债务人尽快履行支付赔偿金的义务,所有的金钱债务人在迟延履行期间,必须根据《德国民法典》第 288 条第 1 款支付利息。该迟延履行债务的利率要高于年基础利率 5 个百分点。根据《德国民法典》第 288 条第 2 款的规定,如果双方当事人都是商人,没有消费者的话,该迟延履行债务的利率要高于基础利率 8 个百分点。该规则的立法目的很容易理解,即不应当让债务人在其商业伙伴那里获得比从银行贷款更加有利的地位。[3] 只要该迟延履行债务的利息没有超过通常的市场利率,人们很乐意将它看作填补债权人因被排除对这部分资本的使用而产生的损失,从而免除债权人证明其因债务人迟延支付这笔金钱而遭受的损失的义务。但是,根据损害填补原则,如果迟延履行的利息之利率超过了银行的平均利率,那么债权人就不能就该超过部分要求债务人赔偿。基于这一结论,有德国学者认为,《德国民法典》第 288 条规定了一种惩罚性赔偿的形式。[4] 也有德国学者反对这种惩罚性的理解。他们认为,该条款是以剥夺不属于债务人的利益之恢复原状理念为基础的。立法者之所以选择这一构想,是因为要求债务人

---

〔1〕 See BGHZ (10 May 1960 – Ⅵ 35/59) 32, 280 ff.

〔2〕 See H. Niederländer, *Schadensersatz bei Aufwendungen des Geschädigten vor dem Schadensereignis*, JZ 1960, 617 ff.; Lange/Schiemann (fn. 2) 299 ff. Nevertheless, the rationale of these judgments intuitively appears equitable; they are accepted throughout Europe: Stoll (fn. 1) Remedies, no. 24; Magnus (fn. 1) 5 f., 216 f. with further ref.

〔3〕 See BT-Drucks. 14/1246, 5; U. Huber, *Leistungsstörungen*, Vol. Ⅱ (1999) 70 ff. with further ref.

〔4〕 See C. Schäfer, *Strafe und Prävention im Bürgerlichen Recht*, AcP 202 (2002) 397, 413 f.

支付按照市场利率计算的利息将导致法律的不确定性。[1]

(6)因歧视应支付的损害赔偿金是否属于私法惩罚?

如果不探讨一下关于歧视(特别是根据劳动法)应支付的损害赔偿金的话,关于这一话题的讨论将不会圆满。根据《德国一般平等待遇法》(Allgemeines Gleichbehandlungsgesetz)第15条第1款第1项和第2款第1项的规定,雇主必须为因诸如种族、性别、宗教信仰、意识形态、年龄或性取向等非法的理由被拒绝给予某职位的可能雇员遭受的物质的和非物质的损失支付损害赔偿金。该《德国一般平等待遇法》及其前身《德国民法典》第611a条是为了贯彻欧共体第二号法律而制定的。但是,德国议会不得不对《德国民法典》第611a条作出两次修正,因为欧共体的法律委员会认为第一次修改后的规则没有充分地贯彻指令的目标。[2] 尤其是其最初的立场是,被歧视的申请人仅仅能够对其在遭受歧视过程中支出的邮资及其他申请费用请求赔偿。欧盟的法律委员会要求对申请人支付更高的损害赔偿金。他们认为该可能的责任应该真正具有遏制性,不能仅仅具有象征性地支付一点钱。[3] 因此,根据德国现行司法实践中的判决,因歧视应支付的损害赔偿金不能通过赔偿实际损害的损害填补概念得到合理的解释。[4]

有德国学者认为,试图在传统的损害填补框架内,以对机会丧失[5]或者非物质损害的赔偿[6]来解释该损害赔偿金,并不完全令人信服。根据欧盟法的要求,甚至那些从来就没有获得一个严肃的被雇佣的机会的完全不合格的申请人,如果因为歧视被拒绝录用,他们也有权利请求一笔远远超过

[1] See Nils Jansen and Lukas Rademacher, *Punitive Damages in Germany*, in Helmut Koziol, Vanessa Wilcox (eds.), *Punitive Damages: Common Law and Civil Law Perspectives*, Springer Wien NewYork, 2009, p. 83.

[2] See the reference in G. Thüsing in: *MüKo* (5th ed. 2007) § 15 AGG, no. 3.

[3] See Esp. ECJ 14/83, von Colson and Kamann [1984] ECR (European Court Reports) 1891 ff.

[4] See M. Volmer, '*Punitive Damages*' *im deutschen Arbeitsrecht*? Betriebsberater (BB) 1997, 1582, 1583 among others.

[5] See Cf. G. Wagner/N. Potsch, *Haftung für Diskriminierungsschäden nach dem Allgemeinen Gleichbehandlungsgesetz*, JZ 2006, 1085, 1095 f.

[6] See BAG (Bundesarbeitsgericht, Federal Labour Court) (14 March 1989 - 8 AZR 447/87) NJW 1990, 65 ff.; BAG (14 March 1989 - 8 AZR 351/86) NJW 1990, 67 f.

人格权受侵害的情况下通常能够获得的赔偿金的巨额赔偿金。因此,这种制裁主要服务于一个规范目的:惩罚雇主实施的反社会行为。当然,人们必须将该条款看作构成德国损害赔偿法基础的损害填补原则的一个重要例外,因为它并非德国私法上固有的规范,而是欧盟法律委员会和欧洲议会强加给德国法的一种例外规定。[1]

3. 西班牙民法学界:关于私法惩罚的争论

西班牙侵权法目前的主流理论学说仍然坚持传统的理论,支持侵权责任规则不应当承担惩罚功能,而应当将其功能限制在损害填补。[2] 比如,潘塔莱昂(F. Pantaleón)教授是西班牙最有影响力的侵权法学者之一,他致力于证明传统理论的正确性,在解释侵权责任的唯一规范功能就是损害填补方面作出了特别的努力。[3] 和其他许多法学家一样,潘塔莱昂教授承认侵权责任可能会影响个体的行为,因为人们几乎不能区分被告是在缴付罚款还是在支付损害赔偿金,在这种意义上,被告所知道的就是,他的钱没有了。但是,潘塔莱昂教授坚持认为,这是侵权法第二位的、间接的功能,几乎是侵权责任毫无意义的、也未必会发生的副作用,绝不是侵权法律制度的规范功能。[4] 因此,害怕承担责任和害怕支付损害赔偿金可能会对个体的行为产生影响。但是,当法院认为应当否定被告的行为时,西班牙侵权责任规则并不允许法院在个案中判处超过实际损害数额的损害赔偿金。相应地,当法院认为应当鼓励被告的行为时,也不允许法院判处少于实际损害数额的损

〔1〕 See Nils Jansen and Lukas Rademacher, *Punitive Damages in Germany*, in Helmut Koziol, Vanessa Wilcox (eds.), *Punitive Damages: Common Law and Civil Law Perspectives*, Springer Wien NewYork, 2009, p. 83.

〔2〕 F. García Serrano, *El daño moral extracontractual en la jurisprudencia civil*, *Anuario de Derecho Civil* (ADC) (1972) 834 ff.

〔3〕 F. Pantaleón, *Cómo repensar la responsabilidad civil extracontractual* (*También la de las Administraciones Públicas*), in: J. A. Moreno Martínez (ed.), *Perfiles de la Responsabilidad civil en el nuevo milenio* (2000) 439 – 465 and in F. Pantaleón, *Comentario al artículo* 1902, in: C. Paz-Ares et al., *Comentario del Código civil* (1991) 1971 – 2003.

〔4〕 F. Pantaleón, *Cómo repensar la responsabilidad civil extracontractual* (También la de las Administraciones Públicas), in: J. A. Moreno Martínez (ed.), *Perfiles de la Responsabilidad civil en el nuevo milenio* (2000), 443 and M. Martín-Casals, *Notas sobre la indemnización del daño moral en las acciones por difamación de la LO* 1/1982, in: Asociación de profesores de Derecho civil, *Centenario del Código civil* Ⅱ (1990) 1246.

害赔偿金。[1] 总之,在主流法学理论中,西班牙最著名的侵权法学家都持这种观点。在案例法方面,法院也明确支持这种正统的观点。[2]

但是,在过去的40年中,对于侵权责任在西班牙法律体系中的功能,西班牙的法律学者们进行了激烈辩论。偏离主流理论的少数学说观点认为,为了矫正某个人的行为,法律制度利用刑法(有时候也利用行政法)来惩罚该个体,利用民法来填补因其行为遭受损害的人的损害。事实上,关于侵权责任应当承担何种功能(损害填补、损害预防等)的问题,早在20世纪80年代就被提出来了,但是,这个问题引起人们的广泛关注则是多年以后的事情了。仔细研究那些一般性地对这个问题展开讨论的著作或论文,我们很容易发现其受到普通法和经济分析法律方法的双重影响。[3] 这些著作或论文试图指出,侵权责任规则传统的损害填补功能具有局限性,人们不应当忽视这些规则的损害预防功能。在这场学术大辩论中,主要问题之一是西班牙侵权法中是否已经存在惩罚性赔偿金,或者西班牙侵权法中是否应当引入惩罚性赔偿金。受普通法和法律的经济分析方法的启发,少数学者认为,西班牙法律体系中的侵权责任已经包含了一些惩罚因素,并且应当承担更多的损害预防功能。

但是,持传统观点的学者对于这些非主流观点的反驳意见是:和民事责任规则的损害填补功能相反,刑事责任规则的目标是惩罚行为人,教育行为人及社会上其他的人不要再去实施该种行为。正如潘塔莱昂教授解释的那样,这种立场是建立在以下观点之基础上的:(1)行为人没有过失或故意,就

---

[1] F. Pantaleón, *Cómo repensar la responsabilidad civil extracontractual* (También la de las Administraciones Públicas), in: J. A. Moreno Martínez (ed.), Perfiles de la Responsabilidad civil en el nuevo milenio (2000), 444.

[2] STS (Supreme Court decision) 7 November 2000 (Repertorio de Jurisprudencia Aranzadi-Westlaw (RJ) 9911), 7 December 1995 (RJ 9268) or SSTS 8 – V – 1999; F. Reglero Campos, Conceptos generales y elementos de delimitación, in: F. Reglero Campos (ed.), Tratado de responsabilidad civil (3rd ed. 2006) 75 or P. Grimalt Servera, La protección civil de los derechos al honor, a la intimidad y a la propia imagen (2007) 146. Pedro del Olmo, *Punitive Damages in Spain*, in Helmut Koziol, Vanessa Wilcox (eds.), *Punitive Damages: Common Law and Civil Law Perspectives*, Springer Wien NewYork, 2009, p. 137.

[3] See Del concepto de daño. Hacia una teoría general del Derecho de daños (1981) 742 ff. (Universidad Autónoma de Madrid). See P. Salvador Coderch/M. T. Castiñeira Palou, Preveniry castigar (1997).

不能强加刑事责任。正如一句谚语所述:没有责任就没有犯罪,没有责任就没有刑罚。但显而易见的是,行为人没有过错也可能被强加民事责任(如无过错责任)。而且,刑法对于过错采主观标准,而西班牙侵权法则根据客观标准——也就是在民事责任中适用的善良家父标准来确定过错。(2)刑事责任基本上取决于被告人的行为,但是民事责任则取决于被告人的行为引发的损害。因此,存在应当承担刑事责任却没有引发实际损害的情形,但是不存在没有引发实际损害却需要承担民事责任的情形。(3)刑事责任必须由行为人本人承担(比如被告人的继承人无须继承被告人支付刑事罚款的义务),不能由保险公司承保。在追究这种违法行为的过程中,法律也不允许通过协议解决。但是在追究民事责任的过程中,可以由当事人协商解决。[1]

除了上述浓缩了刑法和民法之间区别的原则,也有其他一些观点支持传统理论。主要如下:

第一,公民在被追究刑事责任时享有非经正当程序不被追究的宪法权利。当向国家缴付罚款,或者向其他公民支付惩罚性赔偿金(也是一种罚款)时,也同样适用正当程序规则。[2] 而且,(1)不管是称之为刑事责任还是民事的惩罚性赔偿责任,支付一定数额的金钱作为惩罚的义务之构成要件,必须由法律事先明文规定。这就是罪刑法定原则。(2)规定罚款或者惩罚性赔偿金的规则,由于都具有惩罚的本质,故而不能具有追溯效力。(3)不能针对同一个不法行为实施两次惩罚(不管是刑事惩罚还是民事惩罚)。这就是一事不再理原则。(4)宪法上规定的无罪推定在所谓的民事惩罚中也必须适用。[3]

---

[1] See Pedro del Olmo, *Punitive Damages in Spain*, in Helmut Koziol and Vanessa Wilcox eds., Punitive Damages: Common Law and Civil Law Perspectives, Springer Wien NewYork, 2009, p. 138.

[2] F. Pantaleón, *Cómo repensar la responsabilidad civil extracontractual* (También la de las Administraciones Públicas), in: J. A. Moreno Martínez (ed.), *Perfiles de la Responsabilidad civil en el nuevo milenio* (2000), 441.

[3] F. Pantaleón, *Comentario al artículo* 1902, in: C. Paz-Ares et al., *Comentario del Código civil* (1991), 1971. M. Martín-Casals, *Notas sobre la indemnización del daño moral en las acciones por difamación de la LO* 1/1982, in: Asociación de profesores de Derecho civil, *Centenario del Código civil* II (1990) 1258 ff.

第二,如果原告最终收到了超过其实际损害的赔偿金,很难避免会有认为原告系不正当地获得财富的反对意见。[1]

第三,支持传统观点的法学家们经常强调,《西班牙刑法典》第 139 条规定,通过实施犯罪行为获得的收益应当没收。而且,有些法学家也明确表示,西班牙法院应当更多地适用这一条款。[2]

第四,当要求故意侵害原告权益的被告支付一大笔损害赔偿金的时候,我们无须将这一事实解释为侵权责任规则的一种惩罚性特征,例如我们无须考虑是因为被告的行为具有更大的可归咎性才判处这么一大笔损害赔偿金的。如果故意侵害他人权益导致原告遭受的损害(非金钱损害)比过失侵权导致的损害(非金钱损害)更大,可以解释为:当原告知道被告对他的侵害是故意而为时,其因此遭受的心灵痛苦和疼痛比被告过失侵害其权益要大。[3] 佩德罗·德奥莫认为,这种情况也可以如此解释,即故意侵权导致的精神损害对原告的个人福利及其正义感产生影响。

第五,在西班牙关于惩罚性赔偿的讨论中,另一个具有一定普遍性的观点是以《西班牙民法典》第 1107 条为基础提出来的。《西班牙民法典》第 1107 条虽然包含在债务法的一般条款中,但是许多西班牙学者认为该条也可以适用于侵权责任法。根据《西班牙民法典》第 1107 条,在债务不履行的案件中,过失不履行债务的“诚实信用”的债务人(非故意不履行其债务的

---

〔1〕 F. Pantaleón, *Cómo repensar la responsabilidad civil extracontractual* (También la de las Administraciones Públicas), in: J. A. Moreno Martínez (ed.), *Perfiles de la Responsabilidad civil en el nuevo milenio* (2000), 441. M. Martín-Casals, *Notas sobre la indemnización del daño moral en las acciones por difamación de la LO* 1/1982, in: Asociación de profesores de Derecho civil, *Centenario del Código civil* Ⅱ (1990) 1256 ff.

〔2〕 F. Pantaleón, *Comentario al artículo* 1902, in: C. Paz-Ares et al., *Comentario del Código civil* (1991), 1972; X. Basozabal, *Método triple de cómputo del daño: la indemnización del lucro cesante en las leyes de protección industrial e intelectual*, ADC (1998 - Ⅲ) 1297. Cf. F. Herrero-Tejedor, *Honor, intimidad y propia imagen* (2nd ed. 1994) 304. Pedro del Olmo, *Punitive Damages in Spain*, in Helmut Koziol and Vanessa Wilcox eds., Punitive Damages: Common Law and Civil Law Perspectives, Springer Wien NewYork, 2009, p. 139.

〔3〕 M. Martín-Casals, *Notas sobre la indemnización del daño moral en las acciones por difamación de la LO* 1/1982, in: Asociación de profesores de Derecho civil, *Centenario del Código civil* Ⅱ (1990), 1266; F. Pantaleón, Comentario al artículo 1902, in: C. Paz-Ares et al., Comentario del Código civil (1991), 1971; M. Martín-Casals/J. Feliú, *The Protection of Personality Rights against Invasions by Mass Media*, in: H. Koziol/A. Warzilek (eds.), *Persönlichkeitsschutz gegenüber Massenmedien* (2005) 332.

人)有义务赔偿在该义务确立时应当预见或者已经预见的损害。但是故意不履行债务的债务人有义务赔偿"因其不履行行为导致的全部损害"。有些学者早就主张,正如《西班牙民法典》第1107条的文义所表明的那样,债务人责任的内容取决于债务人是否故意不履行其债务。类似的,非合同责任的内容也取决于被告的行为在道德上的可归咎性。按照这些学者的观点,这一事实表明了西班牙的侵权法制度具有某些惩罚性特征。尽管如此,这并不是一个不可反驳的结论:首先,在侵权责任案件中适用《西班牙民法典》第1107条本身并不容易,也并非毫无争议。[1] 其次,人们也可以认为,包含在《西班牙民法典》第1107条中的规则是在表明,当某人故意导致损害的时候,对法律上因果关系的判断可以延伸得更远。[2] 这是因为故意导致损害本身永远是不受人欢迎的,相反,过失导致损害则通常是行为自由偶然产生的"副产品"。[3]

如前所述,在西班牙学者关于惩罚性赔偿的辩论中,一些以现行法律为基础提出来的观点早就认为西班牙侵权法中存在某些惩罚性因素,这些观点绝大多数都是由支持侵权法具有惩罚功能或者至少具有预防功能的学者提出来的。[4]

西班牙法中有一些关于如何评估损害赔偿金的特别规则,相关理论观点有时存在两个潜在的问题:一是如何确定非金钱损害的金钱价格,二是如何区分非合同责任规则和不当得利规则。

1. 西班牙法对荣誉、隐私和肖像的保护

支持侵权责任规则具有预防和惩罚功能的学者在其论证中经常提到的法律条款之一,是西班牙1982年5月颁布的一部叫作(*Ley Orgánica*)法律

---

〔1〕 F. Pantaleón, *El sistema de responsabilidad contractual*, ADC (1991 - Ⅲ) 1023 ff., who explains that art. 1107 CC can only be applied to contractual settings.

〔2〕 M. Martín-Casals, *Indemnización de daños y otras medidas judiciales por intromisión ilegítima contra el derecho al honor*, in: P. Salvador Coderch (ed.), *El mercado de las ideas* (1990) 394; Martín-Casals/Feliú (fn. 13) 332.

〔3〕 Pedro del Olmo, *Punitive Damages in Spain*, in Helmut Koziol and Vanessa Wilcox eds., Punitive Damages: Common Law and Civil Law Perspectives, Springer Wien NewYork, 2009, p. 140.

〔4〕 F. Reglero Campos, *Conceptos generales y elementos de delimitación*, in: F. Reglero Campos (ed.), *Tratado de responsabilidad civil* (3rd ed. 2006) 83 f. 这种观点在西班牙是一种少数说。

第 9.3 条,该条将荣誉、个人及家庭隐私、肖像纳入民法保护的范围。根据该法第 9.3 条,“任何情况下,只要存在损害,人们就可以推定非法侵害成立。填补性的损害赔偿将包括精神损失。这些损失的数额将根据案件的具体情况和加害行为导致的实际损害的严重程度来确定。为了实现这一目的,如果该侵权行为是通过媒体实施的话,那么应当考虑该媒体的发行情况或者其听众数量;侵害行为人通过该侵害行为所获得的利益也应当纳入考虑范围”。该条最后一句值得特别注意。在该法刚颁布后的那几年,有些法学家将第 9.3 条理解为一种立法者试图在《西班牙侵权法》中针对非法侵害他人人身权利而引入一种民事制裁或者甚至是一种惩罚性赔偿的手段。[1]

佩德罗 · 德奥莫认为,上述观点中有些是贸然提出来的,并没有对其内涵进行深入研究。他认为,在某种程度上,这些学者强调第 9.3 条中所提出的并且从侵权法损害填补功能的角度看是相当奇怪的东西,无疑具有正确性。但是佩德罗 · 德奥莫也认为,这些学者的结论并不正确。佩德罗 · 德奥莫认为,值得大家关注的是那些认为该法第 9.3 条包含了惩罚性赔偿因素的学者马上发现,该法第 9.3 条需要修正,需要限制其适用条件。他还认为,人们可以将该法第 9.3 条最后一句视为一种侵权责任法包含了不当得利的制度。持这种观点的理由如下:

第一,该法第 9.3 条是将“损害的严重程度”作为一种在评估损害赔偿金数额时必须考虑的条件之一。如前文所述,这一因素强调的是法院判处的赔偿金的损害填补特征,因为其数额取决于被害人实际遭受的损害而不是被告行为的严重程度。

第二,当该法第 9.3 条提到不法实施侵害原告人身权的人所获得的利益的时候,其目的是努力防止侵害人保留因其不法行为而获得的任何利益。立法者试图迫使侵害行为人返还其通过侵害行为可能获得的任何利益,并不必然意味着该法第 9.3 条创造了一种私法上的制裁,其所做的仅仅是使

[1] J. J. López Jacoiste, *Intimidad*, *honor e imagen ante la responsabilidad civil*, in: Homenaje a J. B. Vallet de Goytisolo, Ⅳ (1988) 618; Pedro del Olmo, *Punitive Damages in Spain*, in Helmut Koziol and Vanessa Wilcox eds., Punitive Damages: Common Law and Civil Law Perspectives, Springer Wien NewYork, 2009, p. 141.

受害人重新获得侵权人以自己为代价而获得的不正当利益。人们也可以将该法第9.3条解释为,在西班牙法律体系中,确实存在一种没收公司或者其他主体利益的制裁措施。这种制裁措施类似于《西班牙刑法典》第138条针对个人的没收。

第三,除了与宪法规定的正当程序权有关的问题外,如果人们认为该法第9.3条创造了一种私法制裁措施的话,那么他们将会发现他们面前存在许多很难克服的障碍。其中最主要的障碍是,法律不能惩罚任何行为时没有过错的人。一方面,如果人们将该法第9.3条适用于代理人侵害被害人人身权的案例,就可能出现法律惩罚行为时没有过错的人的后果。因为在这种案件中,尽管被代理人自己不一定存在过错,但是他可能会因为代理人的行为而受到惩罚。另一方面,如果将该法第9.3条适用于两个或两个以上的人承担连带责任的案件,也会出现这样的后果,因为没有任何理由认为,当某人侵害了受害人的人身权时,所有这些应当承担连带责任人的过错总是相同的。

第四,如果该法第9.3条的目标是损害预防的话,那么人们将不得不承认该条文确立的规则设计得不怎么好。这是因为被告故意实施的、应当承担责任的非法侵害某人人格权的行为,并不必然导致其要支付一大笔损害赔偿金。而一个设计得好的法律规则应当产生这样的结果,即如果被告故意实施一个应当承担责任的非法侵害某人人格权的行为,他就应当支付一大笔损害赔偿金。而根据该法第9.3条最后一句,一个应当受到谴责的行为可能获得的是一个数额相当小的赔偿判决,因为加害行为人所获得的利益是损害赔偿金的数额的考虑因素,而不是其行为的严重程度。

第五,一个设计良好的惩罚性赔偿规则应当将加害人的财产状况考虑在内,因为这样的法律规则对他后续的赔偿行为将会产生更好的影响,但是该法第9.3条却没有考虑这一点。[1]

---

〔1〕 M. Martín-Casals, *Indemnización de daños y otras medidas judiciales por intromisión ilegítima contra el derecho al honor*, in: P. Salvador Coderch (ed.), *El mercado de las ideas* (1990) 394; Pedro del Olmo, *Punitive Damages in Spain*, in Helmut Koziol and Vanessa Wilcox eds., Punitive Damages: Common Law and Civil Law Perspectives, Springer Wien NewYork, 2009, p. 144.

至于判例法，最高法院适用该法第9.3条的判决与前述观点相一致，并且认为侵权责任规则的功能仅是损害填补。[1] 必须强调的是，最高法院甚至在某一场合曾解释说，该法第9.3条试图防止加害人获取不正当利益，一个判决如果是以防止加害人重复实施加害行为为其理论基础的话，是和前述法令第9.3条相冲突的。[2]

西班牙的法学家们认为，允许追缴加害人通过实施侵权行为获得的利益，有助于原告证明其所遭受的利益损失。该方法秉持的理念是，如果加害人通过使用原告知识产权的行为而获得了利益，那么权利人自己也可以这样做。对该规则做这种理解，与侵权责任的损害填补功能相一致。并且，该方法解决了在工业产权和著作权侵权案件中公认的权利人举证证明侵权行为给其造成的损失非常困难的问题。

在西班牙，尽管研究该条款的法学学者还不算很多，但是，关于侵权责任规则的功能之辩论还没有理由作出重大改变，因为该规则仍然为人们支持侵权责任规则的损害填补之本质提供理由。[3]

2.《西班牙商标法》中的两个特殊条款

在2001年修订的《西班牙商标法》中引入了两个特殊条款，这两个条款都与侵权责任规则的功能之辩论有关。一是《西班牙商标法》第43.5条，该条规定："法院认定权利被侵害的商标权人无须提供任何损害的证据，即可要求加害人支付其通过非法使用商标权人商标标识的商品所获利益的百分之一的损害赔偿金。而且，如果商标权人能够证明侵权行为给其造成了更大的损害的话，该商标权人也可以主张更大数额的损害赔偿金。"总的来说，法学专家们都是通过减轻权利人证明其所失利益的举证责任来论证该条款的正当性。二是《西班牙商标法》第44条，该条规定："在任何情况下，当法院禁止商标侵权行为时，侵权人在法院禁令规定的日期之内不履行的，每迟延一天，法院应当判处600欧元的损害赔偿金给商标权人。"《西班牙商标

[1] Pedro del Olmo, *Punitive Damages in Spain*, in Helmut Koziol and Vanessa Wilcox eds., Punitive Damages: Common Law and Civil Law Perspectives, Springer Wien NewYork, 2009, p. 143.

[2] STS 7 December 1995 (RJ 9268).

[3] See Pedro del Olmo, *Punitive Damages in Spain*, in Helmut Koziol and Vanessa Wilcox eds., Punitive Damages: Common Law and Civil Law Perspectives, Springer Wien NewYork, 2009, p. 147.

法》将该赔偿金称为“矫正屡教不改的加害行为而判处的特别赔偿”。但是,西班牙法学家们已经强调过,这是一种惩罚、制裁措施,只不过这笔相当于罚款的钱不是支付给国家,而是支付给个人而已。[1]

3. 西班牙法上的福利附加费

坚持认为西班牙民事责任法具有某种惩罚性或者说至少具有预防性特征的学者们也提出过一种建议,该建议以“福利附加费”的社会保障法机制为基础。[2]《西班牙社会保障法》第123条规定:无论何时,只要工伤事故或者职业病是由机器设备及其配件导致的,是在法律法规规定应当配置却没有设置预防设备的活动中心或者工作场所发生的,或者是因为在这些预防设备不可用的情况下发生的,或者是因为员工违反了安全和卫生习惯、基本的安全设施或者员工的岗位配置的适当性发生的,所有随该工伤事故或者职业病支付的福利上浮30% ~50%,具体上浮幅度依据加害人的过错之严重程度确定。雇主对前述条款下的工伤事故或者职业病直接承担责任,不得购买保险转嫁该责任,也不得通过协议转嫁或者免除该责任。任何转嫁或者免除该责任的协议无效。

本条规定的责任独立于雇主可能承担的任何其他责任,雇主在承担了其他责任(不管是刑事责任或者其他法律责任)后,针对该行为仍然可能承担该责任。《西班牙社会保障法》第123条的规定构成了一种雇主必须支付的附加费,该附加费增加了雇员在遇到工伤事故或者患职业病时所能获得的福利。在实践中,雇主向社保基金支付一大笔钱,这笔钱是根据确保雇主能够周期性地向受伤员工支付这笔福利的标准来计算的。[3]

这种福利附加费似乎具有双重属性,因为如果人们从受害人受领该笔

---

〔1〕 C. Fernández-Nóvoa, *Tratado sobre Derecho de marcas* (2nd ed. 2004) 510; M. Lobato, *Comentario a la Ley* 17/2001 de marcas (2002) 705; S. Ferrandis González et al., *Comentarios a la Ley de Marcas* (2002) 206; C. González Bueno, *Comentarios a la ley y al reglamento de marcas* (2003) 435.

〔2〕 See P. Salvador, *Punitive Damages*, InDret 2000, 4.

〔3〕 J. Mercader Uguina, *Indemnizaciones derivadas del accidente de trabajo.* Seguridad social y Derecho de daños (2001) 141.

费用的角度看，该福利附加费具有填补性。[1] 但是，如果人们考虑下列因素的话，该福利附加费似乎又具有惩罚性：一是强加该制裁措施的是政府，因此该福利附加费类似于西班牙法上的行政处罚。二是该福利附加费不具有可保险性。三是该福利附加费制度的最终结果是受害人获得一笔高于其所遭受的实际损害的费用。[2]

这些相互矛盾的特征导致劳动法学者们对此进行了长时间并且激烈的争论，至今都未能得出一个明确的结论。[3] 因此，有些学者认为该福利附加费是一种惩罚措施，而另外一些学者则认为它是一种填补性的损害计算方法，还有些学者则认为其性质不明确。至于西班牙法院判例的态度，长期以来西班牙法院受学者之间的争论影响，但是，在 2000 年 10 月 2 日作出的判决中，西班牙最高法院的态度有所变化。最高法院在该判决中指出，《西班牙社会保障法》第 123 条的目标是激励雇主采纳社会保障法规定的安全措施，因此，该附加福利费不能从工伤事故或者职业病的受害人已经获得的赔偿金中扣除。最高法院的这一观点受到许多法学家的批评。显然，人们对最高法院的判决观点产生了激烈的争论，但如果人们考虑到这份判决是西班牙最高法院法官根据 9∶7 的多数观点作出的，当然包含了少数不同意见，那么这些争论也就不足为怪了。

要正确理解附加福利费的性质，人们就应该考察该制度的历史。该制度的历史资料表明，立法者最初创立附加费的目的是让其承担一种损害填补的功能。

正如许多其他欧洲国家的法律制度一样，人们最初将社会保障制度视

---

〔1〕 As explained by A. Desdentado/A. de la Puebla, *Las medidas complementarias de protección del accidente de trabajo a través de la responsabilidad civil del empresario y del recargo de prestaciones*, in: B. Gonzalo González /M. Nogueira Guastavino, *Cien años de Seguridad Social* (2000) 655. The same idea is stated in J. López Gandía/J. F. Blasco Lahoz, *Curso de prevención de riesgos laborales* (3rd ed. 2003) 215.

〔2〕 See Pedro del Olmo, *Punitive Damages in Spain*, in Helmut Koziol and Vanessa Wilcox eds., Punitive Damages: Common Law and Civil Law Perspectives, Springer Wien NewYork, 2009, p. 148.

〔3〕 See Pedro del Olmo, *Punitive Damages in Spain*, in Helmut Koziol and Vanessa Wilcox eds., Punitive Damages: Common Law and Civil Law Perspectives, Springer Wien NewYork, 2009, p. 149.

为一种与雇主的过错无关的损害填补制度,对雇员最终能够获得的损害赔偿金作出最高额限制,并排除普通民事诉讼程序的适用。这些制度设计平衡了雇员和雇主双方的利益,雇员能够从该制度中获益,因为严格的责任承担使雇主赔偿金的支付更为快捷和容易。而雇主则能够依据有最高限额的责任以及雇员不能依据普通民事诉讼程序主张损害赔偿得到好处。1890 年颁布的《西班牙工伤事故法》就引入了一种类似制度。但是,根据《西班牙工伤事故法》建立的福利附加费使其更加类似于在没有安全设施的情况下使用机器导致的、因雇主过失引发工伤事故的情况下涉及的损害赔偿金。[1]

另外,值得指出的是,1890 年的《西班牙工伤事故法》中并没有针对因不安全的机器设备引发的事故规定行政制裁措施,因此在当时并不存在一事不再理原则的问题。[2] 附加福利费的损害填补性质在当时似乎是清楚的,但是随着时间的推移,附加福利费的损害填补性质开始发生了变化。西班牙法上的侵权责任法制度逐渐发展出了更多的强加严格责任和强制保险的法律,这一趋势未曾改变,法院越来越多地作出被告承担事实上的严格责任的判决。[3] 在这种新背景下,人们逐渐认为适用于雇主的受最高额限制的责任制度不再具有正当性。这就是西班牙 1966 年制定前述社会保障法的原因,该法使附加福利费和普通的侵权诉讼并存。由此可见,附加福利费最初的损害填补性质不断隐藏不见,其惩罚性特征变得越来越

---

〔1〕 See Pedro del Olmo, *Punitive Damages in Spain*, in Helmut Koziol and Vanessa Wilcox eds., Punitive Damages: Common Law and Civil Law Perspectives, Springer Wien NewYork, 2009, p. 149. A. Desdentado, *El recargo de prestaciones y el complejo de Robin Hood*, Diario La Ley (January 2008); F. Reglero Campos, *Conceptos generales y elementos de delimitación*, in: F. Reglero Campos (ed.), *Tratado de responsabilidad civil* (3rd ed. 2006) 85. For an older opinion, H. González Rebollar, *La Ley de accidentes de trabajo. Estudio crítico de la española de* 30 *de enero de* 1900, *de su reglamento y disposiciones concordantes comparadas con las principales legislaciones extranjeras* (1903).

〔2〕 Pointed out by J. Mercader Uguina, *Indemnizaciones derivadas del accidente de trabajo. Seguridad social y Derecho de daños* (2001) 138.

〔3〕 See Pedro del Olmo, *Punitive Damages in Spain*, in Helmut Koziol and Vanessa Wilcox eds., Punitive Damages: Common Law and Civil Law Perspectives, Springer Wien NewYork, 2009, p. 150.

明显。[1]

另外,有西班牙学者从法律的经济分析视角提出了一套观点。他们的观点总结如下:

第一,那些采信了普通法上关于精神损害观点的学者可能坚持其称之为侵权责任的象征功能的观点。这些学者根据普通法来解释,认为惩罚性赔偿金具有惩罚、预防和象征功能。他们认为,人们可以抵制其惩罚性的功能——正如民法法系国家通常的做法,但是他们不能忽视其预防功能和象征性功能。[2]

第二,这些学者也强调法律制度可以采用不同手段来贯彻实施法律。根据这种观点,有时候在法律上给受害人"装备一种工具",以促进法律制度发挥出其作用,比将促进法律的实施完全依赖于国家机构更好。例如,如果受害人能够很容易地确定加害行为人、能够收集所有加害行为导致的社会损害的证据,一种私人的法律实施机制将是可取的,也将避免社会成本。[3]

综上所述,虽然存在激烈的争论,但是西班牙大多数法学家认为并建议侵权责任规则唯一的规范功能就是损害填补。这些学者们不怀疑侵权责任规则对个人的行为可能产生实际的影响,但是他们将这种影响理解为第二性的、间接的,因此不是规范性的。在西班牙法律学说中,也有一些学者持民事责任的预防功能之观点,但是他们的观点是少数说。在这场辩论中提出的那些具有法律根据的观点是以那些被废除了的法律为基础的,因此所有这些观点都边缘化了。故而,人们很难相信他们能够以这些特殊规则而不是以西班牙法律制度中的一般规则为基础对侵权责任的功能进行反思。

---

〔1〕 See Pedro del Olmo, *Punitive Damages in Spain*, in Helmut Koziol and Vanessa Wilcox eds., Punitive Damages: Common Law and Civil Law Perspectives, Springer Wien NewYork, 2009, p. 150. See J. Mercader Uguina, *Indemnizaciones derivadas del accidente de trabajo.* Seguridad social y Derecho de daños (2001) 160 and F. Reglero Campos (ed.), *Tratado de responsabilidad civil* (3rd ed. 2006) 85.

〔2〕 See Pedro del Olmo, *Punitive Damages in Spain*, in Helmut Koziol and Vanessa Wilcox eds., Punitive Damages: Common Law and Civil Law Perspectives, Springer Wien NewYork, 2009, p. 151.

〔3〕 See Pedro del Olmo, *Punitive Damages in Spain*, in Helmut Koziol and Vanessa Wilcox eds., Punitive Damages: Common Law and Civil Law Perspectives, Springer Wien NewYork, 2009, p. 152.

同理,西班牙学者认为,评估精神损害的困难,或者说区分民事责任和不当得利的困难,似乎不能用来论证抛弃西班牙民事责任法的传统观点即损害填补观点之正当性。但是,允许西班牙法官将被告行为在道德上的可归咎状态纳入损害评估时的考量范围,具有重要意义。在某种意义上,这些观点可以简要概括为:如果刑法根本不能恰当地发挥作用,行政惩罚也不能恰当地发挥作用,那么私法在这点上就必须有所作为。[1] 在任何情况下我们应当强调的是,侵权责任规则的唯一规范功能是损害填补这一观点,并不意味着它是附属于自然法的东西,也不意味着它是立法者不能修改的东西。在宪法的限制下,立法者当然可以根据其想法对法律进行修订。因此,如果立法者想在西班牙引入私法惩罚(制裁),其只要谨慎小心,避免该制度可能引发的问题即可。因为事实是整个西班牙法律制度是建立在侵权责任规则仅具有损害填补功能这一观念之上的,所以,如果一套新的法律制度不能考虑前述这一点,将可能不能和侵权责任法其他部分很好地协调。这或许就是西班牙学界主张民事责任的唯一规范功能是损害填补这一观点的正当理由。[2]

4. 意大利民法学界:主流观点否定惩罚性赔偿的合理性,但也从一些民事特别法条款中推定出私法具有惩罚之目的

意大利的侵权法学家们一致赞同《意大利侵权法》拒绝采纳惩罚性赔偿。[3] 学者们强调,接受非金钱损害赔偿或者更一般地说侵权责任法的惩罚目的,会出现许多"背离常规"之处。例如,虽然完全不同类型的损害赔偿可以由同一个判决作出,但是同一个伤害可能通过(完全)不同的方式获得赔偿。确实,对于交通事故中遭受同样损害的不同受害人,法院必须作出金额方面差别巨大的损害赔偿金判决,当原告被一个一贫如洗的失业人员撞倒,其获得的损害赔偿金数额很低;相反,当原告被一个酒驾的富商撞倒的

---

〔1〕 See Pedro del Olmo, *Punitive Damages in Spain*, in Helmut Koziol and Vanessa Wilcox eds., Punitive Damages: Common Law and Civil Law Perspectives, Springer Wien NewYork, 2009, p. 153.

〔2〕 See Pedro del Olmo, *Punitive Damages in Spain*, in Helmut Koziol and Vanessa Wilcox eds., Punitive Damages: Common Law and Civil Law Perspectives, Springer Wien NewYork, 2009, p. 154.

〔3〕 See G. Miotto, *La funzione del risarcimento del danno non patrimoniale*, RCP 2008, 196 f. See Alessandro P. Scarso, *Punitive Damages in Italy*, in Helmut Koziol and Vanessa Wilcox eds., Punitive Damages: Common Law and Civil Law Perspectives, Springer Wien NewYork, 2009, p. 109.

话,他将可能获得一笔巨额的损害赔偿金。[1]

同样,如果非金钱损害赔偿具有惩罚目的,对于因同一医疗失当行为受到伤害的两个不同的病人,即使两人的年龄和身体健康状况不同,一个人受到的损害很轻微,但另一个人却受到了严重损害,法院判处的损害赔偿金数额也应当相同。而且,惩罚目的与继承法以及合同法中的某些条款不兼容,例如,将支付惩罚性赔偿金的义务移转给加害人的继承人承担、允许责任保险承保惩罚性赔偿责任(特别是故意侵权的情况下),显然都将妨碍其惩罚目的之实现。[2]

最后,如果侵权法具有惩罚目的,那么将会和意大利法院目前在判处生理损害案件时采纳的标准化的经济价值表相冲突,因为这些标准化的经济价值表是以受害人受到的伤害程度以及受害人的年龄为基础建立起来的,而对于加害人的行为及其财产状况则不予考虑。[3]

但是,意大利法学家们也从一些制定法中推断出了其具有惩罚目的。如《意大利工业产权法》第 125 条第 1 款明确规定,在判处填补性损害赔偿金的时候,受害人遭受的消极的经济后果,包括利润损失、加害人通过加害行为获得的利益甚至受害人遭受的痛苦和苦难等都应该纳入考量范围。有些法学家已经指出,这样的规定已经背离了《意大利知识产权法》第 125 条第 1 款规定的损害赔偿应当和受害人遭受的实际损害相一致的原则。特别是该款规定将加害人获得的利益纳入考量范围,意味着该条款明显具有惩罚目的。[4]

---

〔1〕 See G. Miotto, *La funzione del risarcimento del danno non patrimoniale*, RCP 2008, 196 f. See Alessandro P. Scarso, *Punitive Damages in Italy*, in Helmut Koziol and Vanessa Wilcox eds., Punitive Damages: Common Law and Civil Law Perspectives, Springer Wien NewYork, 2009, p. 109.

〔2〕 See G. Miotto, *La funzione del risarcimento del danno non patrimoniale*, RCP 2008, 196 f. See Alessandro P. Scarso, *Punitive Damages in Italy*, in Helmut Koziol and Vanessa Wilcox eds., Punitive Damages: Common Law and Civil Law Perspectives, Springer Wien NewYork, 2009, p. 109.

〔3〕 See G. Miotto, *La funzione del risarcimento del danno non patrimoniale*, RCP 2008, 196 f. See Alessandro P. Scarso, *Punitive Damages in Italy*, in Helmut Koziol and Vanessa Wilcox eds., Punitive Damages: Common Law and Civil Law Perspectives, Springer Wien NewYork, 2009, p. 109.

〔4〕 See Scognamiglio, RCP 2007, 2494; Navarretta, RCP 2008, 505 – 508. See Alessandro P. Scarso, *Punitive Damages in Italy*, in Helmut Koziol and Vanessa Wilcox eds., Punitive Damages: Common Law and Civil Law Perspectives, Springer Wien NewYork, 2009, p. 109.

关于环境侵权责任,《意大利环境保护法》第 314 条第 3 款规定,如果环境不可能恢复到侵权行为发生前的状态,并且加害行为构成了应当判处监禁刑的犯罪,那么被告在服刑期间每天应当向原告支付 400 欧元的损害赔偿金。詹彼得罗(Giampietro)认为,《意大利环境保护法》中的这一条款已经构成惩罚性赔偿条款。[1] 同样,意大利 2006 年 11 月 20 日制定的关于非法窃听的法律第 4 条第 1 款规定,应当根据非法获得的信息资料在地域上以及在主流媒体上的扩散程度来判处损害赔偿金。学者们指出这两类条款就是意大利法上引入的惩罚性赔偿金制度。[2] 当然,也有学者指出,这些条款不是追求惩罚目的,只是减轻了原告对于其遭受的损害的举证责任而已。[3]

(四)大陆法系国家侵权法对惩罚性赔偿的态度小结

总结上述四个传统大陆法系国家侵权法理论界和实务界对惩罚性赔偿的态度,可以引发以下几点思考:

第一,一个国家的侵权法理论和实务受到其最初的理论和立法影响很大。之后的法律改革与发展,离不开最初设定的框架。最初的侵权法立法及其所采纳的理论如果不完善,在若干年后该法律制度很可能会成为阻碍该国侵权法完善的因素。我国 2021 年实施《民法典》摆脱了传统大陆法系国家民法典将侵权责任法局限于债法一部分的体系局限,将侵权责任法单独设置一编,这就给了我们进一步完善我国侵权责任法的机遇,我们应该认真思考:我国目前的债权责任法的基本框架是否合理?支撑该基本框架的基础理论是否完善?这些思考将会为我国制定关于民法典侵权责任编的司法解释,甚至将来进一步修订我国民法典侵权责任编,提供理论支撑。

第二,侵权法甚至私法是否能够被赋予惩罚性,不是一个真理性命题,

---

〔1〕 F. Giampietro, *La responsabilità per danno all'ambiente in Italia: sintesi di leggie di giurisprudenza messe a confronto con la direttiva* 2004/35/CE e con il T. U. ambientale, Rivista giuridica dell'ambiente 2006, 33, art. 314, par. 3, Code of the Environment (CE). See Alessandro P. Scarso, *Punitive Damages in Italy*, in Helmut Koziol and Vanessa Wilcox eds., Punitive Damages: Common Law and Civil Law Perspectives, Springer Wien NewYork, 2009, p. 110.

〔2〕 See Scognamiglio, RCP 2007, 2495. See E. Bargelli, Italy, in: H. Koziol/B. C. Steininger eds., *European Tort Law* 2006 (2008) 300.

〔3〕 See Alessandro P. Scarso, *Punitive Damages in Italy*, in Helmut Koziol and Vanessa Wilcox eds., Punitive Damages: Common Law and Civil Law Perspectives, Springer Wien NewYork, 2009, p. 110.

而是一个具有功利性的政策问题。各国公共政策的制定者可以基于各国的实际情况，做出不同的政策选择。据此，我国《民法典》第 1185 条针对故意侵害知识产权、第 1207 条针对明知产品存在缺陷仍然生产销售造成他人死亡或健康严重受损、第 1232 条针对故意违规污染环境破坏生态造成严重后果三种情形，规定了惩罚性赔偿制度，具有坚实的理论基础，是我国《民法典》的制度创新之一。但是，在逻辑上，我国的惩罚性赔偿制度仍然存在进一步思考完善的空间，比如，我国《民法典》这三个条文都是根据侵害的客体配置的惩罚性赔偿，虽然配置惩罚性赔偿是一个立法政策的问题，但立法政策的确定也是要遵循基础的逻辑和法理基础的。在民法的权利体系中，和知识产权并列的民事权利有人身权、身份权、物权、股权、债权等，我国《民法典》为什么单独将知识产权抽出来配置惩罚性赔偿，故意侵害其他权利的情形为什么不配置惩罚性赔偿呢？

第三，无论是否承认私法惩罚（惩罚性赔偿），各国侵权法理论和司法机关都在打着保护受害人的旗号，以各种名义增加受害人所获得的损害赔偿金。在确定损害赔偿金数额的时候，司法机关会超越损害填补思路，关注的焦点从受害人转向受害人与加害人，导致加害人的主观状态在特定情况下也影响到法院对损害赔偿金数额的确定。这种情况下所确定的损害赔偿，即使没有惩罚性赔偿金之名，也具有了惩罚性赔偿金之实。为了增强侵权损害赔偿判决的说服力，为各类损害赔偿金数额的确定确立各自的考量因素，指引法官裁判案件，指引行为人行为，消除理论上将明明属于惩罚性赔偿的东西解释成填补性损害赔偿的现象，区分填补性损害赔偿和惩罚性赔偿，更具合理性。

第四节　填补惩罚遏制复合论：消除损害填补一元论困境的必然选择

损害填补一元论并非真理性知识，可以并且应当与时俱进，反映社会的政治经济状况。欧洲民法法系国家的侵权责任法上不存在惩罚性赔偿制度的首要原因与其侵权责任法传统上仅具损害填补之功能有关，他们认为，现代侵权责任法的主要功能是填补受害人所遭受的实际损失。[1] 在这些国家的法律制度中,侵权责任法上填补性损害赔偿金的本质和数额取决于受害人遭受的实际损失之大小,不能多也不能少。如果在受害人提起损害赔偿的民事诉讼中法院判决受害人胜诉,应承担损害赔偿责任的人就必须将受害人的情况恢复到损害发生之前的状态,即恢复原状。恢复原状是侵权法的一般原则,在这个意义上,侵权责任法的功能就可以被解释为恢复原状或者损害填补。但是,侵权责任法的损害填补功能并不是如人们想象的那样清楚明确,努力将受害人和社会所遭受的所有损害都做到完全赔偿并不符合社会需要。因此,侵权责任法的主要功能就被人们描述为"决定何时有权要求损害赔偿"。考虑到受害人获得损害填补的权利自动地限制了其他人的行为自由,[2] 因此,应当只有在存在特定理由的情况下,才允许受害人主张填补性损害赔偿金。只要不存在转移损害的特定理由,那么受害人就应当自己承担该损害。[3] 在损害是由受害人的过失和故意导致的情况下,受害人自己承担损害更是理所当然。当然,如果损失是由意外事件导致的,可能也存在转移损害的正当理由。因此,侵权责任法确立了承担这些损失的规则。侵权责任法规定的转移损害的正当理由会随着社会期望和政治诉求的变化而变化,因为侵权责任法和所有其他法律一样,必须反映其所在社会的政治经济状况。[4]

虽然私法上的制裁措施不能简单地和侵权责任法的损害填补功能一一对应,但是,关于侵权责任法功能的认识会随着社会的发展而变化,也会回应社会的期望。而且,侵权责任法深受立法政策的影响,这种影响会导致人们在侵权责任法最流行的方法和路径方面形成不同的观点。[5] 不可否认,

---

〔1〕 See Deakin Simon, Johnston Angus& Markesinis Basil, *Markesinis and Deakin's Tort Law* , Clarendon Press 2008, p. 52.

〔2〕 See Hartlief, T. , *Ieder draagt zijn eigen schade*, Deventer: Kluwer, 1997, p. 18.

〔3〕 See Hartlief, T. , *Ieder draagt zijn eigen schade*, Deventer: Kluwer, 1997, p. 11, referring to Holmes, The Common Law; Deakin Simon, Johnston Angus& Markesinis Basil, *Markesinis and Deakin's Tort Law* , Clarendon Press, 2008, p. 55.

〔4〕 See Hartlief, T. , *Ieder draagt zijn eigen schade*, Deventer: Kluwer, 1997, p. 24; Deakin Simon, Johnston Angus& Markesinis Basil, *Markesinis and Deakin's Tort Law* , Clarendon Press, 2008, p. 10; White, G. E. , *Tort Law in America*, Oxford: Oxford University Press, 2003, p. 61 – 62.

〔5〕 See Van Dam, C. , *European Tort Law*, Oxford: Oxford University Press, 2006, p. 126.

损害填补是侵权责任法传统的、主要的功能。但是,侵权责任法的其他功能也已经为人们所接受,诸如损害分散、预防损害发生、法律实施、宣示权利和报复等。只不过在民法法系国家的制度中,人们将侵权责任法的这些功能视为损害填补附加的附带作用,不能构成侵权损害赔偿判决的特定的理论基础。[1] 所以,即使在民法法系国家,其侵权责任法在损害填补之外,客观上还是发挥了其他社会功能的。因此,主张侵权责任法仅仅具有损害填补一种功能是不准确的。[2] 惩罚、遏制、预防等功能可能不如损害填补功能那么明显,侵权责任法要达到的社会目标是复杂的,损害填补、惩罚、遏制、预防、损害分散等这些功能中的任何一种,都不足成为侵权责任法的唯一目标,侵权责任法的功能应当具有且事实上也表现出了其复合性。例如,即使是典型的大陆法系国家荷兰,其《民法典》第6:104条规定,受害人可以获得加害人因侵权行为所获利益的赔偿,即可作为典型例证表明:侵权责任法除了具有损害填补功能与目标之外还具有其他功能与目标。剥夺加害人因侵权行为所获利益,其目的就在于防止加害人因其违法行为而获得不正当的利益。该制度的核心显然不是主要体现侵权责任法的损害填补功能,而是通过防止加害人因侵权行为获益来遏制为获益而实施的侵权行为。在许多真实发生的案例中,我们可能会发现,受害人所遭受的损害看起来要少于加害人所获得的利益,因此,侵权责任法包含这种抑制、遏制的功能是必要与必然的,否则,就会产生相反的指引作用。

一、损害填补一元论在现代社会面临的困境[3]

随着社会的发展,采损害填补一元论态度的侵权责任法在现代社会面临巨大的困境,主要有以下几个方面:(1)填补性损害赔偿实际上赔偿不足,而赔偿不足导致侵权责任法不仅对受害人救济不足,而且对故意加害行为

---

〔1〕 See Hartlief, T., Ieder draagt zijn eigen schade, Deventer: Kluwer 1997, S. 16 f.; Magnus, U., "*Comparative Report on the Law of Damages*", in U. Magnus ed., Unification of Tort Law: Damages, The Hagus: Kluwer Law International, 2001, p. 185.

〔2〕 See Rogers, W. V. H., *Winfield and Jolowicz on Tort*, London: Sweet & Maxwell, 2006, p. 2 – 3.

〔3〕 本部分内容参考了阳庚德:《私法惩罚论 以侵权法的惩罚与遏制功能为中心》,载《中外法学》2009年第6期。

遏制不力。(2)客观过错说的盛行,加上责任保险的发展,导致侵权责任法上个人责任的衰落和侵权责任法道德归责的丧失。但是,侵权责任法又不可能完全放弃个人责任和道德归责,否则侵权责任法存在的正当性基础让人担忧。(3)公法独占惩罚的存在严重不足、社会过度刑法化危害巨大,导致现代社会存在惩罚遏制多样化与分散化的巨大需求。(4)侵权损害赔偿机制在救济受害人方面的效率远比不上保险支付或者政府救济,如果仅仅将侵权责任法的功能定位为损害填补,将极大地削弱侵权责任法存在的正当性和合理性。

(一)赔偿不足的填补性损害赔偿导致救济不足和遏制不力双重问题

根据损害填补一元论的观点,侵权损害赔偿的目的就是填补受害人的损害,使受害人获得加害人支付的损害赔偿金后,恢复到损害发生前的状态。这就是侵权法中所谓的完全赔偿原则。但是,采纳这种理论的国家的侵权责任法,远没有达到这种完全赔偿的状态。

1. 恢复原状的完全赔偿本身就是一种空想

(1)侵权责任法中存在的平衡性决定侵权法上的利益权衡不可避免

侵权责任法涉及加害人行为自由的维护和受害人权利保障的平衡,侵权责任法中存在的这种平衡性导致侵权责任法重点关注受害人权利保护的同时,还必须关注行为人的行为自由。而且维护行为人的行为自由,不仅涉及人权和人性解放,而且涉及社会创新和经济发展等,这就不得不使侵权责任法对损害赔偿责任进行一定的限制。如德国学者拉伦茨先生认为:“侵权行为法的主要任务在于如何构建法益保护与行为自由之间的矛盾关系”[1]。德国学者福克斯先生介绍:“在1896年时,德国民法典的立法者是将保护行为自由视为其当务之急的法律政策,并对此给予了更多的关注”[2]。虽然一百多年后的今天,侵权责任法所倾向的重点已随着时间的推移而发生了变化,我们不能回避公民对安全的要求以及由此产生的对社

---

〔1〕 See Larenz & Canaris SBT 2 §75 I 1.; s. imubrigen zu den Zwecken des haftungsrechts Deutsch HR S. 68 ff.

〔2〕 [德]马克西米利安·福克斯:《侵权行为法》,齐晓琨译,法律出版社2006年版,第4页。

会安全的需求，人们期待侵权责任法能有助于保障个人的基本生存，并以此建立相应的社会化国家机制，但是正如齐晓琨先生所观察到的那样：不可否认，为了保证人的充分发展，特别是在经济方面充分发挥自己的能力，就不能对他的行动自由做过多的限制。侵权责任法的根本目的在于对侵权行为受害人的保护，这种保护是通过对侵权行为受害人的补偿来完成的，而这种补偿就意味着对侵权行为人财产的剥夺。同时，这种剥夺也意味着，在行为人作出行为之前和之后，客观上都会产生限制他行为自由的结果。所以，应当对这一后果加以限制，以避免经济自由受到侵权责任法不适当的遏制。侵权责任法要解决的问题实际上就是发生的损害应当由谁承担的问题，这时的着眼点就不仅仅是受害人，还要顾及加害人的利益。在德国法上，侵权责任法在保护受害人的同时也有顾及加害人的利益，表现之一就是法律对赔偿责任产生的限制。[1]

法律对赔偿责任产生的限制，主要是通过侵权责任的构成要件实现的。受害人要想向加害人主张损害赔偿请求权，就必须根据民事诉讼法的规定，对法律规定的侵权责任构成要件如加害人实施的行为、加害人实施行为时的过错、受害人的损害、因果关系等进行举证。且不说受害人的举证责任本身就是一个巨大的负担，仅就因果关系本身的模糊性，法院在决定是否支持原告的诉讼请求时，就会诉诸一定的法律政策，把一些所谓的“远因”或“间接因果关系”排除在外，导致受害人不能通过侵权责任制度获得救济。当然，侵权责任法对损害赔偿责任的限制更表现在对可赔偿损害本身的限制上。

(2)侵权责任法上利益权衡导致不可避免地要对可赔偿损害进行限制

侵权责任法上利益权衡的结果是侵权责任法既要考量受害人的受害事实，也要考量加害人的加害行为及其与损害结果之间的因果关系。既要支持受害人合法的请求，也要否定受害人的不合理请求。因此，侵权责任法既是关于损害赔偿的法律，同时也是关于不负损害赔偿责任的法律。正如温菲尔德(Winfield)和乔罗威茨(Jolowicz)指出的那样：“法律授予某人损害

---

〔1〕 参见[德]马克西米利安·福克斯：《侵权行为法》，齐晓琨译，法律出版社2006年版，译者“前言”第2~3页。

赔偿请求权,就意味着法律要求某个人或人的团体实施或不实施某种行为。虽然从比较法的角度看,法律要求被告承担侵权责任的正当理由几乎都是被告具有某种过错,但是,法律不能要求每个人对其任何可称之为'过错'的行为导致的任何损害,都承担赔偿责任。这样说似乎有点自相矛盾,但侵权责任法确实既是一部有关责任的法律,也是一部有关免除责任的法律"[1]。

笔者认为,只有当侵权责任法避免了过分严苛的责任时,才能作为有效率的、有意义的和公正的赔偿体系运行。它不能成为公众心中经济秩序的阻碍因素, 如果侵权责任法不仅将一些经济竞争的正常后果认定为那些失去市场份额的人的"损失",而且认定是"可归责的损失",并强令胜利者赔偿失败者这一损失,就确实会出现扰乱公认的社会经济秩序的情况,因为这将导致市场经济的终结。一个人当然不能欺骗他人或实施其他"违背善良风俗"的行为,但是如果他在没有恶意的情况下终止了一个本来很有希望的合同谈判,或者在未教唆他人违约的情况下利用违约的后果,则他并未违背市场经济的规则。正如巴尔教授所指出的那样:"作为一个为理性所支配的法律,它也不能要求一个行为不谨慎的人对他人因其行为所产生的一切损害,即一切该他人若非因行为人的过失即无须容忍的损害,承担赔偿责任。侵权责任法必须将那些过于'遥远'的损害从其体系中排除出去。"[2]

那么,在具体案件中应该把损害"遥远"的界限定在哪里？巴尔教授研究了整个欧洲的侵权责任法制度后指出:"法律以何种标准确定这一界限各国的发展千差万别。解决这一问题的途径首先在于对损害的概念做详细的解释,因为它是侵权责任法的核心。什么是法律意义上,特别是侵权责任法意义上的损害,几乎没有一个欧洲国家的法典尝试过对此做精确定义。英国法所谓的'损害'始终就是一个需要在个案中加以具体化的概念。如果能在一般意义上使用这一术语的话,它也仅指那些不使人遭受它就已经成为义务内容的不利后果。荷兰新民法典第 6:95 条内容与此接近,该条规定,

---

〔1〕 Winfield & Jolowicz on *TORT*, 17th Edition, by W. V. H. Rogers, M. A, London, Sweet & Maxwell, 2006, p. 3.

〔2〕 [德]克雷斯蒂安·冯·巴尔:《欧洲比较侵权行为法》(下卷),焦美华译,法律出版社 2004 年版,第 1 页。

‘基于法定赔偿义务必须加以赔偿的损害，包括财产损害和其他损失，后者仅限于法律明文规定赋予赔偿请求权的部分’。据此，并不是对所有的相关人员所感知的不利，或者一个理性的、中立的旁观者所认可的损失，在某人对该损失有过错时，就都能赋予损害赔偿请求权。为了尊重上文提到的‘避免过分严苛的责任’规则，所有欧洲国家的法律在第一步就必须将不具有可赔偿性的损害分离出去”[1]。

同样是加害人对受害人造成的不利后果，为什么还要区分可赔偿的损失和不可赔偿的损失？对于那些“不可赔偿的损失”，基于平衡加害人和受害人的利益、避免过于严苛的损害赔偿责任的理由，强迫受害人承担这些损害的话，恢复原状岂不成了一句空话？如果说，这样处理对于过失侵权还具有一定正当性的话，对于故意侵权，这样处理的正当性在哪里？鼓励自由也不应该鼓励故意侵害他人权利和利益吧？

2. 金钱赔偿不是万能的

无论是在侵害财产案件中，还是在侵害人身权案件中，通过损害赔偿使受害人恢复到损害发生前的状态，几乎是不可能做到的。一方面，是因为所得和所失具有主观性，不同的人感受不一样；而损害赔偿的价值确定原则上又只能在加害行为发生后，由当事人以外的他人采取客观标准来评估。这种情况下，该评估损害的人不是受害人本人，他怎能准确评估受害人的真正损害？另一方面，因为对有些损害根本无法评价其金钱价值。例如，就加害人的“所得”而言，加害人通过故意侵害他人所获得的心理满足与愉悦，如何估价？就受害人的“所失”而言，受害人的生命值多少钱？健康又价值几何？精神紧张、精神痛苦又如何换算成赔偿金？丧失机会对一个人一生的影响又如何估价？正如巴尔教授带有讽刺意味地论述道“一个被杀死的人不会遭受任何损害”，这种说法似乎有点嘲讽的味道，然而却是为欧洲各国法律所认可的事实。唯一的例外是，葡萄牙法院的法官认为，丧失生命本身就是一个可以用金钱衡量和加以补偿的损害。但无论如何，致人死亡者都无须再对死者承担任何责任了，倘若不是因为刑法的存在，对于加害人的处境来

[1] [德]克雷斯蒂安·冯·巴尔：《欧洲比较侵权行为法》(下卷)，焦美华译，法律出版社2004年版，第3~4页。

说,致人死亡要比“仅”致人重伤要好得多。因为人死亡的同时丧失了一切权利能力,他不能再以自己的名义提出任何赔偿请求了。私法最后能够为死者所做的不过是不使其姓名遭到践踏,禁止他人将其尸体当作一件财物对待和为其提供一个体面的葬礼,甚至就是丧葬费的补偿问题在法律政策上也不是毫无争议的。纵然我们撇开这个争议不谈,这笔丧葬费也不是由死者获得,而是由死者的继承人或真正承担这笔费用的人获得的。〔1〕

生命和健康的价值无法估量,生命权和健康权被侵害之后,从受害人遭受的损害角度无法获得一个恰当的损害赔偿数额。在这种情况下,侵权责任法是放弃还是坚守对生命和健康的保护?笔者认为,在受害人的损害无法评估而该种权利又十分重要的情况下,侵权责任法除了事后对受害人的损害进行填补外,私法通过对加害人进行惩罚,达到遏制这种可能造成无法挽回的损害的行为发生之目的,也是十分必要的。所以,在这种情况下,可以换个角度,从如何遏制这种行为的角度,在加害人财产上强加一个不利益的赔偿责任,以体现对生命的重视。为了减轻刑法的压力,侵权责任法应该有所作为。

正如巴尔教授所言:“即使我们承认身体或健康损害本身就是损失(生物学上的损害或非财产损失)这一理论,任何法律制度也都不可避免地还必须回答这样一个问题,即一个人健康状况的恶化应达到何种程度,才能使其有权主张损害赔偿。因为,只有当这个恶化构成法律意义上的伤害时,才涉及可赔偿性损害问题。不构成伤害的其他情况(如导致某人产生恐惧感),原则上就是个损失而已,即当事人不能获得赔偿而必须加以忍受的不利后果。”〔2〕

精神损害在什么情况下仅为一些必须忍受的不舒服感,什么情况下构成伤害而必须予以损害赔偿?如果侵权责任法规定,对于受害人任何精神损害都要予以赔偿,一方面加重了加害人的负担,另一方面对于整个社会利

---

〔1〕 参见[德]克雷斯蒂安·冯·巴尔:《欧洲比较侵权行为法》(下卷),焦美华译,法律出版社2004年版,第67~68页。

〔2〕 [德]克雷斯蒂安·冯·巴尔:《欧洲比较侵权行为法》(下卷),焦美华译,法律出版社2004年版,第76页。

益而言也没有什么好处。但是,对于加害人故意导致他人精神痛苦,难道仅仅因为别人认为"不是很痛苦",法律就规定不予赔偿了吗?所以,对于精神损害的评估,不区分故意侵权与过失侵权,很难平衡加害人的自由、社会整体利益和受害人精神安宁的权利。

3. 赔偿不足导致侵权责任法对受害人救济不充分

侵权责任法规定的加害行为人对受害人之赔偿,根本无法达到"恢复原状"的理想状态,受害人通过侵权责任法获得的赔偿根本不足以弥补其损害,也就是说,赔偿不足导致侵权责任法对受害人救济不充分。且不说我国各项损害赔偿如误工费、差旅费等的计算标准偏低,单说律师费等诉讼成本也均被排除在可赔偿范围之内,在很多时候导致当事人即使赢了官司,也输了钱。根据现行侵权责任法制度和实践,大陆法系各国对受害人在诉讼中支付的律师费用,都规定不属于可赔偿的范围。在中国,除了原《最高人民法院关于适用〈中华人民共和国合同法〉若干问题的解释(一)》第 26 条规定了"债权人行使撤销权所支付的律师代理费、差旅费等费用,由债务人负担;第三人有过错的,应当适当分担"以外,其他所有民事诉讼中,当事人聘请律师的代理费用,都不属于可赔偿的范围。同时,随着社会分工的发展,专业也越来越细化,因此,虽然我国从小学就开始开设法律基础知识课程,而且政府也努力推动普法,但是无论如何,我们都不可能期待社会上的每个人都去大学法学院学习,成为法律专业人员。那么,对于那些不懂法律的受害人来说,聘请专业律师代理其参与民事诉讼,维护其合法权利,就是必须的选择。进而,受害人为此支付的律师代理费,也是其损失。因为,如果加害人不实施侵权行为导致其损害,那么受害人就不需要进行该民事诉讼,也就不需要支付该笔律师代理费。值得高兴的是,我国司法机关和仲裁机构最先认识到了这个问题,并作出了积极的回应。例如,中国广州仲裁委员会 2015 年发布的《中国广州仲裁委员会仲裁规则》第 74 条第 3 项规定:仲裁庭有权根据当事人的请求在裁决书中裁定败方补偿胜方因办理案件支出的合理费用(包括律师服务费、保全费、公证费等)。与此同时,广州仲裁委员会又考虑到当时我国法律否定律师服务费属于民事诉讼的可赔偿范围之现实,又在该条第 4 项作出如下限制性规定:胜方要求败方承担其办理案件的律师服务费的,仲裁庭应当考虑案件的裁决结果、复杂程度、代理律师的实际工作量以及案件的争议金额等有关因素予以裁定。双方当事人约定了具体金额且有律师代理的,从其约定,但最多不超过胜诉金额的 15%;双方当事人没有约定的,对实际支出的律师服务费,支持的额度最多不超过胜诉金额的 15%。尽管广州仲裁委员会的仲裁规则关于败方补偿胜方律师费的内容对于中国损害赔偿制度的完善具有重大意义,但遗憾的是,《中国广州仲裁委员会仲裁规则》第 3 条规定的受理范围主要是平等主体的自然人、法人和其他组织之间发生的合同纠纷和其他财产权益纠纷,从字面意义上看,侵权损害赔偿纠纷似乎不属于其受理范围。值得注意的是,2016 年 9 月 12 日我国颁布的《最高人民法院关于进一步推进案件繁简分流优化司法资源配置的若干意见》第 22 条规定:当事人存在滥用诉讼权利、拖延承担诉讼义务等明显不当行为,造成诉讼相对方或第三人直接损失的,人民法院可以根据具体情况对无过错方依法提出的赔偿合理的律师费用等正当要求予以支持。虽然该条对于赔偿合理的律师费作出了诸多限制,并且有些限制条件明显不合理,但是这毕竟是我国最高司法机关承认合理的律师费具有可赔偿性的又一次重大突破,并且该条规定适用于所有的民事纠纷,因此,该条对于我国损害赔偿制度之完善意义深远。这也说明我国司法实务部门认识到了现行损害赔偿理论之不足,并且试图突破现有理论,作出制度上的创新。

除了上述关于损害的评估存在诸多问题,对矫正正义的恢复原状提出挑战外,在诉讼中举证责任的承担对受害人而言也是一个巨大的负担和限制。有时候,受害人明明有损失,但是因证据丢失或者其他原因无法举证,导致其无法获得损害赔偿。即使碰上好运气,因他人的侵权行为受有利益,也被现有的损益相抵制度剥夺得干干净净。另外,我国民事诉讼判决的执行到位率也不高,导致侵权诉讼受害人即使胜诉了,也仅仅是胜诉了,可能并无法实际获得财产。

总之,一旦侵权行为发生了,如果受害人遭受了损害,肯定劳神、费力、耽误时间,而且绝大多数情况下财产会受损,即使赢了官司也会输了钱。为什么受害人处于如此不利的境地,侵权责任法学说还主张填补性损害赔偿能让受害人恢复到“损害发生前的状态”？如果说人们基于社会共同体的团体生活的需要，基于诸如维护行为自由、促进经济发展、激发社会创造力等功利主义的考量，法律强制受害人必须容忍他人的过失侵权行为导致的损害，那么对于他人的故意侵权，法律还强迫受害人处于如此不利地位，其正当性如何证明？

4. 导致大陆法系国家的侵权责任法对故意侵权行为遏制不力

填补性赔偿本身就赔偿不足，加上侵权责任法不认可能够贯彻惩罚遏制功能的惩罚性赔偿制度，导致大陆法系国家的侵权责任法对故意侵权行为遏制不力。采损害填补一元论的侵权责任法制度和学说认为侵权损害赔偿只是一种填补性的责任，其理想状态就是通过损害赔偿金的支付，使得受害人的状态恢复到损害未曾发生过的状态。加害人通过损害赔偿金的支付，消除了其先前行为的不法性。这种学说同时认为，侵权责任法是私法的一部分，不应当赋予其通过惩罚达到遏制不法行为的目的。而如前所述，在侵权责任法律关系中，基于促进社会（经济）发展等功利主义因素的考量，侵权责任法本身在制度设计的时候，行为人自由得到了更多保护。在此基础上，现代社会的法律制度还设计出了各种社会保险制度、强制保险以及商业保险制度，特别是责任保险制度的发展，使加害人承担的侵权责任被转化、分散。再加上大陆法系侵权责任法传统否定惩罚性赔偿的正当性，导致侵权责任法对故意侵权行为遏制不力。

在这种社会背景下，在承认并且正确认识了公法惩罚的弊端后，我们应当如何设置科学的法律惩罚体系，遏制不法加害行为，达到既能够维护行为自由，又能够维护受害人权益之目的？

（二）客观过错说与责任保险背景下侵权责任法如何对待个人道德归责？

1. 客观过错理论对侵权责任法的个人道德归责属性造成巨大冲击

（1）传统侵权责任法上的主观过错论具有强烈的个人道德归责属性

传统侵权责任法理论认为，过错是一种不良的、应受谴责的心理状态，这种对过错的认识被称为主观过错说。主观过错说认为，之所以行为人应当承担责任，最重要的一点就在于其有道德上“应受谴责的”心理状态。主观过错说的哲学基础是什么？王利明教授对此作了追本溯源式的探讨:主观过错说的哲学基础,最早可以追溯到古希腊的斯多葛学派的学说。按斯多葛学派的学说,人类不同于其他动物的特征在于他们具有善恶、是非正义的判断与辨别能力,所有理性的人都应该有判断力。西赛罗指出:“由于人共同具有一种智力,这种智力使人知晓许多事情,并且铭记在心。例如,我们将正直的行为认作善,将不正直的行为认作恶。”对于人类来说,判断力是主要的力量,是真理和善德的共同源泉,因为只有在判断力上人才是自由、自主和自足的。从这种理性判断力出发,古希腊哲学家认为:“各个人之行为既系于其理性的发动,其结果自应归责于其行为人。”而所谓归责系属两方面的:“一方面为褒赏,另一方面为贬罚。”因此,归责应以责任者具有判断力和意志力为前提……在理性哲学中,康德的自由意志理论对19世纪的主观过错说影响最大,此种影响归纳起来有以下几点:第一,过错以自由意志为前提,而某个自由意志的人应对其过错行为负责……所以,康德认为:既然理性是完全自由的,那么个人就应该对他们的行为疏忽(过错)负责。第二,过错是道德的缺陷或道德上的应受非难性。在康德看来,“自由意志与合乎道德的意志只是一件事”。第三,过失应从所谓的理性世界中探讨……第四,法律上的过错是对滥用自由的一种制约,其价值在于协调人们之间的意志与意志自由……毫无疑问,意志自由的哲学对于民法理论产生了重大影响。许多西方学者把个人意志视为法律保护的重点,甚至在这种意志仅仅停留在内心尚没有做出外在行为时,亦应受到保护。[1]

总之,主观过错说的理论前提是:人是有理性的动物,“人能够按照社会的行为规范自觉选择合理的行为并能够通过控制自己的行为而达到控制行为结果的目的;就是说,行为及其结果对意志来说,属于自由的范畴,而不属于必然的范畴”[2]。之所以如此,乃在于人的意志是自由、自在和自足的,人有辨别是非善恶的能力,自我控制的能力。因此,如果有理性的人选择了从事法律和道德所不齿的行为,这是其自由选择的结果,他理应对其错误的

---

〔1〕 参见王利明:《侵权行为法归责原则研究》(修订2版),中国政法大学出版社2004年版,第184~188页。

〔2〕 王卫国:《过错责任原则:第三次勃兴》,中国法制出版社2000年版,第79页。

选择负责。故而,除幼童、精神病者之外,其他智力正常者都有意志自由,都有自己选择和控制自己行为的能力。如果其自愿选择做不该做的事,显然应该受到惩罚,因为这时他主观上是有过错的。

对于传统的主观过错理论具有强烈的道德性,除了应用康德的理性主义哲学来解释外,我们简单回顾一下民法侵权责任法学者们的理论发展脉络就一目了然了。根据伊扎克·恩格拉德的梳理,民法侵权责任法学者们的理论发展脉络如下:

从伟大的自然法学者胡果·格劳秀斯(Hugo Grotius)开始谈侵权责任法的历史是恰当的。在其关于法律的《战争与和平》一书中,格劳秀斯在许多地方断言过错是赔偿义务的基础。因此,在全面依赖亚里士多德的《尼可马亥伦理学》之后,格劳秀斯写道:"纯粹的不幸不应该受到惩罚,也不应该强迫任何人负损害赔偿义务。"侵权行为却既应该受到惩罚,也应该强迫行为人负损害赔偿义务。错误则处于中间状态,要求赔偿但经常不应该受到惩罚,特别是刑罚处罚。

自然法学家中的第二个重要人物是萨缪尔·普芬道夫(Samuel Pufenddorf)。普芬道夫进一步发展了不法行为责任的道德基础,他理论中的一个中心概念是建立在人类理性和自由意志基础上的可归责性。要让致害人承担责任,其行为就必须是可归责的。可归责意味着致害人系故意或过失地实施了某种行为,婴儿和心智不健全的人因为缺乏理性,所以不能要求他们承担责任。过失行为可以分为三类:非常轻微的过失、轻过失和一般过失。非常轻微的过失意味着其行为背离了异乎寻常的小心谨慎之人的行为标准;轻过失也称为没有遵守职业标准;一般过失则是违反普通的注意义务。第一种类别的过失不必要承担不法行为责任。

重要而有影响的理性主义哲学家克里斯蒂娜·沃尔夫(Christian Wolf)(1679~1754)不仅维持了归咎的思想,而且进一步发展了其道德基础。自然法的核心原则就是自我(个性)完善,人们不应该通过伤害妨碍他人的自我完善。但是,规范责任的条件是选择的能力、精神的自由。归咎就是认为一个人的行为是其精神自由的产物。过错导致的损害构成一个可归责的事件,意外事故导致的损害以及由一种不可克服的个人缺陷导致的损害不具有可归责性。因此,对于小孩和心智不健全的人应该免除责任。一个人根据传统的法律显然要为其对他人的行为承担侵权责任的情况,沃尔夫都在个人过错的基础上对这些情况进行了解释。

对 17~18 世纪的思想进行理论化的自然法,为大多数欧洲国家后来的发展奠定了基础,它突出了不法责任的中心问题。以下侵权责任法的功能和建立在自由意志基础上的道德人格思想之间新建立的联系,而自由意志基础上的道德人格思想在侵权责任的框架内奠定了过错责任原则的哲学基础。

在 19 世纪前半叶,道德化的过错原则得到了新建立的后康德主义、历史法学派强有力的支持,其奠基人弗里德里希·卡尔·冯·萨维尼是从某些重要的康德哲学的前提下出发的。虽然萨维尼的法理学和康德哲学之间的准确关系是一个相当复杂的问题,但是毫无疑问,康德的哲学思想影响了萨维尼对法律的理解。根据萨维尼的观点,私法构成了一个有机的、非工具主义的规则体系,其功能在于确保个人基本的自由权利。只有在某个人的自由和其他人的自由发生冲突的情况下,法律的干预才是必要的。私法的目标是创造一个行为自由的范围,在这个自由范围里,个人能够发展其道德本质。萨维尼坚持私法应该将个人看作一种目标本身的思想,私法概念所具有的社会经济功能和萨维尼体系化的法律概念相冲突。萨维尼明确假定法的一般功能应该缩减到人类本质的道德目的,根据他的观点,没有任何正当理由可以以公共福利的名义增加一个经济原则到前面所说的道德原则之上。法律是一个自恰的存在,法律概念天生就具有一种“内在的和永恒的本质”。

在责任的语境下,这种形式方法的重要性集中在导致损害的人类行为的本质。这种行为被认为是一种个人自决的表现,只有当它具有法律上的可谴责性,才有必要承担责任。损害赔偿责任是对滥用个人自由的一种制裁,因此,以法律过错形式存在的可归咎性是承担损害赔偿义务的必要条件。鲁道夫·冯·耶林是 19 世纪德国法学家中的一个具有核心地位且同样具有广泛影响力的人物,他为过错责任原则提供了历史的正当理由,将过错责任原则看作一个永恒的真理。按照耶林的观点,古代法确立的严格责任情形是原始概念的表现,即一种未发生前无人知晓结果的责任。在古代社会关注的是受害人,而不是致害人的人格。因此,致害人的无辜是不相关的,或者至少他的罪过被认为通过致害行为的发生得到了证明。[1]

人类花了相当长的时间才发展出在法律上承认个人过错的思想,在各个领域贯彻过错原则是罗马法特别了不起且持久不衰的优点。在侵权责任领域,(从其惩罚特征的观点看)过错一直是一个重要的因素,法律朝着对过错概念作更主观理解的方向发展。因此,在古典时期更为发达的法律中,罗马法免除了精神上无能力的人的责任。耶林认为,罗马法上严格责任的例外情形,或者是先前文化时期的制度被时代精神淘汰之前的残留物,或者是建立在特殊的公共实用性理由之上。总之,耶林的结论被假定为是从法律史的进化模式中推断出来的,其结论如下:除了过错导致的损害外,任何损害都不能强制行为人承担损害赔偿义务;因此,没有过错就没有赔偿。

(2)过错客观化对侵权责任法的个人道德归责提出了巨大挑战

过错无论是否区分为故意或过失,其原意均应当是指行为人的一种主观心理状态,刑法上关于故意过失的定义清楚地说明了这一点。然而,从世界范围的侵权责任法实践来看,却不是维持这种具有个人道德归责性的主观过错论。根据笔者掌握的资料,虽然过错在侵权责任法中依然具有重要地位,但是各国侵权中对过错如何认定这样至关重要的问题,除奥地利侵权责任法外,无论是大陆法系还是英美法系或混合继受法系国家的侵权责任法,都已经偏离了传统对加害人主观心态的评价,而采取客观的评价立场,即所谓"过错客观化"。[2] 如英美法系上的"negligence",其主要含义之一指的就是这种偏离一般理性人标准的(侵权)行为,而非主观心态上的疏忽大意。大陆法系国家的侵权责任法也基本走上了过失客观化的道路,[3]并且,这种过失客观化的倾向很多时候甚至被称作"过错的客观化",对应的词

---

〔1〕 See Izhak Englard, *The Philosophy of Tort Law*, Dartmouth Publishing Company, 1993, p. 93 – 96.

〔2〕 See P. Widmart et al., *Unification of Tort Law: Fault*, Kluwer Law International, 2005.

〔3〕 [德]克雷斯蒂安·冯·巴尔:《欧洲比较侵权行为法》(下卷),焦美华译,法律出版社 2001 年版,第 302 页。

语是相对于“主观过错”的“客观过错”。[1]

根据客观过错理论,不以行为人实施加害行为时的主观状态判断过错的有无,而是根据一个外在于加害人的既定标准如“善良家父”或“理性之人”的标准来判断加害人实施加害行为时是否存在过错。当一个“善良家父”或“理性之人”处于与加害人相同的状态下,应该实施和加害人不同的行为或以不同于加害人的方式实施行为,以避免损害的发生,那么,加害人就存在过错,进而应当承担损害赔偿责任。至于加害人本人的主观心理状态,原则上已经不予考虑。因此,侵权责任法原有的道德性基本上灭失了,加害人的责任能力也不再具有重要意义了。在这种情况下,个人道德归责衰落,有些侵权责任法学者甚至提出“过错死亡”。[2]

但是,侵权责任法真的应当完全放弃个人道德归责吗?答案恐怕是否定的。因为如果侵权责任法完全放弃了个人道德归责,而将侵权责任法完全定位成救济受害人的一种机制,侵权责任法存在的正当性会受到来自保险、行政补偿的巨大挑战。因为从成本效益角度看,对于救济受害人而言,保险和行政补偿机制的效率比侵权责任法机制更高,成本更低。

2. 保险法和社会法的发展对侵权责任法的个人责任提出了巨大挑战

侵权责任法规范的任务在于确定最终由导致损害发生的加害人和承受损害的受害人之中的哪一个人来承担该损失:是“所有人自吞苦果”,损失应当停留在它发生的地方,即该损失应当由受害人自己承受,还是要将该损失从受害人处转移到加害人身上,即由加害人来承担该损失。当然,侵权责任法强制将受害人承担的损失转移给加害人必须基于一定的正当理由才可以归责,否则不应当对损失进行移转。传统侵权责任法一般通过过错来说明转移损失的合理性,即在行为人的过错造成他人损失时,应当以自己的财产来补偿受害人的经济损失。并且,如前所述,基于过错承担侵权责任的制度带有强烈的个人道德归责属性。

---

〔1〕 代表性的论述参见张民安:《过错侵权责任制度研究》,中国政法大学出版社 2002 年版相关部分。

〔2〕 参见胡雪梅:《“过错”的死亡——中英侵权法宏观比较研究及思考》,中国政法大学出版社 2009 年版。

但是在现代社会,保险的发展对侵权责任法也产生了巨大的冲击。19世纪末,美国中产阶级开始为自己购买保险;德国、英国在最为紧迫的工伤事故领域发展出了社会保障制度,并后续扩展到其他领域,此两国的模式受到各国欢迎。到现在,在西方国家,各种保险的发展使得至少在人身伤害案件中个人对个人的赔偿已经成为特例,损失大多由保险基金来承担,即把损失以保险费的方式分配给了相关的所有投保人。[1] 第一方保险和责任保险这些制度,都致力于对已发生的损失进行分散,尽可能减少损失对单个个体的打击,即通过保险可以将损失转移给由大量被保险人构筑的风险池,后者实际上作为"有给付能力的债务人"发挥作用。[2] 这种制度的理论根据在于,在工业社会中,侵权发生的损害不再源于个人过错,而是日常经济过程中的必然结果,因此应当由社会而非个人来承担损失,即现代侵权责任法不再是私人之间矫正正义的体现,相反,损失应当在社会中进行分散。[3] 因此,现代损失赔偿法发展的方向就在于将损失移转到某一能够承担损失而又不会受到严重影响的主体,而这种主体主要是指那些连带共同关系保险人。就此,在本来的损害赔偿法之上又叠加了将损害再行转嫁给有给付能力的债务人这一复杂体系。[4]

在这种情况下,人们对侵权责任法的整体理解发生了转变,外国有学者甚至提出加害人及其过错行为不再是关注重点,相反,许多学者认为优先考虑对受害人的赔偿才是侵权责任法的目标。[5] 我国有学者也提出应当以救济法为中心来建构我国的侵权责任法体系。[6]

但是,现代社会真的能够无视加害人的主观状态,无论是故意侵权还是

---

〔1〕 参见刘凯湘、曾燕斐:《论侵权法的社会化——以侵权法与保险的关系为重点》,载《河南财经政法大学学报》2013 年第 1 期。

〔2〕 参见刘凯湘、曾燕斐:《论侵权法的社会化——以侵权法与保险的关系为重点》,载《河南财经政法大学学报》2013 年第 1 期。

〔3〕 参见刘士国:《现代侵权损害赔偿研究》,法律出版社 1998 年版,第 27 页。

〔4〕 See Dieter Medicus, *Schuldrecht I: Allgemainer Teil*, Beck Juristis Verlag, 2006, 15. Aufl., Rn. 582.

〔5〕 参见[美]格瑞尔德 · J. 波斯特马主编:《哲学与侵权行为法》,陈敏、云建芳译,北京大学出版社 2005 年版,第 9 页。

〔6〕 参见王利明:《我国侵权责任法的体系构建——以救济法为中心的思考》,载《中国法学》2008 年第 4 期。

过失侵权,保险公司都能够同等地予以赔偿吗?目前多数国家的普通责任保险制度对此是持否定态度的,如《德国保险契约法》第 152 条和第 153 条的规定。[1] 在美国,就商业性的责任保险而言,“预期到的或者故意伤害属于除外责任。因此,如果被保险人故意伤害第三人则不属于保单的承保范围”[2]。结合我国《保险法》第 27 条第 2 款和第 65 条第 4 款,我国的责任保险之标的也将故意侵权责任排除在外。实践中,普通责任保险也都把故意致人损害作为除外责任。[3] 学界的通说认为,我国的责任保险不能承保故意侵权责任,[4]即使在某些特别情况下承认故意侵权导致的损害赔偿责任可投保,也会同时规定保险公司在支付了受害人补偿金后,有权对故意加害人追偿。无论是否定故意侵权导致的损害赔偿责任的可投保险,还是认可其可投保性的同时授予保险公司追偿权,最终的结果都是故意加害人应当对其故意加害行为导致的后果承担责任。换句话说,故意侵权导致的损害赔偿责任不能像过失侵权那样,由保险机制分散给社会来承担,否则会给社会带来巨大的道德风险,即“公共政策要求保险人不承保故意侵权行为所引起的赔偿责任”[5],因为“如果允许保险人承保加害人故意行为所产生的责任,将会引发道德风险,不符合社会公益与道德准则”[6]。

---

[1] 参见刘宗荣:《新保险法:保险契约的理论与实务》,中国人民大学出版社 2009 年版,第 331 ~ 332 页。

[2] [美]贝纳德 · L. 威布等:《商业保险》,于小东、英勇译,北京大学出版社 2003 年版,第 170 页。

[3] 例如在中国平安财产保险股份有限公司的《平安董事、监事和高级管理人员责任保险条款》第 8 条中,“投保人、被保险人及其代表的故意行为、不诚实行为、欺诈行为或重大过失”被列为除外责任的第 1 项;中国人民财产保险股份有限公司的商业《机动车第三者责任保险条款》中,对“被保险人或驾驶人的故意行为造成的损失”,保险人不予赔偿;在交强险条款中,尽管在“被保险人故意制造交通事故”造成受害人需要抢救的情况下,保险人需要在医疗费用赔偿限额内垫付,但对于垫付的抢救费用,保险人有权向致害人追偿。对被保险人故意制造交通事故导致的抢救费用以外的损失,保险人不负责赔偿。参见张俊岩:《风险社会与侵权损害救济途径多元化》,载《法学家》2011 年第 2 期。

[4] 参见邹海林:《责任保险论》,法律出版社 1999 年版,第 56 页;刘金章主编:《现代保险理论与实务》,清华大学出版社、北京交通大学出版社 2009 年版,第 273 页;李玉泉主编:《保险法学——理论与实务》,高等教育出版社 2007 年版,第 6 页;魏华林、林宝清主编:《保险学》,高等教育出版社 2006 年版,第 21 ~ 22 页。

[5] Russell B. Wuehler, *Rethinking Insurances' Public Policy Exclusion: Californias' Befuddled Attempt to Apply an Undefined Rule and a Call for Reform*, 49 UCLA L. Rev. 651 (2001), p. 672.

[6] 魏华林、林宝清主编:《保险学》,高等教育出版社 2006 年版,第 21 ~ 22 页;邹海林:《责任保险论》,法律出版社 1999 年版,第 56 页。

(三)定位为损害填补将极大削弱正当性

侵权损害赔偿机制在救济受害人方面的效率远比不上保险支付或者政府救济,如果仅仅将侵权责任法的功能定位成损害填补,将极大地削弱侵权责任法存在的正当性和合理性。

一直到19世纪末,除慈善外,侵权责任法成为对损害提供从外部进行补偿的唯一办法。但是,即使在那个时候,侵权责任法提供的补偿也是不充分的,这是法律及其所处的社会背景造成的。对公众安全的注意义务受到严厉的限制(如雇主责任)或完全否定(如制造者责任)。自甘风险和与有过失的抗辩拒绝了对那些已经证明被告系过失的受害人进行恢复原状,并切实地排除了工伤中所有的权利主张。此外,社会、信息和经济的困难也阻碍了绝大部分人"获得正义"。正如皮尔逊委员会告诉我们的,如果在当今英格兰仅有6.5%的事故伤害能够产生侵权赔偿,就可以想象在100多年前侵权制度是多么无足轻重。[1] 长期以来,我们的法律经验使我们认识到,在补偿事故受害人的问题上,解决途径不是一个而可能是多个。具体地说,包括从"让损失停留在其发生之处"到对一切事故提供补偿,在这二者之间,侵权责任法占据了一个中间的、越来越不重要的位置。确实,我们的实践是如此丰富,以至于可以在同一时期采用一些不同的制度。

在多数已步入福利或后工业化的国家中,史密斯·杰瑞米亚曾预言的那种趋势正在逐步地、却是以一种非常快的速度改变着补偿法的面貌。社会保障是德国发明的一项制度,现今它确立了免费医疗照顾和对所有贫困人口提供最低生活保障等制度,其中的对象包括意外事故中的受害人,而不论事故的原因或过错如何。劳工补偿制度不管是其最初的形式还是后来发展成的综合性社会保障制度,都为与工作有关的伤害提供优先的救济利益。在劳工补偿的模式下,特殊类型事故的特别补偿计划迅速发展到了其他领域,如道路交通事故、航空器坠毁、暴力犯罪中的受害人、药品及注射疫苗,甚至包括体育运动领域的伤害。在英国,皮尔逊委员会虽很不情愿地宣称英国的社会保障已使侵权责任法转变成一个次要的角色,但它仍然推荐采

---

〔1〕 参见[美]约翰·G.弗莱明:《侵权行为法还有未来吗?》,载《私法研究》2003年第3辑。

用几项特别补偿计划或严格责任,以最终取代所有的侵权损害赔偿。这种全面而专有的无过错事故补偿制度已于 1974 年在新西兰确立,不久后澳大利亚在 1975 年也实施了这一计划。同时,侵权责任法在那些头脑里充满着补偿制度的法官和陪审团的熟练操纵下,与其说是传统的自由卫士,不如说是集体主义的忠仆。这一切是否象征着侵权责任法的消亡?更进一步,侵权责任法要证明自己存在的必要性,就必须具有特殊补偿计划以及全面的社会保险等制度所不具有的制度优势。侵权责任法的制度优势在于其功能的复合性,即除了补偿受害人外,还具有特殊补偿计划以及全面的社会保险等制度所不具有的惩罚遏制功能。

侵权责任制度最大的挑战是来自侵权制度的高昂成本。我国没有专门研究侵权责任法实施成本的成果,但外国最近的两组数据说明了这个事实。皮尔逊委员会统计,在英国,支付给受害人 1 美元时就将花费 85 美分。美国的研究表明了更高的运作成本,在汽车事故中为 1.07 美元,而在产品责任中为 1.25 美元。在侵权责任制度中,这些令人惊异的交易成本根本不能与各种补偿计划的成本相比。在新西兰,行政管理成本在 10% 以下,新西兰从较低的交易成本中节约下来的资金远远多于那些较低的赔偿金,这说明在相同的价格标准下,完全能够补偿所有的事故受害人。这些高额的交易成本是侵权制度自身所导致的,主要原因是权利人和赔偿责任人之间的对立关系。赔偿依赖于因果关系和过错的认定,而这又要求进行证据调查,并且经常发生争议。损害数额的评估因个案而不相同,又会引起额外的争论。总之,侵权制度与个人化的诉讼程序一致,但不符合经济尺度。而且,无论侵权损害赔偿请求最后是否胜诉,这些成本都会产生。

二、填补惩罚遏制复合论:消除损害填补一元论困境的必然选择

侵权责任法对于受害人的损害之所以填补不足,一方面,是因为有些损害不是通过金钱赔偿就能够恢复原状的,例如,"人身伤害诉讼并不是仅仅请求被告固定好他打断了的东西,或者将他拿走的东西放回原处。侵权行为的实施已经无法逆转地改变了这个世界,导致一个人现在是以及将来永远是该侵权行为的受害人。该侵权诉讼寻求的不是恢复而是赔偿受害人,

不仅要赔偿受害人遭受的损失,而且要赔偿受害人本身"[1]。所以,在这种情况下,在评估受害人损害的时候,矫正正义永远无法避免诸如惩罚、遏制等功利思想的补充与渗透。另一方面,如前所述,侵权责任法必须平衡加害人行为自由和受害人权益保护,并且,为了维护行为自由,侵权责任法的天平还倾向了行为自由的维护那一边。因此,侵权责任法对于侵权损害赔偿作出了诸多限制。而且,根据损害填补一元论理论,侵权责任法对故意侵权和过失侵权在保护范围、构成要件、赔偿范围等方面不加区分同等对待,导致侵权责任法在故意侵权的情况下,既不能很好地补偿受害人所遭受的全部损害,恢复原状,也不能达到惩罚遏制行为人将来不实施类似的加害行为的目的。

因此,笔者认为,与其如此,不如放弃恢复原状这一不切实际的道德空想,实事求是地承认侵权责任制度之不足。对于受害人而言,最好的机制就是能够达到预防加害行为发生之目的。而预防损害行为发生,除了道德教育之外,就法律机制而言,区分故意侵权和过失侵权,采取不同的法律政策,就成为必然之选。

在过失侵权中,由于过失本身是人们在社会交往过程中不可避免的,过失导致他人损害之结果虽然不为社会大众所"欢迎",但是却是社会为了鼓励行为自由、经济发展所必需承受的代价。因此,为了平衡加害人行为自由和受害人权益保护,采用大陆法系现行侵权责任法之损害填补政策比较合适,既能够在很大程度上弥补受害人的损害,又不至于让行为人承担过重的负担,从而妨碍其行为自由。这就是笔者主张的"轻其所轻"思想。但是,对于故意侵权,由于行为人的行为自由中根本不具有故意损害他人权益的内涵,因此根本不存在加害人行为自由和受害人权益保护之平衡问题,法律只要考虑受害人权益保护即可。并且,故意不法加损害于他人,也不是社会大众为了社会群体利益必须接受的不利后果,反而是社会可以甚至应当通过法律制度消除的行为。因此,侵权责任制度不仅要强制加害人对受害人所遭受的损害承担损害填补责任,为了达到遏制其本人以及社会其他人在将

---

〔1〕 John C. P. Goldberg, *Twentieth-Century Tort Theory*, 91 Geo. L. J. (2003), p. 577.

来不实施类似加害行为的目的,对加害人进行惩罚就成为重要的制度选择。除了在该种侵权行为构成犯罪时,刑法强制行为人承担刑事责任外,侵权责任法通过惩罚性赔偿制度强制加害行为人对受害人支付惩罚性赔偿金,对于实现法律的惩罚遏制也具有重要意义。

第五节 独占惩罚:公法不能承受之重

一、国家对政府角色的不同定位决定该国家对私法惩罚的态度

欧洲大陆法系国家不存在惩罚性赔偿制度的一个重要原因,与这些国家对政府角色或者说政府干预,以及政府政策选择对侵权责任法的影响等方面的认识有关。如前所述,与政府角色有关的认识总体上集中体现在侵权诉讼的重大影响方面。尽管如此,毫无疑问的是,不同的观点对于侵权责任法是否采用或者拒绝惩罚性赔偿也具有重要意义。

在关于政府对公民福利的影响方面,欧洲大陆法系国家和美国的认识之间存在巨大的差异。[1] 在欧洲大陆法系国家,政府应当在一个合理限度内对社会福利政策负责。相反,美国人早就学会了利用法律救济手段来保护他们自己的利益。欧洲大陆法系国家和美国之间这种认识上的区别,也导致了二者对于侵权诉讼的可能作用存在不同认识。根据德国法学教授马格纳斯(Magnus)的观点,美国人对侵权诉讼的态度与冯·耶林的通过司法机构为自己被侵害的权利而斗争的观念相吻合。[2] 美国人提起侵权诉讼请求与欧洲大陆法系国家的人提起侵权诉讼请求是完全不同的。[3]

(一)对国家角色与法律实施的认识决定对私法惩罚之态度

在美国,人们重视法的私人实施,私人被看成所谓的私人检察官。欧洲大陆法系国家的人习惯于一个更积极的政府,对于法的私人实施并不那么重视。相对来说,在美国,个人(私人)维护和捍卫自己权利的积极性被激发

---

〔1〕 See Kagan, R. A., "*American and European Ways of Law: Six Entrenched Differences*", in V. Gessner and D. Nelken eds., European Ways of Law-Towards a European Sociology of Law, Oxford: Hart Publishing, 2007, p. 41 – 70.

〔2〕 See Magnus, U., "*Why is US Tort Law so Different?*", JETL (2010), p. 102 – 124.

〔3〕 See Lotte Meurkens & Emily Nordin, *The Power of Punitive Damages: Is Europe Missing Out?*, Link Cambridge, U. K.; Portland: Intersentia, c2012, p. 20.

了起来。通过这样的手段，私人对社会的整体安全作出贡献，并减轻了政府与法律实施以及维护社会安全等公共利益有关的责任。

和欧洲大陆法系国家相比，美国的侵权受害人在更大程度上被赋予了恢复被侵权行为破坏了的公共秩序之责任。[1]美国学者卡灵顿认为，法的私人实施会受到某种必然不值得信任的政治制度和政府官员的影响。并且，如果在法的私人实施不可用的情况下，美国公民还将不得不依靠这些不值得信任的政治制度和政府官员。美国人假定各州和联邦的宪法中反映了这种不信任，美国各州和联邦的宪法强调了政府机构而不是法院的软弱和无能。而且，无论何时遇到重大争议，美国人的传统都是去法院诉讼。[2]

在欧洲大陆法系国家，私人通过提起民事诉讼维护公共利益的观念比在美国要淡薄得多，几乎没有什么人支持这种乐观的、自由主义的观念，即在私人提起维护个人利益的诉讼中，给予其如此巨大的(经济)激励，以至于其也能同时维护社会公共利益。在欧洲大陆法系国家，盛行的仍然是更为悲观的、更具有家长式作风的观点，即一般来说，私人仅仅只能维护其个人利益，而维护公共利益则是国家和政府的任务。[3]

由上可知，美国和欧洲大陆法系国家之间对法律实施的认识存在重大差异。美国公民被激发起来通过司法机关维护其权益，而在欧洲大陆法系国家则缺乏这种激励机制，因为国家和政府支配了法律的实施。国家和政府在法律实施中的角色定位对司法程序的目标具有重大影响。[4]

在美国，民事诉讼制度经常承担一些在其他现代国家通常由政府机关承担的功能。[5]

同时在美国，公共政策在很大程度上由私人来执行。美国人将一些在政治或者经济方面具有重要意义的问题，交给私人通过民事诉讼来解决。

---

〔1〕 See Magnus, U., *Why is US Tort Law so Different?*, JETL (2010), p. 121.

〔2〕 See Carrington, P. D., *The American Tradition of Private Enforcement*, German Law Journal 1413 (2004).

〔3〕 See Magnus, U., *Why is US Tort Law so Different?*, JETL (2010), p. 123.

〔4〕 See Verkerk, R. R., *Fact-finding in Civil Litigation, A Comparative Perspective*, Antwerp: Intersentia 2010, p. 303 - 305.

〔5〕 See Von Mehren, A. T., Murray, P. L., *Law in The United States*, Cambridge: Cambridge University Press 2007, p. 163.

因此,美国存在一种所谓的“赔偿文化”。[1] 例如,在过失导致他人人身损害的情形中,美国人主要依靠侵权责任法获得医疗费用的赔偿。[2] 而在其他国家,例如荷兰和瑞典,类似事故的受害人并不如此依赖法院诉讼程序,而是更多地依赖建立已久的健康保险制度。[3]

民事诉讼在美国的公共政策制定中发挥重要作用这一现象,肇始于18世纪,当时,大众民主受到相当大的关注。

美国人认为,将公共政策执行权从政府转移到私人诉讼以及陪审团的决定,是对抗主义诉讼模式的内涵之一。而对抗主义诉讼模式是美国法律制度,特别是美国民事诉讼制度的典型特征。相较于其他国家而言,美国州和联邦有限政府的角色定位、民事诉讼在美国社会中的作用,能够很好地解释惩罚性赔偿在美国得到广泛运用的原因。本质上,惩罚性赔偿这种救济制度是一种程序机制,其作用在于为潜在的原告作为“私人检察官”发动民事诉讼提供一种激励。[4] 惩罚性赔偿制度应该有助于公共行为规范的实施,也应该有助于遏制不法加害行为。例如,美国1991年修订的人权法案关于惩罚性赔偿的结论就表明,该法案将惩罚性赔偿看成是其他法律实施形式的有益补充。[5]

总而言之,私人诉讼中的当事人在美国能够保持提起诉讼的积极性,原因主要在于潜在的惩罚性赔偿金判决起到了一种“私人主体贯彻实施公共价值观、维护公共利益的工具”的作用。[6] 而基于法律实施主要由政府机

---

〔1〕 See Deakin S., Johnston A., Markesinis B., *Markesinis and Deakin's Tort Law*, Oxford: Clarendon Press 2008, p. 7.

〔2〕 See Von Mehren, A. T., Murray, P. L., *Law in The United States*, Cambridge: Cambridge University Press 2007, p. 163.

〔3〕 See Lotte Meurkens & Emily Nordin, *The Power of Punitive Damages: Is Europe Missing Out?*, Link Cambridge, U. K.; Portland: Intersentia 2012, p. 21.

〔4〕 See Mallor, J. & Roberts, B. S., *Punitive Damages: On the Path to A Principled Approach?*, Hastings Law Journal 1003 (1999); Redish, M. H. & Mathews, A. L., *Why Punitive Damages are Unconstitutional*, Emory L. J. 2 (2004).

〔5〕 See 42 U. S. C. § 1981 (a) - (b) (1994); Mallor, J. & Roberts, B. S., *Punitive Damages: On the Path to A Principled Approach?*, Hastings L. J. 1003 (1999).

〔6〕 See Redish, M. H. & Mathews, A. L., *Why Punitive Damages are Unconstitutional*, Emory L. J. 38 (2004).

关负责的原因，欧洲大陆法系国家几乎不知道公民充当私人检察官这一概念。[1]

(二)对社会安全的管控方式决定对私法惩罚之态度

美国和欧洲大陆法系国家在关于对社会的安全规制对侵权诉讼的影响方面的认识上存在分歧。美国人似乎早已形成了一套诉讼战略，然而在欧洲大陆法系国家，确保社会安全的焦点却在于政府的规制。美国的侵权诉讼，特别是惩罚性赔偿，具有重要的安全规范功能，甚至可以看成是政府对安全进行规制的一种替代。[2] 产品责任法作为一个典型例子，很好地说明了欧洲大陆法系国家和美国之间在安全规制方面存在的差异。产品责任法规范产品生产者以及其他责任主体因产品导致损害的法律责任，产品责任事故的受害人有权获得损害赔偿金。美国法院最先承认了这一点，最先预料到了工业革命的后果。在1944年，加利福尼亚州最高法院承认了政府应当保护消费者免于受到企业的侵害，企业应当承担消费者遭受损害的赔偿责任。[3] 1963年，加利福尼亚州最高法院对缺陷产品的生产者强加了严格责任，也称为无过错责任。[4] 据此，人们认为美国是产品责任法的发祥地。在美国，与产品导致的事故有关的受害人提起民事诉讼、获得损害赔偿——通常通过集体诉讼，这再常见不过了。产品责任法如此有吸引力的一个重要原因是其他损害填补制度不发达。[5] 在美国，产品责任诉讼最初被看成是其他损害填补机制的替代品，因此，美国的产品责任诉讼中的原告比欧洲大陆法系国家的产品责任诉讼中的原告具有更大的实际利益。至少和欧洲大陆法系国家相比，产品责任制度在美国得到人们更为广泛的

〔1〕 See Lotte Meurkens & Emily Nordin, *The Power of Punitive Damages: Is Europe Missing Out*?, Link Cambridge, U. K.; Portland: Intersentia, c2012, p. 22.

〔2〕 See Magnus, U., *Why is US Tort Law so Different*?, JETL, 2010, p. 121.

〔3〕 See Escola v. Cola Cola Bottling Co., 150 P. 2d 436 (Cal. 1944).

〔4〕 See Greenman v. Yuba Power Products, Inc., 377 P. 2d 897 (Cal. 1963).

〔5〕 See Howells G. G. & Wilhelmsson T., "*EC & US Approaches to Consumer Protection-should the Gap be Bridged?*", Yearbook of European Law 211 (1997).

利用。[1]

在1985年,欧盟立法机构发布了一项产品责任法指令,该指令采纳的扩张了的产品责任模式基本上就是从美国法中移植过来的。[2] 自20世纪60年代以来,消费者受到不安全产品伤害的情形与日俱增。同时,欧洲大陆法系国家面临"传统法律原则不能适当处理现代产品责任"的问题。[3] 真正促使欧洲大陆法系国家的产品责任立法发展的是沙利窦迈药害事故。20世纪五六十年代,世界上成千上万的孕妇服用沙利窦迈来克服早上呕吐,服用该药的结果是她们生产的小孩严重畸形。另一个例子是己烯雌酚案。己烯雌酚是开给孕妇防止流产的药物,直至今日,该药的灾难性后果仍然令人震惊:吃过该药的妇女生产的小孩患上了各种稀奇古怪的癌症。世界各国从这些残酷的经历中吸取了沉痛的经验:为了防止消费者遭受缺陷产品导致的损害,必须建构一套高水平的消费者保护机制。消费者对于他们使用的产品有了某种期待,首先并且最为重要的是:消费者能够期待其购买的产品是安全的。因此,产品生产者必须尽最大努力确保产品的安全性。如果防止不安全产品流入市场的机制未起到相应作用,至少消费者遭受的损害应该得到赔偿。因此,消费者保护有两种途径:一是通过产品安全规则,防止缺陷产品生产出来并进入市场导致损害发生,产品安全规则鼓励产品生产者生产安全的产品;二是在尽管存在预防缺陷产品产生的措施但仍然导致了损害发生的情况下,消费者必须能够获得损害赔偿。产品责任法就是确保消费者获得损害赔偿的机制。

在处理产品安全问题上,欧洲大陆法系国家采取的方式似乎和美国有所不同。欧洲大陆法系国家的人似乎觉得自己应该对自己的行为承担更多

---

[1] See Howells G. G., "*The Relationship Between Product Liability and Product Safety—Understanding a Necessary Element in European Product Liability Through a Comparison with the U. S. Position*", Washburn L. J. 306 (2000); Lotte Meurkens & Emily Nordin, *The Power of Punitive Damages: is Europe Missing Out?*, Link Cambridge, U. K.; Portland: Intersentia, c2012, p. 23.

[2] See Deakin S., Johnston A., Markesinis B., *Markesinis and Deakin's Tort Law*, Oxford: Clarendon Press, 2008.

[3] See Howells G. G. & Mildred M., *Is European Products Liability more Protective than the Restatement(third) of Torts: Products Liability?*, Tenn L. Rev. 990 (1998).

的责任,而美国人觉得社会应该对其安全负有责任。[1] 因此,欧洲人可能不会像美国人那样依赖侵权诉讼。[2]

追究产品责任的途径也清楚地说明了这种对安全问题的不同处理方式。在欧洲国家,提起产品责任诉讼的主要目的不是维护公共安全,产品安全主要还是由行政管控来实现。无数的产品安全法一起构成了一个强有力的规则体系。产品安全法的一个重要方面是产品召回制度,在不安全产品已经流入市场或者到了消费者手中时,经常会用到产品召回这一机制。经常受到产品召回制度影响的是汽车行业、制药行业和食品行业。[3] 产品责任诉讼仅仅是一种必要的补充性措施,在极少数缺陷产品已经导致损害发生的情形下,可以作为填补受害人损害和救济受害人的一种方法。相反,在美国,产品责任法则是监控甚至强化产品安全的主要规范手段,在产品责任领域强加惩罚性赔偿责任也反映了这一点。

综上所述,为了确保产品安全,美国发展出了一套诉讼战略,而欧洲则形成了一套行政管控战略。

二、公法独占惩罚的原因

公法独占惩罚,是指法律对违法行为人的惩罚,应当也只能由公法独占实施,私人(无论是私个人还是私法人)不能实施法律的惩罚功能。惩罚的公法独占具有深厚的理论基础,从国家学说层面看,是以托马斯·霍布斯等的国家学说为基础的。从霍布斯到诺齐克,一些政治学家都曾为国家——至少是最低限度的、"守夜人"式的国家寻求正当化依据,或者把国家想象成一个社会契约的产物,或者认为它就是一个真实社会契约的实际产物。但无论哪种观点,都宣称由国家负责公共监控和公共惩罚是解决内部安全的

---

〔1〕 See Terence J. Centner, *America's Blame Culture: Pointing Fingers and Shunning Restitution*, Durham, NC: Carolina Academic Press, 2008, p. 6.

〔2〕 See Lotte Meurkens & Emily Nordin, *The Power of Punitive Damages: Is Europe Missing Out?*, Link Cambridge, U. K.; Portland: Intersentia, c2012, p. 24.

〔3〕 See Freshfields Bruckhaus Deringer Report 2007, *Getting it Right: Product Recall in the EU*, available at www.freshfield.com/publications/pdfs/2008/mar10/21238.pdf (last visited August 2011). Directives 96/79/EC and 96/27/EC.

一个方案，并且除此之外再没有其他更好的方案了。[1] 例如霍布斯认为，在国家产生之前，秩序全部维系于私人之间的监督与惩罚，正是基于这个主要原因，才导致“人类的生活孤独、贫穷、肮脏、野蛮，而且短命”[2]。按照自利的理性行事的人们，会有意识地把实施法律的权能交出去，换成一种对暴力行为的公共独占，这会让他们更富有、更长寿。要减少每个人用于自卫、自助的资源，使其转而用于可产生更多的其他行为，就必须对法律的实施进行公共独占。其他政治学理论，也支持由公共机构独占法律的实施权力。例如，卢梭用团体意志的概念，为霍布斯对现代国家功利主义的辩护增添了浪漫色彩；马克斯·韦伯认为，更为发达的社会可运用官僚政治的理性机制对其政策加以规范。受到等级控制的职业检察官比私人更适合于实施理性的诉讼政策，这是因为，私人不受官僚政治的控制，容易受到非理性动机，例如复仇欲望的驱使。而与业余的私人检察官相比，职业公诉人具有更专门的知识和技能。[3]

公法独占惩罚从法律层面看，是法律中心论的观点。国家强制力被想象得无比强大，公共惩罚资源被认为是无限可取的，似乎只要有足够的执法力度，所有的违法犯罪都可以被统统纳入法律规定的监控机制和惩罚机制之下。这种观念曾被奥利佛·威廉姆森描述为“法律中心论”，法律中心论中一个典型的特征就是藐视非正式社会规则以及私人之间的监控和惩罚所发挥的社会控制功能。[4]

公法独占惩罚从法律部门分工的角度看，就是公法与私法划分理论。在市民社会和政治国家分离理论的基础上，一方面，为了建立纯粹的私法，学者和立法者有足够的动力将私法中的惩罚因素完全剔除；另一方面，在霍布斯国家学说的指引下，国家对社会监控和惩罚的独占，导致立法者在设定侵权责任法的功能时，也有动力完全剔除侵权责任法的遏制功能，对于违法

---

〔1〕 参见桑本谦：《私人之间的监控与惩罚：一个经济学的进路》，山东人民出版社2005年版，第141页。

〔2〕 See T. Hobbes, *Leviathan*, ed. by C. B. MacPherson, Middlesex, Penguin, 1968, p. 186.

〔3〕 参见李俊峰：《反垄断法的私人实施》，中国法制出版社2009年版，第50页。

〔4〕 参见桑本谦：《私人之间的监控与惩罚：一个经济学的进路》，山东人民出版社2005年版，第9页。

犯罪行为的遏制，完全交由刑法等公法承担。正如劳森在考察大陆法系侵权责任法的历史时，在论述惩罚因素在私法中消失的原因时写道："大约在罗马法开始被继受的时候，镇压犯罪被认为是公共的政府权威机构的功能。在这种情况下，法院认为再没有必要按照罗马法模式提起惩罚的诉讼了，而是将其看作是一种不法损害（或说对物私犯）诉讼，虽然偶尔还伴随有惩罚，但关注的重点更多的是赔偿而不是惩罚。"[1]

三、我国形成公法独占惩罚的原因

我国形成公法独占惩罚的原因是多方面的。首先，我国自秦统一六国并建立起中央集权的国家后，国家权力就一直比较强大。其次，我国历史上一直重刑轻民，习惯用刑事和行政手段来解决民事问题。虽然清末变法后引入了刑法、民法等部门法理论，我国也于2020年颁布了我国第一部《民法典》，极大地提升了我国政府和人民的民法理念，但还有提升空间的。而且，在我国无论是民间还是政府，均倾向于依赖国家权力和公法手段解决社会问题，客观上为国家独占惩罚奠定了基础。再次，我国清末变法主要学习的对象是日本和德国等大陆法系国家，这就导致当时我们在继受这些国家法律制度的同时也继受了隐藏其中的法学思想，包括大陆法系国家否定私法惩罚的理念。最后，我国法学理论对民事惩罚的研究也有待进一步深化。正如桑本谦先生指出的那样："中国目前的法学研究特别关注规则和权利，但是'纸上的法治'并不等同于'现实中的法治'，惩罚的制度要素就可以作为衡量二者之间差距的一根标尺。当惩罚成为我们关注的焦点的时候，法律中的某些虚假的、似是而非的、意识形态的东西就很容易被剔除，我们因此能够更加清楚、更加真切地审视现实的制度状态。"[2]同时，正如桑本谦先生指出的那样，我国法学理论一直坚持法律中心论，由于种种原因（部分由于意识形态的因素，部分由于学术研究本身的孱弱），中国目前的主流法

---

[1] F. H. Lawson, *Notes on the History of Tort in the Civil Law*, Journal of Comparative Legislation and International Law, Vol. 22, p. 140 (1940).

[2] 桑本谦：《私人之间的监控与惩罚：一个经济学的进路》，山东人民出版社2005年版，第6页。

律理论一直把法律定义为以国家强制力为后盾的一个规则体系。国家强制力被想象得无比强大，公共惩罚资源被认为是无限可取的，似乎只要有足够的执法力度，所有的违法犯罪都可以被统统纳入法律规定的监控机制和惩罚机制之下。并且国家不仅通过法律独占了惩罚，而且法律的实施也完全依靠国家公权力，除了消费者权益保护法之外，基本上否定私人在法律实施中的作用。[1]

四、公法独占惩罚之弊端

（一）公法独占惩罚效率不高

传统理论认为，私法不具有惩罚和遏制侵权行为的功能，对不法行为的惩罚和遏制应当全部由公法来承担，以建立一种泾渭分明的纯粹的私法和公法体系。但是，公法独占惩罚是以国家万能论为前提的。一个国家通过公法独占惩罚的社会，且不说这样一个超级"利维坦"会怎样践踏私人自由和权利，首先肯定的一点是，这是一个运行不经济的社会。现代法律经济分析理论认为，分配和实施惩罚是需要成本的。仅从国家能力方面来说，国家通过公法独占惩罚也受到其可用资源的限制。对于有些不法行为，国家出于执法成本的考量，可能会放弃追究违法行为人的行政责任或刑事责任。但是，这些被国家放弃追究公法责任的不法行为，并不意味着不会对受害人造成损害，也并不意味着这些行为不需要惩罚和遏制。所以，公法惩罚总会留下一些空白地带，需要私法惩罚的补充。相反，如果国家承诺给所有的民众提供全部安全保证，并且切实地去兑现该承诺，那么民众就不会有动力在保护自己的任何资源上进行私人投资。因为至少在理论上，受害人的全部损失将会获得足够的赔偿，无论该赔偿是来自加害人还是来自国家。但如果国家竭尽全力去实现这个实际上无法实现的承诺，民众的税务负担就会因公共资源的极度消耗而攀升到无法想象的程度，反而引发违法犯罪的数量急剧增加。总之，经济学家认为，过量提供公共资源也是缺乏效率的。我们强调一切寻求法律惩罚（确切地说是公法惩罚）解决问题的时候，往往忽

---

〔1〕 参见桑本谦：《私人之间的监控与惩罚：一个经济学的进路》，山东人民出版社 2005 年版，第 9 页。

略了一个重要事实：以国家暴力资源为后盾的公共惩罚并不是“法力无边”的。[1]

桑本谦先生也提出过类似的观点，他指出：“一个国家通过公法独占惩罚的社会，且不说这样一个超级‘利维坦’会怎样践踏私人自由和权利，首先肯定的一点是，这是一个运行不经济的社会。”公共惩罚的优势都是以强大的暴力资源和雄厚经济基础为后盾的，然而，无论一个国家多么强大，它所拥有的公共惩罚资源毕竟是有限的，这是对国家意志、国家权力和国家法律的一个客观限制。[2] 传统的犯罪构成理论假设公共惩罚资源是无限可取的，这种理论根据四个要件来确定一种有害的行为是否构成犯罪，但却忽略了惩罚成本这一重要变量。如果惩罚一种有害行为的成本超过惩罚收益，那么对这种有害行为做出适当让步反而会提高整个社会的福利水平。更何况，如果私人惩罚能够比公共惩罚更方便地对一种有害行为进行社会控制，那么将这种有害行为划归到私人控制领域就可以节约社会控制总成本。[3]

（二）刑法惩罚更注重对人身自由的限制与剥夺

刑法惩罚，除了财产刑和罚款外，主要就是对行为人人身自由的限制或剥夺。如果一个国家的监狱或看守所里人满为患，无论是从国家的国际形象而言，还是关押经历对犯人出狱后的社会生活的消极影响，及该消极影响对社会的危害而言，绝对不是一件什么好事。刑事法学界有学者主张轻刑化、非监禁化，就是针对监禁对犯人出狱后社会生活的巨大影响，及该消极影响对社会的危害等角度考虑的。虽不是完全正确，但有一定道理。

五、私法惩罚：补正公法独占惩罚之不足的有效手段

从全世界范围看，恢复性司法理论的兴起表明传统刑法思想正在发生变化。恢复性司法理论实质上就是鼓励尽量通过民事手段解决犯罪问题，

---

〔1〕 参见桑本谦：《私人之间的监控与惩罚：一个经济学的进路》，山东人民出版社2005年版，第148页。

〔2〕 参见桑本谦：《私人之间的监控与惩罚：一个经济学的进路》，山东人民出版社2005年版，第149页。

〔3〕 参见桑本谦：《私人之间的监控与惩罚：一个经济学的进路》，山东人民出版社2005年版，第150页。

而将公法惩罚定位成在所有民事惩罚手段无效后的保障性手段。传统理论认为，犯罪是对国家利益的侵害，是“孤立的个人反对统治关系的斗争”，在这种观念的指导下，被害人几乎被排除在刑事诉讼程序之外，对犯罪的处理被认为是国家的事情。但是，恢复性司法理论认为，犯罪是社区中的个人侵害社区中的个人的行为，因此，对犯罪的处理应该充分发挥被害人和犯罪人的作用。恢复性司法理论通过犯罪人与被害人面对面的交流，使他们切实感受到自己的行为给他人造成的恶劣影响，并对自己的行为产生道德上的否定，从而下决心不再犯罪。以监禁刑为主的刑法不仅被证明对降低犯罪率的作用非常有限（如果不是完全无效甚至副作用的话），而且也不符合文明社会发展的趋势，还伴随司法成本高昂等弊端。因而恢复性司法理论主张，在犯罪行为发生后，不能简单地将犯罪人一判了之，一关了事，而应该促成犯罪人、被害人及其双方家庭成员乃至社区成员共同探讨犯罪原因，分清各自的过错和责任，消除误解，这样才能增加彼此的信任和尊重，创造一个更加和谐紧密的社区关系。[1] 在恢复性司法理论学者看来，现行的刑事责任是一种抽象责任。犯罪人通过刑罚承担了抽象责任，却逃避了现实的、具体的责任，即面对被害人，了解自己行为的后果，向被害人道歉并提供赔偿，恳求社区成员的原谅并提供社区服务。这种抽象责任不仅对很多犯罪人来说是不必要的痛苦（如对偶然犯、非暴力犯），而且对被害人而言同样无现实意义。因为被害人与社区未能从犯罪人承担的责任中获得利益，因此他们也就不能真正原谅犯罪人，并接受他们回归到社区中来。[2] 所以，私法尤其是侵权行为法，应该和刑法密切配合，分担部分法的遏制和惩罚功能，实现一种一个流动的制度安排，即非正式规范—合同法—侵权法—刑事自诉—刑法。在这个渐变的系列中，私力因素逐渐减少，而公力因素却逐渐增加。主要依靠私人之间的监控与惩罚来维持的非正式规范属于私人控制领域，而主要依靠公共监控与惩罚来维持的刑法则属于公共控制领域，二者的过

[1] 参见刘仁文：《刑事一体化下的经济分析》，中国人民公安大学出版社 2007 年版，第 326 页。
[2] 参见刘仁文：《刑事一体化下的经济分析》，中国人民公安大学出版社 2007 年版，第 327 页。

渡地带是公共控制领域和私人控制领域的重合范围。[1]

笔者认为,从实践看,一般来说,在刑法等由国家机关主导实施的公法之外,要不要承认私法的制裁功能以及私人在法之实现中的重要作用,取决于国家对其独占法制裁功能是否有足够的自信,而国家对其独占法的制裁功能的自信又来自其对侵害法秩序的案件的侦破率。如果国家独占惩罚,并获取独占惩罚的收益,那么作为对价,国家就应该保证私人受到的侵害能够百分之百地受到赔偿,(故意)加害人应该受到百分之百的惩罚。如果国家做不到这一点,就应该在不危害社会秩序的前提下,或者干脆在国家的监督下,放弃对惩罚的独占,给私人预留一点私法惩罚的空间。[2]

第六节　私法惩罚与公法惩罚(民法和刑法)之间的合作

毫无疑问,民事和刑事是法律上最基本的区分之一,对不法行为的惩罚主要应该由公法来实现。但是,正如田中英夫和竹内昭夫所主张的:"不能因为存在区分就割断其实质性根据并加以绝对化。无论罪刑法定主义还是刑事程序中的人权保障,均因为刑罚是剥夺个人生命、自由的极其强力的制裁手段才被确定的,正因如此,一般来说,刑法上为保障人权而设立的各项原则当然越来越得到强化。但是,与刑法这一核心部分所不同的周边部分,难道就不能存在刑事、民事、行政等相互间程序的接近或交叉现象吗?而且,对这些领域的问题,如对某一处分究竟是否属于刑罚等的判断上,绝对不应当采取教条主义的分类之后,再演绎出所有问题的结论的方法。"[3]

其实,"刑事、民事和行政之间的区分绝对不是如黑白般界限分明的,其间可以存在灰色领域,民刑区别的条件也依国家和时代各异。因此,对于惩罚性损害赔偿所提出的批评,即混淆民刑、必然违背法理这一思考问题的方式本身未免过于教条化了。诚然,惩罚性损害赔偿比通常的损害赔偿带有

---

〔1〕 参见桑本谦:《私人之间的监控与惩罚:一个经济学的进路》,山东人民出版社 2005 年版,第 154 页。

〔2〕 参见阳庚德:《私法惩罚论 以侵权法的惩罚与遏制功能为中心》,载《中外法学》2009 年第 6 期。

〔3〕 [日]田中英夫、[日]竹内昭夫:《私人在法实现中的作用》,李薇译,法律出版社 2006 年版,第 152 页。

制裁性因素,在承认这种制裁的同时,必须注意避免与刑事制裁重复而导致过严、不当的结果。但这属于刑事制裁和损害赔偿制度运用上的政策性问题,不能成为理论上否定惩罚性损害赔偿制度的理由〔1〕。

田中英夫和竹内昭夫还告诫我们:"我们应当避免教条地划分民事和刑事之区别,认识到两者通过其周边领域所形成的接近和跨越。在私的请求中(可以)有如惩罚性损害赔偿重在制裁的制度。"〔2〕巴尔教授也提道:"在欧洲大陆法国家,刑法和侵权行为法之间的区分也具有相对性。第一,人们可能会认为,赔偿是刑罚的替代手段。例子之一是《奥地利民法典》第42条:如果一个人的犯罪行为最高处刑不超过3年徒刑,罪过不严重、无进一步实施犯罪之预期,而且行为之后果已通过其他方式被基本消除、补偿或赔偿的,行为人可以不受刑事惩罚。第二,如果行为人对其造成的损害进行了赔偿,则允许起诉机关或者法院取消或撤回起诉,如《德国刑事诉讼法典》第56b条Ⅱ第1项。如果行为人'对其犯罪行为造成的损害进行了赔偿',也可以对其判处缓刑,如《德国刑事诉讼法典》第56b条Ⅱ第1项。在英格兰和苏格兰成功的判令赔偿制度中,赔偿义务显得更具有刑事处罚性。依据英格兰1973年的《刑事法庭权力法》第35条和1980年《刑事司法(苏格兰)法》第4章,初审法官可以判令被告对受害人予以赔偿而不判处刑罚,也可以既判令赔偿同时判处刑罚。荷兰受到英国制度的影响,所以在两家初审法院进行了一段时间的试验后,1995年4月1日全面引入了判令赔偿制度。一个对民事诉讼中的赔偿负有潜在责任的刑事犯罪人,得判令向国库支付适当的赔偿额,这笔钱又会被交给受害人。"〔3〕

关于罚款或财产刑与惩罚性赔偿的关系,根据田中英夫等的介绍:"一般认为,行政罚款不含有对违反伦理行为的社会性批评因素,因而作为法之实施的手段是否有效发挥作用,只能取决于该金额是否达到足以发挥制裁

---

〔1〕［日］田中英夫、［日］竹内昭夫:《私人在法实现中的作用》,李薇译,法律出版社2006年版,第156页。

〔2〕［日］田中英夫、［日］竹内昭夫:《私人在法实现中的作用》,李薇译,法律出版社2006年版,第158页。

〔3〕［德］克雷斯蒂安·冯·巴尔:《欧洲比较侵权行为法》,张新宝译,法律出版社2001年版,第743页。

性、威慑性效果的程度，取决于它是否不仅仅停留在法律条文上，而在现实中被实际运用。在日本，至少行政罚款和损害赔偿之间的最大差异也在于金钱是由上述哪一方收取。既然妨害、民事罚款、行政罚款都是法之实施的手段，越重视制裁机能和抑制性效果，两者的作用就越接近，即公的制裁依死刑、自由刑、罚金、科料、行政罚款这一顺序，向民事制裁接近；而损害赔偿依一般实际损害的填补、两倍三倍赔偿、惩罚性损害赔偿、无实际损害的损害赔偿这一顺序，逐渐增强其制裁色彩。”〔1〕

根据田中英夫等的研究，“从惩罚性损害赔偿等的制裁性、抑制性机能看，具有大幅度提高罚金最高限度的相似效果。特别是对大企业的违法行为来说，效果更明显。正如在美国对违反反独占法行为的判决中所看到的那样，在损害额为高额的场合，加害人负有 3 倍赔偿的义务，这样做无疑对大企业形成了有效制裁。也就是说，在罚金数额的最高限难以进一步升高的情况下，可以通过损害赔偿的方式参照受害额加以制裁。还可以采纳美国联邦消费者保护法的规定，以法定的形式将赔偿额定为金融费用的 2 倍，同时规定对每一个债务人的赔偿额最低不得少于 100 美元最高不得超过 1000 美元。根据企业的规模和消费者人数的不同，对违反该法信息公开义务的制裁将随着企业规模和交易额的大小得以确定。通过这些方法，损害赔偿填补了罚金等财产刑对大企业难以奏效的缺陷，作为有效的制裁手段和抑制违法行为的手段发挥积极的作用。因此，必须摆脱单纯把损害赔偿视为填补损害、公平分配损害负担的狭隘思考，在各种立法设计上下功夫”〔2〕。

无论怎样，“我们一方面应该从实际效果的角度考察一些问题，例如刑罚以及行政罚款等公的制裁在法的各个领域多大程度地发挥了抑制性效果、是否失去了平衡以及如何适当地对自然人和法人采取有所区别的制裁手段等，在此基础上研究并制定切合实际的制裁手段；另一方面，还要对私

〔1〕［日］田中英夫、［日］竹内昭夫：《私人在法实现中的作用》，李薇译，法律出版社 2006 年版，第 159～160 页。

〔2〕［日］田中英夫、［日］竹内昭夫：《私人在法实现中的作用》，李薇译，法律出版社 2006 年版，第 162 页。

人诉讼做一些思考，而考虑的角度应当是立足在何种场合做何种努力争取实现何种程度的抑制性机能。无论公的制裁还是私的制裁，两者都是法之实施手段这一性质，我们应当承认两者关系的机能性连接，并从一个整体的角度去实现制裁手段的多样化和合理化"[1]。

巴尔教授介绍，"自19世纪上半叶以来，法国法院就接受了强制执行（Astreinte）部分惩罚、部分强制的理论。这一理论在比利时和卢森堡法律中也开辟了自己的发展道路。一份判决中的债务人如果没有遵守法院的判决，可能被处以罚款。罚款的多寡与原来造成的损害无关，而是参考债务人的过错程度及其经济状况：此等强制执行措施体现了私法的惩罚性"[2]。因此，惩罚性赔偿不独见于普通法，只不过普通法在认定惩罚性赔偿时更为开放。[3]

第七节　私法惩罚之对象：故意侵权

私法惩罚的对象应当限于故意侵权，这不仅是英美法系国家侵权责任法提供给我们的经验决定的，也是故意侵权在归责和利益平衡方面与过失侵权存在重大差别，而这些差别足以让立法者在法律政策方面决定将惩罚性赔偿限于故意侵权。

一、英美法系国家的惩罚性赔偿适用对象可概括为故意侵权[4]

英美法系国家原则上允许在民事诉讼中判决惩罚性赔偿金，在今天，惩罚性赔偿金适用于范围广泛的侵权诉讼，而在美国和加拿大，惩罚性赔偿还

---

〔1〕［日］田中英夫、［日］竹内昭夫：《私人在法实现中的作用》，李薇译，法律出版社2006年版，第164页。

〔2〕［德］克雷斯蒂安·冯·巴尔：《欧洲比较侵权行为法》，张新宝、焦美华译，法律出版社2004年版，第745～746页。

〔3〕1961年《爱尔兰民事责任法》只是在第7条（2）中使用了"惩戒性赔偿"而没有使用"加重赔偿"的概念，而第14条（4）中的惩罚性赔偿（punitive damages）则包括了这两种。参见White, ILT 1987年，第60、64、65页。在英格兰，加重赔偿不被视为惩罚性赔偿：参见Markesinis, Tort Law，第3版，第683页。苏格兰只承认加重赔偿：参见Walker, Delict，第2版，第461页。

〔4〕关于英美法系国家的惩罚性赔偿之适用对象，笔者曾有比较深入的研究。为了避免重复，此处仅做观点的总结性论述，具体论据资料请参见笔者相关论文或著作。参见阳庚德：《私法惩罚论——以侵权责任法为中心》，法律出版社2017年版，第124～137页；阳庚德：《普通法国家惩罚性赔偿制度研究——以英、美、澳、加四国为对象》，载《环球法律评论》2013年第4期。

适用于违约案件。侵权诉讼中判处惩罚性赔偿金的条件是被告实施了异常应受谴责的行为,对于这些异常应受谴责的行为,英美法系国家侵权责任法多用“不法行为必须具有故意、恶意、压迫或粗暴、鲁莽而轻率地不尊重他人权利、有意对被告漠不关心”等词汇具体描述。对应大陆法系国家侵权责任法描述加害人主观状态的抽象词汇,分析如下:

如前所述,大陆法系国家侵权法(包括我国侵权责任法)描述加害人主观状态的词汇为过错。根据过错的主观恶性程度又可分为恶意、一般故意、重大过失、一般过失等。大陆法系国家民法典多有关于恶意的规定,我国原《民法通则》也有关于恶意的规定,但是这些法典通常都不对恶意进行概念上的界定,民法学术界上对恶意和一般故意虽有讨论,[1]但都不够深入且不统一。笔者认为,民法学界对于故意的研究远不如刑法学界的研究深入,我们完全可以参考我国《刑法》第14条关于故意的概念,即明知自己的行为会发生不法侵害他人权益的结果,并且希望或放任这种结果的发生者,为故意。其中希望侵害结果发生者为直接故意,放任侵害结果发生者为间接故意。据此,无论英美法系国家侵权责任法上的恶意还是大陆法系国家侵权法上的恶意,基本上可以被直接故意涵盖。普通法上的压迫行为,主要是指被告利用其与原告之间存在的不对等权利伤害弱势者,达成自我目的。被告在利用其优势伤害弱者时,肯定认识到了其行为的性质,因此这种行为完全属于故意侵权行为。粗暴对待被告的行为以及鲁莽而轻率地不尊重他人权利、有意对被告漠不关心,将其定性为一种间接故意侵权,应无疑问。

综上,笔者认为,英美法系国家适用惩罚性赔偿金的各种情形,替换成大陆法系国家侵权责任法的抽象概念,即为故意侵权。

---

〔1〕 如我国学者张新宝教授认为:恶意作为最严重的故意,它不仅需要符合故意的一般要件,还需要符合一些特别要件:一是必须是直接故意(追求损害结果的发生);二是行为人对禁止性法律规定和他人受保护的权益公然漠视(在实施行为时明确知道行为的不法性或不当性);三是显然以追求他人之损害为目标或主要目标。参见张新宝:《侵权责任构成要件研究》,法律出版社2007年版,第443页。至于一般意义上的故意,按照德国侵权法理论,(一般)故意分为直接故意和间接故意:追求损害结果的发生或者明知自己的行为不可避免地会导致损害结果的发生而实施该行为,谓之直接故意;明知自己的行为可能导致损害的发生,而执意实施该行为,谓之间接故意。参见张新宝:《侵权责任构成要件研究》,法律出版社2007年版,第445页。日本学者我妻荣教授认为:所谓故意是指虽然认识到自己的行为侵害他人的权利,将会发生其他被评价为违法的事实,仍然冒险地实施该行为的心理状态。参见张新宝主编:《侵权法评论》(2003年第1辑),人民法院出版社2003年版,第200页。

在被告故意侵权行为场合,被告既无合法原因而意图伤害他人,或仗势欺人使他人受其凌辱,其行为应予惩罚并加以遏制,应无异议。因此,对故意侵权判处惩罚性赔偿金,合情合理。至于在单纯的过失侵权行为场合,虽有个别英美法系国家的侵权法也将其纳入惩罚性赔偿的适用范围,但是笔者认为:被告对于不法行为及其结果并未认知,不具有道德上的可非难性,且过失行为系属社会上常见之行为,无惩罚遏制之必要,因此不宜适用惩罚性赔偿。当然,故意和过失特别是重大过失之间,也存在一个量变到质变的过程。被告对于损害发生之危险越有可能认知时,其可非难程度离故意就越近,则越有可能承担惩罚性赔偿责任。就法律政策而言,惩罚性赔偿金制度系非常手段,应限于逾越道德认可范围、社会无法忍受之故意侵权行为。重大过失在没有转化为间接故意之前,仍然不宜适用惩罚性赔偿金制度。

二、惩罚性赔偿的适用对象为故意侵权原因之一〔1〕

归责的要义就是,在法律规范原理上,使遭受损害之权益与促使损害发生之原因者结合,将损害转嫁由原因者承担之法律价值判断要素。依据传统的观点,其所谓过错,是指行为者个人主观之心理状态欠缺注意,亦即所谓其人之心理本能注意而不注意,以致在伦理上,甚至在道德上具有可非难者而言,故称之为"人格过失"或"道德过失"。〔2〕 至于其哲学基础,则为理性,更确切一点说,即实践理性上之"意志自由"。因此,萨维尼曾经指出:故意过失致生损害,所以成立侵权行为而负损害赔偿责任,乃因其滥用"自由意志"之故。〔3〕 显然,传统侵权责任法的归责基础是主观归责思想。主观归责,或可简称为意思归责,意即基于自由意思之理论,依特定个人之具体能力状况,以决定归责是否成立之法律判断原理。在传统理论上,侵权责任法系以过失作为归责是否成立之界限,亦即因过失之存在而被归责,因过失

---

〔1〕 基于本书的结构安排,这个问题的详细讨论安排在本书后文第六章,为避免重复,此处仅简要介绍观点。

〔2〕 See H. L. A. Hart, *Negligence*, *Mens Rea and Criminal Responsibility*, Oxford Essays in Jurisprudence, 1961, p. 30 – 38; A. Ehrenzweig, *Negligence without Fault*, 1951, p. 50, 78.

〔3〕 F. K. Savigny, System des heutigen römischen Rechts, Bd. Ⅰ, 1840, S. 6 f.; F. K. Savigny, Das Obligationenrecht als Theil des heutigen römischen Rechts, Bd. Ⅱ, 1852, S. 330f.

之不存在即拥有活动之自由。[1]

然而,在人类活动及接触极为频繁而紧密之当前的时代,此种基本构想显然不足以适应现代社会需要。因此,在大陆法系上所称之"过失",其适用之结果,亦有如英美法系而逐渐客观化。可以说,客观过失之理论,不仅为庞德所主张,亦非仅英美法系如此,实乃两大法系国家侵权法归责理论发展上之共同趋势。在此情形下,所谓"个人主观心理欠缺"或"行为人内在之意思能力之不够集中"或者"个人有可非难容态"等法律命题,在过失成否之判断,往往仅是文字上或逻辑形式上之假托而已,对过失之是否成立,不发生实际作用。[2]

过失客观化之下的过失责任,是指基于人类团体存在,亦即所谓社会本位之考虑,依社会秩序之一般客观需要,对参与社会活动之个别人格,科以责任负担之原理。其与前述主观归责原理之最大不同,即主观归责系以"特定个别人格"为考虑之出发点,而客观归责则以社会生活上之"一般人"为根据。正因其考虑之基点,为社会秩序之需要,个别人格之自由意思,心理能力反而不具有重要地位。而基于社会生活秩序之要求,依一般人之观念厘定而得之客观注意义务,以决定引起损害之原因者,应否负担责任之法律价值判断原理,并非根据原因者个人之主观能力。[3] 从实务角度看,主观归责属性的故意侵权要求原告证明被告实施加害行为时主观上存在故意,行为存在不法性;客观归责属性的过失侵权要求原告证明被告实施加害行为时,对他人利益的关注没有达到社会一般谨慎人的注意标准。至于社会一般谨慎人在类似情况下的注意标准的确定,可以依据原告调查提供的证据,也可以根据审判庭法官的生活经验。

从立法政策角度看,故意侵权与过失侵权在归责原理上的差别决定了

---

〔1〕 See Deutsch, Zurechnung und Haftung im zivilen Deliktsrecht, Festschrift fur Richad M. Honig zum 80 Geburtstag, 1970, S. 38f. 邱聪智认为:Deutsch 虽主张归责二元论,并根据"信赖责任"之理念将"过失"之概念加以高度客观化,使"过失"几乎等于一般所谓之"客观过失"。但分析上,他似乎仍视其为主观归责之一部分,故就方法论而言,似有自相矛盾之嫌。参见邱聪智:《从侵权行为归责原理之变动论危险责任之构成》,中国人民大学出版社 2006 年版,第 34 页,注 129。

〔2〕 参见邱聪智:《民法研究(一)》(增订版),中国人民大学出版社 2002 年版,第 80 页。

〔3〕 参见邱聪智:《从侵权行为归责原理之变动论危险责任之构成》,中国人民大学出版社 2006 年版,第 35 页。

立法者可以基于功利考量对故意侵权配置惩罚性赔偿制度,通过惩罚达到遏制此类加害行为的目的。

三、惩罚性赔偿的适用对象为故意侵权原因之二[1]

维护行为自由仍然是我国侵权责任法应当坚守的重要价值,但是自由的内涵是在法律和道德的限度内干自己想干的事情,自由并不包含故意加害他人等内容。因此,在故意侵权的情景之中,立法者根本不需要考虑平衡行为人的行为自由和受害人的权益保护问题,仅仅考虑受害人的权益保护问题就够了。但在过失侵权的情景之下,立法者才需要考虑平衡行为人的行为自由和受害人的权益保护问题。在无过失侵权的情形下,立法者除了需要考虑平衡行为人的行为自由和受害人的权益保护问题,可能还需要考虑平衡受害人权益保护和国家经济特别是制造业等产业发展的问题。因此,侵权责任法不能一概而论地称为救济法或平衡法,应当区分故意侵权法和过失侵权法,分别言说。对故意侵权法毫无疑问应当定位成救济法,对过失侵权法和无过失侵权法则应当定位成平衡法。

因此,正因为故意侵权与过失侵权在归责和利益平衡方面存在重大差别,决定了立法者在确定损害赔偿范围的时候,有足够充分的正当理由进行功利考量。为了实现惩罚遏制故意侵权行为、维护受害人合法权益和社会秩序的目的,应当为故意侵权配置惩罚性赔偿。

第八节　我国《民法典》上的惩罚性赔偿评析

我国《民法典》没有针对故意侵权配置一般性的惩罚性赔偿,仅针对侵害知识产权和特定情形下的产品责任、污染环境侵权配置了惩罚性赔偿。

第一,笔者完全赞同我国《民法典》规定惩罚性赔偿,这是私法惩罚理论的胜利。

第二,我国《民法典》第 1185 条和第 1232 条都明确将受害人请求惩罚性赔偿的条件规定为“故意”侵权类型,非常正确。根据笔者的研究,将惩罚

---

〔1〕 基于本书的结构安排,这个问题的详细讨论安排在本书后文第六章,为避免重复,此处仅简要介绍观点。

性赔偿的适用范围限定在故意侵权类型是合理的。

第三,我国《民法典》第1207条规定的产品缺陷侵权责任中没有明确使用“故意”一词,但是,根据之前关于故意的分析,该条规定的“明知产品存在缺陷仍然生产、销售,或者没有依据前条规定采取有效补救措施”毫无疑问应当属于故意侵权范畴。即使该条文不改用抽象的“故意”,也不影响本书的研究结论。

第四,我国《民法典》第1185条规定故意侵害他人知识产权适用惩罚性赔偿的附加条件是“情节严重”,而第1207条规定适用惩罚性赔偿的附加条件是“造成他人死亡或者健康严重损害的”,二者之间是何关系,需要厘清。为了法律适用的统一,笔者建议统一适用“情节严重”较为妥当。

第五,我国《民法典》第1185条和第1207条均规定被侵权人可以请求“相应的”惩罚性赔偿。笔者认为,将惩罚性赔偿限制在一定幅度之内的立法是值得肯定的,但是我国《民法典》中“相应的”惩罚性赔偿数额如何确定?笔者建议参考侵权行为的严重性、被告获取不法利益的可能性、原告遭受的实际损害、被告的财产状况、被告是否受到刑罚处罚等因素确定,最高不超过受害人实际损失的5倍,最低不低于1万元为宜。

第六,笔者认为,我国《民法典》将惩罚性赔偿限于“故意侵害知识产权”“故意污染环境破坏生态”,在形式逻辑上存在一个急需回答的问题:我国《民法典》为什么仅仅针对故意侵害知识产权、故意污染环境破坏生态的侵权配置惩罚性赔偿呢?就民事权利的体系而言,知识产权仅仅是我国《民法典》中的一种民事权利;就民事权利位阶而言,人格权、身份权、物权、债权、股权等,都是和知识产权同等重要的民事权利。

第七章　故意侵权与过失侵权在归责基础和利益平衡方面的差异

——故意侵权和过失侵权分立论的现实基础之一

故意侵权与过失侵权分立论认为,故意侵权与过失侵权之所以应当并且可以分立,一个非常重要的原因就是故意侵权与过失侵权本身在归责基础、利益衡量方面存在重大差异。二者之间的这些重大差别决定了故意侵权与过失侵权在立法政策上应当区别对待,在立法技术上应当分别规定。

第一节　侵权责任法归责依据的发展决定故意侵权与过失侵权应当分立

一、侵权责任法上的"归责"之内涵

在现代社会里,侵权责任法关注的是分配由人类行为引起的事故的损失。正如赖特教授指出的那样:"生活在一个共同的社会中的人的各种各样的且日益增多的行为冲突,人们在经营事业的过程中与社会上其他成员竞争,在拥有财产时可能以各种方式对他人或他人的财产产生影响——总之,实施构成现代社会生活的任何行为必然会有损失和作为他人行为的结果而承受的各种伤害发生。侵权责任法的目的是去调节这些损害,为某人遭受

的作为他人行为结果的伤害提供损害赔偿。”[1]但是,很明显,法律不能试图去赔偿所有的损害。试图赔偿所有损害的目标不仅过于雄心勃勃,而且可能和社会政策的基本观念相冲突。因为在个人之间为了他们自己的利益进行的纯粹的损失转移,对社会而言没有任何利益。正如霍姆斯大法官指出的那样:假设损失已经产生了,而且任何可能来自补偿某人损失的利益正好抵消了其所遭受的损害,但社会的经济财富没有任何增加,且在重新分配财富的过程中产生了开支。[2] 而且,我们必须承认,安全和稳定是普遍接受的有价值的社会目标,但是,没有一个先天正确的理由去支持原告的安全与稳定胜于被告的安全与稳定。因此,仅仅存在要求被告而不是由碰巧落在其身上的原告承担的特殊理由的时候,损害的转移才具有正当理由。[3] 所以,侵权责任法面临的任务就是,如何按照公共利益的要求最好地分配这些损失。[4] 因此,侵权责任法以不同的归责根据作为制度设计的基础,因为只要损失转移的效果仅仅是为了一方当事人的利益剥夺另一方当事人的财产,这种财产转移不会增加任何社会价值。为了确保形成这种结果,法律必须为让原告的利益高于被告的利益寻找一种具有说服力的理由。而侵权责任法的注意力焦点则不可避免地放在了事故中个人参与者的可归责性上。[5]

什么是归责呢?我国学者邱聪智教授认为:归责就是“行为人因其行为或容态,侵害他人权益,在法律价值判断上具有可非难性,因而应负赔偿责任之侵权行为成立要素”[6]。他进一步指出:在法律规范上,亦即邱聪智教授对其容态或结果所关系之法律效果,应加以负担之意。换言之,亦即指邱聪智教授指行为、容态或结果,具有非难性,而应对其法律效果负责而言。故从侵权行为言之,归责之意义乃意指,对发生损害指可非难性行为或容态

---

〔1〕 See Wright, *Introduction to the Law of Torts*, 8 Cam. L. J. 238 (1942).

〔2〕 See Oliver Wendell Holmes Jr., *The Common Law*, Boston, Little Brown and Company (1881), p. 96.

〔3〕 See Oliver Wendell Holmes Jr., *The Common Law*, Boston, Little Brown and Company (1881), p. 50.

〔4〕 See John G. Fleming, *The Law of Torts*, 8th ed, The Law Book Company Limited, 1992, p. 3.

〔5〕 See John G. Fleming, *The Law of Torts*, 8th ed, The Law Book Company Limited, 1992, p. 9.

〔6〕 邱聪智:《民法研究(一)》(增订版),中国人民大学出版社 2002 年版,第 84 页。

应负损害赔偿责任而言。在法律规范原理上,使遭受损害之权益,与促使损害发生之原因者结合,将损害因而转嫁由原因者承担之法律价值判断要素,即为归责意义之核心。故归责者,似可进一步定义如下:行为人因其行为或容态侵害他人权益,在法律价值判断上,因而应负赔偿责任之成立要素。[1]

综上所述,我们可以认为归责的内涵就是:在法律规范原理上,使遭受损害之权益与促使损害发生之原因者结合,将损害转嫁由原因者承担之法律价值判断要素。

二、主观过错归责及其理论基础

原始的法律只关注私人复仇主张结果责任,于是只盯着因果关系而不是过错。比如有人认为:"对于受害一方损害或损失的关注胜于对行为人意图的关注。"[2]尽管如此,过错概念也没有完全排除。[3] 一方面,古代法对侵权行为人主观状态显而易见的漠视,其基础性的原因与其说是其不能或不愿构想非故意致人损害,不如说是对这种故意缺乏关注:经验表明,直接致人损害的身体接触最大的可能是敌意攻击的结果。[4] 另一方面,早期的英国法甚至坚持一个不合时宜的原则,即自己冒险实施行为的人对行为所致一切损害承担责任。[5] 而且,当时只承认有限的诉因使整个制度打上了无责任而不是普遍存在的无过错责任的烙印。但是,逐渐地,部分原因是受到教堂的影响,法律开始更多地注意无罪辩解的因素,倾向于将道德可归责性作为侵权行为责任的恰当基础。这种民事责任标准的主观化必然倾向于使侵害人受益,而缩减对受害人的保护。在整个 19 世纪,侵权责任法的"道

---

〔1〕 邱聪智:《民法研究(一)》(增订版),中国人民大学出版社 2002 年版,第 84 页。

〔2〕 See Lambert & Olliot v. Bessay, [1681] T. Raym. 421 at 422; 83 E. R. 220; MacCormack, *Revenge and Compensation in Early Law*, 21 Am. J. Comp. L. 69 (1973).

〔3〕 在法律史学者之间,关于侵权责任的进步是从以实际的故意或道德过错为基础的责任,发展到逐步接受外部的一些标准,诸如霍姆斯在其《普通法》一书第一章所认为的那样;还是今天为人们普遍接受的相反观点? 学者们的意见存在分歧。See Holdsworth iii, 375 – 377; viii, 446 – 459; Wigmore, *Responsibility for Tortious Acts: Its History*, 7 Harv. L. Rev. 315 at 383, 441 (1894); Ames, *Law and Morals*, 22 Harv. L. Rev. 97 (1908).

〔4〕 See Ehrenzweig, *Psychoanalysis of Negligence*, 47 Nw. U. L. Rev. 855 (1953). 典型状态下,该主张适用于消极的受害人对积极的被告。在两个运动的人之间的碰撞的情形,应该有所变化。

〔5〕 See Winfield, Myth of Absolute Liability, 42 L. Q. R. 37 (1926).

德优先”极大地加速发展。在康德的个人主义道德哲学和自由放任主义经济假定的庇佑下,法院对行为自由附上了不断增加的重要意义,最终形成了一般的“无过错就无责任”的教条。[1]

传统侵权责任法的归责依据是主观过错,其理论基础是理性和自由意志理论。正如18世纪法国著名的法学家皮埃尔说“一个侵权行为是一种由某人故意或恶意导致他人损害的行为。一个准侵权行为是一种由某人没有恶意但具有不可原谅的粗鲁导致他人损害的行为”[2]。在民法和现代普通法中,一个基本的思想是让一个人在侵权责任法中承担责任有三种截然不同的基础:他可能故意伤害了某人,或者他过失导致他人损害,或者他从事了一种应该承担严格责任的行为。在民法中,这种区分历史悠久。在罗马法中,原告可能根据阿奎利亚法对被告过错导致的损害获得损害赔偿。广义上,过错包括蓄意或故意导致损害。[3]

这个时期所谓的过错,是指行为者个人主观之心理状态欠缺注意,亦即所谓其人之心理本能注意而不注意,以致在伦理上,甚至在道德上具有可非难者而言,故称为“人格过失”或“道德过失”。[4] 至于其哲学基础,则为理性,更确切一点说,即实践理性上之“意志自由”。正如萨维尼曾经指出:故意过失致生损害,所以成立侵权行为而负损害赔偿责任,乃因其滥用“自由意志”之故。[5] 显然,传统侵权责任法的归责基础是主观归责一元论思想。主观归责,或可简称为意思归责,意即基于自由意思之理论,依特定个人之具体能力状况,以决定归责是否成立之法律判断原理。在传统理论上,侵权责任法系以过失作为归责是否成立之界限,亦即因过失之存在而被归责,因

---

[1] See Woodward, *Reality and Social Reform : Transition from Laissez-Faire to Welfare State*, 72 Yale L. J. 286 (1926).

[2] Robert Pothier, Traité des obligations (1761), nos. 116,118. 转引自 James Gordly & Arthur Taylor Von Mehren, *An Intruduction to The Comparative Study of Private Law*, Cambridge University Press,2006, p. 335。

[3] See James Gordly & Arthur Taylor Von Mehren, *An Intruduction to The Comparative Study of Private Law*, Cambridge University Press,2006, p. 335.

[4] See H. L. A. Hart, *Negligence, Mens Rea and Criminal Responsibility*, Oxford Essays in Jurisprudence, 1961, p. 30 – 38; A. Ehrenzweig, *Negligence without Fault*, 1951, p. 50, 78.

[5] See F. K. Savigny, System des heutigen römischen Rechts, Bd. Ⅰ, 1840, S. 6 f.; F. K. Savigny, Das Obligationenrecht als Theil des heutigen römischen Rechts, Bd. Ⅱ,1852, S. 330 f.

过失之不存在即拥有活动之自由。故主观归责,亦被称为过错责任主义。[1]

诚然,理性或意志自由等人类精神能力是否真的存在,尚非目前人类之认知能力、所能认识,但是,如果我们一概否定理性或意志自由的存在,那么不仅人性之尊严及人格之自由发展将失去坚强据点,实证主义者所称之“客观合理设计”也将完成失去根据。因此,如康德哲学之流者,肯定意志自由在法律规范上之作用,使其成为归责原理之基础,很有必要,不容放弃。正如邱聪智教授指出的那样:将意志自由等实践理性之哲学基本问题,以及正义理念等法律价值之肯定,视为“信仰”而非“认识”问题,并依信仰之立场,肯定其在法律规范上之作用,甚至进一步肯定其认识可能性,乃肯定哲学之基本观点。而观之晚近之英美实证主义,亦已显露此一倾向。虽然英美实证主义此类理论所表现者仅系个人主义之层面,过分强调恐有阻碍公共福利之实现,或妨碍社会之进步发展,但面对此等问题,其克服之道,亦仅能援社会法理补其不足,以求其彼此之间调和,殊不宜以社会法理取代个人法理,甚至放弃(主观)过失归责在侵权责任法上之地位。[2]

从实务角度看,主观归责属性的故意侵权要求原告证明被告实施加害行为时,主观上存在故意,行为存在不法性。

三、客观过失(过错)归责和危险归责的兴起

(一)个人道德归责的衰落

如前所述,在过错责任归责原则下,无过错就无责任,而且该过错的认定取决于加害人行为时的主观状态。在理性和自由意志理论光辉的映照下,主观过错归责具有强烈的道德归责色彩。在现代社会,道德性将继续支配故意致人损害,侵权责任法(无论其在别处剩存下来的部分前景如何)在这方面的未来似乎有保障。但是,对于侵权责任法的核心部分——过失导

---

〔1〕 See Deutsch, Zurechnung und Haftung im zivilen Deliktsrecht, Festschrift fur Richad M. Honig zum 80 Geburtstag, 1970, S. 38f. 邱聪智认为:Deutsch 虽主张归责二元论,并根据“信赖责任”之理念将“过失”之概念加以高度客观化,使“过失”几乎等于一般所谓之“客观过失”。但分析上,他似乎仍视其为主观归责之一部分,故就方法论而言,似有自相矛盾之嫌。参见邱聪智:《从侵权行为归责原理之变动论危险责任之构成》,中国人民大学出版社 2006 年版,第 34 页,注 129。

〔2〕 参见邱聪智:《民法研究(一)》(增订版),中国人民大学出版社 2002 年版,第 86 页。

致的事故,我们的观点一直在发生着巨大改变。人们正日益认识到,在机器大生产的时代,因为人们在机器大生产过程中的失误而导致的事故不会因为侵权责任法的规定、颁布和执行一些行为标准而明显减少。通过附加在安全生产规则中的强制性刑事制裁和诸如道路安全运动、以被保险人的安全记录为基础的保险费、改善道路和汽车质量、改善工业生产流程等之类的特殊的法律措施,能更有效地促进偶然事故的预防。[1] 但是,尽管有这些控制措施,过失导致的事故和损害仍然发生。有些过失导致的事故和损害毫无疑问应该归因于传统意义上的过失,即归因于不合理的风险。但是其他部分则应属于"不可避免"的意外事故。从公平的角度看,这两种情况中的任何一种可能不仅仅由直接参与者负责,而应该由和其有关联的生产行为或企业本身承担责任。社会的进步与工业化生产的维持和持续、快捷的运输方法关系密切,因此,社会也应该承受与此相关的损害。简言之,问题是谁来为这些损害买单？是那些不能确切证明任何一个特定具有传统意义上的过错的倒霉的受害人,还是从这些生产行为中受益的那些人？如果人们能够对法律规则作如下设计,规定每一个行业或从事某个特定行为的人像汽车驾驶员那样集体承担其运行成本,那么,相对于根据满足于将伤亡人员的赔偿问题留给以过时且不现实的过错概念为基础并且运作费用极其高昂的"法庭上的彩票"之类的法律制度而言,前述制度可能更好地服务于公共政策的需要。[2]

因此,侵权责任法为了适应社会经济的发展,也在两个维度上不断改革和发展:一是仍然坚守过错概念,但将过错的判断由原来的主观标准替换为客观过错;二是干脆放弃过错归责,改为无过错责任。无论侵权责任法在哪个维度上发展,都将导致传统侵权责任法上以自由意志和理性为基础的道德归责衰落,形成客观过错归责和无过错归责的新的归责体系。

(二)过错判断标准的客观化趋势

过错无论是否区分为故意或过失,其原意应当是指行为人的一种主观

---

[1] See Klein & Waller, *Causation, Culpability and Deterrence in Highway Crashes*, Auto Ins. & Compensation Study, D. O. T. (1970).

[2] See John G. Fleming, *The Law of Torts*, 8th ed, The Law Book Company Limited, 1992, p. 8.

心理状态，但是，就过错责任主义而言，大陆法系之理论亦有如英美法系，亦即因眷恋近代自然法理论之“理性哲学”，特别是“意志自由哲学”，以致在基本构想上仍不得不强调个人心理欠缺之主观过失说。然而，在人类活动及接触极为频繁而紧密之当前的工商时代，此种基本构想显然不足以适应现代社会需要。以机器大生产为特征的工业化社会中，生产的集中导致人口聚集，在由陌生人组成的城市构成的社会中，人们的交往密集程度大大提高但彼此信任程度又大大降低。侵权责任法在处理因人际交往形成的侵权纠纷时，在判断加害人实施加害行为时是否存在过错，再坚持原来的主观过错标准，不仅不利于受害人权益保护，而且也不利于社会秩序的维护。于是，侵权责任法在处理此类纠纷时，不再纠结于行为人在实施加害行为时是否主观上存在过错，而是从社会秩序维护的角度，按照一般谨慎人的行为标准为所有人设定一些做行为决定时应该在多大程度上考量他人利益的行为标准。行为人实施行为时，只要其在行为决策时对他人利益的关注程度未能达到该必须达到的行为标准（侵权责任法称之为注意义务），该行为人就被认定为存在过错，至于该行为人实施该致害行为时个人状况如何、其主观状态如何，侵权责任法就不太关注了。由此可见，侵权责任法这种归责理念，早已偏离了传统的主观归责原理。但是，侵权责任法该种归责理念的转换，又是在借用传统侵权责任法上的过错概念完成的，称之为客观过错归责。不过，此客观“过错”早已非彼“过错”了！于是，学者惊呼“过错死亡了”！〔1〕

我们进一步发现，此类客观过失理论，不仅为庞德所主张，亦非仅英美法系如此，而是当代归责理论发展上之共同趋势，其在大陆法系之表现绝不亚于英美法系。根据笔者掌握的资料，虽然过错在侵权责任法中依然具有重要地位，但是各国侵权中对过错如何认定这样至关重要的问题，除奥地利侵权责任法外，无论是大陆法系国家还是英美法系国家或混合继受法系国家的侵权法都已经偏离了传统对加害人主观心态的评价，而采取客观的评价立场，即所谓“过错客观化”。根据客观过错理论，不以行为人实施加害行

---

〔1〕 参见胡雪梅：《“过错”的死亡——中英侵权法宏观比较研究及思考》，中国政法大学出版社2009年版。

为时的主观状态判断过错的有无，而是根据一个外在于加害人的既定标准如“善良家父”或“理性之人”的标准来判断加害人实施加害行为时是否存在过错。当一个“善良家父”或“理性之人”处于与加害人相同的状态下，应该实施和加害人不同的行为或以不同于加害人的方式实施行为以避免损害的发生，那么加害人就存在过错，进而应当承担损害赔偿责任。至于加害人本人的主观心理状态，原则上已经不予考虑。因此，侵权法原有的道德性基本上灭失了，加害人的责任能力也不再具有重要意义了。

1. 英国侵权法上的过错及其判断方法

根据英国学者霍顿·罗杰斯（W. V. Horton Rogers）的介绍，过错是英国侵权法上侵权责任的基础。英国侵权法一般是以被告的过错为基础的，或者说过错是侵权责任一般构成要件，有些人甚至认为过错总是必要条件。因此，克拉克（Clerk）和林赛尔（Lindsell）的侵权法著作认为，过错在侵权法中有多种伪装的形式，但过错必须存在。[1]

关于过错要求的目标，霍顿·罗杰斯认为：过错的目标问题涉及整个侵权法的功能。与其说过错是一个单一的概念，不如说它是一个钟摆，维持原告和被告之间恰当平衡的观念在不同的场合不一样。因此，在比如因事故导致身体伤害案件和滥用程序案件或诽谤案件中，如果说过错要件所起的作用一样，可能令人感到惊讶。事故法上的责任的一般基础是过失，如果我们的眼睛只盯着它，那么一个人对其行为除自担风险外，是否还存在任何原则很难说。但是，最近200年来，普通法总的趋势一直是不断强化过错的必要性。这可从非法侵入他人土地和房屋（trespass）制度的衰落得到证明。最初的立场是，如果D间接伤害了P，P有权根据现代过失侵权诉讼制度提起诉讼。此时，P必须证明D具有过失。但是，如果伤害是直接的，除非D能够证明他没有过错，否则D应该承担责任。自19世纪以来，在高速公路案件中，原告必须证明被告具有过错。基于福勒诉兰宁案（Fowler v. Lanning）的结果，[2]这已经成为一般原则。现代主流的观点是非法侵入他人土地和

〔1〕 See W. V. Horton Rogers, *Fault under English Law*, in P. Widmer ed., Unification of Tort Law: Fault, Kluwer Law International, 2005, p. 65.

〔2〕 See Letang v. Cooper, [1965] 1 QB 232.

房屋限于故意行为。[1]

关于过错的定义，霍顿・罗杰斯认为："英国律师或法学家不会通过一般的过错概念思考，而是通过将故意和过失侵权作为独立的类别来分析问题。因此，一个事故伤害是过失侵权，但是故意打人就是殴打，属于非法侵入'trespass'的一种形式。这在实务上几乎不具有什么重要性，但是可能比如和时效期限相关。区分故意和过失这种方式在某种程度上说是在现代才具有意义，它简化了一种更为古老的分类方式，即非法侵入他人土地和房屋与类案诉讼制度，这种分类在19世纪以前具有重要意义，现在为了分类仍然提到。"

关于过失的司法定义引用最多的是奥尔德森（Alderson）在布莱斯诉伯明翰自来水公司案（Blyth v. Birmingham Waterworks Co.）所表述的："过失是未能实施某种一个理性之人在日常规范人际之间的行为所应考虑的因素指引下应该实施的行为；或者实施了一个理性和谨慎之人不应该实施的行为。"[2]

关于过错评价的主观标准或客观标准，霍顿・罗杰斯介绍说：英国侵权法认为，由于关于人在某些情况下"无侵权行为能力"具有不确定性，一般的过错评价标准显然是客观的，被告本人的个人智力状况或能力与此无关。麦克米伦勋爵（Lord MacMillan）在格拉斯哥诉穆尔案（Glasgow v. Muir）中将这一观点表述为：合理人的可预见性标准在某种意义上是一种客观标准。它消除了人与人之间的平等，与具体实施侵权行为的人的特质无关。某些人天生就过分胆小，认为人生道路上到处充满危险；而另外一些人的性格则更为粗野，未能预见或者毫不在乎地漠视甚至显而易见的危险。人们假定该合理的人既不过度恐惧，也不过分自信。但是，合理人的注意标准中，涉及某种主观因素的应用的意思。合理人的注意标准仍然留待法官决定，在案件的具体情形下，该合理人应该考虑哪些因素，相应地，应当承担责任的

---

〔1〕 See W. V. Horton Rogers, *Fault under English Law*, in P. Widmer ed., Unification of Tort Law: Fault, Kluwer Law International, 2005, p. 67 – 68.

〔2〕 See W. V. Horton Rogers, *Fault under English Law*, in P. Widmer ed., Unification of Tort Law: Fault, Kluwer Law International, 2005, p. 69 – 70.

当事人应该预见到哪些内容,存在争鸣的空间。正如上述案例所展现的那样,某位法官可能认为牵强和不可能的东西,在另一位法官眼中可能不仅是很自然的,而且是可能的。

在商业或职业活动中,焦点是被告是否像一个合理的从事商业活动的人或职业人员一样行为。由于在一个职业内部,当然存在不同的专业领域和不同程度的专业知识,该表述在相关的地方被进一步限定为,被告是否像一个处于其职位的理性的、称职的人一样行为。因此,人们不会期待一个职位较低的医生拥有任何特定领域作为顾问的专业知识。[1]但是,据此强加的标准是一个客观的标准。不管他是刚刚获得职业资格,还是获得该资格已经5年了,标准都一样。[2]

2. 美国侵权法上的过错及其判断方法

过错在美国侵权法上的地位问题,美国学者施瓦茨(Gary T. Schwartz)和格林(Michael D. Green)介绍说,根据美国侵权法,在侵权责任中,过错是主要的(但不是唯一的)责任标准。当被告怀着故意导致损害发生的心态行为,或当被告的行为存在某种疏忽,被告的行为就存在过错。确实,过失行为也被认为是此种过错。在某些情况下,故意导致损害的行为可能是无过错的或具有正当理由的,但是,这些情形必须由明确的抗辩事由来确定。[3]

关于过错的主观评价或客观评价的问题,施瓦茨和格林认为:通过对行为人的行为规定了一个主观的评价方式,行为人的年龄和身体上的残疾等因素要予以考虑。但是,人们对心理疾病倾向于不予考虑,同样不予考虑的是行为人的笨拙或判断力差。专业人员在其职业活动过程中导致的损失,当然适用一种职业化的注意标准。在美国,评估加害人的过错,还应该考虑其他因素,过失标准是一个"在所有情况下一个理性人的注意"。因此,许多情况要予以考虑。如果行为人遵守了有关的习惯或惯例,这是一个陪审团要予以考虑的因素,但不要求陪审团去证实行为人的行为没有过失。同样,

---

〔1〕 See Wilsher v. Essex AHA, [1987] QB 730.

〔2〕 See W. V. Horton Rogers, *Fault under English Law*, in P. Widmer ed., Unification of Tort Law: Fault, Kluwer Law International, 2005, p. 72 – 73.

〔3〕 See Gary T. Schwartz & Michael D. Green, *Fault under U. S. Law*, in P. Widmer ed., Unification of Tort Law: Fault, Kluwer Law International, 2005, p. 305.

行为人的行为违背了相关的安全规则或惯例,这允许但不强制确定存在过失。但是,在对外科医生提起的医疗不端行为之诉中,惯例或习惯做法具有更强的作用。在这种诉讼中,外科医生的惯例或习惯决定了过失标准的内容。如果外科医生违反了这种惯例或习惯,那么本身就是过失;如果外科医生遵守了这些惯例或习惯,那么通常不能确定他存在过失的罪过。

对于以往的损害记录,根据过失侵权责任法,相关的标准关涉损害的可预见性。即使损害在以前从来没有出现过,损害的可能性仍然具有某种程度的可预见性。当已经发生过好几起事件的时候,这肯定倾向于提高了风险的可预见性水准。如果行为人面对的是一种突发的紧急事件,在决定行为人是否像一个理性的谨慎的人那样行为的时候,这一点要予以考虑。行为人违反了州的制定法、管理性法规或者市政命令,通常被理解为为推定行为人的行为具有过失提供了一个正当理由。行为人可以通过举证证明他做了合理的努力去遵守这些规定,或存在异常的情形,事实上使遵守这一些规定比违反它们更危险,来反驳这一推定。[1]

3. 法国侵权法上的过错及其判断方法

法国学者苏珊娜·加兰·卡瓦尔(Suzanne Galand-Carval)介绍:在法国,在1804年制定《法国民法典》的时候,过错在侵权法中起到了支配性的作用。《法国民法典》第1382条和第1383条规定了广义的过错责任,过错责任被认为具有强烈的道德价值。《法国民法典》第1385条和第1386条分别规定了父母对其子女行为的责任、雇主对其雇员行为的责任、动物所有权人的责任、有缺陷的建筑物所有权人的责任。这些虽没有提到过错,但法学家和法院仅仅将其理解为建立了一种可反驳的推定过错。因此,过错不仅仅是侵权责任的根据之一,它构成了侵权责任法的基石。但是,19世纪最后20多年,情况开始发生变化。那时,法国开始进入工业化、机械化时代,同时也是事故不可避免地频繁发生的时代。基于协助在工业事故上受到伤害的受害人获得赔偿,法国上诉法院发现了《法国民法典》第1384条。在此之前,该条仅被理解成一个引导性的条文,但现在被认为是一个新的、自成一

〔1〕 See Gary T. Schwartz & Michael D. Green, *Fault under U. S. Law*, in P. Widmer ed., Unification of Tort Law: Fault, Kluwer Law International, 2005, p. 305.

体的侵权责任根据。“由物导致损害”的赔偿责任很快就被界定为一般的（它能应用到所有的事物上，是否为危险物以及手工驱动等在所不论）、非过错的责任（它不是建立在过错推定的基础上的，而是由上诉法院所称的“责任推定”基础上的。也就是说，一件事物导致了损害的事实就能构成责任，并且该责任仅仅能够通过证明不可抗力概念而免除，这比不存在过错狭窄得多）。[1]

苏珊娜·加兰·卡瓦尔还认为，法国法院对民法典大胆地司法解读显然终结了过错概念的支配地位，至少就个人伤害而言是如此。而且，必须强调的是过错定义本身以某种方式进化了，附在过错之上的很大部分的古老的道德价值被剥离了。就加害人而言，保险责任消除了其被判决承担损害赔偿责任的经济影响。法院充分认识到保险责任的发展极大地扩张了过错的定义，首先，被告行为的不法性（*illicéité*）很容易确定，在今天，人们可以自信地说对法定的行为标准最轻微的偏离（*la conduite du bon père de famille*）就可以构成过错。其次，过错的主观因素（*limputabilité*）被逐渐抛弃。在1968年，《法国民法典》第489条第2款生效。该条规定心智错乱的人对其侵权行为的后果负全部责任，显然，其目的在于保护受害人的利益。这一解决方案后来被法国上诉法院扩展到认定非常年轻的小孩子的侵权责任上。根据传统法的观念，小孩子被认为是缺乏必要的罪过识别能力的。过错的这种进一步扩张一直被描述成转型为一种纯粹客观的概念，经常称之为客观过错（*la faute objective*）或社会过错（*la faute sociale*）。[2]最后，苏珊娜·加兰·卡瓦尔无不感慨地说：“总而言之，可以说，在法国现代侵权法中，随着责任制度寻求保护的损失种类的变化，过错原则的作用发生了广泛变化。”[3]

---

〔1〕 See Suzanne Galand-Carval, *Fault under French Law*, in P. Widmer ed., Unification of Tort Law: Fault, Kluwer Law International, 2005, p. 89.

〔2〕 See Suzanne Galand-Carval, *Fault under French Law*, in P. Widmer ed., Unification of Tort Law: Fault, Kluwer Law International, 2005, p. 91.

〔3〕 Suzanne Galand-Carval, *Fault under French Law*, in P. Widmer ed., Unification of Tort Law: Fault, Kluwer Law International, 2005, p. 91.

4. 德国侵权法上的过错及其判断方法

德国学者马格努斯(Ulrich Magnus)和葛汉德·泽埃尔(Gerhand Seher)认为:“现代德国侵权法规定的侵权责任的基础或者是过错,或者是创造了一个异乎寻常的、立法规定的风险且该风险成为了现实。”[1]

德国学者马格努斯和葛汉德·泽埃尔指出:“1900 年制定的德国民法典过去是、现在还是几乎排他性地建立在如下假定的基础之上的,即对他人的损害赔偿责任以加害人具有过错为前提。”在 1900 年,过错原则和当时盛行的自由主义思想彼此呼应。19 世纪末期以前,人们认为仅当加害人个人犯了某种错误,特别是如果他忽略了人们可能期待他遵守的那种注意标准,他才应当承担责任。耶林下面一段话更好地表达了该思想:“使加害人负担损害赔偿责任的不是其导致了损害,而是其具有过错。就像对于化学家来说,发亮光的不是火花,而是在空气中燃烧的氧。就这么简单!”

《德国民法典》中的 3 个一般条款(第 823 条第 1 款、第 823 条第 2 款和第 826 条)建立起了要求加害人承担故意和过失的侵权行为责任。《德国民法典》第 823 条第 2 款以“保护性法律”(违反以保护个人为目的的法律,而不是违反仅仅保护所有公众的法律)的违反作为责任的基础,明确表明该责任限于过错行为,而不管所违反的保护性法律本身是否要求过错。[2]

德国学者马格努斯和葛汉德·泽埃尔认为,德国侵权法中过错要件的重要作用是 19 世纪自由主义的结果,个人责任的承担范围应该限制在加害人仅仅对那些不当运用其自由意志的场合。因为在这些场合,他没有合理注意而且没有避免可预见的损失。当且仅当此时,他应该承担责任。为公众保留尽可能广泛的自由空间,在该空间里,自治的个人能够自由行为,发展其才能。这也是侵权责任法的目标,将责任限制在有过错的行为将特别能够保护企业自由的权利。[3]

---

[1] Ulrich Magnus & Gerhand Seher, *Fault under German Law*, in P. Widmer ed., Unification of Tort Law: Fault, Kluwer Law International, 2005, p. 101.

[2] Ulrich Magnus & Gerhand Seher, *Fault under German Law*, in P. Widmer ed., Unification of Tort Law: Fault, Kluwer Law International, 2005, p. 101.

[3] Ulrich Magnus & Gerhand Seher, *Fault under German Law*, in P. Widmer ed., Unification of Tort Law: Fault, Kluwer Law International, 2005, p. 103.

根据德国学者马格努斯和葛汉德·泽埃尔的介绍,在德国,过错要件的主要目的是,在严格责任法之外,以一般的方式对应当承担赔偿责任的不法侵权行为和不应当承担赔偿责任的行为之间做出区分。[1]

至于过错的定义及其判断标准,德国学者马格努斯和葛汉德·泽埃尔指出:"关于什么是过错的问题,在德国法中,没有关于过错的一般性立法定义。但是,《德国民法典》清楚地表明,过错由故意(Vorsatz)和过失(Fahrlässigkeit)构成。虽然没有关于故意的法定概念,但人们普遍认为故意是指明知并且有意实施某种致人损害的行为(直接故意 dolus directus)或者是指至少接受损害作为其作为或不作为行为的后果(间接故意 dolus eventualis),但是,《德国民法典》第 276 条第二段将过失定义为疏于采取适当注意。"[2]

对于过错评价标准是采主观评价或客观评价,根据马格努斯和葛汉德·泽埃尔的介绍,德国法院运用一种客观的标准来认定过失(所谓的客观化的过失)概念。[3] 如果一个人漠视"合理的注意",即一个具有平均谨慎和能力的人为了避免不合理的重大风险致害他人,在同样的情况下应该具有的理性和谨慎,该人的行为就具有过失。[4]

这种客观标准是根据侵权行为人所隶属的社会团体来决定的,相关团体取决于所导致的损害的情形(如汽车、商业侵权、医疗侵权等),正常的小孩、青少年和老人等每一类人也构成一个独立的团体。对于相关团体的决定和该团体成员的平均注意水平的确定,都留给了法院。法院需要考虑发生损害的严重性及其发生的可能性,可能避免损害发生的行为、侵权行为人为了避免该损害的发生将必须承担的成本及其不利后果等因素也要考虑在内。[5]

---

〔1〕 Ulrich Magnus & Gerhand Seher, *Fault under German Law*, in P. Widmer ed., Unification of Tort Law: Fault, Kluwer Law International, 2005, p. 104.

〔2〕 Ulrich Magnus & Gerhand Seher, *Fault under German Law*, in P. Widmer ed., Unification of Tort Law: Fault, Kluwer Law International, 2005, p. 105.

〔3〕 See BGHZ 39, 283; BGHZ 106, 323 (330); BGH in [2000] NJW, 2812.

〔4〕 H. Kötz / G. Wagner, Deliktsrecht (9th edn. 2001), no. 106; Palandt (– H. Heinrichs), Bürgerliches Gesetzbuch (63rd. edn. 2004), § 276 no. 15.

〔5〕 H. Kötz / G. Wagner, Deliktsrecht (9th edn. 2001), no. 109.

尽管相关社会团体的平均能力水平对于认定过失通常具有决定性，但是在某些情况下，也考虑个体的一种更高程度的专门知识或能力。尤其是对于某种职业，个人能力可能附带地被考虑到。例如，一个助理外科医生必须根据一个普通的助理外科医生的标准履行其职责。如果他达到了该标准，可能预见到该手术可能要求高于其能力的知识的话，他也可能仍然会对其所做的手术承担责任。[1]

同时，专家必须运用其全部特殊知识。因此，即使一个具有平均能力的同事在相关职业活动中忽略了导致损害的细节而不能受到谴责，他也应该对其个人可能避免的损害承担责任。

但是必须指出，刚才提到的客观的过失标准的例外，并没有真正导致一种主观的标准，而事实上是源自对相关社会团体的重新表述：考虑的不是具有平均水平的外科医生，而是一般的助理医生或一般的高级专家。因此，在这里，说“狭义的客观标准”将更为准确。[2]

5. 意大利侵权法上的过错及其判断方法

对于意大利侵权法中的过错及其判断方法，根据意大利弗朗西斯科·多纳托·布斯内利（Francesco Donato Busnelli）、乔瓦尼·科曼德（Giovanni Comandé）和玛丽亚·加利亚迪（Maria Gagliardi）3位学者的介绍：在意大利，根据传统的不法行为概念，过错被认为是侵权责任的基石。《意大利民法典》相关条文的早期解释者参考“无过错就无责任”的格言，从可归咎性的观点来解读这一标准。根据这一假定，民事责任规则主要具有惩罚性功能。最近的社会和法律发展对这一概念带来了危机，也导致了这一概念逐步发生了深刻变化。一方面，损害赔偿可以被认为本质上是一种填补不法损害的手段。另一方面，对于合同外所有归咎于过错的法律，过错不再是解释的关键，其目的在于为其他责任标准腾出空间。该其他责任标准已经存在于民法典的结构之中，在无数法律诉讼中已经得到承认和采纳。提及过错的

---

〔1〕 See Cf. BGHZ 88, 248, 257 et seq.; BGH in [1988] NJW, 2298; BGH in [2001] NJW, 1786.

〔2〕 See Ulrich Magnus & Gerhand Seher, *Fault under German Law*, in P. Widmer ed., Unification of Tort Law: Fault, Kluwer Law International, 2005, p. 109 – 110.

方式发生了很大变化:人们不再说思想的可谴责状态,而是几乎达到下述标准了,即根据注意参数,对加害人的行为做一个标准化的评价。也就是说,对加害人的行为做客观的评价。[1]

对于过错要件的目标,弗朗西斯科·多纳托·布斯内利、乔瓦尼·科曼德和玛丽亚·加利亚迪3位学者认为:"在意大利,根据过错责任原则,过错代表了责任的主观因素。其不再以确定和惩罚加害人道德上的可谴责性为目标,过错所起的作用在于通过一个人际行为中大体上客观的注意标准来评价加害人的行为。"[2]

但是,关于如何评价加害人的行为是否具有过错的问题,弗朗西斯科·多纳托·布斯内利、乔瓦尼·科曼德和玛丽亚·加利亚迪3位学者认为:在意大利,确定过错的标准是客观的。法院利用注意标准来检验侵权行为人的行为,即通过运用和侵权人处于相同情形、和他具有相同特征的他人的行为标准来检验。但是,为了让这一标准不至于太抽象,它必须考虑侵权行为人行为时的具体情况。考虑到偶然因素,侵权行为可能是不可预见的或不可避免的。然而过错却预先假定了事件的可预见性和避免的可能性。[3]

6. 以色列侵权法上的过错及其判断方法

根据以色列学者以色列·基列德(Israel Gilead)介绍:在以色列,以过错为基础的责任是侵权责任的基石,过错责任就是对于不合理的疏忽行为强加的责任。过错责任反映了如下基本思想:如果D由于道德上或社会性的过错导致P损失,该损失应该移转给D承担。过错责任以传统的个人责任和矫正正义观念为基础,矫正D导致P遭受损失的不正义,也建立在抑制将来导致损害的不当行为的遏制观念之上。但是,过错责任不总是建立在过错基础之上。作为一种损失分担机制的责任保险的出现,破坏了个人责任思想的基础。不管加害人是否存在过错,对于身体伤害都应该赔偿的思想

---

[1] See Francesco Donato Busnelli, Giovanni Comandé & Maria Gagliardi, *Fault under Italian Law*, in P. Widmer ed., Unification of Tort Law: Fault, Kluwer Law International, 2005, p. 151.

[2] Francesco Donato Busnelli, Giovanni Comandé & Maria Gagliardi, *Fault under Italian Law*, in P. Widmer ed., Unification of Tort Law: Fault, Kluwer Law International, 2005, p. 153.

[3] See Francesco Donato Busnelli, Giovanni Comandé & Maria Gagliardi, *Fault under Italian Law*, in P. Widmer ed., Unification of Tort Law: Fault, Kluwer Law International, 2005, p. 158.

越来越受到人们的认同，也不管加害人是否存在过错，新/旧矫正正义概念将风险的发动者和受益人挑出来作为风险的适当承担者，这一切已经导致了严格责任的强加。尽管是在一种更小的程度上，这种趋势也得到了经济效率观念的支持。经济效率观念要求不管有没有过错，都应该将损失内部化。

以色列主要的无过错责任制度是1975年创立的，其范围包括所有因道路交通事故导致的人身伤害。该制度明确排除了以过错为责任基础，雇主对于雇员的替代责任是无过错责任制度的又一重要领域。另一个没有排除以过错为基础的严格责任的重要领域，是雇主对于其雇员在工作环境下所遭受的人身伤害的责任（工伤事故责任）。法定的严格责任也强加给了导致身体伤害的缺陷产品，但该责任主要限于解释缺陷，由于有过错这一替代因素，该责任很少被适用。

有些责任处于过错责任和严格责任的中间状态。这些混合状态责任中最重要的是被告被推定存在疏忽，举证责任移转给被告，由其举证反驳该推定的情形。由危险事物和危险行为导致的损害就是典型的例子，适用“事实本身说明”（res ipsa loquitur）这一证据规则的情形也是。根据法律规定，产品设计缺陷甚至诽谤的责任，均可归入这一类。另外一种混合类型是传统的保护财产权的有名侵权行为类型（非法侵入 trespass，侵占 conversion，妨碍 nuisance）。根据传统理论，这些侵权行为构成要件中无须过错，这意味着财产权与对人的身体、情感和心理等的完整性相比受到了更好的保护。为了避免这一不正常的结果，以色列法院已经试图限制这些侵权行为中的责任，让其受可预见性之类的过错概念支配。[1]

关于过错的定义，以色列·基列德认为，在以色列法中，过错责任的一般渊源和框架是法定的过失责任。这类侵权责任由3个因素造成：疏忽、注意义务和因果关系。过失实际上是疏忽和注意义务这两个因素的结合。当某人实施了某种行为，但在该种情况下，一个合理谨慎的人将不会如此行为；或者当某人未能实施某种行为，但在该种情况下，一个合理谨慎的人应

〔1〕 See Israel Gilead, *Fault under Israeli Law*, in P. Widmer ed., Unification of Tort Law: Fault, Kluwer Law International, 2005, p. 129 - 130.

该作为,那么该人就存在疏忽。一般来说,当既定行为导致了一种可预见的和不合理的风险,该行为就是"疏忽"的。但是,除非他在特定情况下负有注意义务而未能按照注意义务的要求行为,否则粗心的人并无过错,也无过失。[1]

那么,以色列法院是如何评价过错的?根据以色列·基列德的介绍:以色列法院运用理性人的客观标准来决定被告是否存在过错。按照以色列最高法院的观点,理性人概念不是描述性的,它不是普通人的镜像,而是一种虚构,一种比喻的说法,是一种规范性的行为标准的人格化。在权衡了所有相关考量因素后,法院利用这一标准裁定某人应该如何行为。为确立和应用这一标准行为模式,以色列法院必须将人类的特点附到这个实际上不存在的人身上。起点在于将这些特点理解成非被告个人的特点。以色列法院排除了个人化的平等,忽略了单个被告的个人习性。这就是该标准被称为客观标准的原因。但是,应该将哪些特征附到该理性人身上?答案是法院既不要求一些不可能的东西,也不允许健忘、疏忽大意以及其他一些普通人的缺点进入该规范性的平等之中。这一司法虚构是目前窘境的根源。[2]

主观的东西怎样通过客观的标准获得?法院是否应该完全忽略个性化的被告,或者至少其某些个体特征、能力和背景应该予以考虑,并且对合理人标准产生影响?能够允许多大程度的主观性进入这一客观标准?如前所述,年龄应该予以考虑,但是关于心智不全、能力突然丧失、判断和能力的暂时性中断等是否应该考虑,以色列的法律并不明确。虽然永久的且显而易见的身体残疾比如失明和耳聋等,应该予以考虑,但是潜在的因素(比如反应慢)不应该考虑吗?对于这些细微的区分,很难为其提供正当理由。而且,其边界可能是模糊的。但清楚的是,一方面,主观性的程度受到政策考量的影响。当法院发现应该放松标准的时候,比如在雇员有过失的场合,他们允许考虑更多的主观因素如缺乏经验、疲倦等。另一方面,主观性也被用

---

〔1〕 See Israel Gilead, *Fault under Israeli Law*, in P. Widmer ed., Unification of Tort Law: Fault, Kluwer Law International, 2005, p. 131.

〔2〕 See Israel Gilead, *Fault under Israeli Law*, in P. Widmer ed., Unification of Tort Law: Fault, Kluwer Law International, 2005, p. 135.

来提高合理人标准。其途径是将被告的特殊能力、经验、专业技能、知识以及其他特征等纳入考量范围，而这些特征在合理人模型中是找不到的。总之，合理注意标准是一个规范的而非实际的评价标准，是一个吸收了以政策判断为基础的、不明确的主观因素的客观标准。

另一个问题和类型化有关。被告是某一专业或其他从事风险创造活动的经常受到限制的团体，合理行为标准因此应该和这些团体相关，并作相应的调整。比如，法定概念明确提到某一职业所要具备的技能。但是，一个既定的团体可能根据专业知识、经验、培训等，被细分为更小的团体。在一般团体之内，还应该为这些不同的子类型建立不同的注意标准吗？对于这个问题，没有明确的权威答案。

最后一个相关的问题是应该对遵守或不遵守习惯和惯例赋予多大的权重。比如，法院应该强加一个比普遍接受的职业行为标准更为严格的标准吗？在以色列，法院控制了标准宽松或严格方面的尺度。[1]

7. 奥地利侵权法上的过错及其判断方法

关于过错在奥地利侵权法确定责任中的重要性，奥地利学者赫尔穆特·科佐伊（Helmut Kozoil）介绍说：根据1811年制定的《奥地利民法典》，以过错为基础的责任仍然构成侵权责任和合同责任的核心部分。大多数特别法也要求具备过错是损害赔偿责任的前提条件。《奥地利民法典》第1295条第1款关于赔偿法的一般规则规定，任何人有权要求过错致其损害的人赔偿，该损害可能因合同义务或非合同义务的违反所致。[2]

那么，在奥地利侵权法中，过错要件要达到什么标准呢？奥地利学者赫尔穆特·科佐伊认为，作为责任要件的过错原则是“交换正义”的基础。[3]因此，将责任和过错行为相联系，可以追溯到传统的思想，即一个以应该受到责备的方式行为的人必须赔偿因其行为受到损害的人。而且，要求一个

---

〔1〕 See Israel Gilead, *Fault under Israeli Law*, in P. Widmer ed., Unification of Tort Law: Fault, Kluwer Law International, 2005, p. 135 – 136.

〔2〕 See Helmut Kozoil, *Fault under Austrian Law*, in P. Widmer ed., Unification of Tort Law: Fault, Kluwer Law International, 2005, p. 11.

〔3〕 See Cf. F. Bydlinski, System und Prinzipien des Privatrechts (1996), 189 et seq.; C. – W. Canaris, Die Gef ährdungshaftung im Lichet der neueren Rechtsentwicklung, 1995 JBl, 15 – 16.

人对其应受谴责的行为承担赔偿责任，也可实现法的预防目标。因为这样的话，每个人都将小心行事，以免承担责任。[1]

至于过错的定义，奥地利学者赫尔穆特·科佐伊介绍说，在奥地利，普遍接受的过错定义如下：当一个人应该以其他方式行为，而且能以不同的方式行为，却不以其他方式行为，该人的行为就是有过错的行为。这是《奥地利民法典》第1294条比较传统的表达方式。一方面，如果明知并且希望，就是在恶意的基础上任意地导致损害发生；另一方面，如果仅仅因可归咎的无知、缺乏必要的注意或必要的谨慎导致损害发生，两者都称之为过错。[2]

关于过错的确定是主观性的还是客观性的，奥地利学者赫尔穆特·科佐伊介绍说：根据奥地利的主流观点，[3]人们原则上运用的是一种主观的过错标准。因此，个人的能力是决定性的。该观点来自如下思想：侵权行为人过错的评估应该以主观的意志力缺乏为基础，因此，如果一个人运用适当的意志力，将能够认识他的行为是危险的和违法的，并且他能够以其他方式实施该行为，那么，他才能够被指责为有过错。

因为人们运用的是主观的标准，所以人们必须检验侵权行为人的能力是否足够避免该损害的发生。只有当他具备该能力，对其个人的谴责才是正当的，主观过错才可能假定存在。该假定避免了主观过错理论由原告承担举证责任的不合理负担：如果侵权行为人在14岁以上，且没有精神方面的疾病，根据假定其具有达到平均水平的能力，侵权行为人必须自己证明其能力在事实上低于平均水平。

应该提及的是，注意和谨慎的程度必须客观化。《奥地利民法典》第1294条规定，人们必须采取适当的注意和适当谨慎。因此，很明显，其所指的是一个客观标准。同样，《奥地利民法典》第1279条规定，不具有平均能力能够采取适当注意和适当谨慎的人具有过错。

---

〔1〕 See Cf. H. Koziol, Österreichisches Haftpflichrecht I (3rd edn. 1997), no. 1/15; Helmut Kozoil, *Fault under Austrian Law*, in P. Widmer ed., Unification of Tort Law: Fault, Kluwer Law International, 2005, p. 13.

〔2〕 See Helmut Kozoil, *Fault under Austrian Law*, in P. Widmer ed., Unification of Tort Law: Fault, Kluwer Law International, 2005, p. 14.

〔3〕 See Helmut Kozoil, *Fault under Austrian Law*, in P. Widmer ed., Unification of Tort Law: Fault, Kluwer Law International, 2005, p. 14.

在侵权行为法领域，由于侵权行为人低于平均能力而不能认定其存在过错，但他仍可能承担责任。根据《奥地利民法典》第 1310 条，即使侵权人系精神病人或未成年人，在仔细权衡某些因素特别是受害人和侵权人的财产状况后，其仍可能被要求承担责任。[1]

但是，奥地利学者赫尔穆特·科佐伊介绍，奥地利侵权责任法主观过错的判断标准也不是绝对的，过错判断的主观标准存在例外。如根据《奥地利民法典》第 1299 条，关于专家过失的判断必须客观化。一个宣称其具有某种功能、拥有某种技能、从事某项业务或具有某种手艺的人，或者一个自愿从事某种要求特殊知识或需要特别谨慎的业务，且让他人认为他能够达到必要的谨慎和具有所要求的特殊知识的人，应该对其缺乏这种能力所致的损失承担责任。因此，任何从事要求具有专业知识或专门能力的活动的人，必须为此承担责任。[2]

综上所述，可以放心地得出结论：除了奥地利的总体立场外，几乎所有提到过的国家的法律制度至少理论上支持对过错采用客观的评估方法，而且伴随着的是对加害行为的抽象评估。在那些将过错和不法性视为同一问题、一开始就消除了一切主观的和个体化的因素的法律制度中，如法国和比利时，这一点特别明显和有力。在某些制度中，特别是那些属于普通法系的国家，应该怎样贯彻过错评估的客观标准，答案不是很明确。

8. 过错判断的客观标准小结

何为过错判断的客观标准呢？侵权责任法比较法学者皮埃尔·维德默（Pierre Widmer）在研究了各国的制度和理论后，总结道：客观标准通常以被称为“善良家父”为代表，这个“纯粹虚构的人”大多数情况下被认为是一个中等水平的模型，既“不具有突出的智慧、细致和先进性”，也不是“很迟钝”“冒失的投机”或“非常鲁莽”。由于客观性概念不再是一个全面的、统一适用的“善良家父”标准，而是一个“理性的外科医生”或“善良管理人”或者

---

〔1〕 See Helmut Kozoil, *Fault under Austrian Law*, in P. Widmer ed., Unification of Tort Law: Fault, Kluwer Law International, 2005, p. 15 – 16.

〔2〕 See Helmut Kozoil, *Fault under Austrian Law*, in P. Widmer ed., Unification of Tort Law: Fault, Kluwer Law International, 2005, p. 16.

"中等熟练和谨慎的人"之类的标准,这种客观性不是一个统一的概念,而是在某种程度上可以转换成"个人的具体情况和侵权行为发生的时间空间等客观情况",人们称之为"客观性取向的标准"或"类型化"或者"狭义的客观标准"。意大利民法即为其例,在意大利,注意的程度是根据《意大利民法典》第 1176 条来评估的,该条规定必须根据侵权行为的性质来评估注意的程度。因此,对该条的体系化解读提供了一个与侵权人实施侵权行为时的实际背景有关的"善良家父"概念。但是,这种明显的分化不能掩盖如下事实,在实务中,法院显然倾向于事后强化"适当注意"的要求,其正是这样推理的:如果适当注意的要求得到满足的话,损害就不会发生。荷兰的报告清楚地表明:"人们甚至可以说,过错要求已经被扩展到认识之外了。"〔1〕

综上所述,在客观过错标准下,所谓"个人主观心理欠缺"或"行为人内在之意思能力之不够集中"或者"个人有可非难容态"等法律命题,对过失成否之判断,往往仅是文字上或逻辑形式上之假托而已,对过失之是否成立,不发生实际作用。因此,过失归责性质上为客观归责原理或客观责任形态之理论,在晚近之大陆法系侵权责任法上,可说已经相当盛行,并有逐渐成为通说之势。即使主张过失概念应重新澄清,还其本来面目,将其局限于主观过失之范围的学者,亦纷纷承认,在归责理论体系上,主观过失责任和危险归责之间尚有基于社会期许及伦理信赖而生之客观责任,即客观过失之责任形态存在。〔2〕

所谓客观归责,是指基于人类团体存在,亦即所谓社会本位之考虑,依社会秩序之一般客观需要,对参与社会活动之个别人格科以责任负担之原理。其与前述主观归责原理之最大不同,即主观归责系以"特定个别人格"为考虑之出发点,而客观归责则以社会生活上之"一般人"为根据。正因其考虑之基点为社会秩序之需要,个别人格之自由意思、心理能力反而不具有重要地位。故学者认为,所有不完全以"非难可能性"为根据之归责,均得包括在此概念中。客观过失归责,即指基于社会生活秩序之要求,依一般人之

〔1〕 Pierre Widmer, *Comparative Report on Fault as a Basis of Liability and Criterion of Imputation*, in P. Widmer ed., Unification of Tort Law: Fault, Kluwer Law International, 2005, p. 348 – 349.

〔2〕 参见邱聪智:《民法研究(一)》(增订版),中国人民大学出版社 2002 年版,第 80 页。

观念厘定而得之客观注意义务，以决定引起损害之原因者，应否负担责任之法律价值判断原理。传统的侵权行为理论由于偏重强调责任之个人道义非难可能性，故客观过失之归责，亦往往假借主观过失概念加以统摄，而被吸收于主观归责之领域。近年来，由于客观过失之高度运用及归责原理之重新检讨，客观过失之归责原理始逐渐返其本来面目，而被划归于客观归责之领域。[1]"客观过失"之意义，虽亦借"注意义务"之概念而构成，但因其成立与否之判断系基于社会秩序之客观要求，并非根据原因者个人之主观能力。既然其责任之承担已与原因者个人主观之意思状态、心理状态无涉，则其在性质上应属于客观归责之领域，甚为明显。

从实务角度看，客观归责属性的过失侵权要求原告证明被告实施加害行为时对他人利益的关注没有达到社会一般谨慎人的注意标准。至于社会一般谨慎人在类似情况下的注意标准的确定，可以是原告调查提供的证据，审判庭法官也可以根据自己的生活经验确定。

9. 客观过错理论的道德基础[2]

(1)侵权责任法：作为一种社会协调机制的法律

侵权责任法提供了一种制度机制，用于调和人们在行为自由、身体安全、财产和情感幸福等对他们而言很重要的事情上的冲突诉求。人与人之间的互动包含冲突和合作，随着人口数量的增加与人们之间相互依赖性的提高，人与人之间的潜在冲突也在增加，每个人也都知道自己的兴趣和决定可能会干扰他人的幸福。有时候，这种干扰表现为明显的冲突，比如人们希望在同一时间出现在同一地点，他们想要占有同样的资源。此外，人们希望保护自己选择与他人保持何种关系的自由，希望其他人在干涉他们的关系自由之前会寻求授权。但是在其他情况下，人与人之间的干扰表现为一种互动。人类的相互依赖来自为改善个人幸福而形成的社会纽带，个人依赖于这些纽带。人们之间会形成各种人际关系和社区，这些人际关系和社区

---

[1] 参见邱聪智：《从侵权行为归责原理之变动论危险责任之构成》，中国人民大学出版社2006年版，第35页。

[2] 本书这一部分内容笔者参考了 Peter M. Gerhart 教授的《侵权责任法与社会道德》一书。See Peter M. Gerhart: *Tort Law and Social Morality*, Cambridge University Press, 2010.

包含人们之间明确的或隐含的承诺与义务,这些承诺与义务通过允许每个人依赖他人的承诺与义务来改变每个人自己的命运。有时,这些承诺与义务会导致承诺或义务内容相互冲突。这种人与人之间的诉求冲突往往是不可调和的,因为一个人的诉求得到尊重,就会使社会无法完全尊重另一个人的诉求。也就是说,社会必须拒绝或修改其中一项诉求,以尊重另一项诉求。侵权法就是协调一个社会中人与人之间相互冲突的诉求的机制。当几个行为人的行为在其他方面是不可调和的时候,通过解决这些相互冲突的诉求,侵权责任法认可并确立了一个社会中人们如何合作的行为和态度模式。

侵权责任理论面临的关键问题是如何理解和评价相互冲突的权利主张的性质和正义感。在一个相互联系的社区中,正义感是调整公民的负担和利益的各种方式的基础。侵权法中最困难的权衡之一就是在一个人的行动自由和另一个人的人身安全之间进行权衡。将原告和被告双方的行为都纳入考量范围,当他们的行为发生冲突时,我们如何构想他们各自的权利和责任?用里普斯坦教授的话说,我们用什么样的思维方式来确定这两方当事人之间的"公平的互动条款",以及公平概念和更大的社会利益之间的关系?格哈特教授提出了一种理论,即当某人的行为让他人面临风险时,该行为人的责任就是维护该处于风险之中的人的福利。该理论解释了侵权法原则、社会功能、侵权责任法理论和侵权案件分析论证所隐含的意义。如果加害人和受害人没有直接就他们双方的共同利益达成协议,那么侵权责任法就要规定加害人在何种情况下应该对受害人的损失负赔偿责任。法院判决被告填补原告的损失,意味着法院认为被告应当对原告遭受的损失承担赔偿责任。损害赔偿金代表着要求被告承担的原告利益的价值,如果法院认定被告对原告不应当负责,就会判决被告对原告的损害不承担赔偿责任,或者是因为被告的行为与原告的损害之间不存在相应的因果关系,或者是因为被告已经履行了其对原告的利益所应承担的注意义务。

(2)认定被告过错之关键:行为时是否适当考量他人利益

由于法院认定被告应当承担责任和不应当承担责任都是法院关于被告对原告福祉所应负的责任之判断,因此,在侵权案件中,法院需要仔细探究被告在实施行为的过程中是否充分考量了他人的利益。有责判决是指针对被告在实施其行为的过程中未能充分考量他人的利益(这要求被告矫正没有考量他人利益的错误)而作出的判决,而无责判决是指针对被告在实施其行为的过程中对原告的利益已经作出了适当考量而作出的判决。侵权责任法就是以这种方式来确定:我们能够预期的行为人在实施其行为的过程中,将他人的幸福融入其所作的一系列选择中的限度;侵权责任法决定了当行为人决定实施某种行为时,他必须在何时以及在何种程度上将他人的利益纳入自己的考虑范围之内,这种评估建立在一种责任理论的基础之上。而这种责任理论也是一种无责任理论的具体体现,因为这种理论认为,当某人在作出行为决定时已经充分考虑了他人的利益,该人对导致该他人的伤害无须承担责任。该理论仅仅决定行为人何时应当对他人所遭受的伤害承担责任以及该责任的限度,是一个考量他人利益的行为的理论。

考量他人利益的行为的理论,将考量他人利益的行为视为侵权责任法唯一的“指路明灯”,这是一个统一的理论,它将侵权责任法视为建立在一个连贯且一致的概念之上,即行为人对他人所遭受的伤害负有责任。生活中充满了危险、不确定,人们面临的风险包括自然风险、自己导致的风险以及他人导致的风险。我们都受到好的和坏的运气的影响。我们可能为了自己的利益而把风险强加给别人,我们也可能会面临别人为了他自己的利益而强加给我们的风险。因此,我们在社会中寻找避难所来躲避生活中的各种意外,依靠社会来应对生活中遇到的各种挑战。建立社会或社区联合起来解决生活中的不确定性。当我们加入一个社会或社区,我们必然要承诺放弃一部分权利或者履行一些义务,学习这个社会或社区的法律和制度,以便保护自己的人身财产安全。希望别人关心我们的福利,就像我们关心别人的福利一样。人类就是在这样一个世界中相互作用,这个世界的驱动力是人们对一个人如何关心他人幸福的期望。这些期望往往体现在一个相对明确的契约中,该契约阐明了每个人对另一个人幸福的责任。在其他时候,期望是在没有直接讨价还价的情况下形成的。一个人如何为另一个人的福祉承担责任的期望,隐含在成为一个社区成员的过程中,这种期望来自社会或社区的实践。这里提出的责任理论关注的是后一种期望——当一个人从他人的福祉出发考虑自己的福祉时,这些期望受制于一个社会共同体形成的隐含的社会契约。这个理论承认,[1]社会或社区形成的关于考量他人利益的行为之道德规范和期待,形成了法律构建其责任理论的基础,因为这些期待使得社会或社区得以蓬勃发展,因为这些期待提供了最佳途径,使社会或社区中的每个人都能根据这些共同期待——对每个人为他人福祉所承担的责任的共同期待探索自己过有意义的生活的能力。合在一起,这些社会期待——对人人会适当关注他人福利的社会期待作为一种黏合剂,将社会凝聚在一起,使个人能够在一个冲突最小的群体中茁壮成长。[2]

(3)考量他人利益的行为:一种社会协调机制

当行为人的行为会影响他人利益的时候,道德和法律要求行为人在决定是否以及以何种方式实施该行为的时候,必须适度考量其行为对他人的影响,并将该考量内化为决定是否以何种方式实施该行为的重要要素。这种行为被格哈特称为"考量他人利益的行为"[3]。社会用来协调人际关系的机制,就是这种"考量他人利益的行为"。因为作为社会处理人与人之间相互关系的协调机制,社会要求每一方当事人在追求自己利益时必须要将他人的利益纳入考量,即行为人应当根据他人的利益来评价自己的行为,将他人的利益作为行为人自身利益的一部分适当地结合起来再作出决定。据此,以某种特定方式将他人的利益纳入自己的考量范围之内,是每个人的义务。法律的职能就是确定哪些与他人相关的决定是适当的,并强迫未能履行充分考量他人利益的义务的行为人赔偿另一方的损失。因为以适当的方式将他人利益纳入自己行为的考量范围的义务,是一种持续和普遍的社会义务,是社会契约的核心。法律要做的仅仅是对人们的行为进行评估,判断人们作出自己的行为决定时是否充分考量了他人的利益,如果人们没有充分履行该社会义务,就公开作出宣判。而且,由于人们在行为时必须考量他人利益的义务是社会建构的,其目的是减少冲突和最大限度地进行协调,因此产生了以最低限度的司法干预促进社会健康运转的义务。

每个人都可以自由选择他或她想要达到的目标以及达到这些目标的方

---

[1] See Marshall S. Shapo, *Tort Law and Culture*, Carolina Academic Press, 2003.

[2] See Peter M. Gerhart, *Tort Law and Social Morality*, Cambridge University Press, 2010, p. 6.

[3] See Peter M. Gerhart, *Tort Law and Social Morality*, Cambridge University Press, 2010, p. 4.

法和手段。当然,每一个人的选择都反映了他自己的目标和偏好。同时一个人的目标和偏好也可能与其他人的目标和偏好相冲突或成为他人实现其目标或满足其偏好的负担或障碍。这就是需要侵权责任法来解决的协调问题——在一个社会中,人们之间相互冲突、不可调和的目标和偏好,代表着相互冲突的权利主张,甚至两者无法兼容。相互竞争的目标和偏好意味着,行为人既作为个人决策单位存在,也作为由许许多多决策单位的个人组成的社会的一部分而存在。因此,行为人必须在社会目标和偏好的背景下做出满足自己的目标和偏好的选择。在这样一个社会里,认为理性的利益意味着狭隘的自我利益,或者认为一个理性的人只会考虑自己的目标和偏好,是错误的。事实上,因为人们作出的决定经常包含了一系列与他人利益相关的因素,所以理性的决定常常考虑了他人的福利。没有考虑到他人福祉的决定是狭隘的自我利益决定,而将他人的福祉作为行为人决定的一部分时,就是将他人福祉纳入决策者自身福祉的决定——一个既理性又合理的决定。[1]

有时我们追求自我利益的决定完全是自私的,因为我们忽略了自己的决定对他人的影响,仅仅考虑了我们的个人目标和偏好。我们通常不认为我们的选择对他人的福祉有意义,因此我们认为仅仅需要考虑自己的福祉即可,但我们自私利己的决定很容易影响他人的利益。例如,如果一个人点了冰激凌,要和对某些口味过敏的爱人分享,他很可能会把这些信息融入他的决定中,放弃其原本喜欢的口味,而选择一个既能提升他爱人的幸福感又不完全牺牲他自己福祉的口味。他的行为是理性的、自私的,但他的自私现在受到他对他人幸福感的影响。在这种情况下,放弃一些狭隘的自身利益是一个理性行为者作出决定的合理方式。

社会共同体正是通过这种在追求自我利益的过程中考量他人利益的行为才得以建立,行为时考量他人利益是本能的和反射性的,它是人们的第二天性,因为它让人们拥有有意义的人际关系,并在社区中协调自己的行为。我们从共同的经验可以知道,无论是在人际关系、交易或在更广泛的社会背

[1] See Peter M. Gerhart, *Tort Law and Social Morality*, Cambridge University Press, 2010, p. 8.

景下,我们在作出行为决定时,应当将他人的福祉考虑在内。我们也知道,有时候我们行为时小心翼翼,不要把不必要的成本强加给别人,这也是一种考虑他人利益的行为。例如在社会生活中,人们通常站在自动扶梯的一边,以方便那些想更快往前走的人。这种行为不是无私或利他行为而是一种利己行为,是通过考虑自己的行为对他人的影响来决定自己的利益。当我们走在人行道上时,我们通常会尽量避免阻碍他人的道路,这既是为了保护我们自己的利益,也是为了让他人更方便。我们的幸福感往往来自这样一种感觉:我们对待他人的方式是有道德、有价值的,我们因此获得了隐含的社会利益。

因此,考虑他人利益的行为成为将社会联系在一起的黏合剂,这是社会的本质。考虑他人利益的行为并不一定需要外部监视器来强制实施,它只要求社会中的每一个成员在作出自己的行为决定时,适当重视对可能受到该决定影响的他人的福祉。考虑他人利益的行为依靠其他人的回报,以及依靠声誉制裁来实施互惠。

合理地考虑他人利益的行为是理性的人的核心特征,因为合理的决策意味着行为人在做决策时适当考虑他人的福利。当我们根据这个概念来考察人类行为时,问题不是某人的行为是利己的还是利他的。如果一个人把自己的兴趣完全限定在满足他人利益之上,那么他(她)很可能会把所有的时间和金钱都奉献给有需要的人,因此他(她)的行为看起来是利他主义的;但是,由于他(她)决定由他人的幸福来定义自己的兴趣,在这种意义上,他(她)的这种利他主义也是自私的。自利是由自私和考量他人利益的动机混合而成的,相关的问题是确定何种形式的利他思想对一个人的决定产生影响,从而成为一个人利己行为的一部分。相关的规定性问题是:行为人在特定情况下为了作出一个从社会的角度看是适当的决定,他(她)应该实施何种形式的利他行为。侵权责任法认为,当行为人实施其行为时适当关注了他人的利益,其行为就是合理的;否则,其行为是不合理的。

理性人的核心要求是适当考虑他人的利益。适当考虑他人利益的行为人会考虑到可能受其行为决定影响之人的福祉,并将其整合到行为人自己的目标和偏好之中,以便在相互作用的社会成员的目标和偏好之间实现公平和平衡，这反映了社会成员的负担和利益之间的适当平衡。理性人的这种角色塑造仍然是初级的，因为它只是把分析的重点从理性人转移到适当关心他人利益的人身上。然而，这种转变似乎是突变的，因为它是一个关键的方式，可以通过它来将伤害者和受害者之间关系的二元性作为一个单一的事件来看待，它解释了一个理性行为人的行为怎样从理性的角度看是合理的。[1]

(4)考虑他人利益的行为与哲学上的个人的决定理论

侵权责任法检视人们如何行为，并强调这种行为在过失制度下的合理性。然而，当我们问行为人是否已经采取了应有的注意时，我们真正要问的不是行为人做了什么，而是一个适当考量了他人利益的行为人是否恰如其分地按照他应当如何行为的标准去实施行为的。我们比较行为人在其背景下所实施的行为，和一个适当考量他人利益的行为人应当采取的行为，当行为人的实际行为偏离了理想的模式，我们就将这种行为认定为是不合理的。为了确定行为人实施其行为的时候适当考量了他人的利益，我们必须研究考量他人利益的行为人在这种情况下作出行为决定的方式，以及这些决定所导致的行为本身。通过这种方式，潜在的合理性问题就是一个理性人应当运用何种决策程序来决定做什么。

合理性问题的基础是一个理性的人如何决定做什么的问题。该理论属于一种行为科学理论，但它关注的焦点是一个人为了适当地考量他人利益的行为而做出决策的过程。一个完美的、理性的行为人所经历的决策过程往往是侵权法中相关的分析单位：它看起来是确定一个理性的人为了适当考量他人利益而处理有关信息的方式。通过考虑一个理性的人如何在作出决定时考虑到他人的福利，可以理解社会中人们作出的一系列适当决定如何能够帮助社会减少冲突，并最大限度地让社会成员自由追求他们的利益和偏好。[2]

(5)考量他人利益的行为与社会凝聚力

侵权责任法不仅仅确定和执行了适当考量他人利益这一理念，当侵权

---

〔1〕 See Peter M. Gerhart, *Tort Law and Social Morality*, Cambridge University Press, 2010, p. 11.

〔2〕 See Peter M. Gerhart, *Tort Law and Social Morality*, Cambridge University Press, 2010, p. 12.

法一旦成功地确定和执行适当考量他人利益这一理念,它就会与社会实践结合起来,形成并强化社会的共同价值观和相互理解。侵权责任法反映了人际或社会的责任之道德性中一个不断发展的概念:找到一种道德上合理的方式,以尽量减少社会中人与人之间的干扰、尽量增加个人实现其目标和偏好的可能性,并提供一种让人们感觉自己和他人是绑在一起的命运共同体之方式,整合人们的各种需求和欲望。当然,这是一项巨大的挑战。

正如里普斯坦教授所强调的那样,侵权责任法为确定自由平等的人之间互动与合作的公平条款提供了基础。侵权责任法以人类行为为基础,从人们的通常行为中提炼出一种完美的模型,再将其与人们的行为对比,来表达人们应该做什么。法律是一个社会所形成的价值观的反映。这些价值观对于一个社会的人来说是重要的,并且是由这个社会发展起来的,因此,这些价值观具有重要意义,具有工具性(因为它们会导致良好的后果)和道德性(因为它们与对人类互动的正确思考方式的特定概念密切相关)。

这些价值观把法律和道德联系起来,克莱德·克鲁克霍恩(Clyde Kluckhorn)教授认为,对这些道德可以这样来理解:正是因为人类的生活是一种社会生活,因此人类的生活是而且必须是道德生活。就人类而言,合作和获取其他社会生活必需品不会像群居动物那样按照本能自动处理,从常识的角度来说,道德是社会公认的与行为有关的价值观。在这种程度上,道德和所有具有群体性的价值观都是社会互动的产物,也体现在一个社会的文化中。[1]

肯·宾默尔(Ken Binmore)也表达了同样的观点:真正支配我们行为的道德准则是由本能、习俗和惯例组成的,同时它们比传统学术所认为的更加世俗和复杂,它们的形成很大程度上受到进化力量的影响——社会力量和生物力量。如果有人想研究这些规则,问它们如何促进商品或保护权利是没有帮助的。相反,我们必须研究它们是如何进化的,它们为什么会存活下来。也就是说,我们需要把道德当作一门科学。[2]

---

〔1〕 See Clyde Kluckhorn, *Systems of Value-Orientation*, in Talcott Parsons & Edward A. Shils eds., Toward a General Theory of Action 388, Harper Torchbook, 2001.

〔2〕 See Ken Binmore, *Natural Justice* 1, Oxford University Press, 2005.

这些社会道德观并不否认道义思想在“社会认同的与行为相关的价值观”或社会行为的“进化力量”中发挥着重要作用，社会所选择的协调机制是遵循一个完全符合并履行康德义务的人际关系的协调过程。

几乎所有的侵权责任法学家都明白，侵权责任法的挑战在于找到一种将权利和义务分配给个人的方法，这种方法能够最大限度地提高建设性互动的可能性，最大限度地减少社会冲突。由于考量他人利益的义务是社会为减少冲突和最大限度地形成和谐人际关系而构想出来的，因此派生出了社会让社会成员之间更有凝聚力、矫正增加人际冲突和减少人际和谐的行为的义务。法律所寻求强化的对象是人际关系中的一种社会凝聚力，社会成员在这种凝聚力中享受权利和承担义务，使社会得以繁荣。[1] 人际关系中的社会凝聚力并不意味着压制不同意见或不存在冲突，相反，它表达的是通过社会和法律的矫正手段，依靠效率和公平的基本标准，并根据不断变化的社会观念和情况调整社会成员之间的负担和利益，以提升最终解决方案的可接受性，有序地解决冲突。

笔者认为，社会凝聚力是法律的一个有价值的目标，它意味着集体能够通过允许个人兴旺发达而兴旺发达，它是集体对个人能力和自主选择作出的应对。[2] 当人们将人际关系中的社会凝聚力概念理解成为既不是预先确定的，也不是自我定义的概念时，人际关系中的社会凝聚力概念允许隐含的社会契约，根据我们对法律原则不断变化的认识和理解，不断地重新评估和重新协商，以应对技术和人口数量的变化，这些法律原则通过诉诸应该能够影响人们选择的价值观来改善我们的社会。因此，社会凝聚力的目标使法律能够以一种进化的方式灵活地适应行为和思维模式的变化，社会凝聚力这一概念也支持我们对法律积极的、规范的和分析性的理解。社会凝聚力这一概念是解释性的，因为在任何特定时间和随着时间的推移，它都能帮助我们确定社会上各种制度安排的起源；社会凝聚力这一概念也是规范性的，

---

〔1〕 此处的社会凝聚力概念是建立在社会学中以个人为中心的定义之上的（用来询问是什么决定了个人对于群体成员的态度和行为），也建立在政治科学家使用的以制度为中心的定义。See Noah E. Frudkin, *Social Cohesion*, 30 Am. Rev. Sociol 409 (2004).

〔2〕 毫无疑问，一个完整的社会凝聚力理论将包括分配正义和矫正正义。但从通过私法解决人与人之间的冲突的角度看，仅仅涉及矫正正义。

因为它可以解释为什么法律达到它所要达到的目标，以及这些目标如何可能受到有充分根据的批评；社会凝聚力这一概念还是分析性的，因为它指向构成法律主要特征和内容的因素和思维模式。

虽然社会凝聚力概念的内容不是自我定义的，但是能够促进社会凝聚力的目标或结果却是能够通过哲学的和行为科学的标准方法加以确定的，哲学的思考为人们在做决定时应该采用的价值观提供了正当性论证。因此，当我们试图理解社会契约是怎样协商的时候，以及应该是怎样协商的时候，必须考虑到这一点。哲学家不会告诉法律哪些行为是道德的；相反，他们讲述的是符合道德观的思维模式，以及人们应当如何理解社会的道德观。而法律需要理解人们在其关于人类互动的决定中发现什么是道德的，因为法律必须反映和影响这些互动。行为科学的思考是很重要的，因为社会契约是通过人与人之间的行为互动协商而形成的，当人们决定自己在根据他人的预期决定作出决策时，应当考虑其决定的哪些影响。

关于社会凝聚力的理论，笔者参考了行为科学和语言哲学交叉领域的学者的研究成果，其中最主要的是肯·宾莫尔的研究成果，他的自然正义理论融入了博弈论——典型的行为模型——也融入了罗尔斯和哈尔萨尼关于人们应该如何被对待的观点影响着人们如何被对待的观点。本书也试图以一种认为道德公平和经济福利是不可分割概念的方式，将康德的道德形而上学与卡普洛和沙维尔的福利与公平结合起来。[1]

在这个理论模型中，个人生活在一个允许他们选择自己的目标和确定自己的偏好的制度系统中。虽然这一属性遵循了个人主义理想，但它并不排除集体认同和社会结合。相反，它假设身份和集体价值的各个方面将基于个人选择，而这种选择是可以自由改变的。这个模型表明，社会凝聚力将由三个概念发展而来：

第一，效率。制度系统将试图最大限度地提高每个人实现自己的目标和偏好的能力，但由于一个人的目标和偏好有时受制于他人的目标和偏好，故两者可能无法同时实现。效率概念意味着：当人们在一个社会中生活时，

---

〔1〕 See Louis Kaplow & Steven Shavell, *Fairness Versus Welfare*, Harvard University Press, 2002.

试图从他们想要实现的东西中获得最大的利益,并最大限度地提高个人在社会中实现其目标和偏好的能力。这里的效率意味着没有浪费。一个具有凝聚力的社会从不错过任何一个使一个人变得更好的机会,只要这样做不会使另一个人变得更糟,它寻求确保以最低的投入实现个人目标和偏好。

第二,公平。这个具有社会凝聚力的制度将产生人们认为大致公平的或者通过公平的方式产生的权利和义务,以便人们公平追求自己的目标和偏好。公平这一概念提供了一个中立的原则,确保人们相信人际事务中权利和权利的分配不是由先前存在的特权或社会地位决定的,而是由得到平等考虑的每个人的要求决定的。公平概念允许人们将其精力投入实现他们的目标和偏好上,并且公平是作为个人主动性的激励和反对剥削的保证而存在的。没有公平,人们就可能将自己的资源投资于对社会而言具有浪费性的报复上,或停止投资于追求自己的目标和偏好。

第三,社会稳定。私人的权利和义务制度将保持稳定,但不会一成不变。这意味着该制度将遵循一定的程序来调整被普遍认为是公平的权利和义务;也意味着使该制度能够适应不断变化的社会情况,从而不会失去效率和公平;还意味着该制度考虑到了人民的长远利益。从这个意义上说,稳定不是制度产生的结果,而是一个程序公正的标志。制度源自程序公正,也忠诚地贯彻人们愿意遵循的价值观。〔1〕

同时,社会制度必须建立在包含其他财产权的体制之上。将社会凝聚力视为法律的目标,使我们能够从制度的角度看待法律,将法律视为社会构建的一整套激励和约束机制的一部分。这些激励和约束机制有些是由个人界定的,有些是由社会界定的,通过减少摩擦和提高共同价值,使人类能够在资源稀缺的世界中协调各自的目标和偏好。〔2〕

鉴于社会凝聚力与考量他人利益的行为二者的目标之间存在的密切联系,我们可以将侵权责任法的核心关切重新表述为:侵权责任法关注的是行为人是否作出增强社会凝聚力的决定,即是否考虑到了他人的福祉,是否公平地关切了他人与其利益相冲突的主张,是否公平地平衡了公民在一个社

〔1〕 See Peter M. Gerhart, *Tort Law and Social Morality*, Cambridge University Press, 2010, p. 16.

〔2〕 See Peter M. Gerhart, *Tort Law and Social Morality*, Cambridge University Press, 2010, p. 16.

会中的权利和义务。当人们带着某种心理倾向运用一定的心理工具作出决策之时,社会凝聚力就能得到提高。侵权责任法的目的是承认和鼓励根据该种倾向和工具作出的决定,我们把做出的这种决定称之为合理的决定。当我们确定哪些决定是合理的决定的时候,依赖于社会本身所使用的价值观。社会凝聚力的产生是因为人们在做决定时,将他人的福祉纳入人们如何决定自己的福祉的过程之内。社会认为这种方式是最优的,因为它提高了社会整体的效率、公平和稳定。社会凝聚力依赖于考量他人利益的行为,缺乏这种行为,社会就会瓦解。

社会凝聚力不是一个存在于法律制度体系之外的目标,而是法律制度在判决案件时考虑的因素。和提升社会凝聚力有关的行为和态度是在一个社会内部形成的,它们是法律用来确定社会认同的价值观的原始材料,这些价值观与相互冲突的目标和偏好的合理调和有关。因为法律使用社会价值观来评价一个行为人在做行为决定时是否充分考量了他人的利益,所以法律的目标和社会的价值观是一致的;只有当法官认为社会作为一个整体未能充分考量他人利益时,才会存在分歧。

社会凝聚力有效地整合了威慑和矫正两个目标。我们需要明确指出矫正和遏制的是什么,一个同时寻求矫正和遏制的制度本身并不存在天然的对立。矫正被破坏了的平衡和遏制导致不平衡的决策模式,是"同一枚硬币的两面"。我们希望遏制和阻止破坏平衡的行为,但我们还要矫正我们无法阻止的事情,以确保世界接近如果我们阻止了破坏平衡的行为的话将会处于的位置。当它们被充分规定时,威慑与矫正的目标是相互关联的。我们知道我们试图遏制和阻止的是什么,通过认识到如果我们不遏制和阻止就需要我们去矫正,我们就会努力遏制和阻止被告未能适当考虑他人福祉的行为。而且,我们既不会遏制和阻止我们认为适当尊重他人福祉的行为,也不会在考量他人利益的行为导致伤害的时候,去找到一种不平衡来矫正。[1]

(6)社会凝聚力与社会价值观:理性人

具有开放性、不确定性和语境依赖性的理性人标准,既是侵权责任法的

---

〔1〕 See Peter M. Gerhart, *Tort Law and Social Morality*, Cambridge University Press, 2010, p. 18.

核心支柱，又是侵权责任法的内容和功能的神秘之源。标准的定义是逻辑上能够自圆其说的，而不是分析性的或正当性理解的来源。[1] 试图通过引用各种行动过程的相对成本和收益如汉德公式，来给理性人概念确立一个分析性和正当性的核心，加剧了结果理论和义务理论之间的分歧。

但是，如果以考量他人利益的行为之理论来理解理性人，那么这种神秘和区分就是毫无根据的。理性人是以促进社会凝聚力的方式适当考虑他人福祉的人，这种描述的核心是对有理性的人为了适当地考虑他人利益而使用的价值观的来源的描绘。行为人的责任是采取一种决策方法，允许行为人对他人的目标和偏好给予适度的重视——以适当的方式将目标的社会价值和他人的偏好内化为行为人自己所作的决定。

理性人概念是建立在我们对现行侵权责任法的内容之功能的理解上的。[2] 正如现有的关于理性人的叙述，笔者也承认社会规范和惯例的重要性，但它超越了现有的叙述，展示了支撑这些规范和惯例的价值观为什么具有重要意义，它们又是怎样发挥重要作用的，以及为什么法院可以自由地用它们的判断取代社会惯例。就像理性人的美德——那些认为理性是一种可以得到培养的个人美德把行为人的态度看作分析的重要焦点，把采取一种考量他人利益的态度的能力与采取考量自己利益的态度的能力，视为处于同等地位的德行。像许多现有的解释一样，这里的解释将侵权责任法理解为一种形式上的社会契约，但它规定了合同的条款，以及法院如何确定这些条款。理性人概念的起点是：他需要调和行为者和受害者之间的利益冲突（这些利益被冠以各种名称，包括权利、自由和人格完整、社会价值，或者如笔者前文所说的福祉）。然而，现有关于理性人的解说是不完整的，其内涵也是未详细说明的。因为现有关于理性人的解释并没有说明我们如何理解一个理性的行为人在调和相互冲突的利益诉求时所考虑的价值。也就是说，一个理性人在多大程度上考虑了那些可能受行为者的决定影响的人的

---

〔1〕 在通常的表述中，不合理就是做一个合理的人不会做的事情，或者没有做一个合理的人会做的事情。或者，理性人就是那些履行了“适当注意”或“普通谨慎”义务的人。See Dan B. Dobbs, *The Law of Torts* 277 West (2000).

〔2〕 此处的表述源自 Ben C. Zipursky, *Sleight of Hand*, 48 Wm. & Mary L. Rev., 1999 (2007)。

福祉。[1] 我国原《民法通则》、原《侵权责任法》以及《民法典》的侵权责任编,对于过错应当如何认定均无明文规定。学说上一直存在主观过错说、客观过错说两种观点。[2] 对于主观过错说与客观过错说的内涵,我国学者的理解也不完全相同。杨立新教授认为:主观过错说是以一定的心理状态作为衡量过错的标准,客观过错说是以人的行为为判断标准,或者"注意"的衡量标准是一种客观标准。[3] 杨立新教授还进一步指出:除了少数学者坚持过错是一种行为,是客观概念外,绝大多数学者认为过错就其本质而言,是人的主观心理状态,因而是主观的概念。[4] 张新宝教授认为,主观过错说的核心是过错,是行为人的主观方面即过失或故意的心理状况,因而应当把过错与行为的不法性区别开来。客观过错说认为过错不是或主要不是行为人的主观心理状态,而是行为人的行为的违法性质。[5] 张新宝教授也指出:就其本质而言,过错是一种主观的东西,是行为人的可归责的心理状况。[6]

(三)我国学者关于过错判断标准的认识

我国侵权责任法学界对过错判断标准问题是如何认识的呢?关于主观过错说,王利明教授认为,主观过错说具有如下优点:主观过错说以个人自由主义为基点,以保护行为自由为目的。认为在民事归责上,应从行为人主观的意思或能力上寻求根据,而不应从客观损害的事实现象中寻求根据,从而深刻揭示了归责的基础。在侵权行为领域,滥用意志自由,违反道德标准的意志,乃是法律所谴责的过错。以主观过错为归责要件取代结果责任,是法律文明的表现和社会进步的标志。主观过错说的产生,使侵权行为理论走向了成熟和发达的阶段。[7] 至于主观过错说的缺陷,王利明教授认为:

---

〔1〕 See Peter M. Gerhart, *Tort Law and Social Morality*, Cambridge University Press, 2010, p. 25.

〔2〕 参见陶希晋总编:《中国民法学·民法债权》,法律出版社 1991 年版,第 457 页;张新宝:《侵权责任法》,中国人民大学出版社 2020 年版,第 33 页;王利明、杨立新、王轶、程啸:《民法学》(下),法律出版社 2020 年版,第 1055 页。

〔3〕 王利明、杨立新、王轶、程啸:《民法学》(下),法律出版社 2020 年版,第 1055 页,按照第六版序言中,本部分撰写人为杨立新教授。

〔4〕 王利明、杨立新、王轶、程啸:《民法学》(下),法律出版社 2020 年版,第 1055 页。

〔5〕 张新宝:《侵权责任法》,中国人民大学出版社 2020 年版,第 33 页。

〔6〕 张新宝:《侵权责任法》,中国人民大学出版社 2020 年版,第 33 页。

〔7〕 王利明:《侵权行为法归责原则研究》,中国政法大学出版社 1992 年版,第 247 ~ 248 页。

“主观过错说常常否定了人的社会性，把人的意志活动孤立化、绝对化。这是不妥当的。我们既不能离开人的活动去了解其意识，也不能离开人所处的社会关系认识其主观活动。所以，从孤立的主观状态来评价过错是不妥当的。而且，主观过错说在适用中常常限制了行为人的责任，不能达到有效保护受害人的利益、使受害人所遭受的损害得以及时填补的目的。显然，这与现代社会的发展要求扩大行为人的责任，及时填补受害人的损害是不相符合的。”[1]

胡雪梅教授认为，主观过错说的理论前提不能成立、[2]主观过错说关于侵权法目的的论断完全不合实际、[3]主观过错说逻辑前提不充分、[4]耶林名言有漏洞、[5]行为人主观过错不能千真万确地被揭示出来、[6]主观过错作为确定责任的最终准则不合理、[7]主观过错说关于过错作用的观点错误。[8] 总之，在胡雪梅教授看来，主观过错说存在较多问题。

关于客观过错说，王利明教授认为：“客观过错说以庞德的社会学法学为其哲学基础，与资本主义商品经济的发展需要相吻合。法律采纳客观过错说，是侵权法职能从制裁、威慑向补救转化的表现，它适应了在现代工业化社会中所产生的注重对无辜的受害人提供补救的需要。客观过错概念对于确定行为人的责任和对受害人的补救，提供了极大的方便。表现之一，是客观过错概念的采用，使归责要件中的行为违法性和过错要件合为一体，在此基础上形成了所谓‘违法视为过失’‘法规违反等于过失’制度，简化了归

---

[1] 王利明：《侵权行为法归责原则研究》，中国政法大学出版社 1992 年版，第 247、248、250 页。

[2] 参见胡雪梅：《“过错”的死亡——中英侵权法宏观比较研究及思考》，中国政法大学出版社 2004 年版，第 212～215 页。

[3] 参见胡雪梅：《“过错”的死亡——中英侵权法宏观比较研究及思考》，中国政法大学出版社 2004 年版，第 215～219 页。

[4] 参见胡雪梅：《“过错”的死亡——中英侵权法宏观比较研究及思考》，中国政法大学出版社 2004 年版，第 219～220 页。

[5] 参见胡雪梅：《“过错”的死亡——中英侵权法宏观比较研究及思考》，中国政法大学出版社 2004 年版，第 220～222 页。

[6] 参见胡雪梅：《“过错”的死亡——中英侵权法宏观比较研究及思考》，中国政法大学出版社 2004 年版，第 222～225 页。

[7] 参见胡雪梅：《“过错”的死亡——中英侵权法宏观比较研究及思考》，中国政法大学出版社 2004 年版，第 225～228 页。

[8] 参见胡雪梅：《“过错”的死亡——中英侵权法宏观比较研究及思考》，中国政法大学出版社 2004 年版，第 229～232 页。

责要件,消除了在对行为人的外在行为的违法性判断方面的困难。表现之二,就是运用客观标准判断过错,只需要用某种行为标准来衡量行为人的外部行为,法官则不必对行为人的内在意志过程进行检验,这就大大减轻了法官在检验过错上的负担。表现之三,就是客观过错标准在实际运用中极为灵活,常常形成庞德所说的法律上的'拟制过失',而且客观过失也为过错推定提供了极大的方便。而且,客观过错的适用范围广大,使受害人具有更多的机会获得救济。客观过错说为解释法人的过错作出了比主观过错说更为合理的说明。"[1]

尽管如此,王利明教授还是认为,客观过错说割裂了意志和行为的关系,否定了人的意志对行为的决定作用,所以不能准确地说明客观过错的内容和本质,同时在实践中也常常给行为人不适当地强加某种责任。由于不同类型的人适用同一行为标准,毫不考虑行为人的智力状态以及其预见和判断能力,则极容易把过错的内容不适当地扩大,从而使客观过错的概念变得极不合理。客观过错说的发展形成了所谓"无过错的过失""名义上的过失"等,这就使得客观过错概念显得过于苛刻。而且,客观过错说要求用某种行为标准检验各类型行为人的行为,只要行为人的行为与某种行为标准稍有偏离,就被认为是有过错的,并应在法律上承担责任。这就不适当地扩大了责任的范围。[2]

在仔细研究了主观过错理论和客观过错理论两种学说后,王利明教授还是认为:"主观过错标准和客观过错标准各有其合理性。比较两种标准,客观过错标准比主观过错标准更为合理。采用客观标准认定行为人的过错,不必另行采用主观标准来认定行为人的过错。"[3]

对于过错判断标准采用客观过错说以后,使得过错这一具有主观性和道德性的概念"死亡"了。侵权法如何面对过错死亡论的挑战?笔者认为,侵权责任法理论和立法实践应当与时俱进,将过错侵权类型化为故意侵权

---

〔1〕 王利明:《侵权行为法归责原则研究》,中国政法大学出版社 1992 年版,第 256、258、259 页。

〔2〕 参见王利明:《侵权行为法归责原则研究》,中国政法大学出版社 1992 年版,第 259 ~ 260 页。

〔3〕 王利明:《侵权行为法归责原则研究》,中国政法大学出版社 1992 年版,第 274、277 页。

和过失侵权，故意侵权保留主观归责，过失侵权采用客观归责。

四、构建归责体系

现代社会权益侵害现象之重心已由传统个人间之主观侵害，移转到危险活动之损害事故，其间亦确有许多传统之归责原理未能加以合理说明。而且非诉诸足以配合新社会事实之法理，既不可发挥侵权法填补损害之社会功能，亦根本无从达成其所欲实现之正义理念者。在此点上，归责原理之多元、分化及并立诚有其必要。

在罗马法上已经有了我们称之为过错的概念。正如我们看到的那样，虽然被告没有过错，但有时原告仍然可能获得赔偿，尽管不是根据阿奎利亚法（lex Aquilia）。这些原告能获得赔偿的案件各种各样，最后，罗马法将它们统称为"准侵权行为"。正如我们已经看到的那样，和阿奎利亚法一样，《法国民法典》和《德国民法典》对故意和过失侵权行为强加责任。两部法典都没有制定无过错责任条款，但是正如我们将要看到的，法国法院和德国立法机构已经承认了这种责任。因此，在现代民法中，责任基础是那些由罗马法承认的东西：故意、过失和某些情况下的无过失责任。到20世纪，普通法也承认了三种责任基础，和民法几个世纪前所承认的三种责任基础一样。[1]

就整个侵权责任法领域而言，自远古以来，即被认为应负赔偿责任之权益侵害现象，亦即传统侵权责任法上固有意义上的侵权行为仍然存在。于此部分，于客观过失归责原理说明之，不仅在理论上失其意义，容易导致概念之滥用及混淆，而且在实际上使固有侵权行为之制裁、预防功能丧失殆尽。由此可见，传统主观归责之理论不足全盘援用，但客观归责原理同样不足以统摄固有意义之侵权行为。换言之，亦即客观归责，特别是危险归责之原理，不足以取代过失责任主义，亦甚明显。因此，客观归责之各原理，在现代侵权责任法上虽特具时代意义，但其与传统过失责任主义之关系，充其量亦仅有如私法社会化之私法自治原则，亦即客观归责对于过失责任主义，性

---

〔1〕 See JaMes Gordly & Arthur Taylor Von Mehren, *An Intruduction to the Comparative Study of Private Law*, Cambridge University Press, 2006, p. 338.

质上应仅具有补充作用,而无取代作用。此亦晚近德国、日本学说之大趋势。[1]

现代社会之侵权行为类型因其侵害形态、社会背景及构成原理之不同,实可分为生活上之古典侵权行为和适应现代社会生活之现代侵权行为。前者即民法典制定时所预想之对象,即固有意义之侵权行为在现代社会之表现。其侵害态样及发生之背景,即为变动。故传统理论,特别是归责原理上之故意责任、主观过失责任等构想仍可照样保留,并作为适用上之依据;唯为适应现代社会生活之需要,本乎现代社会上特有之信赖伦理要求,或社会危险共同分摊等思想,创设客观过失及危险归责等原理,以补充过失责任主义之不足,并于社会活动或危险活动造成损害,又不能证明活动者具有(主观)过失之时,资为补充适用上之依据。

综上所述,在大陆法系,因客观过失理论之发展,民事归责理论实际上早已隐含归责三分之色彩,即主观过错归责、客观过失归责和危险归责。结合本书的目的,笔者将主观过错限定为故意。由于我国《民法典》对于归责使用的概念是过错责任和无过错责任概念,故笔者将危险归责改为我国侵权责任法使用过的无过错归责。因此,笔者主张的现代侵权责任法的归责体系应当为:主观故意归责、客观过失归责和无过错归责三足鼎立。这种归责体系,德国学者魏特希德早在60年前就曾提出过。他曾指出:现代侵权责任法之归责原理,因其性质之不同,约可分为三大类型,即基于主观意思而归责之"故意责任"、基于客观信赖而归责之"过失责任",以及纯粹基于危险而归责之"危险责任"三者。[2] 固然,在某种程度上,过失亦犹如故意,乃系一种"行为者"责任之形态,但在归责原理上,二者截然不同。故意责任,为固有的有责性质责任。过失责任亦仍具"归责性责任"之意义,但在原理上,乃以客观的、典型的"人类可能性"为判断标准,其成立与否之根据,实已脱离行为人主观容态是否可加非难之范围,性质上系一种"无责任之责任"。故意、过失二者,显然存在质之不同,实不宜由同一归责原理加以说

---

〔1〕 参见邱聪智:《民法研究(一)》(增订版),中国人民大学出版社2002年版,第87~88页。

〔2〕 See Wiethölter, *Der Rechtfertigungsgrund des verkehrsrichtigen Verhaltens*, 1960, S. 52. 转引自邱聪智:《民法研究(一)》(增订版),中国人民大学出版社2002年版,第81页。

明。日本学者前田达明教授大体承受魏特希德的理论体系,并且根据德国民法之精神及德国学者通说,更进一步将此种建立于人类社会生活关系上典型可能性之过失理论,因其可能性之标准,系基于生活关系上之相互期待及信赖,而直称之为"信赖责任"。形成"故意 = 意思责任(违法有责)、过失 = 信赖责任(违法无责)及危险 = 无过失责任(适法无责)"之理论体系。[1]

第二节 利益平衡方面的差异决定故意侵权与过失侵权应当分立

正如王利明教授指出的那样,在讨论侵权责任法的具体方案之前,首先需要明确侵权责任法的功能定位:侵权责任法在本质上到底应该发挥什么功能?对侵权责任法功能的不同认识,直接关系侵权责任法的价值取向、体系构建、归责原则与构成要件、赔偿制度等多方面制度的设计。王利明教授认为,我国侵权责任法的主要功能是救济,在构建我国侵权责任法时,应以救济法为基点进行探讨和思考,这就是说,将侵权责任法基本定位成救济法,让该法通盘体现救济损害的基本特征和核心。[2] 张新宝教授则针锋相对地提出侵权责任法应当平衡保护受害人和加害人的观点。[3] 张新宝教授指出:侵权责任法所调整的主要不是不同行业、不同阶层之间的利益关系,而是侵权案件受害人与加害人之间的利益关系。侵权责任法的平衡保护是指对受害人的民事权益与行为人(也可能最终被确认为加害人)的行为自由予以均衡的、恰当的保护。侵权责任法所主张的这种平衡保护,除了因顾及双方当事人(或者潜在的当事人)利益关系以外,更重要的理由还在于受害人一方的绝对权利、利益与可能的加害人一方之行为自由在法律价值上的同等重要性,二者不可偏废。[4]

笔者认为,两位教授没有看到故意侵权和过失侵权在这方面存在的重

---

〔1〕 参见邱聪智:《民法研究(一)》(增订版),中国人民大学出版社2002年版,第81页的相关内容。

〔2〕 参见王利明:《我国侵权责任法的体系构建——以救济法为中心的思考》,载《中国法学》2008年第4期。

〔3〕 参见张新宝:《侵权责任法立法:功能定位、利益平衡与制度构建》,载《中国人民大学学报》2009年第3期。

〔4〕 参见张新宝:《侵权责任法立法:功能定位、利益平衡与制度构建》,载《中国人民大学学报》2009年第3期。

大差别。笔者的观点是:维护行为自由仍然是我国侵权责任法应当坚守的重要价值,但是自由的内涵是在法律和道德限度内干自己想干的事情,自由并不包含故意加害他人的内容,因此,在故意侵权的情景之中,立法者根本不需要考虑平衡行为人的行为自由和受害人的权益保护问题,仅仅考虑受害人的权益保护问题就够了。但在过失侵权的情景之下,立法者才需要考虑平衡行为人的行为自由和受害人的权益保护问题。在无过失侵权的情形中,立法者除了需要考虑平衡行为人的行为自由和受害人的权益保护问题,可能还需要考虑平衡受害人权益保护和国家经济特别是制造业等产业发展的问题。因此,对侵权责任法不能一概而论地断定是救济法还是平衡法,应当区分为故意侵权法和过失侵权法,分别言说。故意侵权法毫无疑问应当定位成救济法,过失侵权法和无过失侵权法则应当定位成平衡法。详细论证如下。

一、维护行为自由是应坚守的重要价值

在制定实施侵权责任法的时候,对侵权责任法应当如何定位?正如王利明教授所言:“不同的法律定位会影响到整体制度的功能和法律规范构建。”[1]那么,应当如何定位我国的侵权责任法呢?

就法律体系之形成或逻辑构造而言,侵权责任法乃民法之一部分。因此,论及有关侵权责任法之基本原理,以及其在法律体系上之地位或关联时,首先应注意者即为民法。

现代民法之基本原则,实均根源于近代社会之哲学原理,而其核心则为近代之国家理论。因此,论及现代民法之基本原则及其形成时,对近代法律体系之基本精神以及当代国家理论之基本理念,均须略加说明。

近代社会之形成,得力于启蒙时代,格劳秀斯以降诸自然法论者所强调之“理性法”。基于此类主义与学说,彻底打破封建时代之专制、独裁政治,进而致力于废除存在于当时社会之各种不自由、不平等、不合理的制度与措施,可以说是近代社会之最显著的特征。

---

〔1〕 王利明:《我国侵权责任法的体系建构——以救济法为中心的思考》,载《中国法学》2008 年第 4 期。

在近代国家,由于受上述理论之影响,在实际上不得不承认各个国民在政治、社会以及经济上地位平等,并尽量放任国民参与社会活动,得依各自的自由意志创造或形成各种社会生活关系。因此,在理念上乃逐渐产生下列观点:国家对社会秩序之形成并无积极作用,其存在的目的充其量不过在维持国民自主形成之社会秩序,以及该秩序内各种社会活动之自律运行而已。不得以实现公共福利或正当社会生活为理由,轻易干涉或限制国民之自由。因此,尽管近代国家因强调法治主义而被视为法治国家,但因其担任之角色或具备之功能消极如上述,故又被称为"夜警国家"。

法律乃社会之产物,自然与其当时所处社会之意识形态息息相关。故法律规范往往为当时社会思潮之具体表现,而社会思潮则为法律背后之指导原理。因此,近代之法律体系,自亦以实现上述基本理念为目的。[1]

就侵权责任法而言,侵权责任法的主要任务在于如何构建法益保护与行为自由之间的矛盾关系。[2] 在1896年时,《德国民法典》的立法者是将保护行为自由视为其当务之急的法律政策,并对此给予了更多的关注。[3] 虽然100多年后的今天,侵权责任法所倾向的重点已随着时间的推移而发生了变化,我们不能回避公民对安全的要求以及由此产生的对社会安全的需求,人们期待侵权责任法和损失赔偿法能有助于保障个人的基本生存,并以此建立相应的社会化国家机制。[4] 但不可否认的是,为了保证人的充分发展,特别是在经济方面充分发挥自己的能力,就不能对其的行动自由作过多的限制。侵权责任法的根本目的在于对侵权行为受害人进行保护,这种保护是通过对侵权行为受害人的补偿来完成的,而这种补偿就意味着对侵权行为人财产的剥夺。同时,这种剥夺也意味着在行为人作出行为之前和之后,客观上都会产生限制他行为自由的结果。所以,应当对这一后果加以限制,以避免经济自由受到侵权责任法不适当的遏制。侵权责任法要解决的

---

〔1〕 参见邱聪智:《从侵权行为归责原理之变动论危险责任之构成》,中国人民大学出版社2006年版,第10~11页。

〔2〕 See Larenz/Canaris SBT 2 §75 I 1. ;s. imubrigen zu den Zwecken des haftungsrechts Deutsch HR, S. 68 ff.

〔3〕 参见[德]马克西米利安·福克斯:《侵权行为法》,齐晓琨译,法律出版社2006年版,第4页。

〔4〕 参见[德]马克西米利安·福克斯:《侵权行为法》,齐晓琨译,法律出版社2006年版,第5页。

问题实际上就是发生的损害应当由谁承担的问题，这时的着眼点就不仅仅是受害人，还要顾及加害人的利益。[1]

中世纪以来的法律尽管在不同的历史阶段对受害人利益的保护或者对行为人自由的保护略有偏重，但整体而言大致是平衡的。正如冯·巴尔教授所言："侵权责任法只有当它避免了过分苛严的责任时，才能作为有效的、有意义的和公正的赔偿体系运行。"一个国家建立的侵权责任法只有对受害人与行为人的保护是均衡的，才是正义的。侵权责任法所主张的这种平衡保护，除了因顾及双方当事人（或者潜在的当事人）利益关系以外，更重要的理由还在于受害人一方的绝对权利、利益与可能的加害人一方之行为自由在法律价值上的同等重要性，二者不可偏废。尽管学者对法律价值的理解各不相同，但是利益和自由作为法律基本价值并无争议。[2] 而且一般而言，无法对这两种价值的高下大小作出判断，即利益和自由对于法律主体来说都是同等重要的。但是"侵权责任法在保护公民的权利的同时也要充分尊重行为人的行为自由。侵权责任法应当以保护人们的行为自由和安全作为基本的功能"[3]。

拉伦茨（Larenz）和卡纳里斯（Canaris）两位教授认为："任何侵权规范的基本问题都存在于法益保护和行为自由之间的冲突上。从受害人的观点看，加害人应当赔偿受害人所受到的损害。但相应地，也应当看到，这对加害人个人及经济上的发展也构成了相当大的限制，因而酿成了一种内在的危险，这一危险比单纯地卷入责任的可能性更加危险，它可能使公民在对所涉的风险进行评估后，考虑到与之相关的不确定性而不再从事合法或者确实为社会所需要的活动……因此，侵权责任法的目标就是根据最合理的平衡或者实际合理性来解决这一冲突。德国侵权责任法的立法者非常正确地看到了侵权责任法的任务是界定个人权利的范围，在这一范围内，每个人都

---

〔1〕 参见［德］马克西米利安·福克斯：《侵权行为法》，齐晓琨译，法律出版社2006年版，译者前言第2页。

〔2〕 参见孙国华、朱景文主编：《法理学》（第2版），中国人民大学出版社2004年版。

〔3〕 参见王利明：《侵权责任法研究》（上卷），中国人民大学出版社2004年修订版，第90页。另参见张新宝：《侵权责任法立法：功能定位、利益平衡与制度构建》，载《中国人民大学学报》2009年第3期。

可以行使他个人的自由并追求其利益。这一任务的主要部分是通过两个基本决定来完成的:以过错原则作为责任的基础,并规定了相对严格和精确的责任类型。"[1]可以说,《德国民法典》所关注的事情就是:确切地列举个人的权利范围,同时在它们之间划定界限。在这一范围内,个人可以展示其行为自由并追求其利益。[2]因而,《德国民法典》立法所基于的社会背景仍然是以自由竞争为主的资本主义社会,而没有更多地考虑到当时资本主义社会已经朝向高级阶段发展的现实,从而它保留了近代民法的特点,而未过渡到真正的现代民法。[3]

二、故意侵权法应当定位成救济法:为受害人提供最充分的救济

故意侵权中不存在自由维护和权利救济的平衡问题,因此故意侵权法应当定位成救济法,在保护范围、损害赔偿等方面为受害人提供充分的救济。如前所述,故意侵权的归责基础是加害人积极运用自己的意志和智慧侵害他人权益。其行为违背自由的本质,不符合社会伦理,甚为明显。因为自由的本质是"为善的自由",为防止人们从事不良行为,法律必须把责任与自由联结起来。与自由联结的责任之一就是作为第一性义务的责任,它要求个人在行使自由权利时要对他人负责,对社会负责。我国《宪法》第51条规定,中华人民共和国公民在行使自由和权利的时候,不得损害国家的、社会的、集体的利益和其他公民的合法的自由和权利,这一条文很好地划定了自由的边界,即"不得损害国家的、社会的、集体的利益和其他公民的合法的自由和权利"[4]。法律的伦理分析理论认为,故意侵权是一种主观归责类型,其归责根源在于侵权行为人恶意实施侵害他人权益的行为。对故意侵害他人权益者强加法律责任,是对故意侵权行为人道义上的非难。法律的经济分析理论认为,谴责故意侵权这种不法行为的经济学基础在于,故意侵

---

〔1〕 See Larenz/Canaris, *Lehrbuch des Schuldrechts*, Bd. Ⅱ/2, S. 350f.; van Gerven et al., *Tort Law*, Oxford: Hart Publishing, 2002, p. 15.

〔2〕 See BGB-RGRK/Stenffen, § 823,12. Aufl,Rn. 1,S. 86.

〔3〕 参见李昊:《交易安全义务论:德国侵权行为法结构变迁的一种解读》,北京大学出版社2008年版,第19~20页。

〔4〕 张文显:《法哲学范畴研究》,中国政法大学出版社2001年版,第212页。

害人的伤害避免成本是很低的，只有阻止侵权行为人实施侵权行为，才能补救侵权行为人进行伤害花费的真实资源和给受害人造成的伤害费用。正如美国学者西威(Seavey)早在1942年就指出的那样："故意致人损害几乎没有任何社会效用。"[1]而且，故意侵害他人，侵权行为人是要花费资源的。按照理性人和经纪人的假设，除非加害人能从伤害中获利(不管是物质利益还是精神/情感满足)，他才会那么做。[2] 所以，不故意侵害他人是法律的底线。社会逻辑似乎足够清楚：意外伤害应该被容忍但并不受欢迎，但故意伤害应该受到严厉的惩罚。[3]

在故意侵权中，不存在行为人自由和受害人权益保护之间所要做的平衡问题，受害人的保护处于绝对的优越地位。但是，在过失侵权中，需要在行为人自由和受害人权益保护之间做出精巧的平衡。在无过失侵权中，也需要对行为人自由和受害人权益保护之间做出精巧的平衡。

三、过失侵权责任法应当定位成平衡法并限制其保护范围

过失侵权责任法应当注重平衡行为人行为自由和受害人权益保护，将其保护范围限制在具有公示性、绝对性的民事权益，损害赔偿也应当受可预见性规则的限制。在过失侵权责任法律关系中，根据矫正正义理论的解释，加害人和受害人之间具有双极性。这种双极性把伤害的实施者和伤害的遭受者联系了起来。既然伤害的实施者和伤害的遭受者是平等的，那么，双方的权利应当同等地受到法律的关注。过失侵权责任法在规定行为人应当对其特定行为承担侵权责任的时候，即在设定归责要件的时候，首先应当体现的是平衡法——对行为自由和权利救济的平衡，而不是单纯的救济法。如前所述，"有损害就有救济"只不过是一个美丽的"神话"，根本无法实现。所以，侵权责任法不应当被这个华而不实的神话所蒙蔽，而应该根据不同类型的侵权行为，当事人行为自由和权利保护之间的矛盾关系，依据一定的公

---

[1] Seavey, *Principles of Torts*, 56 Harv. L. Rev. 72 at 84 (1942).

[2] 参见[美]威廉·M.兰德斯、[美]理查德·A.波斯纳：《侵权法的经济结构》，王强、杨媛译，北京大学出版社2005年版，第167页。

[3] 参见[美]理查德·A.爱泼斯坦：《侵权法：案例与资料》，中信出版社2002年版，第6页。

平理念,划出各自的界限。

过失侵权责任法应该强调救济和损害赔偿,即救济法没错,但是如果过度强调侵权责任法是救济法,过度强调"有损害就要有救济",并且一定是某个行为人来承担这个责任,则会有厚此薄彼之嫌。因为对一个没有正当归责理由的行为人,基于救济受害人的唯一理由,强加其损害赔偿责任,其正当性是值得怀疑的。正如张新宝教授所言:"侵权责任法是民事权益救济法。特定的民事权利或利益受到侵害产生的损害,通过侵权责任法的损害赔偿机制得到救济。但对民事权益的救济不应没有限度,'有损害即有救济'并非严格的法理论断。因为侵权责任法对受到损害的权益进行救济,实际上同时也为他人设定了某种行为模式,即每个人对他人的权益负有注意义务,不得侵犯。因此过分强调对权益的救济会导致人们动辄得咎,极大限制人的行为自由"[1]。

总之,过失侵权责任法应当强调个人权益救济与个人行为自由这两个基本价值。侵权责任法的使命应该是双重的——自由维护与权利救济。

这样定位侵权责任法,会不会像有些学者担心的那样,存在有些受害人无法获得赔偿的现象?本书认为,受害人的权利救济制度应该是成体系的,损害赔偿责任仅仅是其中之一。我们应该准确认识侵权责任法对受害人损害救济的作用,既不能无限夸大侵权责任法的功能,企图让侵权损害赔偿"包打天下";当然也不能完全否定侵权损害赔偿的独特功能,企图建立新西兰式的全面补偿体系。正如张新宝教授所言:"侵权责任法的基本功能在于填补损害。所谓填补损害就是指在经济上填补因侵权行为或准侵权行为给民事主体所造成的财产或者人身利益上的损害。但是侵权责任法并不能包揽一切对民事权益侵害的救济,用侵权损害赔偿的方式填补这样的损害应当是个别性的、小规模的。"[2]至于大规模损害导致的集体诉讼,有美国学者从经济成本、支付效率、社会效益等方面论证,认为应当从侵权损害赔偿

---

〔1〕 张新宝:《民事权益救济与行为自由保护》,载《光明日报》2009年2月12日,第9版。
〔2〕 张新宝:《民事权益救济与行为自由保护》,载《光明日报》2009年2月12日,第9版。

转向行政支付。[1] 从中国的实际看，对于大规模的侵权事件，如三鹿案件、重大安全生产事故导致的损害赔偿，都是在政府行政主导下进行的，我国目前这种通过行政支付的手段填补受害人损害的做法虽然还不尽完善，但具有积极意义。

所以，在立法阶段，过失侵权责任法不仅仅是单纯的救济法，还是自由保护和权利救济的平衡法。

四、受害人无法通过侵权责任法填补的损害应当通过其他机制来救济

笔者认为，受害人无法通过侵权责任法得到填补的损害，应当通过社会保障、社会救济等机制来救济。

（一）侵权损害赔偿无法独力承担受害人损害填补的重任

损害赔偿无法独力承担受害人损害填补的重任，是因为侵权责任法对受害人损害填补先天不足。对受害人损害的填补，最主要的途径是侵权责任法的损害赔偿制度。填补受害人的损失，也是侵权责任法的主要功能之一。但是，侵权损害赔偿制度不是万能的。首先，受害人的损失要想通过侵权损害赔偿获得填补，必须根据侵权责任法规定的侵权责任构成要件，举证证明侵权行为人的行为构成了侵权行为。其次，受害人或者侦查机关还必须查找出承担责任的人（侵权行为人本人或者依法应当替代行为人承担侵权责任的人）并且该人能被本国司法机关依法强制执行。最后，责任承担人还必须具有承担损害赔偿责任的资力。这三个条件中的任何一个不具备，受害人根据侵权责任法获得损害填补的希望就无法实现。而且，受害人想通过侵权损害赔偿补偿其损害，必须经历漫长的诉讼程序。缓不救急的缺陷十分明显。通过侵权诉讼寻求救济，成本高昂的缺陷也是十分突出。一般情况下，受害人能够根据侵权责任法获得补偿。但在特定情况下，受害人能证明自己的权益受到他人行为的侵害，他人的行为肯定构成侵权行为，但是受害人或者侦查机关却无法查明承担侵权责任的人，此时，受害人的损失

---

〔1〕 See Richard A. Nagareda, *Turning from Tort to Administration*, Michigan Law Review, Vol. 94, p. 899 – 981 (1996).

无法填补。甚至受害人能证明自己的权益受到他人行为的侵害，他人的行为也肯定构成侵权行为，受害人或者侦查机关也查找和确认了应当承担侵权责任的人，但是本该承担侵权责任的人没有资力承担其应该承担的损害赔偿责任，此时，受害人的损失也无法填补。[1] 现实中的数据告诉我们，从受害人损害填补的角度观察，侵权损害赔偿责任不是万能的，我们不能将受害人的损害填补全部寄托在侵权责任上。那种不管何种损害都希望通过侵权责任法解决的思想是不完全正确的。[2]

（二）应当构建受害人损害填补的制度体系

在当今中国经济社会发展中，正如王泽鉴先生所言，整个损害赔偿补偿制度必须随着社会经济发展重新评估，做适当的改进，使各种制度更能互相协力、有效率地配置社会资源，使被害人获得更合理公平的保障。关于人身意外损害赔偿，各国依其社会经济发展所创设形成的补偿体系，基本上系由倒金字型转为平方型（平衡型），并渐次移向金字塔型。[3]

世界上很多国家或地区，在侵权损害赔偿之外发展出了很多以填补受害人损失为目的的制度。以我国为例，在侵权损害赔偿之外，以填补受害人损失为目的的制度还有：一是各种保险制度如商业保险、强制汽车责任保险、人身意外保险等。二是补偿基金如犯罪被害人补偿基金、药害救济基金等。三是国家财政救济。受害人在不能通过前述途径获得赔偿时，由政府出面对受害人进行一定数额的救济也是必要的、可行的。英国侵权责任法专家马克西尼斯和迪肯认为，在英国，受害人损失的填补有三个层次：第一

---

〔1〕 最高人民法院调查显示，绝大多数暴力刑事罪犯并没有经济赔偿能力，他们实施故意伤害、故意杀人等恶性犯罪后，给受害人及其家属带来了巨大的伤痛。参见曹晶晶、李惠媛：《广东试点国家救助刑事被害人》，载《中国改革报》2007 年 9 月 10 日，第 1 版；田雨：《最高法：积极开展刑事被害人国家救助》，载《新华每日电讯》2007 年 9 月 15 日，第 3 版。另一报道称："虽然我们还没有建立刑事被害人补偿制度，但类似的个案救济其实一直在做。如乌鲁木齐市政府曾对 1999 年乌市爆炸案的受害人或其近亲属予以经济救助；石家庄市政府曾对 2001 年石家庄市第二棉纺厂爆炸案的受害者及遇难者家属发放补助；邱某华案的被害人也获得了当地政府的救助。"参见刘文晖：《国家补偿被害人，制度比钱更重要》，载《检察日报》2007 年 5 月 23 日，第 5 版。

〔2〕 参见刘士国：《楼上落下物致人损害加害人不明的法律救济》，载《烟台大学学报（哲学社会科学版）》2006 年第 3 期。

〔3〕 参见王泽鉴：《王泽鉴法学全集：侵权行为法》（第 14 卷），中国政法大学出版社 2003 年版，第 35 页。

个层次是国家通过犯罪伤害赔偿委员会直接对暴力犯罪受害人予以赔偿。[1] 第二个层次是根据侵权损害赔偿系统,受害人应该证明自己具有侵权损害赔偿请求权。国家在此种情况下的作用限于,一是通过可称之为广义的福利制度,给受害人提供附加的赔偿;二是提供有助于受害人获得赔偿金或者提供一套确保潜在的被告恰当地从事各种活动、购买保险等的强制性制度。[2] 第三个层次是当受害人不能通过前述制度得到赔偿时,社会保障支付系统对受害人的损失进行一定程度的补偿。比如,如果对于撞了人就跑又无法查找到的汽车驾驶人,如果受害人能够证明只要肇事司机被确认和起诉就应该承担责任,汽车保险局出于同情,将对受害人支付一定的救济金额。[3] 由此可见,对于受害人损害的补偿,其制度应该是一个体系,侵权损害赔偿仅仅是其中一个最重要的制度之一,但绝不是唯一的受害人损害补偿机制。我国有些学者认为,从受害人损害填补或权益保护的角度出发,论证侵权责任法应该是救济法,应该对受害人的一切损害提供赔偿机会。比如,在侵权人不明的高空抛物致人损害时,虽然我国《民法典》第1254条针对原《侵权责任法》第87条作了一些限制和修改,但核心思想没有改变,即要求不能证明自己不是侵权人的"可能加害的建筑物使用人"承担补偿责任。作出这样规定的根源在于立法者认为侵权损害赔偿是受害人损害填补的唯一方式,所以,虽然明知强制"可能加害的建筑物使用人"承担补偿责任正当性不足,但仍然从保护或救济受害人的角度,作出了这样的规定。

近年来,我国刑法学界对刑事犯罪被害人补偿制度倾注了大量的心血,研究成果很多,对在我国建立刑事犯罪被害人补偿制度的必要性和可行性等做了精辟的分析。[4] 但是,这些文献主要只针对刑事犯罪中犯罪行为人无资力时,如何补偿犯罪受害人进行的讨论。笔者认为,对于受害人的国家补偿,应该包括行为人无资力和行为人无法查明两种情况。因为从受害人权益保护或损害填补的角度出发,侵权行为人无资力承担其本应承担的损

---

〔1〕 See B. S. Markesinis & S. F. Deakin, *Tort Law*, Clarendon Press, Oxford, 1994, p. 47.

〔2〕 B. S. Markesinis & S. F. Deakin, *Tort Law*, Clarendon Press, Oxford, 1994, p. 48.

〔3〕 B. S. Markesinis & S. F. Deakin, *Tort Law*, Clarendon Press, Oxford, 1994, p. 49.

〔4〕 如笔者2024年6月6日在中国期刊网上以"刑事犯罪被害人补偿"为主题检索,搜索到论文134篇。在中国期刊网上以"被害人补偿"为关键词检索,发表的论文有89篇。

害赔偿责任，与侵权行为人无法查明从而无人承担损害赔偿责任之间没有任何本质区别。这时，应该考虑侵权损害赔偿以外的替代措施。实施社会救济是由国家的特殊职能决定的，目的是济侵权责任法之穷。社会救济符合效率原则，也是社会文明发展的重要标志。国家救济的资金来自纳税人，实际是将受害人的损失转移于全体纳税人。纳税人作为社会经济发展的营利者，有义务帮助遭受一时严重损害的不幸者。自古以来，民法虽有"不幸总是落在被击中者头上"的法谚，但现代文明不限于追求个人承担过错责任的"个人性正义"，而附之以社会成员互助的"共同体性正义"。对遭受严重损害不能依侵权法获得赔偿者，应实行社会救济。[1]

综上所述，受害人损害的填补应该形成一个有机的体系，相互配合，共同发挥维护受害人权益的功能。在这个体系中，居于核心地位的是侵权损害赔偿责任。如果受害人无法查明侵权行为人或者侵权行为人无资力承担损害赔偿责任，由社会商业保险以及强制保险介入，发挥部分损害补偿功能。如果没有商业保险及强制保险或不宜推行商业保险及强制保险，由社会基金介入，对基金涵盖范围内的受害人进行补偿。如果没有设立相关社会基金，由政府对受害人的基本需要进行补偿。社会救济与损害赔偿性质不同，受害人必须受到严重损害，其救济数额也仅相当于赔偿额的一部分。这四个层次循序渐进，赔偿和补偿在数额上体现出差距，也就不会导致受害人等着政府救助而不去积极寻找侵权行为人。并且，当受害人通过社会救济或者保险获得给付后，又通过侵权诉讼从行为人处请求损害赔偿时，其通过前述途径获得的给付金额应该扣除或者返还给原给付机构。

总之，我们只有对这些问题进行了深入的研究，才能准确把握侵权责任法的定位。

---

〔1〕 参见刘士国：《楼上落下物致人损害加害人不明的法律救济》，载《烟台大学学报（哲学社会科学版）》2006 年第 3 期。

第八章　权利和利益应受法律保护程度之差别和故意侵权与过失侵权分立论[1]

故意侵权与过失侵权分立论认为，故意侵权与过失侵权之所以应当并且可以分立，一个非常重要的原因就是绝对权利和利益在保护程度上应该存在重大差别。二者之间的这些重大差别，决定了故意侵权与过失侵权在立法政策上应当区别对待绝对权利和利益，在立法技术上对二者应当分别规定。

第一节　从绝对性权利扩张到民事利益：侵权责任法保护范围的发展趋势

传统上，侵权责任的保护客体，乃法律体系所承认之任何人基于社会生活关系所享有的“权利”。为保护此一权利，任何人均负有消极的不作为义务，不得侵害他人权利。任何人违反消极的不作为义务，积极侵害他人权利时，应负侵权责任。此所以侵权责任的典型案例，为侵害“生命”“身体”“健康”“自由”“名誉”“姓名”“所有物”等形态。无论是生命、身体、健康、自由、名誉、姓名或所有物之侵害，其所侵害者，均是被害人依法享有的具有绝对性的“权利”。

---

〔1〕 本部分内容笔者曾以论文发表，发表时有增减。参见阳庚德：《侵权法对权利和利益区别保护论》，载《政法论坛》2013年第1期。

随着社会生活形态日趋复杂多样,民事损害赔偿事件所牵涉的权利或利益形态也呈现极度多元多变的特性。现代社会生活形态复杂多样,各种性质与内容截然不同的新兴“利益”不断出现。此等利益是否存在,其主体、内容、范围如何,已不再是唯有契约当事人经由契约关系予以创设的履行利益或给付利益才是法律上值得保护的利益。从而,此等利益的保护,也不再是契约责任的专属保护范围。无论是契约责任还是侵权责任,其所保护的客体范围事实上均有逐渐扩大的趋势。就契约责任而言,其向来固然以保护“利益”为主,但亦扩大及于“权利”。就侵权责任而言,其向来固然以保护“权利”为主,但亦扩大及于“利益”。此一现象,将使侵害“利益”的侵权责任未来势必有增无减。如何加强保护此等“利益”,将是侵权责任法所必须面对的课题。侵权责任的保护范围,从传统上的权利逐步扩大到利益,显然成为侵权责任法理论与实务发展上的重要趋势![1]

我国《民法典》第 1164 条的规定顺应了这一趋势,将民事权利和民事利益统称为民事权益,纳入侵权责任法的保护范围。正如杨立新教授指出的那样:凡是民事权利,都受到侵权责任法的保护,即“民事权益”中之“权”;对没有具体民事权利保护的、法律又规定应当保护的民事利益,也受到侵权责任的保护,即“民事权益”中之“益”,也就是法益。简言之,《民法典》第 1164 条规定的侵权责任保护范围包括民事权利和法益。[2]

但是,民事权利种类繁多,因公示手段不同导致的公信力也不一样,民事利益也种类繁多,侵权责任法将所有民事权益纳入其保护范围并不意味着侵权责任法应当对这些民事权利和民事利益采取同等程度的保护力度。

---

〔1〕 参见陈忠五:《契约责任与侵权责任的保护客体——“权利”与“利益”区别正当性的再反省》,台北,新学林出版股份有限公司 2008 年版,第 24 ~ 25、65 ~ 66 页。

〔2〕 参见杨立新:《民法典对侵权责任保护范围的准确界定——对〈民法典〉第 1164 条含义理解的进一步厘清》,载《兰州大学学报(社会科学版)》2021 年第 1 期。

第二节　绝对权利和利益区别保护：侵权责任法的必然选择

一、同等保护还是区别保护？——侵权责任法对绝对权利和利益保护的政策分歧〔1〕

大陆法系国家侵权法认为，侵权责任法的保护客体，乃法律体系所承认的任何人基于社会生活关系所享有的绝对权。为保护此类权利，任何人均负有消极的不作为义务，不得侵害他人此类权利。任何人违反消极的不作为义务，积极侵害他人权利时，应负侵权责任。我国多数学者认为，侵权责任法应当对绝对权和利益予以保护。〔2〕我国的原《侵权责任法》第 2 条与第 6 条以及《民法典》第 1164 条、第 1165 条都顺应了这一趋势，使用“民事权益”一词来概括我国侵权责任法的保护范围。

民事权益是民事权利与民事利益的统称。民法学界通说认为，民事权利是指私法确认之权利，包括人格权、身份权、物权、债权、社员权、知识产权等类型。而民事利益是指未被司法实践认定为一种权利，但也受到私法保护的利益，包括人身利益和财产利益，如占有、商业秘密、死者的名誉、隐私等人格利益。〔3〕

但是，侵权责任法应当如何保护利益？就立法政策而言，目前可供比较研究的有两种：一是将绝对权和利益一体对待的同等保护说，法国和日本的侵权责任法采此种立法政策。如《法国民法典》第 1382 条和第 1383 条就侵害的对象没有区分权利和利益，行为人因过错造成他人损害的，都要承担损害赔偿责任。《日本民法典》第 709 条〔4〕的规定也是如此。二是将绝对权和利益区分对待的区别保护说。《德国民法典》采此种立法政策。《德国民法典》在第 823 条、第 826 条区分侵害绝对权和侵害利益，设定了不同的侵

---

〔1〕 特别说明：本书在描述侵权责任法的保护对象时，一般使用绝对权这一概念，但有时为了和利益相对，也使用权利这一概念，此处的权利即指绝对权。本书在使用利益这一概念时，指没有权利化的一切合法利益。

〔2〕 参见高圣平主编：《中华人民共和国侵权责任法立法争点、立法例及经典案例》，北京大学出版社 2010 年版，第 16 页。

〔3〕 参见程啸：《侵权责任法教程》，法律出版社 2020 年版，第 47 页。

〔4〕 《日本民法典》第 709 条规定：“因故意或过失侵害他人权利或受法律保护的利益的人，对于因此而产生的损害负赔偿责任。”

权要件。

我国侵权责任法对利益保护的立法政策如何？从我国《民法典》第1164条和第1165条的文义可以看出，我国侵权责任法对利益的保护采绝对权和利益同等保护说。该条文直接来自我国2009年的原《侵权责任法》第2条和第6条。直接负责《侵权责任法》制定工作的时任全国人大常委会法制工作委员会副主任王胜明在解读侵权责任法时明确指出：我国侵权责任法对于民事权利和民事利益在保护程度和侵权构成要件上不作区分。〔1〕我国《民法典》制定后，立法机关仍然坚持认为侵权责任保护民事权利和保护民事利益没有区别。〔2〕

根据我国原《侵权责任法》第1165条，故意侵害他人民事权利、故意侵害他人利益、过失侵害他人权利、过失侵害他人利益的，均应当承担民事责任。并且，立法政策对这四种侵权责任的构成要件和保护程度都是同等对待的。对于故意和过失侵害他人绝对权应当承担民事责任这一立法政策，无论是从伦理道德立场还是从法律实务立场看，都没有任何问题。故意侵害他人利益应当承担民事责任，也可以证成其正当性。但是，对于过失侵害他人利益，也一律应当承担民事责任吗？

笔者认为，过失侵害他人利益不应当一律承担侵权责任。我国侵权责任法将侵害他人绝对权和侵害他人利益同等对待的立法政策，值得思考。在将来修订《民法典》时，建议采纳绝对权和利益区别保护的立法政策。

二、权利和利益区别保护论的法理根据

（一）权利和利益本身的差异要求侵权法区分保护

1. 民事权利和利益“难以区分”不能成为否定区分保护说的理由

我国现行侵权责任法为什么采用“同等保护说”？原《侵权责任法》制定后，时任全国人大常委会法制工作委员会副主任王胜明对此有明确的说

---

〔1〕 参见全国人大常委会法制工作委员会民法室编著：《中华人民共和国侵权责任法解读》，中国法制出版社2010年版，第10页。其理由是权利和利益难以区分。另参见王胜明：《侵权责任法的立法思考（一）》，载中国民商法律网，http://www.civillaw.com.cn/article/default.asp?id=47193，2010年1月28日访问。

〔2〕 参见黄薇主编：《中华人民共和国民法典侵权责任编释义》，法律出版社2020年版，第3页。

明。他认为,《法国民法典》对于侵害的对象没有区分权利和利益,对侵权造成的损害都要承担责任,而《德国民法典》区分侵害权利和侵害利益。我国原《侵权责任法》没有采纳德国模式,主要的理由是权利和利益很难划分清楚。关于"权利"的含义,他认为各派学说都缺乏说服力,因为既然权利的内容就是利益,就很难将二者区分开来,从形式上区分(也就是法律写明的权利才是权利,法律没有写明的就只是其他利益)很难,并且利益可以"权利化","权利和利益是不断转变的"。由于存在这么多的疑问,所以"不敢大胆接受在侵权责任法中规定侵害的对象一类是权利,一类是利益",而是"采取更多人都能接受的办法,那就是写'侵害民事权益'"。〔1〕 简言之,王胜明认为,民事权利和利益难以清楚区分,因此不采区别保护政策,而采同等保护政策。

我国《民法典》制定之后,立法机关仍然坚持认为侵权责任保护民事权利和保护民事利益没有区别。其主要依据是,"在实践中,权利和利益的界限较为模糊,很难清楚地加以划分,对于什么是权利,意见纷纭";"法律规定××是权利的当然是权利,但法律没有明文规定某某权而又需要保护的,不一定就不是权利。而且,权利和利益本身是相互转换的,随着社会的发展,纠纷增多,法院通过判例将原来认定为利益的转而认定为权利,即将利益'权利化'","所以,本条没有区分权利和利益,而是统一规定,'本编调整因侵害民事权益产生的民事关系'"〔2〕。

笔者认为,民事权利的本质是利益,但是,欧陆民法传统是将特定的利益赋予一定权利称谓,即权利就是类型化和有名化了的合法利益。权利法定化和类型化是决定大陆法系成文法之基本特征最重要的逻辑依据和技术手段,它促成了大陆法系成文法的科学性和严谨性。然而,无论立法如何全面地将利益予以权利化,权利也仅仅是合法利益中的一部分,权利之外肯定还有其他值得保护的合法利益。这一点在人格利益和人格权上体现得特别明显。虽然我们可以把没有类型化、权利化的人格利益再权利化,取名为一

〔1〕 参见王胜明:《侵权责任法的立法思考(一)》,载中国民商法律网,http://www.civillaw.com.cn/article/default.asp?id=47193,2020年1月28日访问。

〔2〕 黄薇主编:《中华人民共和国民法典侵权责任编释义》,法律出版社2020年版,第3页。

般人格权,但是一般人格权包含哪些利益？还是一个没有确定的问题。[1]

所以在理论上,根据一种利益是否被权利化,可以将利益区分为民事权利和其他利益。根据利益的不同类型,可以大体区分为人身利益和财产利益。尽管上述区分存在模糊之处,也存在利益和民事权利之间的转化,但民事权利和利益的区分,大体上还是清楚的,也是得到了大陆法系国家民法学界的公认的。所以,以民事权利和利益难以区分作为支持"同等保护"说的理由,难以成立。我国《民法典》通过后,杨立新教授就指出:"这种认识将权利和利益混淆起来,违反了民法区分权利和利益的基本原理,是不正确的。民事权利就是民事权利,被民事权利保护的民事利益就是民事权利的客体。民事利益在没有被界定为以权利方式予以保护时,需要法律提供保护的,就是法益,而不是权利。将民事权利和民事权利的客体相混淆,将权利与法益相混淆,在现今的民法原理的基础上,是不应该出现的问题。诚然,权利乃享受特定利益的法律之力,特定利益是权利的内容,法律上之力为权利的外形。但是,权利与利益仍然不是一回事,权利是法律之力,依据权利享有的特定利益就是权利的客体。依笔者之见,利益是一个内容庞大的体系,分为三个部分:一是作为民事权利客体的利益,例如物权的客体是物,债权的客体是权利人请求义务人履行行为或者不为一定行为的权利,人格权的客体是人格构成要素,身份权的客体是亲属身份利益等,这些都是民事利益;二是受到法益保护的民事利益,它们没有具体民事权利保护,但是,法律同样认为应当保护且予以提供保护;三是不受法律保护的利益,例如有人提出的所谓'亲吻权'的亲吻利益,是可以概括在其他权利保护之内的利益的,或者特定利益过于轻微而不必予以保护。至于所谓的民事利益的'权利化',那是某一部分民事利益逐渐成长壮大,乃至于有必要以权利予以保护时,法律才会承认其为民事权利,成为所谓的新型民事权利。不仅如此,对权利的保护就直接以权利受到侵害进行保护,当利益受损害需要保护时,法律须有明文规定。模糊权利与利益的界限,甚至将权利与利益混为一谈,带来的只能

---

〔1〕 参见尹田:《评侵权责任的独立成编与侵权行为的类型化》,载《清华法学》2008 年第 4 期。

是民法理论的混乱和司法实践的不统一。”[1]

2. 民事权利与利益在边界的清晰度和法力强度方面不同

在传统学说下,关于权利的本质有意思说、利益说和法力说。法力说认为权利为得享有特定利益之法律上实力,即权利包括特定利益之享有及必要时以法律为后盾担保其实现。其为现今之通说。[2] 依照法力说,权利与法益的区别可以从两个方面视之。就“特定利益之享有”而言,权利与法益都是一种利益。唯就范围上而言,权利之利益似乎较法益之利益的范围更加清晰,内涵外延更加明确,且不至于漫无边界。这一点在人格权上体现得非常明显。正如尹田教授指出的那样:人格权作为人的基本生存和发展的权利,其范围是没有边界的,其利益(精神利益)的内容是各不相同的。人格利益的内容决定于一定社会的经济、政治、文化等各种要素,决定于有关人的社会价值观念,这些决定人格利益范围的要素和与之相适应的价值观念总是处于变化发展状态。比如,我们永远不可能确定隐私所包含的全部具体内容。[3]

“必要时以法律为后盾担保其实现”是就“法律上之力”而言的,就程度而言,权利上之“法律上之力”相对于法益上之“法律上之力”更强更全面。并且,权利一般来说都兼具法律正面规范与反面救济之特征;而法益一般则处于隐而不发的状态,“它隐藏在成文法背后,人们只能在观念中感受到它的存在”[4]。它体现了法律的消极承认,消极承认一方面肯定其合法性,另一方面则提供相对薄弱之保护。[5] 也就是说,法律对法益往往持有反面救济的态度,往往不对其内涵、外延做正面规范,保护力度也不如权利的侵权法保护力度大。

王利明教授指出:在普遍存在的权益冲突中,不同权益的价值分量并非等同,在这一背景下,建立妥善的权益位阶理论,有助于防范化解冲突,有效

---

〔1〕 杨立新:《民法典对侵权责任保护范围的准确界定——对〈民法典〉第 1164 条含义理解的进一步厘清》,载《兰州大学学报(社会科学版)》2021 年第 1 期。

〔2〕 参见梁慧星:《民法总论》,法律出版社 1996 年版,第 62 页。

〔3〕 参见尹田:《评侵权责任的独立成编与侵权行为的类型化》,载《清华法学》2008 年第 4 期。

〔4〕 白飞鹏、李红:《私法原则、规则的二元结构与法益的侵权法保护》,载《现代法学》2002 年第 2 期。

〔5〕 参见曾世雄:《民法总则之现在与未来》,中国政法大学出版社 2001 年版,第 62 页。

贯彻立法者的价值判断，并辅助裁判者进行准确的利益衡量。通过对我国《民法典》民事权益体系的解释，可以对民事权益的位阶进行如下排序：物质性人格权、精神性人格权、身份权、人格利益、财产权利、财产利益。民事权益位阶在司法适用中并不是机械地排序取舍，而是应结合个案场景妥当地进行利益衡量。民事权益位阶主要涉及高位阶权益的优先保护、低位阶权益的妥协容忍、民事责任的限制和排除、合同的解除以及对利益受损者的适当补偿等效果。[1] 王利明教授还指出：我国《民法典》虽然已经构建了完善的民事权益体系，并已在相关条款中就权益位阶作出了规定，但并没有全面确立清晰的权益位阶。[2] 笔者认为，我国侵权责任法完全根据不同位阶的民事权益确定不同的保护政策，可能不太现实。但是，将民事权益区分为具有决定性的民事权利、不具有绝对性的民事权利以及民事利益，采用不同的立法政策，还是具有必要性和可行性的。

3. 民事权利和民事利益的主体以及其资源受法律保护的程度不同

从权利享有资格的角度考察，即民事权利能力角度加以区分。民事权利能力是指享有民事权利与承担民事义务的法律地位或法律资格，只有具备了民事权利能力才能在此基础上享有具体的权利。按照通说，就自然人来讲，民事权利能力的享有时间是以出生为始，以死亡为止。就此而论，胎儿和死者所受侵权责任法保护的就根本不能是民事权利，而只能是民事利益。[3]

资源有权利资源、法益资源及自由资源。权利资源是由法律所创设的，在法律上有其名分，并完整受到法律之保护，如人格权、专利权等；法益资源虽非由法律所创设，但为法律所承认，在法律上无其名分，在某种程度上仍受到法律之保护；自由资源乃法律不创设、不承认也不保护的，亦即在法律制度下放任状态之资源，如海难中抢夺之救生圈、同居人之事实上扶养等。[4] 可以看出，权利资源受到了法律完全的保护，而法益资源与此相比则

---

〔1〕 参见王利明：《论民事权益位阶：以〈民法典〉为中心》，载《中国法学》2022 年第 1 期。

〔2〕 参见王利明：《论民事权益位阶：以〈民法典〉为中心》，载《中国法学》2022 年第 1 期。

〔3〕 参见曹险峰：《在权利与法益之间——对侵权行为客体的解读》，载《当代法学》2005 年第 5 期。

〔4〕 曾世雄：《民法总则之现在与未来》，中国政法大学出版社 2001 年版，第 10 页。

处于相对弱势的地位,其是否受保护尚需视情形不同而有考量余地。

(二)权益保护和行为自由之平衡要求区别保护民事权利和利益

正如王利明教授所言:“不同的法律定位会影响到整体制度的功能和法律规范构建。”[1]那么,应当如何定位我国的侵权责任法呢?笔者认为,侵权责任法应当寻求权益保护和行为自由之平衡。

1. 民法之自由理念应当为侵权责任法所坚持

从法律体系之形成或逻辑构造而言,侵权责任法乃民法之一部分。因此,论及有关侵权责任法之基本原理,以及其在法律体系上之地位或关联时,首先应注意者即为民法。民法作为私法的基本法,自然最应当贯彻自由之基本理念。因此,近现代民法将意思自治(自由)奉为基本原则,已经成为公理,无须论证。作为民法一部分的侵权责任法,也应当坚定地坚持民法的自由之理念。所以,侵权责任法不仅应当成为一部受害人权益保护的责任法,同时也应当成为一部维护社会行为自由的法。

2. 侵权责任法的主要任务在于平衡法益保护与行为自由

一个国家建立的侵权责任法只有对受害人与行为人的保护是均衡的,才是正义的。拉伦茨和卡纳里斯教授所指出:“任何侵权规范的基本问题都存在于法益保护和行为自由之间的冲突上。从受害人的观点看,加害人应当赔偿受害人所受到的损害。但相应地,也应当看到,这对加害人个人及经济上的发展也构成了相当大的限制。因而酿成了一种内在的危险,这一危险比单纯地卷入责任的可能性更加危险,它可能使公民在对所涉的风险进行评估后,考虑到与之相关的不确定性而不再从事合法或者确实为社会所需要的活动……因此,侵权责任法的目标就是根据最合理的平衡或者实际合理性来解决这一冲突。”[2]

侵权责任法所主张的这种平衡,除了因顾及双方当事人(或者潜在的当事人)利益关系以外,更重要的理由还在于受害人一方的绝对权利、利益与

---

〔1〕 王利明:《我国侵权责任法的体系构建——以救济法为中心的思考》,载《中国法学》2008年第4期。

〔2〕 See Larenz/Canaris, *Lehrbuch des Schuldrechts*, Bd. Ⅱ/2, S. 350f.; van Gerven et al., *Tort Law*, Oxford: Hart Publishing, 2002, p. 15.

可能的加害人一方之行为自由在法律价值上的同等重要性，二者不可偏废。尽管学者对法律价值的理解各不相同，但是利益和自由作为法律基本价值并无争议。[1] 而且一般而言，无法对这两种价值的高下大小作出判断，即利益和自由对于法律主体来说都是同等重要的。因此，侵权责任法在保护公民权利的同时也要充分尊重行为人的行为自由，[2]侵权责任法应当以保护人们的行为自由和安全为基本的功能。[3]

在1896年，《德国民法典》的立法者是将保护行为自由视为其当务之急的法律政策，并对自由给予了更多的关注。[4] 虽然100多年后的今天，侵权责任法所倾向的重点已随着时间的推移而发生了变化，我们不能回避公民对安全的要求以及由此产生的对社会安全的需求，人们期待侵权责任法和损失赔偿法能有助于保障个人的基本生存，并以此建立相应的社会化国家机制。[5] 但不可否认的是，为了保证人的充分发展，特别是在经济方面充分发挥自己的能力，就不能对他的行动自由作过多的限制。侵权责任法的根本目的在于对侵权行为受害人进行保护，这种保护是通过对侵权行为受害人的补偿来完成的，而这种补偿就意味着对侵权行为人财产的剥夺。同时，这种剥夺也意味着在行为人作出行为之前和之后，客观上都会产生限制他行为自由的结果。所以，应当对这一后果加以限制，以避免经济自由受到侵权行为法不适当的遏制。侵权责任法要解决的问题实际上就是发生的损害应当由谁承担的问题，这时的着眼点就不仅仅是受害人，而是还要顾及加害人的利益。[6]

3. 权益保护和自由之平衡要求区分保护民事权利和利益

如前所述，民事权利特别是传统侵权法保护的绝对权，不仅具有明确的

---

〔1〕 孙国华、朱景文主编：《法理学》(第2版)，中国人民大学出版社2004年版，第160页。

〔2〕 参见王利明：《侵权行为法研究》(上册)，中国人民大学出版社2004年版，第90页。

〔3〕 参见张新宝：《侵权责任法立法：功能定位、利益平衡与制度构建》，载《中国人民大学学报》2009年第3期。

〔4〕 参见[德]马克西米利安·福克斯：《侵权行为法》，齐晓琨译，法律出版社2006年版，第4页。

〔5〕 参见[德]马克西米利安·福克斯：《侵权行为法》，齐晓琨译，法律出版社2006年版，第5页。

〔6〕 参见[德]马克西米利安·福克斯：《侵权行为法》，齐晓琨译，法律出版社2006年版，译者前言第2页。

边界范围,而且具有一定的公示方式,权利状态和权利归属清楚明确。侵权责任法要求行为人在规划自己的行为时,要注意避免侵害他人的这些权利。如果行为人故意或过失侵害了他人的这些权利,应当承担侵权责任。法律对行为人的这种注意要求虽然在一定程度上对行为人的自由也是一种限制,但这是人类在社会状态下必须忍受的合理的不便。相反,利益的内涵和外延不那么确定,边界范围不是那样清楚,如果要求行为人在规划自己行为的时候对他人的利益的关注也要承担和对他人权利的关注同等的注意义务,无论行为人侵害了他人利益的行为是出于故意还是过失,都应当同等地承担侵权责任的话,那么,行为人在做出相应行为之前,为了避免侵害他人利益而承担侵权法律责任,就必须先调查他人不那么确定的利益边界,这样的法律制度会对行为人的行为自由施加不合理的限制。

因此,虽然法国侵权法采取了对权利和利益不加区别的同等保护政策,但法国法院不得不承认,其侵权行为法不可能不加区分地平等保护其保护对象,所以200年来,法国判例所做的主要工作就是运用过错、因果关系、损害等概念工具,对案件作出是否保护及其保护力度的价值判断。

4. 增强法律适用的确定性要求区别保护民事权利和利益

在侵权责任法中,对民事权利和利益采取不同的保护政策是客观需要,不以立法者的意志为转移。对某种利益是否受侵权法保护、其保护程度如何等重大价值判断问题,要想在法律实施过程中统一尺度,最终还是要统一规定一个标准的。如果侵权责任法本身对此问题予以回避,那么就意味着将此类问题统统交由司法机关处理。

《法国民法典》第1832条,被认为是对民事权利和利益采取同等保护政策的典型代表。这种以概括的、原则的形式规范过错侵权一般条款,可谓法制史上一项伟大的成就。但是,这种对民事权利和利益不加区分的同等保护政策,在实践中遇到了极大的困难。于是,在《法国民法典》之外,不得不通过判例的形式对侵权责任法的保护范围进行界定。正如王泽鉴教授指出的:(法国法)此项基于自然法理念而创设的一般原则,其保护的客体并不区别权利和利益,从而如何界定其应保护的权益,系法国民法的重要任务,180余年的解释适用产生了丰富的案例,使法国侵权责任法具有浓厚的案例法的特征。[1] 因此,在法国模式之下,依照《法国民法典》第1832条的规定,无论侵害权利还是其他利益,原则上均承担损害赔偿责任。但是在司法实务中,关于过错、损害和因果关系的判断标准,在纯粹经济利益受侵害时更加严格。[2] 这样,虽然也达到了区分保护民事权利和利益的目的,但是《法国民法典》第1382条将界定应受保护的权益这一重负,强加到了法院和法学家的肩上。这样无疑会增加法律适用的不确定性。

笔者认为,根据我国司法机关的情况和法学家的学术研究状况,毫无疑问,对于侵权法保护对象这样一个重大的价值判断问题,还是交给立法机关慎重决定比较好。

基于上述理由,中国法学会民法学研究会曾于2009年年会暨学术研讨会中对原《侵权责任法》第二次审议稿进行讨论时提见解的时候,与会学者"一致认为":侵权责任法中,债权和利益与绝对权相比,保护的程度和构成的要件都是不同的……对民事利益的保护受到严格的限制,通常只有在行为人具有主观恶意等情况下,才有必要对受害人遭受的利益提供侵权法上的救济。[3] 中国法学民法学研究会会长王利明教授也认为,应当对绝对权的保护和其他利益的保护区分其构成要件,对债权和利益的保护程度应弱于绝对权。[4] 侵权责任法的保护范围"主要"限于绝对权,原《侵权责任法》第2条第2款所列举的权利都是绝对权,该款没有列举的权利,只要是"法律已经规定或者约定俗成应当成为一种绝对权"的,都是侵权责任法的保护对象。其他合法利益"限于法律明确规定的情形",包括债权利益,才受侵权法的保护。[5]

虽然立法政策和学说观点以及司法实务界的观点不一定要完全一致,

---

〔1〕 参见王泽鉴:《侵权行为法:基本理论 一般侵权行为》(第1册),中国政法大学出版社2001年版,第68页。

〔2〕 参见葛云松:《〈侵权责任法〉保护的民事权益》,载《中国法学》2010年第3期。

〔3〕 中国法学会民法学研究会秘书处:《关于〈侵权责任法草案·二次审议稿〉的若干建议》,载中国民商法律网,http://www.civillaw.com.cn/article/default.asp?id=45683,2010年4月19日访问。

〔4〕 参见王利明、周友军、高圣平:《中国侵权责任法教程》,人民法院出版社2010年版,第77~78页。

〔5〕 参见王利明、周友军、高圣平:《中国侵权责任法教程》,人民法院出版社2010年版,第60页。

但是,对于经过学说充分论证,证明是一项好政策的观点,对于司法实务界经过实践经验证明是合理而且可行的政策,立法者应当予以注意。由于我国《民法典》第1165条继续援用我国原《侵权责任法》第6条“行为人因过错侵害他人民事权益”的表达,没有区分民事权利和民事利益,导致我国《民法典》颁布实施之后,我国学者在解读我国侵权责任法的保护对象时出现不应有的分歧。

综上所述,就立法政策而言,以合理分配社会生活风险为任务的侵权责任法,在政策上有必要针对各种千变万化、复杂多样的社会生活利益,依据其价值位阶,做一定程度的筛选过滤,以适度合理限制侵害利益时的损害赔偿责任。《德国民法典》模式的侵权责任法区别对“权利侵害”和“利益侵害”,而赋予不同程度的保护。是一项值得我们注意的立法政策。

第三节　以故意侵权和过失侵权分立匹配权利和利益区分保护政策

如前所述,从立法政策角度看,侵权法中的归责根据可以区分为故意侵权、过失侵权,侵权责任法的保护范围应当对权利和利益区别保护。那么,从立法技术角度看,我们能否将二者交叉配对,形成合理的制度设计?笔者认为,这是可行的。清华大学法学院的程啸教授曾指出:社会生活中的利益多种多样,法律不可能也无法保护所有的利益。即便是那些需要保护的利益,法律也只是保护其免受特定类型之侵害——加害人故意侵权或采取的是特定的侵害方式,而非给予全面的保护,否则会对他人合理的行为自由构成不当限制。[1] 区分权利和利益并提供不同程度的保护,是为了更好地协调行为自由与权益保护的关系。绝对权具有很强的公示性与法定性,所以人们在参与社会活动时必须尊重这些权利,不得加以侵害,任何故意和过失侵害绝对权的行为,均属侵权行为,须承担侵权责任。但是,绝对权以外的权利以及那些虽然受到法律保护但尚未达到权利密度的利益,因其存在方式隐蔽(如特定当事人之间)不具有公示性,不能期待人们对其给予如同绝

---

〔1〕 参见程啸:《侵权责任法教程》,中国人民大学出版社2020年版,第47页。

对权那样的尊重。[1] 正如我国上海市高级人民法院的法官指出的那样："无论哪个国家的侵权行为法，对于债权以及权利以外的利益，都不是无条件保护的。"[2]倘若不然，人们就很难预测自己的行为会产生什么样的后果。而这个条件，笔者认为就是行为人的可归责与否。

一、故意侵权责任法的保护范围：民事权利和民事利益

如前所述，故意侵权责任法是救济法，在这样一种侵权关系中，故意侵权责任法无须平衡加害人的行为自由和受害人的权利保护，只需关注受害人的权利维护即可。因此，故意侵权责任法应当为所有民事权利和利益提供最充分的保护。

故意侵权行为在现代社会中虽然不是常态的行为，但是其危害大，且受害人根本无法采取任何预防措施以避免损害发生。而且，故意侵权行为也不是一种社会交互行为，无法通过"加害人和受害人的地位频繁变化"的调节机制实现公平。更为重要的是，遏制故意侵权行为的发生，对社会整体利益而言有利无弊。所以，故意侵权行为从法律价值上判断，是法律不能容忍的行为。因此，无论是故意侵害他人权利，还是故意侵害他人利益，都应该受到法律的否定性评价。换句话说，权利和利益都是故意侵权责任法保护的对象。正如约翰·弗莱明所指出的那样："故意致人损害几乎没有任何社会效用。除了意外发生的政策理由干扰，要承认一个特别的优先权，如在自我防卫和紧急避险等情形之外，故意侵害他人人格利益和名誉，故意干预他人的事情，在许多情况下是干预他人之间的金钱利益，被告应该对他引起的损害承担赔偿责任。"[3]

从立法技术角度看，故意侵权责任法可参考《法国民法典》第1382条的抽象概括模式。因为这种抽象的故意侵权条款应当能够预见到将来出现的任何侵权行为，能够适用任何形势变化和新的侵权行为类型，无论对侵权行

---

〔1〕 参见程啸：《侵权责任法教程》，中国人民大学出版社2020年版，第47页。

〔2〕 上海市高级人民法院民事审判第一庭发布的《侵权纠纷办案要件指南》（沪高法民一〔2005〕1号）第5条之说明。

〔3〕 John G. Fleming, *The Law of Torts*, 8th ed., The Law Book Company Limited, 1992, p. 4.

为类型进行何种程度的规定,都不会出现对侵权行为类型规定不足的问题,即使随着社会的发展出现新型侵权行为,这个条文也能够发挥作用,为其提供法律基础。而《德国民法典》第 823 条的立法模式显然不适应故意侵权类型对概括性的要求。因为《德国民法典》在改进《法国民法典》一般侵权行为条款的时候,其类型化保护的思想虽然值得肯定,但是其根据保护对象而不是根据加害人的主观状态来类型化一般侵权行为,导致类型化列举所必然带来列举的周延性问题。在这一点上,恰恰《法国民法典》关于侵权一般条款的规定值得我们参考。虽然法国侵权行为一般条款的概括性导致其适用的不确定性、保护对象之间的差异性致使区别保护的合理性不能体现,但是这一概括性特点也恰好使得法国侵权行为一般条款具有"保护范围广泛,适用具有弹性"的优点,还可以为权利的成长留下空间,为侵权责任法的权利创设功能的实现预设了路径。所以,法国式的一般侵权行为条款虽然概括地适用于过错侵权具有其不可克服的缺陷,但是,对于故意侵权,则刚好可以发挥其优势。

综上所述,我国侵权责任法的故意侵权条款可作如下表述。

故意不法侵害他人民事权利和利益,应当承担民事责任。

二、过失侵权的保护范围:限于具有绝对性的民事权利为宜

绝对权具有很强的公示性与法定性,所以人们在参与社会活动时必须尊重这些权利,不得加以侵害,任何故意和过失侵害绝对权的行为均属侵权行为,须承担侵权责任。因此,过失侵权的保护范围包括绝对权,没有任何问题。问题是,对于不具有公示性的民事权利和利益,过失侵权责任法应不应该纳入保护范围？对于这一问题,从立法政策角度看,需要从过失侵权的利益平衡角度仔细斟酌。

(一)确定过失侵权责任法的保护范围要平衡行为人的行为自由和受害人的权益保护

确定过失侵权责任法的保护范围要平衡行为人的行为自由与受害人的权益保护。侵权责任法对受害人的保护是通过强迫责任人赔偿受害人的损

失来实现的，而这种赔偿，就意味着对侵权行为人财产的剥夺。同时，这种剥夺也意味着，在行为人做出行为之前和之后，客观上都会产生限制他行为自由的结果：在行为之前，行为人必须对自己的行为谨小慎微，而在行为之后，则很可能使行为人在经济上丧失继续发展的可能性。因此，在过失侵权责任法中，除了要考虑受害人的权益保护需求外，还应该关注责任人的行为自由问题。比如，在德国的侵权责任法制定之时，社会上占统治地位的思想就认为：为了保证人的充分发展，特别是在经济方面充分发挥自己的能力，就不能对人的行动自由做过多的限制，以避免经济自由和社会创造力受到侵权责任法不适当的遏制。因此，也就不难理解为什么立法者在《德国民法典》的设计中，没有刻意强调侵权责任法的地位，也没有刻意强调对侵权行为受害人的保护。〔1〕 在具体的条文内容中，立法者也考虑到了在发生侵权行为时当事人双方的利益平衡。总之，过失责任原则包含的基本价值观是：当维护法律地位和行为自由这两种利益发生冲突时，行为自由优先。〔2〕

社会逻辑似乎足够清楚：行为人在运用其智力和体力实现其权益的过程中，过失侵害他人权益的，虽然此种行为不受人们欢迎，但是从鼓励创新、促进发展等功利角度考量，社会还必须容忍这种过失致人损害的行为。而侵权责任法最多通过规定过失侵害他人权利导致他人损害时应当承担填补性的损害赔偿责任来实现对这种行为的控制。

（二）过失侵权责任法的保护范围原则上限于绝对权为宜

如前所述，过失侵权责任法一定要考虑平衡权利人的行为自由和受害人的法益保护。基于一定的功利考量，过失侵权责任法在做上述平衡考虑的时候，甚至有意无意地倾向于行为自由优先考虑的法政策。平衡自由维护和法益保护的最佳途径之一就是事先明确划出行为自由的界限，其方法就是通过法律规定，明确将一些行为人在实施行为时应当承担的注意义务的范围列举出来，如《德国民法典》第 823 条对于过失侵权范围的列举规定。

---

〔1〕 参见［德］马克西米利安·福克斯：《侵权行为法》，齐晓琨译，法律出版社 2006 年版，译者前言第 2 页。

〔2〕 参见［德］马克西米利安·福克斯：《侵权行为法》，齐晓琨译，法律出版社 2006 年版，第 2 页。

这种明确列举过失侵权责任法的保护对象的立法技术,一方面,可以让行为人好预先筹划自己的行为,以免承担侵权法律责任这一不利后果;另一方面,明确划出行为自由界限的方法,不仅可以降低行为人确定实施其行为时的注意义务的成本,而且也使这些事项明确化、法定化,更有利于对这些权利进行保护。

在民法上,利益被区分为权利和法益,权利又被区分为绝对权和相对权。如前所述,这些不同的权利和利益,由于其对整个人类的重要性或者公示性的不同,侵权法无法对其提供平等的保护,必须区别对待。其结果就是对那些具有重要性和公示性的权利如绝对权,过失侵权责任法也予以强有力的保护。但是对于那些不具有公示性、内涵外延又不那么确定或者对人类整体而言不那么重要因而暂时还没有权利化的利益,过失侵权责任法对其保护则应当十分谨慎或有限,以贯彻避免过度限制行为自由的立法政策。

综上,我国过失侵权法的条款可表述如下。

过失侵害他人人格权、身份权、物权、股权、知识产权、继承权等具有公示性的绝对权的,应当承担民事责任。

结论　故意侵权与过失侵权分立视野下的我国过错侵权一般条款

故意侵权与过失侵权分立论认为，从立法政策角度看，故意侵权与过失侵权应当在保护范围和损害赔偿范围等方面区别对待。从立法技术角度看，故意侵权的保护范围足够采抽象概括，能够涵盖一切受保护的民事权利和民事利益，过失侵权的保护范围则限于具有绝对性的民事权利。从形式上看，故意侵权与过失侵权分两个条文分别规定。具体条文试拟如下。

【故意侵权】行为人故意不法侵害他人民事权益，应当承担侵权责任。情节严重的，被侵权人有权请求惩罚性赔偿。

行为人明知或者应当知道其行为可能损害他人合法权益，希望或放任该种损害结果发生的，为故意。

惩罚性赔偿金的数额由人民法院根据加害行为的严重性、被告获取不法利益的可能性、原告遭受的实际损害、被告的财产状况、被告是否受到刑罚处罚等因素，按照公平和比例原则确定。一般最高不超过受害人实际损失的五倍，最低不低于1万元。

赔偿请求权人不能证明行为人故意侵权的，不影响其根据过失侵权和无过失侵权的规定，请求赔偿义务人承担损害赔偿责任。

【过失侵权】过失侵害他人人格权、身份权、物权、股权、知识产权等绝对权的，应当承担民事责任。

本法所称的过失,是指行为人在实施致害行为时对他人合法权益的注意程度未能达到社会一般谨慎人在同等情况下对他人合法权益应当达到的注意程度。

参 考 文 献

中文著作类

1. 邹海林、朱广新主编:《民法典评注:侵权责任编》,中国法制出版社2020年版。

2. 张新宝:《中国民法典释评:侵权责任编》,中国人民大学出版社2020年版。

3. 程啸:《侵权责任法教程》(第4版),中国人民大学出版社2020年版。

4. 王利明、杨立新、王轶、程啸:《民法学》(第6版),法律出版社2020年版。

5. 黄薇主编:《中华人民共和国民法典侵权责任编释义》,法律出版社2020年版。

6. 高圣平主编:《〈中华人民共和国侵权责任法〉立法争点、立法例及经典案例》,北京大学出版社2010年版。

7. 王卫国:《过错责任原则:第三次勃兴》,中国法制出版社2000年版。

8. 张新宝:《侵权责任构成要件研究》,法律出版社2007年版。

9. 王利明:《侵权行为法研究》(上册),中国人民大学出版社2004年版。

10. 阳庚德:《私法惩罚论——以侵权责任法为中心》,法律出版社2017年版。

11. 周枏:《罗马法原论》(下册),商务印书馆2001年。

12. 王泽鉴:《民法概要》,中国政法大学出版社2003年版。

13. 程啸:《侵权行为法总论》,中国人民大学出版社2008年版。

14. 麻昌华:《侵权行为法地位研究》,中国政法大学出版社 2004 年版。

15. 王泽鉴:《侵权行为法:基本理论　一般侵权行为》(第 1 册),中国政法大学出版社 2001 年版。

16. 郑玉波:《民法债编总论》(第 2 版),中国政法大学出版社 2004 年版。

17. 邱聪智:《从侵权行为归责原理之变动:论危险责任之构成》,中国人民大学出版社 2006 年版。

18. 李昊:《交易安全义务论:德国侵权行为法结构变迁的一种解读》,北京大学出版社 2008 年版。

19. 杨佳元:《侵权行为损害赔偿责任》,台北,元照出版有限公司 2009 年版。

20. 李俊峰:《反垄断法的私人实施》,中国法制出版社 2009 年版。

21. 桑本谦:《私人之间的监控与惩罚:一个经济学的进路》,山东人民出版社 2005 年版。

22. 金自宁:《公法/私法二元区分的反思》,北京大学出版社 2007 年版。

23. 全国人大常委会法制工作委员会民法室编:《中华人民共和国侵权责任法条文说明、立法理由及相关规定》,北京大学出版社 2010 年版。

24. 程啸:《侵权责任法》,法律出版社 2011 年版。

25. 王利明等撰稿:《中国民法典学者建议稿及立法理由·侵权行为编:条文　立法理由　参考立法例》,法律出版社 2005 年版。

26. 尹田:《民法典总则之理论与立法研究》,法律出版社 2010 年版。

27. 杨思斌:《功利主义法学》,法律出版社 2006 年版。

28. 曾世雄:《损害赔偿法原理》,中国政法大学出版社 2001 年版。

29. 陈聪富:《因果关系与损害赔偿》,北京大学出版社 2006 年版。

30. 王利明等:《中国侵权责任法教程》,人民法院出版社 2010 年版。

31. 王泽鉴:《侵权行为》,北京大学出版社 2009 年版。

32. 张民安:《侵权法上的替代责任》,北京大学出版社 2010 年版。

33. 朱岩:《侵权责任法通论·总论:责任成立法》(上册),法律出版社 2011 年版。

34. 王利明:《侵权行为法归责原则研究》(修订 2 版),中国政法大学出版社 1992 年版。

35. 胡雪梅:《“过错”的死亡——中英侵权法宏观比较研究及思考》,中国政法大学出版社 2009 年版。

36. 刘宗荣:《新保险法:保险契约的理论与实务》,中国人民大学出版社 2009 年版。

37. 刘仁文:《刑事一体化下的经济分析》,中国人民公安大学出版社 2007 年版。

38. 邱聪智:《民法研究(一)》(增订版),中国人民大学出版社 2002 年版。

39. 张文显:《法哲学范畴研究》(修订版),中国政法大学出版社 2001 年版。

40. 陈忠五:《契约责任与侵权责任的保护客体——“权利”与“利益”区别正当性的再反省》,台北,新学林出版股份有限公司 2008 年版。

41. 王胜明主编:《中华人民共和国侵权责任法解读》,中国法制出版社 2010 年版。

42. 曾世雄:《民法总则之现在与未来》,中国政法大学出版社 2001 年版。

43. 于敏:《日本侵权行为法》,法律出版社 1998 年版。

中文译著类

1. [德]马克西米利安·福克斯:《侵权行为法》,齐晓琨译,法律出版社 2006 年版。

2. [德]迪特尔·施瓦布:《民法总论》,郑冲译,法律出版社 2006 年版。

3. 欧洲民法典研究组、欧盟现行私法研究组编著,[德]克里斯蒂安·冯·巴尔、[英]埃里克·克莱夫主编:《欧洲私法的原则、定义与示范规则 欧洲示范民法典草案》(第 5、6、7 卷),王文胜等译,法律出版社 2014 年版。

4. [德]克雷斯蒂安·冯·巴尔:《欧洲比较侵权行为法》(上、下卷),焦美华译、张新宝审校,法律出版社 2004 年版。

5. [美]爱伦·M. 芭波里克教授选编:《侵权法重述纲要》(第 3 版),许传玺等译,法律出版社 2016 年版。

6. [美]约翰·罗尔斯:《正义论》,何怀宏、何包钢、廖申白译,中国社会科学出版社 1988 年版。

7. [美]丹尼尔·豪斯曼、[美]迈克尔·麦克弗森:《经济分析、道德哲学与公共政策》,纪如曼、高红艳译,上海译文出版社 2008 年版。

8. [美]肯尼斯·S. 亚伯拉罕、[美]阿尔伯特·C. 泰特选编:《侵权法重述——纲要》,许传玺、石宏等译,法律出版社 2006 年版。

9. [美]威廉·M. 兰德斯、[美]理查德·A. 波斯纳:《侵权法的经济结构》,王强、杨媛译,北京大学出版社 2005 年版。

10. [美]H. C. A. 哈特:《惩罚与责任》,王勇等译,华夏出版社 1989 年版。

11. [美]文森特·R. 约翰逊:《美国侵权法》,赵秀文等译,中国人民大学出版社 2004 年版。

12. [古希腊]亚里士多德:《尼各马可伦理学》,廖申白译注,商务印书馆 2003 年版。

13. [加拿大]欧内斯特·J. 温里布:《私法的理念》,徐爱国译,北京大学出版社 2007 年版。

14. [法]勒内·达维德:《当代主要法律体系》,漆竹生译,上海译文出版社 1984 年版。

15. [日]田中英夫、[日]竹内昭夫:《私人在法实现中的作用》,李薇译,法律出版社 2006 年版。

16. [日]圆谷峻:《判例形成的日本新侵权行为法》,赵莉译,法律出版社 2008 年版。

外国法典类

1. 罗结珍译:《法国民法典》,中国法制出版社 1999 年版。

2. 南洋公学译书院初译:《新译日本法规大全:点校本》(第 1 卷),商务印书馆 2007 年版。

3. 费安玲等译:《意大利民法典》,中国政法大学出版社 2004 年版。

4. 王卫国主译:《荷兰民法典:第3、5、6编》,中国政法大学出版社2006年版。

5. 陈卫佐译注:《德国民法典》,法律出版社2004年版。

中文论文类

1. 杨立新:《民法典对侵权责任保护范围的准确界定——对〈民法典〉第1164条含义理解的进一步厘清》,载《兰州大学学报(社会科学版)》2021年第1期。

2. 张新宝:《侵权责任编:在承继中完善和创新》,载《中国法学》2020年第4期。

3. 王利明:《论民事权益位阶:以〈民法典〉为中心》,载《中国法学》2022年第1期。

4. 王成、鲁智勇:《高空抛物侵权行为探究》,载《法学评论》2007年第2期。

5. 许德风:《对第三人具有保护效力的合同与信赖责任——以咨询责任为中心》,载易继明主编:《私法》第4辑第2卷,北京大学出版社2004年版。

6. 阳庚德:《矫正正义:侵权责任正当性论证的必要条件》,载《学术研究》2013年第6期。

7. 谢哲胜:《高层建筑坠落物致人损害的责任》,载王文杰主编:《侵权行为法之立法趋势》,清华大学出版社2006年版。

8. 鲁晓明:《论民事侵权行为的推定及类型化——从抛物行为展开》,载《法律科学(西北政法大学学报)》2008年第4期。

9. 易继明:《侵权行为法的道德基础》(代译序),载[美]格瑞尔德·J. 波斯特马主编:《哲学与侵权行为法》,陈敏、云建芳译,北京大学出版社2005年版。

10. 阳庚德:《私法惩罚论 以侵权法的惩罚与遏制功能为中心》,载《中外法学》2009年第6期。

11. 阳庚德:《侵权责任法之经济分析理论的局限性研究》,载《探求》

2013 年第 4 期。

12. 张维迎:《作为激励机制的法律(代序)》,载王成:《侵权损害赔偿的经济分析》序言部分,中国人民大学出版社 2002 年版。

13. 阳庚德:《矫正正义和功利考量互补论——统一的侵权法理论基础之建构》,载《法律适用》2013 年第 8 期。

14. 苏力:《司法解释、公共政策和最高法院——从最高法院有关"奸淫幼女"的司法解释切入》,载《法学》2003 年第 8 期。

15. 阳庚德:《普通法国家惩罚性赔偿制度研究——以英、美、澳、加四国为对象》,载《环球法律评论》2013 年第 4 期。

16. 刘凯湘、曾燕斐:《论侵权法的社会化——以侵权法与保险的关系为重点》,载《河南财经政法大学学报》2013 年第 1 期。

17. 王利明:《我国侵权责任法的体系构建——以救济法为中心的思考》,载《中国法学》2008 年第 4 期。

18. 张俊岩:《风险社会与侵权损害救济途径多元化》,载《法学家》2011 年第 2 期。

19. [美]约翰·G. 弗莱明:《侵权行为法还有未来吗?》,吕琳、许丽群译,载《私法研究》2003 年第 3 辑。

20. 何荣功:《社会治理"过度刑法化"的法哲学批判》,载《中外法学》2015 年第 2 期。

21. 张新宝:《侵权责任法立法:功能定位、利益平衡与制度构建》,载《中国人民大学学报》2009 年第 3 期。

22. 张新宝:《民事权益救济与行为自由保护》,载《光明日报》2009 年 2 月 12 日,第 9 版。

23. 阳庚德:《侵权法对权利和利益区分保护论》,载《政法论坛》2013 年第 1 期。

24. 尹田:《评侵权责任的独立成编与侵权行为的类型化》,载《清华法学》2008 年第 4 期。

25. 曹险峰:《在权利与法益之间——对侵权行为客体的解读》,载《当代法学》2005 年第 5 期。

26. 葛云松:《〈侵权责任法〉保护的民事权益》,载《中国法学》2010 年第 3 期。

27. 阳庚德:《高空抛物侵权连带责任制度否定论》,载《广东社会科学》2010 年第 1 期。

学位论文类

蔡颖雯:《过错论》,中国人民大学 2005 年博士学位论文。

英文著作类

1. Basil S. Markesinis & Hnnes Unberath, *The German Law of Torts—A Comparative Treaties*, 4th ed., Hart Publishing, 1994.

2. John Cooke, *Law of Torts*, 5th ed., Law Press, China, 2003.

3. W. Page Keeton & William L. Prosser, *Prosser and Keeton on Torts*, 5th ed., West Publishing Co.

4. Suzanne Galand-Carval, *Fault under French Law*, P. Widmer ed., *Unification of Tort Law: Fault*, Kluwer Law International 2005.

5. B. S. Markesinis, *The German Law of Obligation*, Volume Ⅱ, *The Law of Torts: A Comparative Introduction*, Oxford, Clarendon Press, 3rd ed., 1997.

6. Markesinis B. S. & Hannes Unberth, *The German Law of Torts: A Comparative Treatise*, 4th ed., Oxford and Porland, Oregon: Hart Publishing 2002.

7. David G. Owen, *Philosophical Foundations of Tort Law*, Clarendon Press, Oxford, 1995.

8. M. Weber, *Economy and Society: An Outline of Interpretive Sosiology*, Vol. ii, ed. by G. Roth, C. Wittich, trans. E. Fischoff, University of California Press, 1968.

9. John G. Fleming, *The Law of Torts*, 8th ed., The Law Book Company Limited, 1992.

10. Izhak Englard, *The Philosophy of Tort Law*, Dartmouth Publishing Company, 1993.

11. John Gardner, *What Is Tort Law for?*, Law and Philosophy, Springer 2010.

12. Ernest Weinrib, *The Idea of Private Law*, Cambridge, Harvard University Press, 1995.

13. Peter M. Gerhart, *Tort Law and Social Morality*, Cambridge University Press, 2010.

14. Jules L. Coleman, *The Practice of Corrective Justice*, in David G. Owen, *Philosophical Foundations of Tort Law*, Clarendon Press, Oxford.

15. Prosser and Keeton, *The Law of Torts*, 5th ed., St. Paul, Minn, 1984.

16. Winfield & Jolowicz, *Tort*, 13th ed., London, 1989.

17. J. G. Fleming, *The Law of Torts*, 7th ed., Sydney, 1987.

18. Calabresi G., *Costs of Accidents*, New Haven, 1970.

19. W. M. Landes & R. A. Posner, *The Economic Structure of Tort Law*, Cambridge, Mass, and London, 1987.

20. S. Shavell, *Economic Analysis of Accident Law*, Cambridge, Mass, and London, 1987.

21. Pam Stewart & Anita Stuhmcke, *Australian Priciples of Tort Law*, 1st ed., Cavendish Publishing Limited, 2005.

22. Winfield and Jolowicz, *Tort*, 13th ed., London, 1989.

23. Helmut Koziol, Vanessa Wilcox (eds.), *Punitive Damages: Common Law and Civil Law Perspectives*, Springer Wien New York, 2009.

24. Peter M. Gerhart, *Tort Law and Social Morality*, Cambridge University Press, 2010.

英文论文

1. Volker Behr, *Punitive Damages in American and German Law-Tendencies Towards Approximation of Apparently Irreconcilable Concepts*, 78

Chicago-Kent Law Review (2003).

2. Volker Behr, *Myth and Reality of Punitive Damages in Germany*, 24 The Journal of Comparative Law (2005).

3. Richard A. Posner, *The Concept of Corrective Justice in Recent Theories of Tort Law*, The Journal of Legal Studies, Vol. 10, no. 1 (1981).

4. F. H. Lawson, *Notes on the History of Tort in the Civil Law*, Journal of Comparative Legislation and International Law, Third Series, Vol. 22, no. 4 (1940).

5. Hans Stoll, *Penal Purposes in the Law of Tort*, The American Journal of Comparative Law, Vol. 18, no. 1 (1970).

6. Seavey, *Principles of Torts*, 56 Harvard Law Review 72 (1942).

7. Gary T. Schwartz, *Mixed Theories of Tort Law Affirming both Deterrence and Corrective Justice*, 75 Texas Law Review (1997).

8. George P. Flet Shiel, *The Search for Synthesis in Tort Theory*, Law and Philosophy. Vol. 2, no. 1 (1983).

9. Gary T. Schwartz, *Mixed Theories of Tort Law: Affirming both Deterrence and Corrective Justice*, 75 Texas Law Review (1996 - 1997).

10. John C. P. Goldberg, *Twentieth-Century Tort Theory*, 91 Georgetown Law Journal (2003).

11. John C. P. Goldberg, *Rights and Wrongs*, 97 Michigan Law Review (2000).

12. Ellen S. Pryor, *Rehabilitating Tort Compensation*, 91 Georgetown Law Journal (2003).

13. John C. P. Goldberg & Benjamin C. Zipursky, *Unrealized Torts*, 88 Virginia Law Review (2002).

14. John C. P. Goldberg, *Twentieth-Century Tort Theory*, 91 Georgetown Law Journal (2003).

15. Benjamin C. Zipursky, *Civil Recourse, Not Corrective Justice*, 91 Georgetown Law Journal (2003).

16. Gary T. Schwartz, *Contributory and Comparative Negligence: A Reappraisal*, 87 Yale Law Journal (1979).

17. R. A. Posner, *A Theory of Negligence*, 1 Journal of Legal Study 29 (1972).

18. R. A. Posner, *The Conpect of Correcttive Justice in Recent Theoties of Tort Law*, 8 Journal of Legal Study, 27 (1980).

19. John Y. Gotanda, *Punitive Damages: A Comparative Analysis*, Columbia Journal of Transnational Law (2004).